Traitement des responsabilités civile et pénale

Approche comparée en droit français et iranien

5-7, rue de l'Ecole polytechnique, 75005 Paris

http://www.librairieharmattan.com
diffusion.harmattan@wanadoo.fr
harmattan1@wanadoo.fr
ISBN : 978-2-336-29122-2
EAN : 9782336291222

Jafar NORY YOSHANLOEY

Traitement des responsabilités civile et pénale

Approche comparée en droit français et iranien

L'Harmattan

Collection *Sciences criminelles*

dirigée par Robert Cario

La collection ***Sciences criminelles*** se destine à la publication de travaux consacrés à l'analyse complexe du phénomène criminel. Multidisciplinaire par définition, elle a vocation à promouvoir les réflexions critiques portées par les disciplines impliquées, dont l'angle d'approche spécifique enrichit la connaissance globale du crime, tant en ce qui concerne les protagonistes (infracteur, victime, société) que les stratégies d'intervention sociale (prévention, répression, traitement). En France comme à l'étranger.

Les contributions, émanant de chercheurs, de praticiens de la justice ou du travail social, empruntent la forme d'ouvrages de doctrine, de recherches collectives ou d'actes de rencontres scientifiques.

Deux séries complètent la Collection. Le ***Traité de sciences criminelles***, multi-auteurs, présente sous la forme de manuels les principales disciplines qui composent les sciences criminelles : philosophie criminelle, criminologie, politique criminelle, droit criminel, procédure pénale, criminalistique, médecine légale et victimologie.

Les ***Controverses*** rassemblent de courts essais sur des questions majeures de la connaissance scientifique dans le champ criminologique. En pointant leurs contradictions, (re)découvertes et zones d'ombre, les réflexions participent à une meilleure compréhension de la complexité des conduites humaines.

Derniers ouvrages parus

P. Mbanzoulou et al. (Dir.), Les nouvelles figures de la dangerosité
N. Pignoux, La réparation des victimes d'infractions pénales

Traité de sciences criminelles

4. R. Cario, Introduction aux sciences criminelles (6è éd. 2008)
8. R. Cario, Justice restaurative. Principes et promesses (2è éd. 2010)
2-1. R. Cario, Victimologie (4è éd. 2012)

Controverses

I. Dréan-Rivette, De la criminologie en Amérique
R. Cario, B. Sayous (Dir.), Tabous et réalités du crime au féminin
R. Cario, P..Mbanzoulou (Dir.), La justice restaurative. Une utopie qui marche ?
R. Cario (Dir.), L'enfant exposé aux violences familiales. Vers un statut spécifique ?
R. Cario, M.H. Herzog-Evans, L.M. Villerbu, La criminologie à l'Université
R. Cario (Dir.), Les rencontres détenus-Victimes : l'humanité retrouvée

V. également la collection Criminologie

P. Tournier, Dictionnaire de démographie pénale
G. de Coninck, G. Lemire, Etre directeur de prison
P.V. Tournier (Dir.), Dialectique carcérale
P.V. Tournier (Dir.), Enfermements
P. Mbanzoulou, M. Herzog-Evans, S. Courtine (Dir.), Insertion et désistance des personnes placées sous mains de justice. Savoirs et pratiques
S. Abdellaoui (Dir.), L'expertise psycholégale

Remerciements

À l'occasion de la publication de cet ouvrage, je tiens à remercier chaleureusement toutes les personnes qui ont contribué à sa réalisation et, tout particulièrement :

Madame le Professeur Anne D'HAUTEVILLE, qui a dirigé mes travaux de recherche.

L'ensemble des membres de l'Equipe de Recherche sur la Politique Criminelle et plus spécifiquement Monsieur le Professeur Didier THOMAS.

Monsieur le Professeur Ali Hossein NADJAFI, pour sa grande disponibilité et ses précieuses explications sur le système juridique iranien.

Monsieur le Professeur Barthelemy MERCADAL, ainsi qu'à l'Ecole doctorale, son équipe administrative et bien entendu tous les Professeurs iraniens et français que j'ai eu l'honneur de rencontrer pendant mon parcours universitaire et qui ont permis le long mûrissement de ma réflexion juridique.

Monsieur le Professeur Robert CARIO, qui m'a fait l'honneur d'accepter la publication du présent ouvrage dans la prestigieuse collection Sciences Criminelles qu'il dirige chez l'Harmattan.

Enfin, j'adresse une pensée particulière à mes amis qui n'ont eu de cesse de m'encourager, notamment Romain VANNI et Benjamin SAYOUS, ainsi qu'à ma famille, toujours présente à mes côtés et mes parents dont les prières m'ont toujours accompagné.

Je leur dédie cet ouvrage.

Sommaire

Liste des principales abréviations

AJDA .... Actualité juridiques de droit administratif
AJ Pénal .... Actualité juridique pénal
AJPI .... Actualité juridique de la propriété immobilière
Al. .... Alinéa
AN .... Assemblée nationale
APC .... Archive de politique criminelle
APD .... Archives de philosophie du droit
Art. .... Article
Ass. Plén. .... Assemblée plénière de la Cour de cassation
BOMJ .... Bulletin officiel du ministère de la justice
Bull. civ. .... Bulletin des arrêts des chambres civiles de la Cour de cassation
Bull. crim. ....Bulletin des arrêts des chambres criminelles
CA .... Cour d'appel
CCF .... Code civil français
CCI .... Code civil iranien
CDIRI .... Conseil de discernement de l'intérêt du régime islamique
CE ....Conseil d'Etat
CEDH .... Cour européenne des droits de l'Homme
CHEAM ....Centre des Etudes sur l'Afrique et l'Asie Moderne
CGC ....Conseil gardien de la Constitution
Chron. .... Chronique
CIC .... Code d'instruction criminelle
Civ. .... Chambre civile de la Cour de cassation
Coll. .... Collection
Com. .... Chambre commerciale de la Cour de cassation
Comm. .... Commentaire
Concl. ....Conclusions
Cons. const. .... Conseil constitutionnel
Contrats Conc. Consom. .... Contrats Concurrence Consommation
Conv. EDH .... Convention européenne des droits de l'Homme
CPF .... Code pénal français

CPI ....Code pénal iranien
CPPF ....Code de procédure pénale français
CPPI ....Code de procédure pénale iranien
CRL .... Conseils de Règlement des litiges
CSA .... Conseil supérieur de l'audiovisuel
CSJ ....Conseil supérieur judiciaire
D. .... Recueil Dalloz
DC .... Décision de conformité
DDHC ....Déclaration des droits de l'homme et du citoyen
Defrénois .... Répertoire du notariat Defrénois
éd. .... Edition
esp. ....Espèce
et alii ....et autres
FIJAIS .... Fichier judiciaire automatisé des auteurs d'infractions sexuelles
GAJA ....Les grands arrêts de la jurisprudence civile
Gaz. Pal. ....Gazette du Palais
HADOPI ....Haute autorité pour la diffusion des œuvres et la protection des droits sur internet
HALDE .... Haute autorité de lutte contre les discriminations et pour l'égalité
Infra .... au-dessous de
IR .... Informations rapides
JAP .... Juge de l'application des peines
JCP ....Juris-classeur périodique
J. -Cl. Civ. .... Juris-classeur civil
J. –Cl. Pénal ....Juris-classeur pénal
JO ....Journal official
Juris. .... Jurisprudence
LPA .... Les petites affiches
obs. .... Observations
OPJ .... Officier de police judiciaire
RD imm. .... Revue de droit immobilier
RDI éco. ....Revue internationale de droit économique
RDPC ....Revue de droit pénal et de criminologie
Rép. Civ. ....Répertoire de droit civil
Rép. Pénal ....Répertoire de droit pénal
Resp. civ. et assur. .... Responsabilité civile et assurance
Req. .... Chambres des requêtes de la Cour de cassation
Rev. crit. .... Revue critique de législation et de jurisprudence
Rev. civ. DIP ...... Revue critique de droit international privé
RFDC ....Revue française de droit constitutionnel
RGAT ....Revue générale des assurances terrestres

causé à la victime, l'autre à faire cesser pour l'avenir la cause du trouble » [1]. Finalement, cette finalité complémentaire de la responsabilité civile peut être qualifiée de restitutive [2], dans le sens où elle tend globalement à la remise en l'état antérieur à la survenance du fait dommageable. Ceci étant précisé, il peut être remarqué que, accessoirement à son objet restitutif la responsabilité civile sanctionne parfois la réalisation d'un fait dommageable par le prononcé de mesures qui ont une fonction punitive évidente.

30. Quant à la responsabilité pénale, elle consiste à tirer les conséquences de la commission d'une infraction en punissant celui à qui elle est reprochée. Cette responsabilité pénale développe en outre une dimension restitutive incontestable, dans la mesure où, parfois, elle permet d'assurer notamment la réparation des dommages soufferts par une victime [3] ou encore de supprimer la situation illicite.

31. Ainsi, tandis que la finalité punitive de la responsabilité civile (**Première partie**) se rejoint à celle naturellement rattachée à la responsabilité pénale, la finalité restitutive de la responsabilité pénale (**Seconde partie**) concurrence celle naturellement rattachée à la responsabilité civile.

---

1. SERIAUX A., *Droit des obligations*, Coll. Droit fondamental, PUF, 2ème éd., 1998, n° 145, p. 549.

2. BADINI H., *Cours du droit de la responsabilité civile*, En Master 2 recherche de la Faculté de droit de Université de Téhéran, 2010-2011, p. 222 et s. : « la remise en l'état antérieur à la survenance du fait dommageable est en effet considérée, par l'auteur, comme une sorte de réparation en nature issue du principe de la réparation intégrale des dommages » ; KATOUZIAN N., *op. cit.*, n° 138.

3. D'HAUTEVILLE A., *Cours de la théorie des responsabilités civile et pénale*, En Master 2 recherche du droit pénal fondamental de l'Université Montpellier1, 2006-2007 : « Les réponses pénales sont, au moins dans certaines domaines, à la fois punitives et réparatrices ».

PREMIÈRE PARTIE

La finalité punitive de la responsabilité civile complémentaire de celle de la responsabilité pénale

32. La répression fut traditionnellement présentée comme relevant principalement du droit pénal. Cette discipline est le plus souvent définie par la seule référence à sa finalité punitive [1] qui est susceptible de s'exprimer au travers de la peine représentant une fonction non seulement d'intimidation, de réadaptation, mais surtout, de rétribution. Ce caractère répressif est particulièrement remarqué par les condamnations qu'il permet de prononcer [2]. Le droit pénal est souvent sollicité pour tirer les conséquences de la violation des règles édictées dans les diverses autres branches du droit, dont les sanctions propres ne sont pas toujours suffisamment rigoureuses.

33. Néanmoins, il serait pour le moins excessif de soutenir que le droit pénal a conservé, à l'identique, la primauté qui était la sienne dans la répression des manquements à la règle de droit. Il est en effet indéniable qu'il existe aujourd'hui une sanction répressive non pénale dont le domaine d'application est en perpétuelle extension, de sorte que le droit criminel ne recouvre plus, à lui seul, l'ensemble de la matière punitive [3]. D'ailleurs, le Conseil constitutionnel français a élaboré, au fil des différentes saisines dont il a fait l'objet, une notion de sanction punitive extra-pénale [4].

34. Cependant, l'existence de sanctions punitives non pénales n'est aucunement discutable, tant elle paraît devoir s'imposer avec la force de l'évidence. Il en va tout d'abord ainsi en matière administrative [5]. Ensuite, il n'est pas non plus contestable

---

1. CORNU G., *Vocabulaire juridique*. Association Henri CAPITANT, PUF, 8ème éd., 2007, V° pénal ; JAFARI LANGROUDI M.-J., *Etendue dans la terminologie du droit*, T. 5, éditions Ghanj danesh, 3ème éd. 2008, p. 35.

2. GOLDOZIAN I, *Précis de droit pénal général*, édition Mizan, 12ème éd. 2006, p. 13 ; BOULOC B., *Droit pénal général*, Coll. Précis, Dalloz, 21ème éd. 2009, n° 58.

3. DEGOFFE M., *Droit de la sanction non pénale*, Economica, 2000 ; D'HAUTEVILLE A., *op. cit.*

4. KLUGER J., « L'élaboration d'une notion de sanction punitive dans la jurisprudence du conseil constitutionnel », RSC 1995, p. 505 et s.

5. DELMAS-MARTY M. et TEITGEN-COLLY C., Punir sans juger ? De la répression administrative au droit administratif pénal, Économica, 1992 ; BROUGERDI ABDOH M., Les principes judiciaires

que la sanction répressive extra-pénale est également sollicitée en droit social [1]. En effet, le chef d'entreprise qui a le pouvoir de donner des ordres et des directives, d'en contrôler l'exécution et de sanctionner les manquements de son subordonné, est, pour ce faire, doté d'un pouvoir disciplinaire l'autorisant à prononcer des mesures empreintes d'une forte coloration punitive [2]. Par extension, il peut être remarqué que tout pouvoir disciplinaire est nécessairement vecteur d'un droit de punir non pénal.

35. En revanche, dans d'autres disciplines juridiques, la possibilité de prononcer des sanctions punitives extra-pénales est davantage contestée [3]. Il en va singulièrement de la sorte relativement à la responsabilité civile. En effet, à s'en tenir à sa définition classique, cette responsabilité civile consiste dans la seule « obligation de réparer le préjudice résultant soit de l'inexécution d'un contrat (responsabilité contractuelle) soit de la violation du devoir général de ne causer aucun dommage à autrui par son fait personnel, ou du fait des choses dont on à la garde ou du fait des personnes dont on répond [...] » [4]. Les condamnations auxquelles elle donne lieu devraient donc être uniquement réparatrices. Aucune place ne pourrait être ainsi réservée à la sanction punitive non pénale [5]. Pour conforter cette affirmation, il peut d'ailleurs être relevé que le droit iranien prête expressément son appui pour l'application du principe de la *restitutio in integrum* [6], et que la Cour de cassation

---

de la Cour suprême d'Iran, éditions Raham, 1ère éd. 2002, p. 86 ; TAGHIZADEH J., « L'interdiction de cumul des professions en droit iranien au vu du droit français », Revue des recherches juridiques, 6ème année, n° 12, automne-hiver 2007, p. 74 ; MOUSAZADEH R., Droit administratif, éditions Mizan, 10ème éd. 2010, p. 156 et s. ; AHMADI A., Les dommages matériels exigibles dans le milieu des douanes, édition Mizan, 1ère éd. 2008, p. 55 ; KHODABAKHSHI A., La distinction fondamentale du droit civil et pénal, Thèse, Université de Téhéran, 2006-2007, p. 40.

1. GREVY M., *La sanction civile en droit du travail*, Coll. Bibliothèque de droit social, T. 36, LGDJ 2002, KHODABAKHSHI A., *La réparation du dommage des travailleurs en droit de la responsabilité civile*, éditions Sherkat Sahamieh Enteshar, 1ère éd. 2010, pp. 259 et 276 ; PRETOT X., « Le droit répressif non pénal (droit du travail et de la protection sociale) », Dr. Social 2000, p. 964 et s. ; ERAGHI E. et Coll., *Introduction au droit de la sécurité sociale, Critique de la loi iranienne sur la sécurité sociale fondée sur l'étude comparative*, éditions de l'Institut supérieur de recherche sur la sécurité sociale, 1ère éd. 2006, p. 133 : « sanction pour manquements ».

2. Soc., 13 novembre 1996, Bull. civ V, n° 386, Dr. social 1996, p. 1067, note J.-J. DUPEYROUX, JCP E, 1997, II, 911, note J. BARTHELEMY, TPS 1997, comm. 20, note X. PRETOT.

3. ABDOLLAHI M., « Les dommages punitifs en droit international », Revue du Bureau des services juridique internationale d'Iran, printemps 2004, n° 30, p. 89.

4. GHINCHARD S. et MONTAGNIER G. (sous la direction de), *Lexique des termes juridiques*, Dalloz, 18ème éd., 2011, V° Responsabilité.

5. MALAURIE Ph., AYNES L. et STOFFEL-MUNCK Ph., *Les obligations*, Coll. Droit civil, Defrénois, 4ème éd., 2009, n° 239, p. 131.

6. BADINI H., « Le système de la réparation du dommage corporel en droit iranien : examen des défauts et présentation des options pour assurer l'évolution », in *Sur la voie de la justice*, dédié aux Mélanges offerts au Professeur KATOUZIAN, éditions de l'Université de Téhéran, 1ère éd. 2009, p. 465. Il faut cependant constater que l'application de ce principe particulièrement pour le dommage corporel est davantage un objectif à atteindre qu'une réalité.

rappelle régulièrement le principe de réparation intégrale aux termes duquel tout le préjudice, mais rien que le préjudice, doit être réparé [1].

La question reste toutefois de savoir si les dommages-intérêts, alloués lors d'un procès civil en responsabilité, ont pour unique fonction de réparer pécuniairement le dommage causé ou peuvent-ils avoir aussi pour but de punir l'auteur du dommage ? Doit-on, pour accorder des dommages-intérêts s'intéresser seulement à la victime et à son préjudice, ou doit-on aussi considérer l'auteur du dommage, son comportement, sa faute ? La réponse et, par conséquent la fonction des dommages-intérêts, diffère selon les systèmes de droit.

36. Comme l'a développé un auteur iranien [2] « les responsabilités civiles et pénales sont confinées dans un système de droit où le fondement de la responsabilité pénale est la vengeance privée, et le criminel peut acheter avec l'argent le droit de la victime ou ses survivants ». L'auteur montre ici la porosité manifeste de la frontière entre la sanction et la réparation. En effet, le droit civil du système juridique iranien ne s'est jamais distingué entièrement du droit pénal, et la responsabilité civile est l'intersection du droit pénal et civil [3]. Cette affirmation tient au fait que le droit iranien fut largement inspiré par le droit islamique dans lequel la responsabilité civile est mélangée à la responsabilité pénale de sorte que quelques-unes des règles de la responsabilité civile se retrouvaient au sein du code pénal [4], et les autres sont en principe prévues par le code civil ou parfois même à travers les dispositions de codes plus spécifiques. Il est par conséquent évident que les règles du droit de la responsabilité civile soient à la fois réparatrices et punitives.

Concernant le droit français, bien qu'aucune finalité punitive ne soit officiellement attachée à celle-ci, un auteur a pu relever que « certaines pratiques de droit civil renouent avec la tradition gréco-latine qui avait longtemps confondu réparation et châtiment dans un terme unique » [5]. Autrement dit, certaines sanctions de la responsabilité civile ont une finalité répressive, laquelle est le plus souvent officieuse mais néanmoins certaine.

37. Ainsi que de nombreux auteurs s'y sont essayé [6], et en dépit de certaines opinions dissidentes [1], il semble possible de montrer qu'en matière de responsabilité

---

1. Civ. 1ère, 20 novembre 1990, Bull. civ. I, n°258 ; Civ. 1ère, 2 avril 1996, Bull. civ. I, n° 166 ; Civ. 1ère, 3 juillet 1996, Bull. Civ. I, n°296 ; Civ. 2ème, 19 novembre 1997, Bull. Civ. II, n° 280 ; Civ. 1ère, 18 juillet 2000, Bull. Civ. I, n° 224, D. 2000, juris. P. 853, note Y. CHARTIER.

2. KATOUZIAN N., La responsabilité civile, T. 1, Les obligations extracontractuelles, éditions de l'Université de Téhéran, 2ème éd. 1999, p. 50.

3. HEKMATNIA M., *La responsabilité civile dans la jurisprudence islamique Chi'ite : les fondements et la structure*, éditions de l'Institut de recherche sur la science et la culture islamique, 1ère éd. 2006, p. 33 et s.

4. BADINI H., « Le système de réparation du dommage corporel en droit iranien : examen des défauts et présentation des options pour assurer l'évolution », in *Sur la voie de la justice*, dédié aux Mélanges du Professeur KATOUZIAN, éditions de l'Université de Téhéran, 1ère éd. 2009, p. 454.

5. DELMAS-MARTY M., *Les grands systèmes de politique criminelle*, Coll.Thémis, PUF, 1992, p.138.

6. D'HAUTEVILLE A., *op. cit.* ; ANSELME-MARTY O., *La responsabilité civile délictuelle objective*, Thèse, Montpellier, 1991 ; CARVAL S., *La responsabilité civile dans sa fonction de peine privée*, Coll. Bibliothèque de droit privé, T. 250, LGDJ, 1995 ; COUTANT-LAPALUS Ch., *Le principe de*

civile, le droit interne, aussi bien iranien que français, réserve une place non négligeable aux sanctions répressives extra-pénales. Il est donc acquis, qu'en pratique, la responsabilité civile a aussi une fonction punitive (**Titre 1**), laquelle apparaît cependant, d'un point de vue théorique, pour le moins contestable (**Titre 2**).

réparation intégrale en droit privé, PUAM, 2002 ; CREMIEUX M., « Réflexions sur la peine privée moderne », in Mélanges P. KAYSER, T. I, PUAM, 1979, p.261 et s. ; DUPICHOT J., *Des préjudices réfléchis nés de l'atteinte à la vie ou à l'intégrité corporelle*, Coll. Bibliothèque de droit privé, T. XCVI, LGDJ, 1969 ; FLOUR J., AUBERT J.-L. et SAVAUX E., *Droit civil. Les obligations*, T. II, *Le fait juridique*, Coll. U, Armand Colin, 13ème éd., 2009, n° 141, p. 141 ; HUGUENEY L., *L'idée de peine privée en droit contemporain*, Thèse, Dijon, 1904 ; HUGUENEY L., « Le sort de la peine privée en France dans la première moitié du XXème siècle », in *Mélanges G. RIPERT, T. II*, LGDJ, 1950, p. 249 et s. ; JACOMET P., *Essai sur les sanctions civiles de caractère pénal en droit français*, Thèse, Paris, 1905 ; STARK B., *Essai d'une théorie générale de la responsabilité civile considérée en sa double fonction de garantie et de peine privée*, Rodstein, 1947 ; VINEY G. et JOURDAIN P., *Traité de droit civil. Les effets de la responsabilité*, LGDJ, 2ème éd., 2001, n° 6 et s., p.8 et s. ; KATOUZIAN N., *La responsabilité civile, T. I, Les obligations extracontractuelles*, éditions de l'Université de Téhéran, 2ème éd. 1999, du même auteur, *La responsabilité du fait des produits défectueux : étude critique et comparative sur l'équilibre de droit du producteur et du consommateur*, éditions de l'Université de Téhéran, 2ème éd. 2005 ; BADINI H., *Philosophie du droit de la responsabilité civile*, éditions Sherkat Sahamieh Enteshar, 2005 ; KHODABAKHSHI A., *La distinction fondamentale du droit civil et pénal*, Thèse, Université de Téhéran, 2006-2007.

1. MALAURIE Ph., « L'effet prophylactique du droit civil », in *Mélanges J. CALAIS-AULOY*, Dalloz, 2004, p.669 et s., spéc. n° 16, p. 681.

TITRE 1

La finalité punitive de la responsabilité civile : consécration en pratique

38. Le concept de peine privée semblait nécessairement voué à disparaître avec l'abandon de la vengeance privée. Ainsi, la peine privée pouvait apparaître « comme un anachronisme, un vestige des temps anciens où l'Etat, n'ayant pas les moyens de faire respecter l'ordre social, confiait ce soin à de simples particuliers. A partir du moment où la puissance publique est en mesure d'assurer la répression des actes illicites, il semble que la peine privée soit condamnée à s'étioler, puis à disparaître »[1], au point de ne devenir qu'une « curiosité juridique »[2]. Tel n'est pourtant pas, en réalité, l'exact reflet du droit positif français et iranien, l'émergence du concept de peine privée, laquelle fonde la fonction punitive de la responsabilité civile, n'ayant jamais été remis en cause (**Chapitre 1**). Ce sont d'ailleurs les différentes sollicitations dont la peine privée est actuellement l'objet qui rendent compte, concrètement, de ce que la responsabilité civile poursuit effectivement et, accessoirement à sa fonction principale d'indemnisation des dommages, une finalité punitive (**Chapitre 2**).

---

1. CREMIEUX M., « Réflexions sur la peine privée moderne », in Mélanges P. KAYSER, T. I, PUAM, 1979, p.261 et s., spéc. p. 261.

2. RIPERT L., La réparation du préjudice dans la responsabilité délictuelle, Thèse, Paris, 1933, n° 67.

CHAPITRE 1

L'émergence du concept de peine privée, fondement de la fonction punitive de la responsabilité civile

39. En dépit d'une étude relativement récente [1], la notion même de peine privée retient encore peu l'attention des auteurs. Ce relatif désintérêt peut être diversement expliqué. Tout d'abord, bien que située aux confins du droit pénal et du droit civil, la peine privée fait l'objet d'un véritable ostracisme de la part de la doctrine pénaliste qui ne veut connaître que des peines publiques. Quant à la doctrine civiliste, elle hésite « à s'aventurer dans le domaine mystérieux et inquiétant de la répression » [2]. Ensuite, la vacuité dans l'appréhension doctrinale du concept de peine privée proviendrait de ce que ce dernier serait toujours considéré comme une institution barbare, n'ayant d'autres finalités que de satisfaire le besoin de vengeance de certaines victimes. Ceci étant, afin d'expliquer en quoi la peine privée a vocation à fonder la fonction punitive de la responsabilité civile, il apparaît nécessaire de la définir (**Section 1**) avant de fixer le régime juridique auquel elle est soumise (**Section 2**).

Section 1 : La définition de la peine privée

40. Un seul texte de droit iranien [3] retient expressément la peine privée. Néanmoins, aucune définition de cette institution ne se trouve dans ce système [4]. Elle est

---

1. JAULT A., *La notion de peine privée*, Coll. Bibliothèque de droit privé, T. 442, LGDJ, 2005.

2. GREMIEUX M., « Réflexions sur la peine privée moderne », in Mélanges P. KAYSER, T. I, PUAM, 1979, p.261 et s., spéc. p.263.

3. Avec l'adoption de la « loi de la compétence des tribunaux de la justice iranienne pour juger des affaires civiles contre les Etats étrangers » en 18 novembre 1999 par l'Assemblée nationale, la peine privée est, de manière réduite, passée au système juridique iranien.

4. Sans doute, le droit iranien n'ignore-t-il pas totalement ces dommages-intérêts punitifs. Parmi ces peines privées se trouve tout d'abord la peine dite « Diyat », c'est-à-dire le bien qui, en raison de l'atteinte portée à la vie ou à l'intégrité corporelle d'une personne, sera donné à la victime ou à ses ayants droit. Les plus connus ensuite sont la clause pénale, le recel successoral, la confiscation et l'astreinte. L'on ajoute parfois à cette liste l'absence de restitution après annulation d'un contrat en application de la

pourtant présentée, en droit français, comme « la perte infligée, à titre de sanction punitive, à l'auteur d'agissements frauduleux, [...], dont le profit va (d'où le qualificatif de privé) à la victime de ces agissements, laquelle reçoit un avantage finalement supérieur au préjudice qu'elle avait subi » [1]. Par ailleurs, la peine privée est considérée comme « celle qui sanctionne une faute, en tenant compte de la gravité de cette faute, à la demande et dans l'intérêt exclusif de la victime » [2].

De ces définitions, il ressort qu'une sanction ne peut être qualifiée de peine privée qu'à quatre conditions. Tout d'abord, la mesure doit expressément poursuivre une finalité punitive, c'est à dire qu'elle doit avoir pour objet d'infliger un châtiment à celui à l'encontre duquel elle est prononcée. Ensuite, la sanction ne peut être qualifiée de peine privée que si elle est édictée en considération d'une faute, c'est à dire d'un comportement illicite. De plus, de par son *quantum,* la peine privée doit nécessairement procurer un enrichissement à la victime qui en est, enfin, et il s'agit là du dernier critère exigé par la définition précitée, l'exclusif bénéficiaire. Les trois premiers critères ne font finalement que reprendre ceux qu'HUGUENEY avait eu l'occasion d'énoncer dans sa thèse, en faisant état des éléments objectif, subjectif et téléologique de la peine privée [3]. Quant au quatrième, il semble consubstantiel à la notion même de peine privée dont la dénomination paraît effectivement intégrer la qualité de l'attributaire. Cependant, parmi ces différents critères, un tri doit manifestement être opéré entre ceux qui sont, à la réflexion, parfaitement indifférents (**Paragraphe 1**) et ceux qui sont, au contraire, véritablement déterminants (**Paragraphe 2**).

Paragraphe 1 : Les critères indifférents de la peine privée

41. Parmi les critères proposés pour caractériser la peine privée, deux se révèlent, en réalité, indifférents : il s'agit d'une part de celui pris du *quantum* de la sanction prononcée (**A**) et, d'autre part, de celui pris de son attributaire (**B**).

A – Le quantum de la sanction

42. Le critère du *quantum* correspond à l'élément objectif de la peine privée, tel qu'il a été défini par HUGUENEY : « il n'y aura plus réparation mais peine privée lorsque, un dommage étant causé, l'indemnité à verser par l'auteur à la victime dif-

---

règle « *nemo auditur propriam turpitudinem allegans* » ainsi que l'exercice d'un droit de rétention. C'est encore plus vrai lorsque les tribunaux admettent que la personne qui allègue un préjudice moral n'est pas tenue de le motiver, autrement dit le recours à la notion de peine privée permettrait donc d'inverser les termes de ce raisonnement. La publication judiciaire est parfois présentée, également, comme une peine privée.

1. CORNU G., *Vocabulaire juridique*. Association Henri CAPITANT, PUAM, 8ème éd., 2007, V° peine.

2. DREYER E., « La faute lucrative des médias, prétexte à une réflexion sur la peine privée », JCP G, n° 43, 22 octobre 2008, I, 201.

3. HUGUENEY L., *L'idée de peine privée en droit contemporain*, Thèse, Dijon, 1904, p.17 et s.

férera pour le montant de celui du tort éprouvé » [1]. Autrement dit, il procède du défaut de coïncidence entre l'étendue du dommage objectivement constatable et la détermination du montant de la condamnation prononcée.

Un tel critère ne saurait cependant être valablement sollicité pour qualifier efficacement une sanction de peine privée. Différents arguments sont susceptibles d'être avancés pour rendre compte de son caractère finalement inopérant.

43. Tout d'abord, il s'agit d'un critère ne permettant pas forcément, du fait de sa relative imprécision, de distinguer la peine privée d'une sanction pouvant encore être qualifiée d'exclusivement réparatrice. En effet, le défaut de correspondance pouvant exister entre l'étendue objective du dommage et le *quantum* de la sanction, tel qu'il est présenté par HUGUENEY, peut résulter, en l'absence d'indications supplémentaires, de ce que celui-ci est inférieur à celle-là. Or, une telle occurrence n'est pas nécessairement révélatrice du prononcé d'une peine privée : si elle peut éventuellement l'être lorsque la diminution de l'indemnité résulte de la prise en compte de la faute de la victime [2], elle ne l'est en aucune manière lorsque le dommage est demeuré l'unique instrument de mesure des sanctions prononcées. Dans ce dernier cas, la dimension réparatrice des condamnations sera préservée, seul le caractère entier de l'indemnisation faisant manifestement défaut [3]. Il est à noter que de telles situations sont parfaitement concevables, le principe de réparation intégrale faisant, en droit positif, l'objet d'un certain nombre de dérogations.

44. Ensuite, l'existence d'une parfaite coïncidence entre le montant de l'indemnité et le préjudice souffert n'apparaît pas nécessairement exclusive de toute idée de recours à la peine privée. Il a été soutenu par une partie de la doctrine que ce serait donner à la victime un intérêt à provoquer l'accident que de lui attribuer une indemnité supérieure à son préjudice [4]. L'argument peut, a *priori,* sembler spécieux. La personne qui, par sa faute, qu'elle soit intentionnelle ou de simple imprudence, est pour partie à l'origine de son dommage, s'expose à une diminution ou même, dans certains cas, à une suppression, de son droit à réparation. La mise en garde prend néanmoins une certaine valeur au regard des difficultés probatoires auxquelles pourrait se heurter la personne qui, assignée par la victime, souhaiterait établir le comportement illicite de cette dernière. C'est la raison pour laquelle il a été suggéré par B. STARCK que, du moins en principe, le montant de la peine privée devait être plafonné aux sommes dues au titre de la réparation intégrale des dommages effecti-

---

1. *Ibid,* p. 26.

2. Il sera ultérieurement expliqué pourquoi la réduction du montant des dommages et intérêts qui découle de la faute de la victime ne semble toutefois pas pouvoir être qualifiée de peine privée (*Cf.infra*, n° 156).

3. COUTANT-LAPALUS Ch., Le principe de réparation intégrale en droit privé, PUAM, 2002, n°455, p. 387.

4. KATOUZIAN N., La responsabilité civile, T. I, Les obligations extracontractuelles, éditions de l'Université de Téhéran, 2èmeéd. 1999, p. 64 : « La responsabilité civile a pour but de réparer des dommages réellement subis et précis, et ne doit aucunement revêtir la forme d'un quelconque profit pour la victime » ; RIPERT L., La réparation du préjudice dans la responsabilité délictuelle, Thèse, Paris, 1933, n° 62.

vement soufferts [1]. La question qui se pose alors est de savoir en quoi la peine privée va se distinguer de la réparation. Pour l'auteur, tandis que la première doit être fixée à partir d'une évaluation subjective opérée, *in concerto,* des différents préjudices subis, la seconde doit être déterminée en fonction d'une appréciation seulement objective.

45. Ainsi, les dommages pris en compte pour prononcer une peine privée recouvreraient non seulement le dommage moral, mais également les dommages imprévisibles, ainsi que le *lucrum cessans*. En effet, le principe de la réparation intégrale du dommage exige que le montant des dommages-intérêts comprenne aussi bien le gain manqué (*lucrum cessans*) que la perte subie (*damnum emergens*). C'est la raison pour laquelle, l'article 1149 du Code civil français distingue la perte d'une chose ou d'une somme d'argent : *damnum emergens* (perte subie) et *lucrum cessans* (perte d'un profit escompté). Ainsi, le gain manqué, en droit français, fait partie du dommage matériel.

Quant au droit iranien, il distingue aussi le préjudice matériel du gain manqué. L'article 5 de la loi du 27 avril 1960 sur la responsabilité civile dispose que : « Quiconque cause une atteinte à la santé d'autrui, si la victime perd une partie ou toute sa capacité de travail, est responsable et doit réparer tout préjudice qu'il a causé à la victime… ». Il convient de remarquer que plusieurs textes hors du Code civil prévoient aussi la nécessité de la réparation d'un tel préjudice. L'article 9 du Code de procédure pénale de 1999, après avoir évoqué dans son premier alinéa « le préjudice matériel », ordonne en son deuxième alinéa la réparation des intérêts qui sont probables, si la commission de l'infraction prive la partie civile de l'enrichissement. Ce dispositif a été déjà prévu par le Code de l'instruction criminelle (CIC) de 1912, mais il est intéressant que le législateur post-révolutionnaire l'ait conservé. En effet, sur ce point les jurisconsultes islamiques sont partagés. La majorité des jurisconsultes islamiques estime que, le fait de faire perdre une chance n'est pas considéré comme celui de subir un dommage, n'est pas assimilable non plus à un préjudice et, en conséquence, on ne peut pas solliciter sa réparation car il n'est pas sûr mais probable [2]. Pour d'autres, en revanche, la perte d'une chance sérieuse correspond à un préjudice réparable. Selon un exemple retenu par cette partie, celui qui séquestre illégalement un artisan et le prive de son travail, est responsable et doit réparer le préjudice éventuel de celui-ci. D'après Monsieur le Professeur KATOUZIAN, la séquestration de l'artisan doit être notamment réparée lorsqu'il est la « cause de la perte du salaire et des enrichissements de travail » [3]. Toutefois, la jurisprudence se montre défavorable pour reconnaître cette sorte du préjudice. L'on en veut pour preuve les deux arrêts de principe de la Cour de cassation iranienne [4]. Dans le premier arrêt du 6 mars 1959, la troisième chambre de la Haute juridiction a jugé que

1. STARK B., Essai d'une théorie générale de la responsabilité civile considérée en sa double fonction de garantie et de peine privée, Rodstein, 1947, p. 415.

2. MOHAGHEGH-GHOMI, *Jame el-shetat*, p. 140, cité par : KATOUZIAN N., *La responsabilité civile, T. I, Les obligations extracontractuelles*, éditions de l'Université de Téhéran, 2ème éd. 1999, n° 89.

3. KATOUZIAN N., *op. cit.*, n° 93 et s.

4. DERAKHSHAN-NIYA H., *Les préjudices découlant de l'infraction*, éditions Mohajer, 1ère 2005, p. 179.

les préjudices qui sont nés de la séquestration et donc de la privation du travail, doivent être réparés. Dans le deuxième arrêt du 5 avril 1956, l'Assemblée plénière des chambres civiles a déclaré que tous les préjudices y compris la privation de l'activité rémunératrice habituelles sont réparables.

En dépit de ces décisions de la Cour de cassation en faveur de la réparation du gain manqué ou perte d'une chance, la tendance actuelle de la jurisprudence est de refuser l'indemnisation d'un tel préjudice. A titre d'exemple, l'Assemblée plénière des chambres civiles de la Cour de cassation a cassé un arrêt de la juridiction du premier degré ayant déclaré recevable la demande de la victime pour le gain manqué au motif que « la perte économique causée par l'arrêt du travail de la victime pour chercher ses biens volés, n'est pas un dommage direct découlant de l'infraction et par conséquent n'est pas réparable... » [1].

Finalement, en modifiant le mode d'évaluation ainsi que l'assiette des préjudices pris en considération, il s'avèrerait possible de déceler une peine privée, alors même que le montant de l'indemnité accordée correspondrait au dommage invoqué. C'est la raison pour laquelle le *quantum* de la sanction ne saurait constituer un critère fiable permettant d'établir avec certitude, et de manière systématique, l'existence ou non d'une peine privée. Tout au plus pourrait-il être sollicité dans les rares hypothèses où, le profit retiré par l'auteur du fait dommageable étant supérieur au préjudice subjectif de la victime, il est alors admis, à titre exceptionnel, que le montant de la peine puisse dépasser celui correspondant à la réparation intégrale [2]. Il ressort de la théorie développée par le Professeur STARCK, favorablement intégrée en jurisprudence, notamment au travers de la prise en considération des dommages incorporels [3], que le critère tiré du *quantum* de la sanction est beaucoup trop contingent pour permettre de qualifier valablement des sanctions civiles de peines privées.

46. Enfin, un dernier argument peut être avancé pour définitivement convaincre du caractère manifestement inopérant du critère correspondant au *quantum* de la sanction infligée pour identifier une peine privée. Il consiste à soutenir qu'il ne constitue pas un critère de qualification, mais un critère de classification des peines privées[4]. La distinction des opérations de qualification et de classification a pu être clairement établie en doctrine [5].

La première consiste, à partir d'un critère préalablement choisi, à rattacher une institution donnée à telle ou telle catégorie. A titre d'illustration, elle permet de

---

1. L'arrêt n° 8 du 12 juin 1996 de l'Assemblée plénière des chambres civiles de la Cour de cassation, Recueil des avis et des arrêts de l'Assemblée plénière de la Cour de cassation, T. II, 1996, éditions Journal officiel, cité par : GHAMAMI M., « Le dommage réparable selon la jurisprudence », Revue de la faculté de droit et de science politique de l'Université de Téhéran, 2005, n° 70, p. 261.

2. *Ibid*, p. 416.

3. Civ., 2ème, 18 décembre 1995, Bull. civ. II, n°314, JCP 1996, I, 3985, n°1, obs. G. VINEY ; Civ. 2ème, 24 janvier 1996, Bull. civ. II, n° 14, JCP 1996, I, 3985, n° 1, obs. G. VINEY.

4. ROUJOU DE BOUBEE M.-E., *Essai sur la notion de réparation*, Coll. Bibliothèque de droit privé, T. CXXXV, LGDJ, 1974, p. 51.

5. MARTY G. et RAYNAUD P., Droit civil. *Introduction générale à l'étude du droit*, Sirey, 2ème éd., 1972, n° 60, p. 103 et n°131 et s., p. 247 et s. ; MAINGY D., Introduction au droit, 5ème éd. 2010, n°14.

distinguer, parmi les sanctions juridictionnelles, celles qui relèvent de mesures de réparation de celles qui correspondent à des peines privées. La seconde, quant à elle, a pour objet de répartir les éléments d'un même ensemble dans différents groupes à partir d'un critère autre que celui déjà utilisé pour définir la catégorie de rattachement. Par exemple, au sein des peines privées, L. HUGUENEY a soutenu qu'il était possible de distinguer les peines privées quantitatives de celles qui sont imitatives ou encore qualitatives [1]. Sont ainsi incorporées au premier groupe, la clause pénale, les dommages et intérêts punitifs et les indemnités tarifées telles qu'elles sont déterminées par la loi. L'originalité de ces sanctions découle de ce qu'elles peuvent faire l'objet d'une évaluation quantitative. Pour ce qui est des peines privées qui relèvent du deuxième groupe, peuvent être cités en exemple, les dépens, la publicité des jugements et la confiscation. Toutefois, de l'aveu même de L. HUGUENEY, les peines privées imitatives constituent un groupe assez contestable car servant d'expédient commode, mais artificiel, pour englober certaines manifestations hétérogènes du recours aux peines privées [2]. Quant aux sanctions rattachées à la troisième catégorie, elles correspondent aux différentes indignités ou déchéances qui peuvent exister. Définies par opposition aux peines privées quantitatives, elles présentent chacune des particularités liées à leur qualité respective.

Ce dernier argument permet par ailleurs de tirer un enseignement pour le moins décisif : l'analyse de la classification des peines privées laisse apparaître qu'elles ne sont pas toutes quantifiables. Il en va ainsi des peines qualitatives et imitatives. Il en résulte que si le critère du *quantum* de la sanction peut éventuellement être utilisé lors des opérations de classification, il ne peut l'être, en revanche, lors des opérations de qualification, dans la mesure où il ne permet pas de rattacher certaines sanctions à la catégorie des peines privées, alors qu'elles en font indéniablement partie.

47. En définitive, le critère du *quantum* de la sanction pour identifier une peine privée doit être écarté pour trois raisons : la première procède de ce que le défaut de coïncidence entre le montant de l'indemnité et l'évaluation du dommage reste compatible avec une mesure de réparation ; la seconde découle de ce que parfois, alors même qu'il y a une correspondance parfaite entre le montant du dédommagement et le préjudice, l'existence d'une peine privée est néanmoins susceptible d'être décelée ; la troisième, enfin, réside dans le fait que toutes les peines privées ne font pas nécessairement l'objet d'une évaluation.

Le *quantum* de la sanction n'est pas le seul critère qui, classiquement présenté comme conditionnant la peine privée doit, à la réflexion, être écarté. En effet, celui procédant de l'attributaire de la sanction doit manifestement connaître le même sort.

---

1. HUGUENEY L., *L'idée de peine privée en droit contemporain*, Thèse Dijon, 1904, p.105 et s.
2. *Ibid*, p.108.

B – L'attributaire de la sanction

48. La doctrine majoritaire soutient plus ou moins implicitement, même si de rares opinions se révèlent beaucoup plus nuancées [1], que la qualité de l'attributaire de la sanction serait une condition *sine qua non* de la qualification de la peine privée [2]. Contrairement à la peine publique qui est, par principe, prononcée en faveur de la société, la peine privée ne devrait bénéficier qu'à la victime. Dès lors, les spécialistes du droit de la responsabilité civile, tant en droit français qu'iranien, ont-ils pu indiquer qu'elle ne profite jamais à l'Etat, mais bien au particulier qui se substitue au ministère public [3].

49. Principalement deux arguments ont pu être avancés pour tenter de justifier l'énonciation d'un tel critère. Tandis que le premier semble guidé par des considérations issues de la tradition historique, le second, quant à lui, procède d'une approche des droits positifs fondée sur la finalité qui devrait actuellement être reconnue à la peine privée.

50. Pour la partie historique, il fut observé que dans le droit romain « l'obligation à une peine privée ne consistait [...],sauf un petit nombre d'exceptions appartenant au très ancien droit, qu'en somme d'argent que l'offenseur devait payer à l'offensé » [4]. Ainsi, l'attributaire de la sanction permettait de qualifier la *poêna* dont le montant pouvait être calculé jusqu'au quadruple du préjudice [5].

Ultérieurement, les grandes invasions barbares provoqueront le retour de la vengeance privée. Durant le Haut moyen âge, elle trouvera à s'exercer à moins que ne soit versé le *wergeld,*dont une partie du montant était réservée à la victime ou à sa famille. A la fin du Moyen âge, alors que le *wergeld* a disparu, se développera un système qui laissera encore, à côté des amendes versées au seigneur, une place im-

---

1. CARVAL S., *La responsabilité civile dans sa fonction de peine privée*, Coll. Bibliothèque de droit privé, T. 250, LGDJ, 1995, n°318 et s., p. 161 et s.

2. CREMIEUX M., « Réflexions sur la peine privée moderne », in Mélanges P. KAYSER, T. I, PUAM, 1979, p.279 et s. ; DEMOGUE J., *Traité des obligations en général, I, Sources des obligations*, T. IV, Rousseau, 1924, n° 510, p. 185 ; DUPICHOT J., *Des préjudices réfléchis nés de l'atteinte à la vie ou à l'intégrité corporelle*, Coll. Bibliothèque de droit privé, T. XCVI, LGDJ, 1969, n° 176, p. 190 ; HEMARD J., *Les sanctions pénales en droit privé*, Thèse, Lille, 1946, n° 9, p. 16 ; HUGUENEY L., *L'idée de peine privée en droit contemporain*, Thèse, Dijon, 1904, p.17 ; JAUJT A., *La notion de peine privée*, Coll. Bibliothèque de droit privé, T. 442, LGDJ, 2005, n° 275, p. 179 et s. ; NABET P., *La peine privée en droit des assurances*, PUAM (Presses Universitaires d'Aix-Marseille), 1986, n° 36, p. 31 ; ROUJOU DE BOUBEE M.-E., *Essai sur la notion de réparation, Coll. Bibliothèque de droit privé*, T. CXXXV, LGDJ, 1974, p. 57 ; STARK B., *Essai d'une théorie générale de la responsabilité civile considéreé en sa double fonction de garantie et de peine privée*, Rodstein, 1947, p. 365.

3. KATOUZIAN N., La responsabilité du fait des produits défectueux : étude critique et comparative sur l'équilibre de droit du producteur et du consommateur, éditions de l'Université de Téhéran, 2ème éd. 2005, p. 107 ; BADINI H., Philosophie du droit de la responsabilité civile, éditions Sherkat Sahamieh Enteshar, 2005, p. 254 ; KODABAKHSHI A., La distinction fondamentale du droit civil et pénal, Thèse, Université de Téhéran, 2006-2007, p. 32 et s. ; JACOMET P., Essai sur les sanctions civiles de caractère pénal en droit français, Thèse, Paris, 1905, p.72.

4. VON SAVIGNY F.-K., *Le droit des obligations*, T. II, A. Durant, 2ème éd., 1963, (traduit de l'allemand par J.-C. GERARDIN et P. JOZON), p.471 et s.

5. LEVY J.-Ph. et CASTALDO A., *Histoire du droit civil*, Coll. Précis, Dalloz, 2ème éd., 2010,n° 633, p. 942.

portante pour les compositions telles que, par exemple, la *pax privata* dont le montant pouvait, là encore, être sans rapport avec le préjudice effectivement subi [1].

51. Ces processus historiques sont d'ailleurs quasiment similaires dans le système de droit iranien qui, s'inspirant dès son origine des principes et des préceptes de l'idéologie islamique [2], comptait une variété de « peine privée » et ce, au travers de plusieurs peines religieuses comme le prix du sang dit « Diyeh », équivalent du *wergeld* de l'ancien droit français, dont le montant était entièrement réservée à la victime ou à ses parents. Ces différentes mesures, qui toutes bénéficiaient à la personne lésée ou à sa famille, sont traditionnellement présentées comme des manifestations de l'idée de peine privée.

52. Par suite, et dans la continuation de ce qui était autrefois la règle, la peine privée contemporaine aurait dû nécessairement être attribuée à la victime. Toutefois, l'argument historique n'est pas le plus convaincant pour fonder la qualification de la peine privée à partir de l'attributaire de la sanction. En effet, historiquement, le recours à des sanctions pouvant être rattachées au concept de peine privée découlait de ce que la justice privée était, au moins en droit français, fortement présente. A l'heure actuelle, l'existence même de la notion de peine privée ne saurait en aucune manière s'expliquer par l'impuissance de l'Etat à faire respecter la justice sur son propre territoire. Partant, la justification historique de l'attribution de la peine privée à la victime doit être considérée comme dépourvue de toute autorité.

53. L'autre argument censé expliquer le recours au critère de l'attributaire de la sanction, consiste à soutenir que la peine privée aurait pour objet de tirer les conséquences devant être attachées au non respect des règles qui constituent l'ordre juridique privé [3]. Une telle explication semble, *a priori,* bien plus déterminante que celle découlant de l'héritage historique. Lorsque l'ordre social est atteint par la commission d'une infraction, la sanction de cette dernière consiste dans le prononcé d'une peine ou d'une mesure de sûreté qui va, sous des formes différentes, bénéficier à la société tout entière. Par une sorte de parallélisme des formes, le non respect de l'ordre juridique privé devrait donner lieu au prononcé de mesures qui bénéficieraient exclusivement à celui dont les droits ont été incontestablement atteints. L'explication ne sera toutefois pas retenue, dès lors qu'il semble pour le moins excessif de soutenir que la violation de l'ordre juridique privé n'appelle d'autres condamnations que celles devant profiter uniquement à la victime. En effet, elle est susceptible de justifier le recours à des sanctions qui, tout en pouvant relever des

---

1. *Idem*, n° 636, p. 944.

2. En ce sens, l'article 4 de la Constitution de la République Islamique d'Iran prévoit que : « L'ensemble des lois et règlements civils, pénaux, financiers, économiques, administratifs, culturels, militaires, politiques et autres doit être basé sur des préceptes islamiques. Ce principe s'applique d'une manière générale à tous les principes de la Constitution, et aux autres lois et règlements ». La sanction, avant d'être une notion pénale, est un fait culturel. De ce point de vue, la culture exerce une forte influence dans la classification des sanctions, les pratiques pénales n'étant que le reflet des formes culturelles présentes au sein d'une société.

3. CREMIEUX M., « Réflexions sur la peine privée moderne », in Mélanges P. KAYSER, T. I, PUAM, 1979, n° 13 et s., p. 267 et s. ; NABET P., *La peine privée en droit des assurances*, PUAM, 1986, n° 36, p. 31.

techniques du droit civil, sont prévues pour la défense d'intérêts qui dépassent largement ceux qui appartiennent à la seule victime.

54. Certes, pour surmonter l'objection et essayer de convaincre du bien-fondé du critère proposé, des auteurs ont tenté d'établir une distinction entre les peines civiles et les peines privées. Tandis que les premières correspondraient aux sanctions de la violation de l'ordre juridique privé bénéficiant à la collectivité, les secondes recouvreraient l'ensemble des mesures prononcées, pour les mêmes raisons, mais cette fois-ci en faveur de la victime. Une telle proposition est à l'origine de discussions traditionnelles sur la nature de certaines sanctions encourues. Il en va par exemple de la sorte à propos de l'indignité successorale prévue à l'article 880 du Code civil iranien. Cette dernière fait obstacle à ce que, lorsque certaines circonstances de fait sont réunies, une personne puisse succéder à une autre [1]. En vertu de l'article 880 du Code civil iranien : « L'homicide est une cause d'exclusion de la succession ; ainsi, quiconque a volontairement donné la mort à celui à la succession duquel il est appelé ne peut lui succéder, soit qu'il ait été l'auteur ou coauteur du crime, soit qu'il en ait été le complice ». C'est encore le cas en droit français, compte tenu des articles 726 et s. C. civ. notamment, lorsque la personne qui entend succéder a tué, tenté de tuer, ou encore calomnié le défunt dans une procédure criminelle.

55. Il ne saurait être contesté que la raison d'être d'une telle sanction ne soit pas de procurer un quelconque avantage aux autres héritiers [2]. D'ailleurs, la déclaration d'indignité peut être demandée, en l'absence d'autres héritiers, par le ministère public [3]. C'est la raison pour laquelle certains auteurs rattachent l'indignité successorale à la catégorie des peines civiles [4]. Cependant, d'autres la qualifient expressément de peine privée [5]. Ceci étant, il peut être aisément vérifié que cette absence d'accord doctrinal sur la qualification de la sanction étudiée n'emporte nulle sorte de conséquence pratique. C'est donc bien qu'il n'existe, en définitive, aucune différence décisive entre la peine civile et la peine privée.

En conséquence, en admettant que la peine privée constitue effectivement la sanction des atteintes à l'ordre juridique privé, il peut être logiquement affirmé que la qualité de son bénéficiaire est sans véritable importance.

56. A la réflexion, aucun des deux arguments avancés pour fonder la sollicitation du critère de l'attributaire de la sanction dans l'opération de qualification de la peine privée ne se révèle véritablement décisif. C'est la raison pour laquelle, la notion de peine privée telle qu'elle était classiquement appréhendée à l'époque de l'accusation privée, à savoir une sanction prononcée par la victime qui en était dans le même temps l'agent d'exécution, doit être écartée au profit d'une approche qui en est lar-

1. SADEGHI-MOGHADDAM M.-H., Cours de droit de la succession, Faculté de droit et de science politique de l'Université de Téhéran, 2011.

2. HUGUENEY L., *L'idée de peine privée en droit contemporain*, Thèse, Dijon, 1904, p.128.

3. Article 866 du Code civil iranien et l'article 721-1 al. 2 du Code civil français.

4. CREMIEUX M., « Réflexions sur la peine privée moderne », in Mélanges P. KAYSER, T. I, PUAM, 1979, n° 16 et s., p. 270.

5. DEMOGUE R., Traité des obligations en général, I, Sources des obligations, T. IV, Rousseau, 1924, n° 514, p. 191.

gement renouvelée, au terme de laquelle la qualité du bénéficiaire de la sanction est parfaitement indifférente.

Les critères inopérants pour qualifier une sanction de peine privée étant ainsi présentés, il convient maintenant de faire état de ceux qui sont réellement déterminants.

Paragraphe 2 : Les critères déterminants de la peine privée

57. En définitive, il existe seulement deux critères, certes cumulatifs, qui permettent de déterminer si une sanction peut, ou non, être effectivement qualifiée de peine privée : le premier correspond au fondement de la mesure prononcée (**A**) ; le second à sa finalité (**B**).

A – Le fondement de la sanction

58. il est unanimement admis en doctrine que le recours à l'idée de peine privée ne peut se concevoir qu'en présence d'un fait constitutif d'une faute civile [1]. La justification d'une telle exigence découle de ce que la fonction punitive qui doit être reconnue à la peine privée ne peut être véritablement efficiente que s'il existe un comportement illicite à sanctionner. Autrement dit, il ne saurait y avoir de peine privée sans que la culpabilité de celui qui a à la subir ait été établie. Un parallèle peut d'ailleurs être ici fait avec la responsabilité pénale qui, au regard de sa finalité

---

1. VINEY G., « Quelques propositions de réforme du droit de la responsabilité civile », Recueil Dalloz, 2009, n° 44, p. 2945 ; MESA R., « La consécration d'une responsabilité civile punitive : une solution au problème des fautes lucratives ? », Gazette du palais – Recueil novembre-décembre 2009, p. 3416 et s. ; DREYER E., « La faute lucrative des médias, prétexte à une réflexion sur la peine privée », JCP G, n° 43, 22 octobre 2008, I 201 ; CREMIEUX M., « Réflexions sur la peine privée moderne », in Mélanges P. KAYSER, T. I, PUAM, 1979, p.261 et s. ; DEMOGUE J., *Traité des obligations en général, I, Sources des obligations,* T. IV, Rousseau, 1924, n°509, p.185 ; HUGUENEY L., *L'idée de peine privée en droit contemporain,* Thèse, Dijon, 1904, p. 26 ; JACOMET P., *Essai sur les sanctions civiles de caractère pénal en droit français,* Thèse, Paris, 1905, p. 28 ; MAZEAUD D., *La notion de clause pénale,* Coll. Bibliothèque de droit privé, T. 223, LGDJ, 1992, n° 544, p. 315 ; P. NABET, *La peine privée en droit des assurances*, PUAM, 1986, n° 25 et s., p.19 et s. ; ROUJOU DE BOUBEE M.-E., *Essai sur la notion de réparation,* Coll. Bibliothèque de droit privé, T. CXXXV, LGDJ, 1974, p. 59 ; STARK B., *Essai d'une théorie générale de la responsabilité civile considérée en sa double fonction de garantie et de peine privée,* Rodstein, 1947, p. 390 ; KATOUZIAN N., « L'évolution de la notion de faute en droit de la responsabilité civile », Trimestrielle du droit, Revue de la faculté de droit et de science politique de l'Université de Téhéran, n° 1, Printemps 2009, p. 199 ; KHODABAKHSHI A., *Assurance et droit de la responsabilité civile,* édition du journal officiel de la République Islamique d'Iran, 1ère éd. 2009, p. 320 ; FICHER D.-A. and POWERS W., *Product liability, Cases and Materials,* Second Edition, West publishing Co., 1994 ; FRANKLIN A.-M. and RABIN L.-R., *Tort law and alternatives, Cases and Materials,* Sixth Edition, 1996, cités par : KATOUZIAN N., *La responsabilité du fait des produits défectueux : étude critique et comparative sur l'équilibre de droit du producteur et du consommateur,* éditions de l'Université de Téhéran, 2ème éd. 2005, p. 172 ; ASLANI H.-R., « La notion et le statut de la faute en droit de la responsabilité contractuelle et délictuelle », Revue spécialisée de l'Université des sciences islamiques Razavi : droit et théologie, 5ème années, printemps-été 2005, n° 15-16, p. 51 et s.

répressive ne saurait en aucun cas être engagée en l'absence de toute faute de la personne poursuivie [1].

59. De ce que la peine privée a un fondement nécessairement fautif [2], il devrait automatiquement être déduit qu'elle ne saurait être sollicitée que dans les hypothèses de responsabilité civile dont la mise en œuvre suppose que soit établie l'existence d'un acte illicite.

En matière contractuelle, cette exigence n'apparaît pas très contraignante, la faute semblant systématiquement conditionner l'engagement de la responsabilité. En effet, en cas de manquement à une obligation de moyens, la condamnation du débiteur sera nécessairement subordonnée à la preuve par le créancier d'une inexécution fautive. Quant à la responsabilité contractuelle découlant de la violation d'une obligation de résultat, elle est susceptible d'être rattachée à l'idée de faute, celle-ci pouvant être établie du seul fait que la prestation promise n'a pas été fournie [3]. D'ailleurs, la Cour de cassation n'indique-t-elle pas que « l'obligation de résultat emporte [...] présomption de faute » [4]. Or, comme cela a été souligné, l'acte illicite justifiant le prononcé d'une peine privée peut parfaitement être présumé [5].

En matière délictuelle, en revanche, le même constat n'est, du moins *a priori,* pas susceptible d'être opéré. Le prononcé d'une peine privée ne semble envisageable que si l'action est fondée sur les idées de garantie ou de risque [6]. En effet,

---

1. BOULOC B., *Droit pénal général*, Coll. Précis, Dalloz, 21ème éd., 2009, n°253 et s. ; PRADEL J., Droit pénal général, Coll. Manuels, Cujas, 17ème éd., 2008/2009, n° 461 et s., p.432 et s. ; PUECH M., Droit pénal général, Litec, 1988, n°509 et s., p.183 et s. ; GOLDOUZIAN I., *Précis de droit pénal général*, édition Mizan, 12ème éd. 2005, p.178 et s. ; MIRSAEEDI S.-M., *Responsabilité pénale*, T. 1, édition Mizan, 1ère éd. 2004, p. 64 et s.

2. Selon le premier rapport, qui a été remis au garde des Sceaux le 22 septembre 2005 au nom de la commission présidée par le Professeur Pierre Catala et qui portait avant projet de réforme du droit des obligations et de la prescription, préconisait de sanctionner l'auteur d'une faute manifestement délibérée, et notamment d'une faute lucrative, grâce à des dommages-intérêts punitifs.

3. LE TOURNEAU Ph., *Droit de la responsabilité et des contrats*, édition Dalloz 2010-2011, n° 3221, p. 910 et s. ; MALAURIE Ph., AYNES L. et STOFFEL-MUNCK Ph., *Les obligations*, Coll. Droit civil, Defrénois, 4ème éd., 2009, n°945, p. 503 ; TERRE F., SIMLER Ph. et LEQUETTE Y., Droit civil. Les obligations, Coll. Précis, Dalloz, 10ème éd., 2009, n° 580, p. 584 ; KATOUZIAN N., *Etudes élémentaires en droit civil, Actes juridiques*, édition de la société de publications avec collaboration de la société Bahman Borna' 9ème édition 2010, p. 220 ; SHAHIDY M., *Les effets des contrats et des obligations*, éditions Madjd, 3ème éd. 2007, n° 115, p. 208 et s. ; Ayatollah AMID ZANJANI A.-A., *Les causes de la responsabilité : introduction à la responsabilité civile, ses motifs et s.es effets dans la jurisprudence islamique*, édition Mizan, 1ère éd. 2003, p. 56 et s.

4. Civ. 1er, 19 Nov. 2009, n° 08-21.645, D. c/Free, NP, D. 2009, AJ 2927, obs. P. Guimard ; LPA 22 janv. 2010, n° 16, p. 12, note M. Fernet ; Civ. 1er, 10 avr. 2008, n° 07-12.373, NP, RCA 2008, n° 196, 2e esp. ; Civ. 1er, 16 oct. 2001, n° 99-16.854, NPT, RTD civ. 2002, 514, obs. P. Jourdain ; Civ. 1ère, 16 février 1988, Bull. civ. I, n°42, RTD civ. 1988, p.767, obs. P. JOURDAIN ; Civ. 2ème, 2 février 1994, JCP 1994, IV, 892.

5. CREMIEUX M., « Réflexions sur la peine privée moderne », in Mélanges P. KAYSER, T. I, PUAM, 1979, p.261 et s., spéc. n°24, p.275 et n°29, p.277.

6. Dans cette hypothèse, seuls les articles 1382 et 1383 du Code civil français serviraient de base pour le prononcé d'une peine privée. La diversité des sources du droit iranien sur la question de la responsabilité ne permet d'ailleurs pas une identification claire du fondement à l'origine de cette peine privée. Néanmoins, Monsieur BADINI dans son article dédié aux Mélanges offerts au Professeur KATOUZIAN, a finalement pu préciser que « la responsabilité eu égard au paiement de la peine de

toutes les autres hypothèses de responsabilité extracontractuelle, qu'il s'agisse de celles du fait des choses ou de celles du fait d'autrui, sont désormais entièrement détachées de la notion de faute, seuls les fondements précités pouvant pertinemment rendre compte de leur raison d'être. En réalité, le propos doit être nuancé. S'il est vrai que l'acte illicite de celui qui est assigné ne constitue plus une condition de la mise en œuvre de la responsabilité du fait des choses ou du fait d'autrui, il n'en demeure pas moins qu'il est toujours possible pour le juge de le prendre officieusement en compte, toutes les fois qu'il existe, dans la détermination de la sanction prononcée. Aussi, la peine privée reste-t-elle compatible avec les régimes de responsabilité objective, pour peu que l'existence d'une faute personnellement imputable au condamné puisse être décelée par les juges du fond dans les faits qui leur sont soumis.

60. La question qui reste néanmoins en suspens est de savoir si la faute constitue l'unique élément permettant de faire la distinction entre les mesures qui peuvent être rattachées à la catégorie des peines privées et celles qui lui sont étrangères. Pour une partie de la doctrine française, la réponse est affirmative [1]. Cette opinion peut cependant ne pas être partagée. En effet, il apparaît que le fondement fautif du prononcé d'une sanction constitue un critère incomplet de qualification de la peine privée. Le propos se vérifie par le fait que si toute peine privée implique l'existence d'un comportement fautif, tout fait illicite peut naturellement justifier le prononcé de sanctions autres que des peines privées. Il en ressort que la sanction d'un acte illicite peut tout aussi bien correspondre à une peine privée qu'à une réparation [2].

Finalement, si le fondement, officiel ou officieux, de la sanction constitue un critère bien évidemment déterminant de la peine privée, il ne saurait pour autant être suffisant, il doit donc être complété par celui de la finalité de la mesure prononcée.

B – La finalité de la sanction

61. Le critère téléologique de la peine privée, tel qu'il a été énoncé par HUGUENEY se propose de définir cette dernière par rapport au but répressif qu'elle poursuit. A son terme, il y aura peine privée « lorsque l'intention du législateur aura été, en donnant action contre l'auteur d'un tort, moins de venir en aide au lésé que

---

« Diyeh », étant considérée comme une peine privée, n'est pas fondée sur la faute mais est une sorte de responsabilité stricte ».

1. VINEY G., « Quelques propositions de réforme du droit de la responsabilité civile », Recueil Dalloz, 2009, n° 44, p. 2945 ; DREYER E., « La faute lucrative des médias, prétexte à une réflexion sur la peine privée », JCP G, n° 43, 22 octobre 2008, I 201 ; MAZEAUD D., *La notion de clause pénale*, Coll. Bibliothèque de droit privé, T. 223, LGDJ, 1992, n° 541, p. 312 : « [...], la condamnation à une peine privée suppose nécessairement et uniquement l'existence d'une faute. » ; ROUJOU DE BOUBEE M.-E., *Essai sur la notion de réparation, Coll. Bibliothèque de droit privé*, T. CXXXV, LGDJ, 1974, p. 66.

2. COUTANT-LAPALUS Ch., *Le principe de réparation intégrale en droit privé*, PUAM, 2002, n° 455, p. 388.

de réprimer un agissement coupable » [1]. La prise en considération du but punitif de la mesure prononcée pour qualifier la peine privée permet d'opérer un rapprochement avec l'une des variétés de la sanction pénale, à savoir la peine publique, laquelle se définit comme « un châtiment infligé au délinquant en rétribution de l'infraction qu'il a commise » [2].

62. Ceci étant, il a été observé par une partie de la doctrine que le recours à un tel critère pour identifier une peine privée était inopérant. Deux sortes d'arguments ont principalement été avancées afin de justifier une telle position.

Tout d'abord, l'intégralité des sanctions civiles à finalité punitive ne pouvait en aucune manière être systématiquement rattachée à la catégorie des peines privées. Ainsi, les mesures de réparation auraient, comme les peines privées, un caractère punitif dans le sens où, par exemple, les indemnités versées à la victime par le responsable engendreraient nécessairement pour ce dernier la privation d'une partie plus ou moins importante de son patrimoine [3]. L'objection n'apparaît pas décisive. En admettant que la condamnation à des mesures réparatrices puisse éventuellement avoir un effet répressif, celui-ci n'est toutefois pas spécialement recherché [4].

Il est seulement indirect, subsidiaire et, pour ainsi dire, réflexe, dans le sens où il est la conséquence automatique de l'obligation faite à l'auteur de l'acte illicite d'effacer, ou tout du moins de compenser, le dommage qu'il a causé. Surtout, l'affirmation selon laquelle les sanctions réparatrices auraient une fonction punitive peut ne pas être partagée, dès lors que le caractère infamant de telles mesures ne saurait sérieusement être démontré. Finalement, il peut parfaitement être considéré que le but répressif ne constitue absolument pas un élément caractéristique des sanctions réparatrices. Ces dernières se distinguent donc, sur ce point, des peines privées.

Ensuite, il a été soutenu que si la finalité des peines privées était certes punitive, elle pouvait par ailleurs être réparatrice [5]. Elle consisterait donc à la fois à châtier l'auteur d'un acte illicite et à réparer le préjudice souffert par la victime. Une telle

---

1. HUGUENEY L., *L'idée de peine privée en droit contemporain*, Thèse, Dijon, 1904, p.27, et « Le sort de la peine privée en France dans la première moitié du XXe siècle », *in* Le droit privé français au milieu du vingtième siècle, Etudes offertes à G. Ripert, T. II, p. 249.

2. MERLE R. et VITU A., *Traité de droit criminel, T. I, Problèmes généraux de la science criminelle*, Droit pénal général, Cujas, 7ème éd., 1997, n° 654, p. 824.

3. ROUJOU DE BOUBEE M.-E., *Essai sur la notion de réparation*, Coll. Bibliothèque de droit privé, T. CXXXV, LGDJ, 1974, p. 54.

4. COUTANT-LAPALUS Ch., *Le principe de réparation intégrale en droit privé*, PUAM, 2002, n° 459, p. 390.

5. MEHMAN NAVAZAN R., *Les dommages réparables en droit iranien*, éditions Assar Andisheh, 1ère éd. 2009, p. 173 ; HOSSEINABADI A., « Le rôle du professeur KATOUZIAN dans l'évolution du droit de la responsabilité civile en droit iranien », http://www.iranbar.org/ph19k3.php ; JAFARI-LANGROUDI M.-J., *Droit des obligations*, T. I, Les presses de l'Université de Téhéran, 2003, p. 312 ; TABATABAEE YAZDI S.-M.-K., *La question et la réponse*, éditions Manshorat Jameat el-najaf el-dinieh, en langue Arabe : l'auteur étant l'un des spécialistes reconnus en matière de jurisprudence islamique, a bien confirmé la validité de la clause pénale en droit islamique ; LAITHIER Y.-M., « *Clause pénale et dommages et intérêts incitatifs* », in *Droit et économie du contrat*, sous la direction de C. Jamin, LGDJ, coll. Droit et économie, 2008, p. 141 et s. ; MAZEAUD D., *La notion de clause pénale*, Coll. Bibliothèque de droit privé, T. 223, LGDJ, 1992, n°544, p. 315.

affirmation semble procéder d'une approche historique de la notion de peine privée. En effet, il a pu être constaté qu'à l'origine, elle remplissait une double fonction « peine pécuniaire dont le montant profite à la victime du délit, et qui, en même temps qu'elle réprime l'acte blâmable, répare le préjudice causé » [1].

63. Il en ressort que le critère téléologique ne serait aucunement opératoire, la dimension réparatrice de la peine privée faisant obstacle à ce qu'une sanction puisse être qualifiée de la sorte à partir de sa seule fonction punitive. Cependant, là encore, la réserve formulée quant à l'efficacité du recours à un tel critère ne sera pas retenue. Pour l'écarter, il a été soutenu que si la peine peut avoir un but réparateur, il ne saurait s'agir de son objet principal. Partant, il ne devrait pas être pris en compte lors des opérations de qualification [2]. Un tel argument n'est cependant pas décisif puisqu'il s'expose à une critique pertinente qui consiste à remarquer qu'il n'y aurait alors entre la peine privée et les mesures de réparation une différence non pas de nature, mais seulement de degré [3]. En réalité, pour rejeter l'objection destinée à tenir en échec le critère téléologique de la peine privée, il semble préférable de soutenir que cette dernière n'a plus aucune finalité réparatrice. Une telle affirmation peut être aisément vérifiée dans la mesure où il a été d'ores et déjà remarqué que, notamment pour des raisons liées aux modifications du contexte historique, l'attributaire de la sanction devait désormais être considéré comme un élément indifférent de la peine privée [4].

67. La conséquence logique de ce constat est que, dorénavant, celle-ci a nécessairement un objet exclusivement punitif. Dans l'hypothèse inverse, en effet, la peine privée devrait obligatoirement, et non éventuellement, être attribuée à la seule victime. Il doit cependant être précisé que si la peine privée n'a aucune fonction réparatrice, il reste concevable qu'une même sanction puisse avoir une double nature, dès lors qu'elle peut faire l'objet d'un fractionnement. Par exemple, l'obligation faite à l'auteur d'un dommage de verser une somme d'argent à sa victime pourra être analysée en une sanction indemnitaire pour le montant équivalent au préjudice effectivement subi, et en une sanction punitive, consistant en une peine privée, pour le montant qui le dépasse.

En définitive, la sollicitation d'un critère téléologique consistant dans l'objet punitif de la sanction se révèle parfaitement appropriée pour qualifier la peine privée. Elle est même tout à fait pertinente eu égard au but punitif inhérent à la peine privée [5], lequel commande, pour que cette dernière puisse être efficacement caractérisée, que la finalité punitive de la sanction soumise à l'opération de qualification soit

---

1. JOURDAIN P., Recherche sur l'imputabilité en matière de responsabilité civile et pénale, Thèse Paris II, 1982, n° 96, p. 110.

2. COUTANT-LAPALUS Ch., *Le principe de réparation intégrale en droit privé*, PUAM, 2002, n° 460, p. 392.

3. ROUJOU DE BOUBEE M.-E., *Essai sur la notion de réparation*, Coll. Bibliothèque de droit privé, T. CXXXV, LGDJ, 1974, p. 55.

4. *Cf. supra*, n° 48 et s.

5. KATOUZIAN N., *Responsabilité civile, T. I, Les obligations extracontractuelles*, Les Presses de l'Université de Téhéran, 2ème éd. 1999, p. 668 ; DEMOGUE R., Traité des obligations en général, I, Sources des obligations, T. IV, Rousseau, 1924, n° 510, p. 185.

clairement établie. C'est d'ailleurs sans doute la raison pour laquelle L. HUGUENEY a suggéré de faire de la finalité de la mesure le critère prépondérant de la peine privée [1].

68. A partir des deux critères finalement retenus pour caractériser la peine privée, il est possible de considérer cette dernière comme la sanction civile qui a pour objet de réprimer des comportements fautifs. Cette définition de la peine privée témoigne de ce que cette dernière est parfaitement apte à fonder la fonction punitive de la responsabilité civile. Le propos peut d'ailleurs être conforté au travers de l'étude du régime juridique auquel la peine privée est soumise.

Section 2 : Le régime de la peine privée

69. La peine privée est soumise à un régime juridique dont l'étude soulève une difficulté non négligeable. Dans la plupart des hypothèses, en effet, elle n'est infligée que de manière officieuse. Il en résulte qu'une analyse exclusivement jurisprudentielle ne permettra pas d'identifier clairement les conditions auxquelles elle est subordonnée. En effet, les juridictions ne sont pas tenues de préciser dans les décisions rendues le régime de condamnations qu'elles n'ont officiellement pas vocation à prononcer. Ceci étant, il apparaît que, de par sa définition, la peine privée est nécessairement fondée sur un acte illicite [2]. Toutefois, chacun s'accorde à reconnaître que n'importe quel fait fautif ne saurait justifier qu'elle soit sollicitée. Il s'avère donc nécessaire de préciser les variétés de fautes susceptibles de motiver son prononcé (**Paragraphe 1**). Par ailleurs, dès lors qu'elle poursuit une finalité punitive [3], elle ne peut être infligée qu'à l'encontre d'un sujet de droit qui présente les caractères requis pour révéler l'aptitude à subir personnellement un châtiment (**Paragraphe 2**).

Paragraphe 1 : Les variétés de fautes justifiant le prononcé de la peine privée

70. La faute conditionnant le recours à une telle sanction doit nécessairement présenter une certaine gravité à défaut de laquelle la répression civile perdrait toute raison d'être [4]. Deux arguments, d'ailleurs plus ou moins liés, permettent de justifier une telle affirmation. Tout d'abord, il convient d'invoquer l'exigence de proportionnalité entre la gravité de l'écart de conduite et la sévérité de la sanction qu'il appelle. En effet, son non-respect serait de nature à faire perdre à la répression civile une partie de son efficacité, dans la mesure où la dimension préventive qui en découle normalement deviendrait très théorique. La raison en est que la crainte d'une punition n'est absolument pas effective lorsque la sanction encourue paraît à ce point

---

1. HUGUENEY L., *L'idée de peine privée en droit contemporain*, Thèse, Dijon, 1904, p. 28.

2. *Cf. supra*, n° 69.

3. *Cf. supra*, n° 69.

4. LE TOURNEAU Ph., *Droit de la responsabilité et des contrats*, édition Dalloz 2010-2011, n° 45, p. 31 ; VINEY G., « Quelques propositions de réforme du droit de la responsabilité civile », Recueil Dalloz, 2009, n° 44, p. 2945 ; DREYER E., « La faute lucrative des médias, prétexte à une réflexion sur la peine privée », JCP G, n° 43, 22 octobre 2008, I, 201.

disproportionnée par rapport aux faits reprochés qu'il est fort probable, du moins dans l'esprit des justiciables, qu'elle ne sera jamais prononcée [1]. Ensuite, la fonction punitive de la responsabilité civile n'apparaît légitime, même pour ses fervents défenseurs [2], seulement si la faute fondant la condamnation constitue un acte réellement blâmable [3]. A défaut, il est vrai que la peine privée qui se développe dans la plupart des hypothèses en marge des textes, pourrait se révéler sans réelle utilité, aucun impératif particulier ne justifiant, même en pure opportunité, qu'une simple négligence civile soit sanctionnée autrement que par le prononcé de mesures réparatrices. Il faut d'ailleurs garder à l'esprit que, déjà en matière pénale, la répression des *culpelevissime* est parfois contestée en raison de ses éventuels excès [4], même si certains semblent moins critiques [5]. Finalement, de la nécessité d'un comportement suffisamment grave pour recourir à la peine privée, il ressort que seule la faute délibérée (**A**) ou non-délibérée mais susceptible d'être qualifiée (**B**) doivent permettre de la solliciter.

A – La faute délibérée

71. S'entend normalement de cette institution juridique, du moins en droit français, la faute intentionnelle au sens propre du terme, mais également la faute lucrative citeé aussi bien par quelques opinions doctrinales que des dispositions législatives.

a. Le cas de faute intentionnelle

72. D'un point de vue théorique, et en dépit d'opinions contraires [6]il semble possible de soutenir que la faute intentionnelle est une notion unitaire, en ce sens

---

1. RIVERO J., « Sanction jurisprudentielle et règle de droit », in Mélanges L. JULLIOT DE LA MORANDIERE, Dalloz, 1964, p. 457 et s., spéc. p. 459.

2. CARVAL S., *La responsabilité civile dans sa fonction de peine privée*, Coll. Bibliothèque de droit privé, T. 250, LGDJ, 1995, n°292 et s. ; COUTANT-LAPALUS Ch., Le principe de réparation intégrale en droit privé, PUAM, 2002, n° 570, p. 484 et s.

3. KATOUZIAN N., *Responsabilité civile, T. I, Les obligations extracontractuelles*, Les presses de l'Université de Téhéran, 2ème éd. 1999, n° 147, p. 336 ; PLANIOL M., RIPERT G. et ESMEIN P., *Traité pratique de droit civil français*, T. VI, Obligations, vol. I, LGDJ, 2ème éd., 1952, n° 683, p. 970.

4. D'HAUTEVILLE A., « Les transformations de la faute pénale », *in Le nouveau code pénal 10 ans après*, Pédone, ouvrages de l'E.R.P.C., 2005, p. 1 et s. : l'auteur a souligné très justement qu' « *on peut espérer que les fautes très légères, voire légères (comme une maladresse) sortiront du champ pénal pour n'être que le fondement d'une réparation civile* » ; GIUDICELLI-DELAGE G., « La sanction de l'imprudence », in Mélanges COUVRAT P., PUAM, 2001, p.523 et s., spéc. p. 535 ; MAYAUD Y., « Retour sur la culpabilité non-intentionnelle en droit pénal ... (à propos de la loi n° 2000-647 du 10 juillet 2000 », D. 2000, chron. P.603 et s., spéc. p. 605 ; TUNC A. et LEAUTE J., « Les frontières de la répression en matière d'imprudence », in *Les frontières de la répression*, Editions de l'Université de Bruxelles, 1972, p. 39 et s.

5. CHAVANNE A. et FAYARD M.-Cl., « Les délits d'imprudence », RSC 1975, p.1 et s., spéc. p. 17 ; SALVAGE Ph., « L'imprudence en droit pénal », JCP 1996, I, 3984 ; SALVAGE Ph., « La loi n°2000-647 du 10 juillet 2000, Retour vers l'imprudence pénale », JCP 2000, I, 281.

6. MALINVAUD Ph., Droit des obligations, Coll. Manuels, Litec, 10ème éd., 2007, n° 566, p. 414 ; BADINI H., *Cours du droit de la responsabilité civile*, Faculté de droit de l'Université de Téhéran,

qu'aucun argument décisif ne fait obstacle à ce qu'elle revête la même signification en matières contractuelle et délictuelle [1]. Ceci étant, il reste que la détermination de son contenu est source de controverses doctrinales. Selon une première analyse, elle correspond à la volonté du comportement dont les conséquences, sans être spécialement recherchées, ont néanmoins été envisagées [2]. Pour la doctrine majoritaire, cependant, la faute intentionnelle impliquerait que la volonté du comportement soit doublée de la volonté de causer le dommage [3]. Les tenants de cette dernière approche de l'intention se partagent néanmoins sur la consistance exacte que doit présenter cette volonté de provoquer un dommage. Pour certains, elle équivaut à l'intention de nuire. Une telle interprétation n'est toutefois pas justifiée dès lors qu'elle a pour conséquence d'ériger les mobiles en élément constitutif de la faute [4].

Or, ces derniers sont, par principe, juridiquement indifférents. Une solution inverse conduirait, en effet, à intégrer une trop grande part de subjectivité dans l'appréciation de la faute, ce qui n'est pas acceptable. Il est donc préférable de soutenir que la faute intentionnelle est établie dès lors que, la volonté du comportement

---

2010-2011, p. 93 ; ASLANI H.-R., « La notion et le statut de la faute en droit de la responsabilité contractuelle et délictuelle », Revue spécialisée de l'Université des sciences islamiques Razavi : droit et Théologie, 5ème année, Printemps-Eté 2005, n° 15-16, p. 75 et s. : L'auteur a rappelé que « *tandis qu'en matière contractuelle, l'élément de l'intention n'aurai aucune influence ni sur la preuve de la responsabilité ni même sur l'étendue de celle-ci, cet élément, en matière délictuelle, fera, sauf en cas exceptionnel comme l'usurpation, dispenser la victime de prouver la faute de l'auteur du faite dommageable. La preuve de la faute intentionnelle, toujours dans cette matière, va parfois également empêcher au coupable d'invoquer les clauses limitatives ou exonératoires de responsabilité* ». Or, en matière de faute intentionnelle, l'intention de nuire ne s'applique pas à la faute mais au dommage. Ainsi, celui qui agit volontairement au mépris des risques qu'il fait courir à autrui ne commet pas une faute intentionnelle.

1. TERRE F., SIMLER Ph. et LEQUETTE Y., *Droit civil. Les obligations*, Coll. Précis, Dalloz, 10ème éd., 2009, n° 727, p.737 ; KATOUZIAN N., *op. cit.*, p. 117 ; JOURDAIN P., « Droit à réparation. Responsabilité fondée sur la faute. Notion de fautes : fautes qualifiées », J.Cl. Civil, Art. 1382 à 1386, fasc. 120-20, 2006, n° 31, p. 9.

2. DEMOGUER., *Traité des obligations en général, I, Sources des obligations*, T. IV, Rousseau, 1924, n°278, p.311 ; PLANIOL M., RIPERT G. et ESMEIN P., *Traité pratique de droit civil français, T. VI, Obligations*, vol. I, LGDJ, 2ème éd. 1952, n° 513, p.696 ; DROUDIAN H.-A., Cours du droit de la responsabilité civile, éditions de la faculté de droit et de science politique de l'Université de Téhéran, 2006-2007 ; GASEMZADEH S.-M., *Les fondements de la responsabilité civile*, édition Mizan, 5ème éd. 2008, n° 85, p. 118 et s.

3. STARCK B., ROLAND H.et BOYER L., *Les obligations, T. I, Responsabilité délictuelle*, Litec, 5ème éd., 1998, n° 299, p. 147 ; BRIERE DE L'ISLE G., « La faute intentionnelle. (à propos de l'assurance de responsabilité civile professionnelle) », D. 1973, chron, p.259 et s. spéc. p. 260 ; CARBONNIER J., *Droit civil, T. IV, Les obligations*, Coll. Thémis, PUAM, 22ème éd, 2000, n° 226, p. 409 ; FLOUR J., AUBERT J.-L. et SAVAUX E., *Droit civil. Les obligations, T. II, Le fait juridique*, Coll. U, Armand Colin, 13ème éd., 2009, n°110, p. 125 ; LARROUMET Ch., *Droit civil, Les obligations. Le contrat*, T. III, Economica, 5ème éd., 2003, n° 623, p.673 et s. ; LEGAL A., *De la négligence et de l'imprudence comme sources de la responsabilité civile délictuelle*, Thèse, Paris, 1922, p. 56 et s. ; MALAURIE Ph., AYNES L. et STOFFEL-MUNCK Ph., *Les obligations*, Coll. Droit civil, Defrénois, 4ème éd., 2009, n° 951, p.508 ; MARTY G. et RAYNAUD P., *Droit civil. Les obligations, T. I, Les sources*, Sirey, 2ème éd., 1988, n° 470, p.529 ; MAZEAUD L. et TUNC A., *Traité théorique et pratique de la responsabilité délictuelle et contractuelle*, T. I, Montchrestien, 6ème éd., 1965, n° 409, p. 479 ; KATOUZIAN N., *Le fait juridique*, éditions Sherkat Sahamiyeh Enteshar, 1ère éd. 2009, n° 52, p. 70 et s.

4. JOURDAIN P., « Droit à réparation. Responsabilité fondée sur la faute. Notion de fautes : fautes qualifiées », J.-Cl. Civil, Art. 1382 à 1386, fasc. 120-20, 2006, n° 14, p.4.

étant caractérisée, il apparaît par ailleurs que le dommage est, quelle qu'en soit la raison, recherché.

73. L'appréhension jurisprudentielle de la faute intentionnelle a, quant à elle, varié au fil du temps. Ainsi, jusqu'à la fin des années 1960, la Cour de cassation s'est apparemment ralliée à la conception étroite de la faute intentionnelle [1], même si certaines décisions ont pu être analysées par une partie de la doctrine comme en adoptant une définition en réalité plus large [2]. Cependant, un revirement fut opéré dans une décision rendue le 4 février 1969, à propos d'une affaire où l'application d'une clause pénale était source de contestations [3]. De l'attendu de principe, il ressort tout d'abord que la Cour de cassation a expressément rejeté l'intention de nuire en tant qu'élément constitutif du dol. Ensuite, en faisant référence à la seule inexécution volontaire pour caractériser la faute intentionnelle, la Haute juridiction française n'a plus semblé subordonner l'existence de cette dernière à la volonté de causer le dommage [4]. Cette conception de la faute dolosive n'apparaît toutefois pas réellement opportune dans la mesure où elle crée une certaine confusion avec la notion de faute lourde, la Cour de cassation faisant produire les mêmes effets aux deux catégories de fautes [5], à quelques exceptions près [6]. Ceci étant, si la portée de cet arrêt n'est pas négligeable, elle s'est néanmoins réduite au cours des années qui ont suivi. En effet, bien que cette solution ait par la suite été régulièrement confirmée dans le domaine des clauses limitatives ou exclusives de responsabilité contractuelle [7], l'étude de la jurisprudence laisse apparaître que, pour le reste, la Cour de cassation est revenue à une définition moins compréhensive de la faute intentionnelle. Par exemple, l'établissement de cette dernière est actuellement subordonné, en

---

1. Civ. 1ère, 14 novembre 1956, Bull. civ. I, n°409 : « [...] ; Attendu enfin qu'elle (la cour d'appel) a relevé que si les rapports d'expertises révèlent l'existence de malfaçons, aucun fait précis n'est allégué qui permette de penser que Dumont, sortant en quelque sorte du contrat qui le liait, ait agi malicieusement ou dans le but de nuire... ; qu'il a ainsi été répondu aux conclusions prétendument délaissées ; {...] ».

2. Req., 2 juillet 1929, D.H. 1929, p. 413 (arrêt qui fait référence non pas à l'intention de nuire mais à la fraude du débiteur contractuel) ; Com., 22 février 1956, JCP 1956, II, 9266, note P. CHAUVEAU (arrêt qui assimile la fraude du transporteur mentionné à l'article 26-4° de la Convention de Varsovie du 12 octobre 1929 à la faute dolosive).

3. Civ. 1ère, 4 février 1969, Bull. civ. I, n° 60, D. 1969, juis p. 601, note J. MAZEAUD, JCP 1969, II, 16030, note R. PRIEUR : « {...] ; attendu que le débiteur commet une faute dolosive lorsque, de propos délibéré, il se refuse à exécuter ses obligations contractuelles, même si ce refus n'est pas dicté par l'intention de nuire à son contractant ; {...].

4. JOURDAIN P., *Les principes de la responsabilité civile*, éditions Dalloz, 8ème éd. 2010, p. 54, et du même auteur « Droit à réparation. Responsabilité fondée sur la faute. Notion de fautes : fautes qualifiées »,J.-Cl. Civil, Art. 1382 à 1386, fasc. 120-20, 2006, n° 20, p.6.

5. Req., 24 octobre 1933, S. 1933, 1, p.289, note P. ESMEIN ; Com., 7 juin 1952, D. 1952, juris., p. 651 ; Com., 15 juin 1959, D. 1960, juris. P.97, note R. RODIERE ; Civ. 1ère, 19 octobre 1969, Bull. civ. I, n°552 ; Civ. 1ère, 22 novembre 1978, JCP 1979, II, 19139, note G. VINEY ; Com., 7 mai 1980, Bull. civ. IV, n°184 et 185, D. 1981, juris. P. 245, note F. CHABAS ; Com., 15 décembre 1992, Bull. civ. IV, n°420 ; Com., 3 avril 2001, Bull. civ. IV, n°70, JCP 2001, I, 354, n°11, obs. F. LABARTHE.

6. JOURDAIN P., « Droit à réparation. Responsabilité fondée sur la faute. Notion de fautes : fautes qualifiées », J.-Cl. Civil, Art. 1382 à 1386, fasc. 120-20, 2006, n° 41, p. 11 et s.

7. Civ., 2ème, 22 octobre 1975, D. 1976, juris. P.151, note J. MAZEAUD, RTD civ. 1976, p. 353, obs. G. DURRY ; Com., 19 janvier 1993, RJDA, 1993, n° 382.

matière d'assurances [1], d'accidents de la circulation [2], d'accidents du travail [3], ou encore de contrats de transports [4], à la volonté de causer un dommage. Seule la responsabilité des constructeurs révèle encore une approche particulièrement large de la faute intentionnelle [5].

74. Quelle que soit l'approche, large ou étroite, que la jurisprudence retient de la faute intentionnelle, il s'avère que celle-ci présente toujours le degré de gravité minimum requis pour fonder le prononcé d'une peine privée. En effet, le cas le plus fréquent, celui où l'intention requise se traduit par la volonté du comportement illicite à laquelle s'ajoute la recherche du dommage, rend compte d'une défiance manifeste à l'égard de l'ordre juridique établi qui permet, du moins pour les défenseurs d'une fonction punitive de la responsabilité civile, de justifier le recours à la peine privée.

Quant aux hypothèses où l'intention est établie par la seule inexécution délibérée d'une obligation, il apparaît *a priori* étonnant que sa sanction puisse consister dans une peine privée. En effet, dès lors que la volonté de causer le dommage n'existe pas, la faute présente un degré de gravité qui semble moindre. Tel n'est pas, en réalité, l'exact constat qui doit être effectué. La faute intentionnelle telle qu'elle est ici conçue implique nécessairement, même si ce n'est pas explicitement mis en exergue par la jurisprudence, que son auteur ait conscience de l'éventualité ou de la probabilité de la production du dommage. Autrement dit, en n'exécutant pas de manière délibérée ses propres obligations, l'agent ne peut ignorer qu'il risque de causer un

---

1. Civ., 1ère, 12 juin 1974, D. 1975, juris. P. 173, note J.-L. AUBERT- Civ., 1ère, 17 décembre 1991, RGAT 1992, p. 364, note J. KULLMANN- Civ., 1re, 1re déc. 1998, n° 96-20.302, NPT, RGDA 1999, 185, note Ph. Rémy ; Civ., 2e, 18 mars 2004, n° 03-11.573, Bull. civ. II, n° 130 ; D. 2004, 2324, note B. Beignier ; 2005, 1317, obs. H. Groutel ; LPA 12 avr. 2006, jur. 8, note A. Vignon-Barrault ; RGD 2004, 364, obs. J. Landel- Civ., 3e, 9 nov. 2005, n° 04-11.856, Bull. civ. III, n° 214 ; RDI 2006, 40, note G. Leguay ; D. 2006, somm. 1784, obs. H. Groutel- Civ., 2e, 3 mars 2011, pourvoi n° 09-14.989- Civ., 2e, 17 mars 2011, pourvoi n° 10-14.508- Civ., 2e, 17 mars 2011, 10-14.468.

2. Civ., 24 février 1988, Bull. civ. II, n° 49 ; Civ. 2ème, 21 juillet 1992, Bull. civ. II, n° 218, D. 1993, S.C. p.212, obs. J.-L.AUBERT- Civ., 2e, 10 juillet 2008, note P.B. ; Resp. civ. et assur. 2008, comm. 282, note H. Groutel.

3. Soc., 21 avril 1977, JCP 1977, IV, p. 149 - Soc., 28 févr. 2002, Eterni, Bull. civ. V, n° 81 ; D.2002.2696, note X. Prétot (exposition continue des salariés à la poussière d'amiante)- Soc., 11 avr. 2002, D. 2002.2215, note Y. Saint-Jours.

4. Com., 30 janvier 1978, JCP 1978, Bull. civ. IV, n° 39- Com., 21 mars 2006, Bull. civ. IV, n° 77 ; JCP G 2006.II.10090, note M. Mekki- Com., 16 novembre 2010, pourvoi n° 19-69.823, SNCF contre Société Renault et autres- Com., 16 novembre 2010, pourvoi n° 09-68.926, Société MKTS contre Société transports G Moraud.

5. Afin de tenir en échec la prescription décennale, la cour de cassation avait adopté une définition particulièrement large de l'intention (Civ. 3ème, 18 décembre 1972, D. 1973, juris. P.272, note J. MAZEAUD). Par la suite cependant, elle avait opéré un revirement, retenant la conception que la doctrine majoritaire se fait traditionnellement de cette dernière (Civ. 3ème, 2 juillet 1975, Bull. civ. III, n°233 ; Civ. 3ème, 26 mai 1988, JCP 1988, IV, p.267 ; Civ. 1ère, 18 décembre 1996, Bull. civ. I, n° 239, D. 1997, S.C. p.289, obs. Ph. DELEBECQUE ; Civ. 3ème, 7 février 2001, JCP 2001, IV, 1571). Or, récemment, la Haute juridiction a rendu un arrêt dans lequel il a été décidé que le dol pouvait valablement être caractérisé alors même que la volonté de provoquer le dommage était manifestement absente (Civ. 3ème, 27 juin 2001, JCP 2001, II, 10626, note Ph. MALINVAUD, JCP 2002, I, 124, n° 19, obs. G. VINEY.

préjudice [1]. Une telle faute peut donc être mise en parallèle avec la faute délibérée du droit pénal [2], prévue à l'article 121-3, al. 2 du Code pénal français, et dont la gravité ne saurait être sérieusement discutée.

75. Il apparaît donc que la faute intentionnelle est parfaitement adaptée pour fonder le prononcé d'une peine privée. D'ailleurs, il peut être remarqué qu'elle est effectivement prise en compte, soit par la loi, soit par le juge, pour aggraver la situation dans laquelle se trouve son auteur [3].

A propos des aggravations découlant de la loi en droit iranien, le code civil de 1923 a, pour la première fois, officiellement fait allusion à l'expression de la faute, sans distinguer pour autant les cas exigeant une faute intentionnelle de ceux ne l'exigeant pas [4]. L'article 953 dudit Code précise que : « La faute consiste en toute espèce d'exagération ou de manquement ». Cependant cela ne revient pas à considérer que le Code civil iranien ignore complètement la faute intentionnelle. L'article 438 de ce même Code est basé sur la faute intentionnelle et dolosive, cette dernière étant parfois considérée même dans la doctrine française [5] comme synonyme de la faute intentionnelle, en précisant que : « Le dol consiste en des manœuvres de nature à induire en erreur la partie contractante ».

L'article 1er de la Loi iranienne sur la responsabilité civile du 27 avril 1960 a établi à son tour un principe général selon lequel : « Quiconque, sans y être expressément autorisé par la loi, délibérément ou par imprudence porte atteinte à la vie, à la santé ou aux biens, à la liberté ou à la dignité, à la réputation commerciale ou à tout autre droit d'une personne habilitée à exercer ce droit en vertu de la Loi et qui est cause d'un dommage matériel ou moral à autrui, est responsable de la réparation du dommage issu de ses actes ». S'ajoutent également les dispositions du projet du Code pénal islamique, actuellement à l'ordre du jour de l'Assemblée Nationale. Ces nouvelles dispositions prévoient que la faute intentionnelle doit être reconnue parfois comme l'un des fondements de la responsabilité civile. C'est enfin le cas de la Loi de l'Assurance obligatoire de la responsabilité civile des détenteurs des véhicules terrestres à moteurs du 15 juillet 2008 qui prévoit, selon une partie de la doc-

---

1. KATOUZIAN N., Responsabilité civile, T. I, Les obligations extracontractuelles, éditions de l'Université de Téhéran, 2ème éd. 1999, n° 157, p. 356 et s. ; JOURDAIN P., « Droit à réparation. Responsabilité fondée sur la faute. Notion de fautes : fautes qualifiées », J.-Cl. Civil, Art. 1382 à 1386, fasc. 120-20, 2006, n°20, p.6.

2. Dans le Code pénal iranien, la faute requise à la commission des délits est soumise à une appréciation *in concreto*, c'est-à-dire au cas par cas. Il n'y a donc pas l'équivalent de l'article 123-3 du code pénal français en droit iranien, même si celui-ci contient pourtant les articles 206, 295 et 316 et s. du Code pénal, mais également les articles 714 et s. dudit Code dans lesquels la gravité de la faute doit être nécessairement prise en compte.

3. KATOUZIAN N., *op.cit.*, p. 358 et s. ; BADINI H., *op. cit.*, p. 93 ; COUTANT-LAPALUS Ch., *Le principe de réparation intégrale en droit privé*, PUAM, 2002, n°580, p.492 ; JOURDAIN P., Les principes de la responsabilité civile, éditions Dalloz, 8ème éd. 2010, p. 54 et s., du même auteur « Droit à réparation. Responsabilité fondée sur la faute. Notion de fautes : fautes qualifiées »,J.-Cl. Civil, Art. 1382 à 1386, fasc. 120-20, 2006, n°12, p. 4.

4. Il s'agit là d'ailleurs une disposition commune qui contient normalement des principes généraux de toutes les matières de droit privé.

5. JOURDAIN P., *Les principes de la responsabilité civile*, Edition Dalloz, 8ème éd. 2010, p. 58 : » Lorsqu'à la faute s'ajoute l'intention, elle est dite intentionnelle ou dolosive ».

trine, une responsabilité pour faute intentionnelle aux coupables de ce type d'infractions.

76. En droit français, certaines dispositions sont notamment prévues aux articles 1150 à 1153 C. civ. Prenons l'exemple de l'article 1150 C. civ., qui dispose que la faute intentionnelle permet de neutraliser la limitation de la réparation aux seuls dommages prévisibles. Il en résulte que son auteur est tenu de verser des sommes dont le montant est supérieur à celui qui aurait été fixé, pour le même dommage, s'il n'avait commis qu'une faute non-intentionnelle. D'autres découlent de dispositions qui se trouvent en dehors du Code civil. Ainsi, l'article L. 452-5 C.S.S. français prévoit en matière d'accident du travail que si ce dernier « est dû à la faute intentionnelle de l'employeur ou de l'un de ses préposés, la victime ou ses ayants droits conserve contre l'auteur de l'accident le droit de demander la réparation du préjudice causé, conformément aux règles du droit commun ». De même, l'article 171 de la Constitution de la République Islamique d'Iran prévoit que « Si à la suite d'une faute ou d'une erreur d'un juge dans un objet, un jugement ou dans la correspondance d'un jugement dans un cas particulier, il en résulte pour quelqu'un un préjudice matériel ou moral, le coupable, en cas de faute en est responsable selon les préceptes islamiques. Dans le cas contraire, le préjudice doit être compensé par le gouvernement. Mais dans tous les cas, l'accusé est réhabilité ».

77. En conséquence, le principe de l'indemnisation forfaitaire est évincé, et celui qui a causé l'accident pourra voir sa propre responsabilité engagée.

Pour ce qui relève ensuite des aggravations prétoriennes, il convient de remarquer que selon une jurisprudence constante [1], la faute intentionnelle est une cause d'inefficacité des clauses limitatives ou exclusives de responsabilité. Aussi, là encore, son auteur est placé dans une situation moins confortable que s'il lui était reproché une simple négligence.

b. Le cas de faute lucrative

78. Le regain d'intérêt pour la peine privée est dû au consensus qui paraît se dégager de la notion de faute lucrative. Sont lucratives « des fautes qui rapportent plus qu'elles ne coûtent » [2]. Initialement cantonné à certaines branches du droit, notamment celles des atteintes à la vie privée par voie de presse [3], des actes de concurrence déloyale [4] et de la violation des droits de propriété intellectuelle [1], le problème

---

1. Com., 15 juin 1959, Bull. civ. IV, n° 265, D. 1960, juris. P.97, note R. RODIERE ; Civ. 1ère, 24 février 1993, Bull. civ. I, n° 88, D. 1994, juris. P. 6, note X. AGOSTINELLI, D. 1993, S.C. P.249, obs. Th. HASSLER, JCP 1993, II, 22166, note G. PAISANT, Defrénois 1994, Art. 35746, n° 23, p.354, obs. D. MAZEAUD.

2. JOURDAIN P., Rapport introductif, in Faut-il moraliser le droit français de la réparation du dommage ?, LPA 20 nov. 2002, p. 27.

3. LINDON R., note sous C. Paris, 13 février 1971, JCP 1971, II, 16774 ; ANSARI B., *Droit de la communication de masse*, éditions SAMT, 2ème éd. 2008, p. 424 et s.

4. FASQUELLE D. et MESA R., « La sanction de la concurrence déloyale et du parasitisme économique et le rapport Catala », D. 2005, point de vue 2666 ; CHAGNY M., « La notion de dommages et intérêts punitifs et s.es répercussions sur le droit de la concurrence », JCP G 2006, I, 149 ; de même

des fautes lucratives ne cesse de prendre de l'importance en raison de l'extension considérable du nombre d'activités et de domaines dans lesquels de tels comportements se rencontrent [2]. C'est ainsi qu'il est possible de retrouver ces agissements, également, en droit de la consommation[3], en droit des sociétés, en droit des transports, dans le contentieux inhérent à la rupture des contrats, en droit des assurances, dans le régime des promesses de vente et même en droit de l'environnement [4].

79. Ce phénomène, d'abord dénoncé par la doctrine, suscite un intérêt grandissant du législateur qui prend conscience de la nécessité de le prendre en considération. Ainsi, dans un premier temps, le législateur iranien l'a cantonné, de manière implicite mais certaine, aux éléments constitutifs de quelques contraventions y compris la spéculation et le recel de marchandises prévues globalement par la Loi de pénalité Etatique » du 19 octobre 1994 [5]. Le législateur iranien en a ensuite tenu compte par le biais de « la Remarque 4 de l'article 14 de la Loi de pénalité Etatique relatif aux dispositions des affaires médicales et pharmaceutiques et les matériels alimentaires et de boissons » du 19 octobre 1994, et de l'article 59 de la « Loi du système syndical » de 2003. C'est enfin les différents articles de la « Loi de protection du droit des consommateurs » adoptée en date du 31 mai 2005 qui ont, semble-t-il, retenu la faute lucrative en ce système juridique [6].

80. D'ailleurs, en France, dans l'avant-projet de réforme du droit des obligations, était préconisé « de sanctionner l'auteur d'une faute manifestement délibérée, et notamment d'une faute lucrative, grâce à des dommages-intérêts punitifs » [7]. Bien qu'elle ait été très critiquée de divers côtés, cette idée de l'appréhension des fautes lucratives au moyen des dommages-intérêts punitifs a été relayée, sous une forme d'ailleurs sensiblement différente, par un groupe de travail issu de la commission

---

auteur, « La place des dommages et intérêts dans le contentieux des pratiques anti-concurrentielles », Revue Lamy Droit de la concurrence, août-octobre 2005, n° 4, p. 186 et s. ; FRISON-ROCHE M.-A., « Les principes originels du droit de la concurrence déloyale et du parasitisme, RJDA 6/94, p. 483.

1. GRYNBAUM L., « Une illustration de la faute lucrative : le « piratage » de logiciels », D. 2006, n° 9, p. 655 ; VIVANT M., « Prendre la contrefaçon au sérieux », D. 2009, p. 1839.

2. MESA R., *Les fautes lucratives en droit privé*, Thèse dactyl. Université du littoral-Côte d'Opale, 2006, n° 1 et s.

3. KATOUZIAN N., « L'évolution de la notion de faute en droit de la responsabilité civile », Revue trimestrielle de la faculté de droit et s.cience politique de l'Université de Téhéran, n°1, printemps 2009, p. 212 ; QUERDANE-AUBERT DE VINCELLES C., *Altération du consentement et efficacité des sanctions contractuelles,* Dalloz, coll. Nouv. Bibliothèque de thèse, 2002, T. 19, n° 23, p. 39.

4. REBOUL N., « Environnement et responsabilité civile », LPA 3 sept. 2003, p. 3 ; FASQUELLE D., « L'existence de fautes lucratives en droit français », LPA 2002, p. 27.

5. NORY YOSNANLOEY J., Recueil des lois et des règlements relatifs aux délits de contrebande, édition Mizan, 3ème éd. 2010.

6. KATOUZIAN N., La responsabilité du fait des produits défectueux, Les presses de l'Université de Téhéran, 2ème éd. 2005, n° 128 et s., p. 207 et s.

7. Le projet du nouvel article 1373 du Code civil.

des lois du Sénat qui a publié en juillet 2009 un rapport d'information intitulé « Responsabilité civile : des évolutions » [1].

81. De telles aggravations de la sanction fondées sur le caractère délibéré du fait dommageable peuvent parfaitement être analysées comme des peines privées, dès lors qu'elles sont justifiées par la volonté de punir, en application des règles du droit privé, un comportement qui apparaît fortement répréhensible.

Si la peine privée peut naturellement être sollicitée lorsque le fait dommageable fondant la condamnation est délibéré, il est possible d'affirmer, conformément d'ailleurs aux souhaits exprimés par certains [2], qu'elle a également vocation à sanctionner les fautes non-délibérées les plus graves, c'est à dire celles qui sont susceptibles d'être qualifiées d'inexcusables ou, dans une moindre mesure, de lourdes.

B – La faute non-délibérée qualifiée

82. La faute non-intentionnelle procède d'une négligence ou d'une imprudence, plus ou moins marquée, commise sans intention de nuire de la part de son auteur [3]. Elle apparaît donc moins grave que la faute intentionnelle, puisque la volonté de causer un dommage, ou au moins la conscience de sa possible survenance, est ici absente. L'opportunité de recourir à la peine privée pour la sanctionner peut alors être discutée, le comportement la révélant n'appelant pas nécessairement une réponse aussi radicale. En réalité, différentes hypothèses doivent être distinguées, la faute non-intentionnelle pouvant faire l'objet d'une gradation qui présente, en l'espèce, une utilité toute particulière [4]. Ainsi, la faute très légère, qui consiste en une simple négligence, inattention ou imprudence, ou la faute légère, qui est celle que ne commettrait pas le bon père de famille, ne rendent pas compte de l'attitude suffisamment répréhensible qui est nécessairement requise pour valablement justifier une condamnation civile poursuivant un objet punitif. D'ailleurs, de tels écarts de conduite ne peuvent pas réellement être assimilés à des fautes qualifiées, dans le sens où le droit ne leur attache pas de conséquences particulières. En réalité, c'est lorsqu'elle est inexcusable, ou éventuellement lourde, que la faute non-intentionnelle présente une degré de gravité suffisant pour rester parfaitement compatible avec le prononcé de sanctions civiles à finalité punitive.

---

1. Rapport d'information fait au nom de la commission des lois constitutionnelles, de législation, du suffrage, du règlement et d'administration générale par le groupe de travail relatif à la responsabilité civile, par A. Anziani et L. Béteille, Session extraordinaire de 2008-2009, n° 558.

2. CARVAL S., La responsabilité civile dans sa fonction de peine privée, Coll. Bibliothèque de droit privé, T. 250, LGDJ, 1995, n° 290 et s., p. 330 et s. ; COUTANT-LAPALUS Ch., Le principe de réparation intégrale en droit privé, PUAM, 2002, n° 579 et s., p. 490 et s.

3. KATOUZIAN N., *Le fait juridique*, éditions Sherkat Sahamiyeh Enteshar, 1ère éd. 2009, n° 52, p. 71.

4. BADINI H., *Cours du droit de la responsabilité civile*, Faculté de droit de l'Université de Téhéran, 2010-2011, p. 93 et s. ; GASEMZADEH S.-M., *Les fondements de la responsabilité civile*, édition Mizan, 5ème éd. 2008, p. 35 et s. ; LALOU H., « La gamme des fautes », D.H. 1940, chron. p.17 et s.

83. Pour ce qui est tout d'abord de la faute lourde, prévue à l'article 391 du Code de commerce iranien [1], elle doit être considérée comme le seuil minimum en-deçà duquel le recours à la peine privée n'est pas envisageable [2]. Toutefois, il faut signaler que même si elle est établie, elle ne saurait en aucune manière systématiquement justifier une condamnation de cette nature. Une telle réserve procède de ce que, étant une notion multiforme [3], la faute lourde répond à deux critères distincts dont l'un est, à l'observation, parfaitement indifférent à la gravité du comportement de son auteur.

84. Selon une première approche, subjective et classique, la doctrine présente la faute particulièrement grave au regard de l'énormité et du caractère impardonnable de l'écart de conduite de son auteur [4]. Quant à la jurisprudence [5], elle la désigne, en droit français, en faisant référence au comportement ou à la négligence « d'une extrême gravité, confinant au dol et dénotant l'inaptitude du débiteur de l'obligation à l'accomplissement de la mission contractuelle qu'il a acceptée » [6]. Entendue de la sorte, la faute lourde permet de légitimer la condamnation à une peine privée. En effet, même si, par définition, aucune intention de nuire ne la conditionne, et qu'elle est susceptible de procéder d'un comportement involontaire, elle rend compte d'une incurie à ce point importante qu'elle peut justifier que soit infligée une punition.

En revanche, la seconde conception de la faute lourde, objective et moins traditionnelle, paraît incompatible avec la peine privée. Elle consiste à caractériser la gravité de la faute non pas à partir du comportement de l'auteur, mais au regard de l'importance du dommage causé, de la nature de l'obligation inexécutée ou encore

---

1. Selon cet article : « Si la marchandise est acceptée sans aucune réserve et le loyer payé, aucun procès contre l'opérateur de transport ne pourra plus être intentée sauf dans le cas de dol ou de faute lourde… ».

2. CARVAL S., *La responsabilité civile dans sa fonction de peine privée*, Coll. Bibliothèque de droit privé, T. 250, LGDJ, 1995, n° 293 et s., p. 332 et s.

3. JOURDAIN P., *Les principes de la responsabilité civile*, éditions Dalloz, 8ème éd. 2010, p. 58, du même auteur « Droit à réparation. Responsabilité fondée sur la faute. Notion de fautes : fautes qualifiées », J.-Cl. Civil, Art. 1382 à 1386, fasc. 120-20, 2006, n°45, p.12 ; BADINI H., *op. cit.*, p. 94 et s. ; GASEMZADEH S.-M., *op. cit.*, p. 35 et s.

4. MALAURIE Ph., AYNES L. et STOFFEL-MUNCK Ph., *Les obligations*, Coll. Droit civil, Defrénois, 4ème éd., 2009, n° 951, p. 508 ; TERRE F., SIMLER Ph. et LEQUETTE Y., *Droit civil. Les obligations*, Coll. Précis, Dalloz, 10ème éd., 2009, n° 575, p. 578 ; VINEY G. et JOURDAIN P., *Traité de droit civil. Les conditions de la responsabilité*, LGDJ, 3ème éd., 2006, n°611, p.636 ; SAFAEE S.-H., « La faute lourde au regard de la clause de l'exonération de responsabilité », Revue du bureau des services juridiques internationaux d'Iran, n° 4, hiver 1985, p. 168.

5. Bien qu'il y ait des arrêts, dans la jurisprudence iranienne, dans lesquels la responsabilité se trouve parfois fondée sur les différentes formes de la faute non-intentionnelle, il est néanmoins difficile d'en déduire qu'ils correspondent exactement à la faute lourde. Il en va ainsi des arrêts n° 959 du 29 juin 1937, n° 3680 du 16 novembre 1940, n° 1031 du 31 mai 1941 et n° 1752 du 31 août 1941de la Cour de cassation, globalement, cités par : GASEMZADEH S.-M., *Les fondements de la responsabilité*, édition Mizan, 5ème éd. 2008, p. 37 et s.

6. Com., 18 décembre 1951, Bull. civ. III, n° 396 ; Com., 3 avril 1990, Bull. civ. IV, n°108 ; Com., 2 février 1992, Bull. civ. IV, n° 48 ; Com., 28 septembre 2010, pourvoi n° 09-66.255, Juris-Data numéro 2010-017070 ; Com., 18 mai 2010, pourvoi n° 09-66.172, Juris-Data numéro 2010-006638 ; Com., 18 mai 2010, pourvoi n° 09-14.855, Juris-Data numéro 2010-006635 ; Com., 13 avril 2010, pourvoi n° 09-65.532, Juris-Data numéro 2010-004048 ; Com., 6 juillet 2010, pourvoi n° 09-68.778, Juris-Data numéro 2010-011294.

cette irresponsabilité de la personne privée de sa liberté de vouloir ou de son libre arbitre est aisée à fournir. Elle procède tout naturellement des fonctions attachées à la peine susceptible d'être infligée lorsque la juridiction de jugement entre en voie de condamnation. La sanction pénale poursuit d'une part un but moral, révélé par la souffrance qu'elle permet d'infliger au coupable en compensation du trouble subi par la société et, d'autre part, un but utilitaire qui se matérialise au travers de son caractère intimidant et de sa vocation à assurer la réadaptation du délinquant [1]. Or, le défaut d'imputabilité de l'agent ôte indéniablement à l'acte sa coloration morale, qui seule permet de fonder le châtiment [2]. Par ailleurs, il n'est pas contestable que les buts d'intimidation et de réadaptation du délinquant ne peuvent être efficacement atteints lorsque la personne assujettie à la sanction n'est pas dotée d'une liberté de vouloir et d'une capacité de comprendre suffisantes. Finalement, c'est l'inaptitude de la personne non imputable à subir une sanction punitive qui justifie, du moins chez les positivistes [3], que sa responsabilité pénale ne puisse pas être retenue.

94. Pour ce qui est, en revanche, de la responsabilité civile, le défaut d'imputabilité est diversement appréhendé selon qu'il procède de la privation de la volonté du défendeur découlant de causes qui lui sont externes ou de l'absence de discernement.

Dans la première hypothèse, l'agent peut avoir la capacité de comprendre, mais il est privé de liberté de vouloir, celle-ci étant annihilée par un événement imprévisible, irrésistible et extérieur à sa personne. Il est acquis que ce défaut d'imputabilité, lequel est d'ailleurs assimilable à la contrainte physique prévue en droit pénal, fait obstacle à la condamnation de celui dont la responsabilité civile est recherchée. La seconde hypothèse est caractérisée par l'incapacité pour la personne

---

nement ou de volonté, de façon qu'il soit efficace sur l'accomplissement du délit et enlevant ses conditions, il ne fera pas l'objet de peine... ».

- L'article 143-1 dispose que : « N'est pas pénalement responsable la personne qui commet un délit sous la contrainte et la force qui ne sont pas habituellement supportables... ». L'article 143-5 prescrit ensuite que : « N'est pas pénalement responsable la personne qui accomplit, non intentionnellement, un délit, n'ayant pas de volonté à cause de la consommation de vin ou de l'emploi de stupéfiants ou d'autres matières de cette sorte... ».

- Enfin, l'article 143-6 comporte des dispositions selon lesquelles : « Une personne toutefois commettant un acte criminel à cause de faute en action ou erreur au sujet ou ignorance de loi, aux cas où l'ignorance est connue comme fait justificatif, ne fera pas l'objet de peine, mais elle sera certainement punie pour les délits fautifs, ayant été à l'origine de la négligence ou imprudence antérieures ».

1. BOULOC B., *Droit pénal général*, Coll. Précis, Dalloz, 21ème éd., 2009, n° 28 et 29, p. 22 et 23 ; BOULOC B., *Pénologie*, traduit en persan par : NADJAFI A.-H., éditions Madjd, 4ème éd. 2005, p. 29 et s. ; NOURBAHA R., *Précis de droit pénal général*, édition Dad Afarin, 26ème éd. 2009, p. 345 et s. ; ARDEBILI M.-A., *Droit pénal général*, T. II, édition Mizan, 3ème éd. 2001, p. 128 et s. ; NADJAFI ABRANDABADI A.-H., *La politique criminelle*, in *Sciences criminelles*, T. II, éditions Salsabil, 1ère éd. 2005, p. 205 et s. ; AZMAYESH A., *Cours de droit pénal général*, En Licence du droit, 3ème année, Faculté de droit et de sciences politiques de l'Université de Téhéran, l'année universitaire 1995-1996.

2. MERLE R. et VITU A., Traité de droit criminel, T. I, Problème généraux de la science criminelle, Droit pénal général, Cujas, 7ème éd., 1997, n° 616, p. 773 ; MOSAVI-MOJAN S.-D., Le rôle de la volonté dans la responsabilité pénale : approche du système juridique Iranien, éditions Behnami, 1ère éd. 2009, p. 150 et s.

3. Parce que les fonctions classiquement reconnues à la sanction pénale seront alors inévitablement neutralisées.

de comprendre la portée de ses actes. Le droit civil ne tire pas les mêmes conséquences d'une telle situation que le droit pénal. Depuis ce qui a pu être présenté comme l'avènement d'une conception objective de la faute civile [1], le discernement ne constitue plus une condition à laquelle l'engagement de la responsabilité civile se trouve subordonné. L'explication de l'abandon d'une telle exigence réside dans la volonté de permettre à la fonction principale assignée à la responsabilité civile qu'est l'indemnisation des dommages causés à une victime de pleinement s'exprimer [2]. Or, la poursuite d'un tel but n'implique pas que celui qui est condamné présente des qualités personnelles particulières, aucune aptitude à la sanction n'étant alors requise. L'essentiel est qu'un débiteur de la réparation puisse être certainement désigné, la prise en charge de la condamnation étant par ailleurs susceptible d'être assumée par des tiers, tels que les assureurs.

95. L'indifférence au discernement pour retenir la responsabilité civile constitue, a *priori,* un obstacle difficilement surmontable à la reconnaissance d'une fonction punitive de cette dernière. En effet, il a déjà été expliqué pourquoi il n'y avait aucune justification au prononcé, en matière de responsabilité pénale, d'une sanction punitive si celui qui doit la subir n'est pas doué de la capacité de comprendre [3]. Or, le raisonnement peut parfaitement être transposé à la responsabilité civile lorsqu'elle est recherchée dans un but punitif [4]. Pourtant, il demeure possible de soutenir qu'elle conserve une réelle vocation répressive. La justification de cette affirmation tient à l'interprétation qui peut être faite de l'évolution amorcée par la loi n° 68-5 du 3 janvier 1968 portant réforme du droit des incapables majeurs et achevée par les arrêts DERGUINI et LEMAIRE rendus par l'Assemblée plénière de la Cour de cassation le 9 mai 1984 [5]. De ce que l'imputabilité ne constitue plus une condition de la faute, si tant est qu'elle l'ait été un jour [6], il ne peut être déduit qu'elle est systématique-

---

1. KATOZIAN N., « L'évolution de la notion de faute en droit de la responsabilité civile », Revue trimestrielle du droit de la faculté de droit et s.ciences politiques de l'Université de Téhéran, n° 1, printemps 2009, p. 199 ; SEGUR L., « Le délinquant et le droit pénal positif », in Mélanges M. LABORDE-LACOSTE, Bière, 1963, p. 345 et s., spéc. p. 367 ; VINEY G., Le déclin de la responsabilité individuelle, préf. A. TUNC, LGDJ, Paris, 1965 ; TUNC A., International Encyclopedia of Comparative Law, Vol. XI, Torts, chap. I, n° 86,87, 127 à 132, 1983 ; BERG O., « Le dommage objectif », in Etudes offerts à G. VINEY, LGDJ, 2008, p. 627 et s.

2. L'abandon de l'imputabilité comme condition de la responsabilité civile permet en effet d'opposer sa propre faute à l'enfant victime, ce qui est évidemment contradictoire avec l'objet d'indemnisation.

3. *Cf. supra*, n° 93.

4. LAPEROU B., *Responsabilité civile et imputabilité*, Thèse, Nancy II, 1999, n° 176, p. 99.

5. Ass. Plén., 9 mai 1984, Bull. civ. n° 2 et 3, D. 1984, juris. P. 525, concl. J. CABNNES, note F. CHABAS, JCP 1984, II, 20255, note N. DEJEAN DE LA BATIE, JCP 1984, II, 20256, note P. JOURDAIN, RTD civ. 1984, p. 508, obs. J. HUET, Defrénois 1985, art. 33508, p. 557, obs. R. LEGEAIS : si une différence est effectivement apparue dans les conditions de mise en œuvre respectives des responsabilités civile et pénale, en revanche, la structure de l'une de leur composante commune qu'est la n'aurait en rien été modifiée par les arrêts du 9 mai 1984. Cette explication, qui repose implicitement sur le postulat selon lequel les jurisprudences *DERGUINI* et *LEMAIRE* auraient davantage objectivé la responsabilité civile dans son ensemble que la faute civile, est, selon G. VINEY, la seule qui puisse justifier la survie du principe unitaire, cité par : VINEY G., *Traité de droit civil. Introduction à la responsabilité*, LGDJ, 3ème éd, 2008, n° 24, p. 38.

6. JOURDAIN P., Recherche sur l'imputabilité en matière de responsabilité civile et pénale, Thèse, Paris II, 1982, n°226 et s., p. 252 et s.

ment indifférente dans la mise en œuvre de la responsabilité civile. Désormais, du moins si tel n'était pas déjà le cas auparavant, l'imputabilité peut conceptuellement être considérée comme se situant en dehors de la faute. Au même titre que cette dernière, et tout comme le lien de causalité ou le dommage, elle peut alors être analysée comme une condition de la responsabilité civile qui, précisément, ne serait désormais plus automatiquement requise. L'avantage d'une telle approche est de permettre une modulation de l'exigence de l'imputabilité, notamment en fonction de la nature des sanctions encourues [1]. Il en résulte que si l'aptitude à comprendre la portée de son comportement n'est pas une condition de la responsabilité civile à finalité réparatrice, elle peut le devenir lorsque l'obligation de répondre civilement de ses actes est envisagée à des fins répressives.

96. Pour que le recours à la peine privée soit efficace il faut donc que l'auteur de la faute soit imputable moralement. En outre, il serait a *priori* normal d'exiger de ce dernier qu'il soit personnellement tenu de supporter les conséquences de sa propre condamnation. En effet, une sanction punitive n'a sens que si celui à qui elle est infligée doit lui même l'exécuter [2]. Autrement dit, la peine privée devrait, semble-t-il, être incompatible avec l'assurance de responsabilité civile. Pourtant, le propos doit être fortement nuancé, une personne qui a contracté une telle police d'assurance étant susceptible, dans certaines hypothèses, d'être valablement assujettie à une condamnation civile poursuivant une finalité punitive.

B – Une personne éventuellement assurée

97. L'efficacité de la fonction punitive de la responsabilité civile, et de son corollaire qu'est la dissuasion et la prévention des comportements antisociaux, prête parfois le flanc à la discussion en raison du développement des assurances de responsabilité. Celui-ci permet de faire reposer de plus en plus fréquemment la charge d'une condamnation civile, non pas sur celui qui est à l'origine du dommage, mais sur son assureur [3]. L'argument est en soi convaincant. A la réflexion, cependant, il doit être relativisé. En effet, la personne ayant contracté une assurance de responsabilité civile peut très bien, dans la réalité, avoir à subir soit directement, ou indirectement, les conséquences attachées à sa propre condamnation, du moins lorsque cette dernière est fondée, comme cela est d'ailleurs exigé pour justifier le recours à la peine privée, sur une faute d'une particulière gravité, que celle-ci soit intentionnelle, inexcusable ou lourde.

---

1. VINEY G. et JOURDAIN P., *Traité de droit civil. Les conditions de la responsabilité*, LGDJ, 3ème éd., 2006, n° 444-1, p. 372.

2. C'est d'ailleurs la raison pour laquelle il existe, en matière de responsabilité pénale, un principe de la personnalité des peines (HOSEINJANI B. et MAZAHERI TEHRANI M., *Le principe de responsabilité pénale individuelle*, éditions Madjd, 1ère éd. 2010).

3. TUNC A., *La responsabilité civile*, Economica, 2ème éd., 1990, n° 166 ; TUNC A., « Responsabilité civile et dissuasion des comportements antisociaux », in Mélanges M. ANCEL, p. 407 et s., spéc. p. 414 ; KATOZIAN N. et IZANLOO M., *Responsabilité civile, T. III, Assurance de la responsabilité civile*, Presses de l'Université de Téhéran, 1ère éd., 2008, n° 681 et s., p. 33 et s.

98. Ainsi, lorsque la faute génératrice de responsabilité civile est intentionnelle, l'exclusion de garantie de l'assureur est légalement prévue à l'article 14 du Code de l'assurance iranien comme à l'article L.113-1 du Code des assurances français qui dispose en son alinéa 2 que ce dernier « [...] ne répond pas des pertes et dommages provenant d'une faute intentionnelle ou dolosive de l'assuré » [1]. Il résulte de cette disposition [2] que la charge de la condamnation pourra être mise à la charge exclusive de l'auteur de la faute intentionnelle tant au sens du droit des assurances, qu'au sens du droit civil.

99. Lorsque la faute fondant la condamnation est inexcusable ou lourde, l'assureur doit, en principe, garantir l'obligation mise à la charge du responsable. En effet, aucune exclusion générale de garantie, sur le modèle de celle qui est applicable à la faute intentionnelle, n'a été expressément prévue dans de telles hypothèses. Par ailleurs, la jurisprudence française refuse de soumettre à l'article L. 113-1 al. 2 C. assur. [3] la faute lourde qui, sur ce point, n'est pas assimilée au dol [4]. De plus, et à la suite de la doctrine [5], elle interprète a *contrario* les dispositions excluant, dans certains domaines spécifiques, l'assurabilité des fautes inexcusables, pour en déduire, au moins implicitement, que, par principe, ces dernières doivent pouvoir être garanties par un assureur [6]. Finalement, la possibilité de reporter le poids des condamnations consécutives à la commission de fautes lourdes ou inexcusables sur une compagnie d'assurances devrait logiquement faire obstacle à ce qu'il soit reconnu, dans de telles occurrences, une quelconque fonction punitive à la responsabilité civile.

100. En l'absence de prévision légale excluant l'assurabilité des fautes inexcusable ou lourde, il convient de s'interroger sur le point de savoir si cette dernière ne peut pas être tout simplement écartée par l'insertion d'une clause contractuelle. L'article L. 113-1 C. assur. dispose en effet que « les pertes et dommages occasionnés par des cas fortuits ou causés par la faute de l'assuré sont à la charge de l'assureur, sauf exclusion formelle et limitée contenue dans la police ». Aussi, l'exclusion conventionnelle du risque assurable semble a *priori* constituer un moyen particulièrement efficace, auquel il serait aisé de recourir systématiquement, pour

---

1. Compte tenu des dispositions de l'article 14 du Code de l'assurance iranien, c'est uniquement la responsabilité pour faute intentionnelle qu'on ne peut pas assurer.

2. Qui se justifie aisément par la disparition indiscutable de l'aléa dans le contrat d'assurances, mais également en raison de l'opposition à l'ordre public : MARGEAT H., « Les principes de la faute intentionnelle en assurance », Assur. fr. 1975, p.393 et s., spéc. p.397 ; HOMAYOUN M., *Les fondements et les principes du droit de l'assurance*, éditions de l'institut supérieur de comptabilité, 1ère éd. 1970, p. 234 et s. ; JANALI M.-S., *Droit de l'assurance*, éditions de l'assurance centrale iranienne, 1ère éd. 2002, p. 93 et s. ; BABAEE I., *Droit de l'assurance*, éditions SAMT, 1ère éd. 2003, p. 79 et s.

3. Lyon, 17 janvier 1952, RGAT 1952, p.149, note A. BESSON ; Civ. 1er, 12 juin 1974, Bull. civ. I, n° 181.

4. JOURDAIN P., « Droit à réparation. Responsabilité fondée sur la faute. Notion de fautes : fautes qualifiées », J.-Cl. Civil, Art. 1382 à 1386, fasc. 120-20, 2006, n° 42 et s., p.11.

5. BIGOT J., « Assurances de responsabilité : les limites du risques assurable », RGAT 1978, p. 169 et s., spéc. p.182 ; PICARD M. et BESSON A., *Les assurances terrestres en droit français, T. I, Le contrat d'assurance*, LGDJ, 5ème éd., 1982, n° 68.

6. Civ. 1er, 8 octobre 1974, JCP 1975, II, 17955, note SAVATIER A., D. 1975, juris. P. 513, note Cl.-J. BERR et H. GROUTEL.

neutraliser l'obligation de garantie de l'assureur lorsque le sinistre est consécutif à la commission d'une faute inexcusable ou lourde. En réalité, tel n'est pas le cas. Aux termes de la loi, la validité de l'exclusion est subordonnée à son caractère formel et limité. La jurisprudence a ainsi eu l'occasion de préciser que les clauses écartant l'assurabilité de « la faute jugée lourde par le tribunal compétent »ou de « dommages résultant d'une faute lourde [...] des bénéficiaires de l'assurance » étaient inefficaces, car trop imprécises et, par suite, prévoyant une exclusion qui n'était pas limitée [1].

101. L'impossibilité d'écarter conventionnellement, au moyen d'une clause générale, l'assurabilité de toute faute lourde ou inexcusable ne signifie pas pour autant que ces dernières doivent être systématiquement prises en charge par l'assureur. Ainsi, il a été soutenu que dans certaines circonstances, les fautes lourdes ou inexcusables peuvent objectivement supprimer l'aléa qui constitue la raison d'être du contrat d'assurance [2]. Si un tel effet n'est pas automatique, il se produirait toutes les fois où la faute qualifiée, révélée par un comportement volontaire de l'assuré créant consciemment un risque sans pour autant le rechercher spécialement, est la source exclusive du dommage. Cette disparition de l'aléa devrait être sanctionnée non pas par un anéantissement rétroactif du contrat pour absence de cause, celle-ci n'étant pas avérée lors de la phase de formation, mais comme pour la faute intentionnelle, par l'exclusion de garantie [3]. Ceci étant, il convient de reconnaître qu'un tel raisonnement, peu convaincant qu'il soit, n'a pas été repris, du moins a ce jour, par la jurisprudence. Faut-il en conclure, en conséquence, qu'une faute inexcusable ou lourde ne peut être sanctionnée par une peine privée, dès lors que, a *priori,* son auteur n'a pas nécessairement à supporter personnellement les conséquences qui lui sont attachées ? Une réponse négative s'impose. En effet, indirectement mais incontestablement, l'assuré pourra avoir à supporter le poids de sa propre condamnation, son assureur ayant la faculté, qu'il exercera très probablement eu égard à la gravité des fautes à l'origine du sinistre, de rompre le contrat pour l'avenir, d'augmenter la prime, ou encore, d'une manière plus générale, de recourir aux diverses techniques assurantielles de pénalisation [4].

102. Finalement, si le défaut d'imputabilité de la personne condamnée constitue un obstacle absolu à la reconnaissance d'une fonction punitive de l'obligation de répondre civilement de ses actes, le fait qu'elle ait contracté une assurance de responsabilité civile, en revanche, n'apparaît pas nécessairement incompatible avec le prononcé de sanctions à finalité répressive. En effet, l'existence d'une cause ponctuelle d'exclusion de garantie, découlant de ce que la faute à l'origine du sinistre fait dans le même temps disparaître l'aléa, permet de faire supporter le poids de la con-

---

1. Com., 7 avril 1987, RGAT, 1988, p. 106, note R. BOUT ; Civ. 1er, 29 novembre 1988, RGAT 1988, p. 114, note R. BOUT.

2. KULLMANN J., *Lamy assurances*, Lamy, 2006, n° 1253 et 1254, p. 507 ; ABRAVANEL-JOLLY S.et ASTEGIANO-LA RIZZA A., Lamy assurances, 2011, n° 181, p. 3 et s.

3. KULLMANN J., *op. cit.*, n° 167, p. 142 ; BIGOT J., « Les limites du risque assurable », RGAT 1978, p. 174, du même auteur, Lamy Assurances 2011, 1303.

4. GRARE Cl., Recherche sur la cohérence de la responsabilité délictuelle, L'influence des fondements de la responsabilité sur la réparation, Coll. Nouvelle Bibliothèque de Thèse, vol. 45, Dalloz, 2005, n° 202 et s.

damnation sur la personne du responsable. Par ailleurs, quand bien même l'obligation de garantie subsiste, l'assureur dispose de certains procédés qui l'autorisent à répercuter indirectement, mais certainement, sur l'assuré, les conséquences de la condamnation prononcée.

Tout cela cependant, au moins en droit français, dépend du sort du projet du nouvel article 1371 du Code civil. Celui-ci précise que : « L'auteur d'une faute manifestement délibérée, et notamment d'une faute lucrative, peut être condamné, outre les dommages-intérêts compensatoires, à des dommages-intérêts punitifs dont le juge a la faculté de faire bénéficier pour une part le Trésor public. La décision du juge d'octroyer de tels dommages-intérêts doit être spécialement motivée et leur montant distingué de celui des autres dommages-intérêts accordés à la victime. Les dommages-intérêts punitifs ne sont pas assurables ».

103. Le régime juridique auquel la peine privée est soumise laisse apparaître que cette dernière n'a vocation à être prononcée que si des comportements suffisamment graves pour être civilement punis sont caractérisés. Il en est de même si la personne qui y est assujettie révèle une aptitude au châtiment et a vocation à en subir, directement ou indirectement, mais toujours personnellement, les répercussions.

104. La peine privée est un concept qui, de par sa définition et le régime juridique auquel elle obéit, permet de fonder la fonction punitive de la responsabilité civile. Les différentes sollicitations dont elle est l'objet témoignent concrètement de ce que, loin de rester purement théorique, elle relève effectivement du droit positif.

CHAPITRE 2

La sollicitation de la peine privée, expression de la fonction punitive de la responsabilité civile

105. Le XIXème siècle est parfois présenté comme l'âge d'or de la fonction punitive de la responsabilité civile. Il est vrai que durant cette période, l'obligation de répondre civilement de ses actes était nécessairement subordonnée à l'existence d'un comportement fautif. Concernant le droit iranien, cela tient au fait que la responsabilité civile n'a pas eu, à l'origine, d'existence distincte [1]. La responsabilité semblait entièrement pénale et même essentiellement religieuse [2]. Aussi, l'engagement de la responsabilité civile permettait-il « de faire d'une pierre deux coups, sinon trois : en réparant le dommage subi, en punissant la faute commise en assurant, autant qu'il est possible, la dissuasion » [3]. La fin du XIXème siècle sera néanmoins marquée par une évolution décisive. Liée au développement du machinisme qui va être la source non seulement d'une augmentation du nombre des accidents, mais également d'une aggravation de leur gravité, et justifiée par la volonté de permettre à chaque victime d'être indemnisée, elle va se traduite par la consécration, d'abord jurisprudentielle [4]puis législative [5], de régimes de responsabilité dont la mise en œuvre est détachée de l'exigence de la preuve d'un acte illicite. Ainsi, s'opère le passage « d'une responsabilité pour faute axée sur la dette de responsabi-

1. FARAJOLLAHI R., L'influence des données de la criminologie sur l'évolution de la responsabilité pénale, édition Mizan, 1ère éd. 2010, p. 34 et s.

2. HEKMATNIA M., *La responsabilité civile dans la jurisprudence Islamique : les fondements et la structure,* éditions de l'Institut de recherche sur la science et la culture islamique, 1ère éd. 2006, p. 33 et s.

3. TERRE F., « Propos sur la responsabilité civile », in *Archives de philosophie du droit,* T. 22, La responsabilité, Sirey, 1977, p. 37 et s., spéc. p.40.

4. Civ., 16 juin 1896, D.P. 1897, 1, p. 433, concl. L. SARRUT, note R. SALEILLES, S. 1897, 1, p. 17, note A. ESMEIN. Il s'agit, en Iran, pour la jurisprudence islamique où parmi les règles générales figure : « Pas de mal, et ne pas nuire à l'Islam », il fut prévu, pour la première fois, des règles propres au droit de la responsabilité civile au sens large du terme (Sheikh NADJAFI M.- H., *Jawaheer el-kalam,* T. XXXVII, p. 15 ; Sheikh NAEINI M.- Sheikh KHANSARI M., *Maniât el-Taleb,* T. II, p. 200 ; Sheikh ANSARI M., al-*Makaseb,* éditions Hadj Mirza Agha, p. 372).

5. Loi du 9 avril 1898 sur les accidents du travail en France. Le Titre 2 de la première partie du Code civil iranien comporte les premiers textes relatifs à la responsabilité civile.

lité de l'auteur fautif des dommages, à une responsabilité objective axée sur la créance de réparation de la victime » [1].

106. Cet amenuisement du rôle de la faute a eu *a priori* pour conséquence inévitable le déclin de la fonction punitive de la responsabilité civile, au profit d'une fonction semblant devoir devenir exclusivement réparatrice. En réalité, il ne paraît pas possible de soutenir que, de ce fait, la répression est actuellement devenue entièrement étrangère aux buts poursuivis par la responsabilité civile. En effet, si la faute comme condition d'engagement de cette dernière est en recul, seulement relatif selon certains [2], elle peut cependant continuer à être prise en compte dans la détermination de la sanction prononcée. Un auteur a ainsi eu l'occasion de préciser qu'« établir que la victime d'un dommage peut en obtenir réparation dans la plupart des cas sans être obligée d'invoquer la faute, prouvée ou présumée, de celui qui l'a causé, ne doit pas nous conduire à affirmer que la constatation d'une faute à l'origine du dommage restera sans influence sur sa responsabilité civile » [3]. Finalement, le défaut d'incompatibilité absolue entre le mouvement d'objectivation de la responsabilité civile et l'attribution à celle-ci d'une fonction punitive, explique que la peine privée ait pu ne pas disparaître. Toutefois, à l'heure actuelle, et en dépit de récentes études approfondies ayant vocation à sortir la peine privée de la confidentialité dans laquelle elle semble se trouver [4], il est indéniable qu'une partie de la doctrine doute de ce que la responsabilité civile puisse réellement avoir une fonction punitive. C'est d'ailleurs la raison pour laquelle cette dernière n'est le plus souvent envisagée dans les ouvrages généraux que de manière très superficielle [5], quand elle

---

1. LAMBERT-FAIVRE Y., *Droit du dommage corporel. Système d'indemnisation*, Coll. Précis, Dalloz, 6ème éd., 2008, n° 374, p.537. V. également : LAMBERT-FAIVRE Y., « L'évolution de la responsabilité civile d'une dette de responsabilité à une créance d'indemnisation ». RTD civ. 1987, p. 1 et s. ; KATOUZIAN N., *Responsabilité civile, T. I, Les obligations extracontractuelles*, éditions de l'Université de Téhéran, 2ème éd. 1999, préface et n° 68 et s., p. 185 et s. ; BADINI H., *l'influence du développement de l'industrie et de la science sur l'évolution de la responsabilité civile*, Mémoire de Master 2 recherche du droit privé, Faculté de droit et de science politique de l'Université de Téhéran, Année universitaire 1995-1996, p. 29.

2. Le TOURNEAU Ph., « La verdeur de la faute dans la responsabilité civile (ou de la relativité de son déclin) », RTD civ.1988, p.505 et s. ; KATOZIAN N., « L'évolution de la notion de faute en droit de la responsabilité civile », Revue trimestrielle du droit de la faculté de droit et de science politique de l'Université de Téhéran, n° 1, printemps 2009, p. 190 et s.

3. STARK B., Essai d'une théorie générale de la responsabilité civile considérée en sa double fonction de garantie et de peine privée, Rodstein, 1947, p. 354.

4. CARVAL S., *La responsabilité civile dans sa fonction de peine privée*, Coll. Bibliothèque de droit privé, T. 250, LGDJ, 1995 ; COUTANT-LAPALUS Ch., *Le principe de réparation intégrale en droit privé*, PUAM, 2002, n° 444 et s., p.381 et s.

5. FLOUR J., AUBERT J.-L. et SAVAUX E., *Droit civil. Les obligations. II, Le fait juridique*, Coll. U, Armand Colin, 13ème éd., 2009, n° 140, p. 161, n° 148 et s.., p. 170 et s.., n° 388, p. 477 ; CARBONNIER J., *Droit civil, T. IV, Les obligations*, Coll. Thémis, PUF, 22ème éd., 2000, n° 178, p. 388 et n° 206, p. 380 ; MALAURIE Ph., AYNES L., STOFFEL-MUNCK Ph., *Les obligations, Coll. Droit civil*, Derénois, 4ème éd., 2009, n° 248, p.141 et n° 989, p.540 ; KATOUZIAN N., *Responsabilité civile, T. I, Les obligations extracontractuelles*, Presses de l'Université de Téhéran, 2ème éd. 1999,, n° 354, p. 668; HADJI-DEHABADI A., *L'indemnisation des victimes par l'Etat et les Institutions publiques*, éditions de l'Institut de recherche sur la culture et la pensée islamique, 1ère éd. 2009, p. 93 et s. ; BARIKLOO A.-R., *Responsabilité civile*, édition Mizan, 2ème éd. 2008, p. 40 ; GHAMAMI M., *Prévisibilité du dommage en responsabilité civile*, éditions Sherkat Sahamiyeh Enteshar, 2ème éd. 2009, p. 151.

n'est pas passée sous silence [1], même si, il faut le reconnaître, certains auteurs y consacrent des développements beaucoup plus substantiels [2].

107. L'explication de cette relative incrédulité doctrinale réside peut être dans ce que la peine privée est très souvent sollicitée de manière seulement occulte et plus rarement de manière officielle. Ceci étant, que ce soit selon le premier (**Section 1**) ou le second (**Section 2**) procédé, le prononcé de sanctions civiles à finalité punitive se révèle, à la réflexion, incontestable.

Section 1 : Les sollicitations occultes de la peine privée

108. Les sollicitations occultes de la peine privée se font exclusivement sous la forme de dommages et intérêts punitifs. Traditionnellement, ces derniers sont présentés comme la condamnation de celui ayant eu un comportement fautif au versement d'une somme d'un montant supérieur à celui correspondant à la réparation du préjudice effectivement subi par la victime [3]. Cette définition ne sera toutefois pas retenue en raison de son caractère trop restrictif, puisqu'exclusivement fondée sur une nécessaire distorsion entre l'évaluation du dommage réparable et les indemnités finalement allouées. Or, la concordance entre les sommes versées à la victime et la valeur des dommages que cette dernière a subis n'est pas nécessairement compatible avec la qualification de la sanction prononcée en dommages et intérêts punitifs [4].

109. Aussi, dans une approche plus compréhensive, seront ici considérés comme des dommages et intérêts punitifs les sanctions qui, consistant dans l'obligation au versement d'une somme d'argent, sont destinées non pas à réparer un préjudice mais à réprimer l'auteur d'un comportement fautif. De la définition finalement proposée, un constat s'impose : il existe deux variétés de dommages et intérêts punitifs. Ceux relevant de la première procèdent de la prise en compte exclusive du fait fautif, le dommage n'étant ici qu'un instrument et non un fondement de leur prononcé (**Paragraphe 1**). Quant à ceux qui relèvent de la seconde, ils découlent eux aussi d'une prise en considération du fait fautif, cette dernière conditionnant la qualification de peine privée, à laquelle s'ajoute cependant celle du préjudice causé, qui participe alors de leur fondement punitif (**Paragraphe 2**).

---

1. BENABENT A., *Droit civil. Les obligations*, Coll. Domat, Montchrestien, 11ème éd., 2007 ; MALAURIE Ph., *Droit des obligations*, Coll. Manuels, Litec, 10ème éd., 2007 ; TERRE F., SIMLER Ph. et LEQUETTE Y., *Droit civil, Les obligations*, Coll. Précis, Dalloz, 10ème éd., 2009.

2. Le TOURNEAU Ph., *Droit de la responsabilité et des contrats*, Coll. Dalloz Action, Dalloz, 2010/2011, n° 3, p. 2, n° 45, p. 26, n° 1553, p. 470, n° 7025, p. 1429 ; STARCK B., ROLAND H. et BOYER L., *Obligations, T. I, Responsabilité délictuelle*, Litec, 5ème éd., 1996, n° 80 et s.., p. 45 et s. ; VINEY G. et JOURDAIN P., Traité de droit civil, Les effets de la responsabilité, LGDJ, 2ème éd., 2001, n° 4 et s., p. 4 et s.

3. PIEDELLEVRE S., « Les dommages et intérêts punitifs : une solution d'avenir ? », in *La responsabilité civile à l'aube du XXIème siècle*, Resp. civ. et assur. 2001, hors-série juin, p.68 et s.

4. *Cf. supra*, n° 44.

Paragraphe 1 : Les dommages et intérêts punitifs fondés sur la prise en considération exclusive du fait dommageable

110. L'existence de dommages et intérêts punitifs fondés sur la prise en considération exclusive du fait dommageable est susceptible d'être décelée tant au niveau de la détermination de l'obligation à la dette (**A**), que lors de la fixation de la contribution à la dette (**B**).

A – Les dommages et intérêts punitifs fondés sur la prise en considération exclusive du fait dommageable dans la détermination de l'obligation à la dette

111. Les dommages et intérêts punitifs dont il est ici fait état, sont ceux qui correspondent à la définition restrictive qui en est classiquement proposée [1]. Contrairement à ce qui peut être constaté dans le système juridique des pays de Common Law [2], très peu de place est officiellement accordée en droit positif français comme iranien aux dommages et intérêts punitifs. Il n'en demeure pas moins qu'officieusement, de telles sanctions sont parfois susceptibles d'être prononcées par les juridictions. Il convient d'exposer les fondements d'une telle possibilité, avant d'en donner quelques illustrations pratiques.

112. En l'état actuel des droits positifs en question, la faculté d'infliger des dommages et intérêts punitifs fondés sur la prise en considération exclusive du fait dommageable semble *a priori* inenvisageable. En effet, l'évaluation judiciaire des sommes allouées à la victime doit normalement être réalisée en respectant le principe de réparation intégrale, lequel commande que l'opération soit effectuée en fonction, non pas de la gravité de la faute commise, mais de l'étendue du dommage subi. Toutefois, il apparaît que les modalités de mise en œuvre de ce dernier confèrent concrètement aux juges la capacité de prononcer des dommages et intérêts d'un montant supérieur au préjudice réellement souffert, spécialement lorsqu'ils l'estiment opportun au regard de la gravité de l'acte illicite permettant d'engager la responsabilité.

113. Un tel pouvoir résulte d'une part de quelques articles législatifs de droit iranien ainsi qu'il a été fréquemment rappelé sous diverses expressions et, d'autre part, de quelques décisions de la Cour de cassation française.

---

1. *Cf.supra*, n° 108.

2. CARVAL S., La responsabilité civile dans sa fonction de peine privée, Coll. Bibliothèque de droit privé, T. 250, LGDJ, 1995, n° 42 et s.., p. 45 et s. ; JAUFFRET-ESPINOSI C., « Les dommages-intérêts punitifs dans les systèmes de droit étrangers », in Faut-il moraliser le droit français de la réparation du dommage ? (A propos des dommages et intérêts punitifs et de l'obligation de minimiser son propre dommage), Les Petites Affiches 20 novembre 2002, p. 8 et s. ; JOBIN P.-G., « Les dommages punitifs en droit québécois », in Mélanges J. CALAIS-AULOY, Dalloz 2004, p.537 et s. ; POPOVICI A., « Tendances récentes du droit de la responsabilité civile au Québec », in Les métamorphoses de la responsabilité, 6ème journée René SAVATIER, PUF, 1998, p.129 et s., spéc., p.133 ; VINEY G. et MARKESINIS B., La réparation du dommage corporel. Essai de comparaison des droits anglais et français, Coll. Etudes juridiques comparatives et internationales, Economica, 1985, n° 37, p. 57 et s.

a. Le pouvoir souverain d'appréciation des juges du fond rappelé régulièrement par des législations iraniennes

114. Sous le couvert du « pouvoir souverain » qu'il reconnaît aux juges du fond pour chiffrer le préjudice, le législateur prévoit en effet, dans ces hypothèses, des nombreux dommages et intérêts n'ayant aucune réelle portée indemnitaire ou compensatoires, mais tendent soit à confisquer un profit illicite, soit à punir un comportement jugé répréhensible.

D'abord, c'est la Loi de responsabilité civile du 27 avril 1960 qui accordait au juge saisi le pouvoir de fixer le montant du préjudice ainsi que les moyens et les modalités de sa réparation, en tenant compte de la situation et des circonstances des faites. Il ne peut être fixé de réparation d'un dommage sous forme de pension, sauf si le redevable en charge de verser la pension présente des garanties suffisantes pour son paiement ou si la loi l'autorise [1]. Le tribunal peut également réduire le montant des réparations dans les cas suivants :
- Dans le cas où, à la suite du dommage, son auteur aurait apporté efficacement son aide à la victime du dommage ;
- Dans le cas où le dommage aurait pour origine une négligence tolérée par l'usage et si la réparation entraîne l'indigence et la misère pour celui qui l'a commis ;
- Dans le cas où la victime du dommage, d'une façon ou d'une autre, aurait facilité ou aidé la survenue du dommage et/ou aurait contribué à l'aggravation de la situation de l'auteur du dommage [2].

115. Ainsi, dès lors que la quantification du préjudice relève de leur pouvoir souverain, il leur est toujours loisible, officieusement au regard de la seule faute reprochée, mais officiellement en considération d'une prétendue particularité des dommages soufferts qu'ils sont les seuls à pouvoir apprécier, d'étendre exagérément l'importance objective de ces derniers, et d'échapper ainsi au grief pris d'un éventuel défaut d'adéquation entre le préjudice subi et l'indemnité allouée.

La possibilité pour ces derniers d'infliger des dommages et intérêts punitifs résulte ensuite de quelques textes qui exigent une protection particulière des consommateurs :

- L'article 53 de la Loi de pénalité Etatique du 19 octobre 1994 dispose que : « Dans les cas où les sociétés ont subi les dommages causés en violation de la présente loi, l'autorité compétente pour statuer sur les pénalités Etatiques oblige l'auteur des dommages à les réparer ».
- La Remarque 4 de l'article 14 de la Loi de pénalité Etatique relatif aux dispositions des affaires médicales et pharmaceutiques, les matériels alimentaires et de boissons du 19 octobre 1994 reconnaissant également ce pouvoir aux juges du fond précise que : « En cas de distribution de médicaments corrompus et périmés en violation du règlement de Ministère de la santé, du traitement et de l'éducation médicale, le délinquant risque d'être condamné à une amende pouvant aller jusqu'à un million de Rials en plus de la réparation des dommages causés… ».

---

1. Art. 3 de la Loi de responsabilité civile en Iran.
2. Art. 4 de la Loi de responsabilité civile en Iran.

- Des juges du fond auront également le pouvoir d'infliger, en application des articles 2, 24 et 25 de la Loi de protection du consommateur du 31 avril 2005, la réparation de tous les dommages, à tous les fournisseurs des biens et services ou les fabricants et les détaillants, s'ils étaient conscients d'un défaut à cause duquel a été mis en danger le consommateur.

116. Il suffirait aux juridictions du fond de déterminer le montant de la condamnation en fonction de la faute reprochée tout en indiquant expressément, mais artificiellement, que celui-ci ne correspondait à rien d'autre qu'au préjudice effectivement subi.

Depuis longtemps la Haute juridiction iranienne refuse d'attribuer aux juges du fond le pouvoir d'accorder aux victimes des infractions des dommages-intérêts en plus des peines divines comme le prix du sang dit « Diyet ». Cette Cour suprême iranienne s'y est finalement résolue sous la pression des critiques doctrinales :

- La jurisprudence des juges du fond [1], ainsi que quelques dispositions légales, admettaient, dans certains cas, que la victime des infractions puisse également invoquer la responsabilité délictuelle du condamné afin d'obtenir, en plus « du prix du sang », des dommages-intérêts supplémentaires.
- Ces reconnaissances liminaires du pouvoir souverain aux juges du fond de condamner, dans certains cas et sous réserve de respecter les conditions requises, les délinquances à payer à la fois le prix du sang « Diyet » et les dommages-intérêts supplémentaires fut dans un premier temps désapprouvé par les divers arrêts [2] de l'Assemblée plénière de la Cour de cassation, en appuyant sur l'aspect religieux de la peine de prix du sang « Diyet » ; ce dernier consiste en tous les chefs du préjudice des victime.

117. On a regretté cette timidité de la Haute juridiction, car la reconnaissance d'une possibilité aux juges du fond de déterminer les dommages-intérêts supplémentaires, mais en réalité punitifs, avait pour avantage d'unifier la responsabilité à l'égard des victimes. Ces revendications sociales et critiques doctrinales furent enfin entendues, non par la Cour de cassation, mais grâce à l'intervention du législateur au travers de l'adoption de la Loi de l'assurance obligatoire de la responsabilité civile des détenteurs des véhicules terrestres à moteurs du 15 juillet 2008. La Remarque 3 de l'article premier de cette loi a finalement donné aux juges le pouvoir de dépasser les limites de la peine de « Diyet » et d'accorder, au cas nécessaire, des dommages-intérêts réparateurs et/ou punitifs sous diverses expressions, ce qui a été, très récemment, confirmé par l'article 457 du projet de Code pénal islamique.

---

1. L'arrêt n° 483/64 du 11 juillet 1986 de la première chambre civile des tribunaux communs de SAARI ; L'arrêt n° 321/66 du 29 février 1987 de la deuxième chambre civile de la justice de SAARI ; L'arrêt n° 367 du 2 décembre 1989 de la chambre 35 de la justice de Téhéran, cités par : KATOUZIAN N., *Responsabilité civile, T. I, Les obligations extracontractuelles*, éditions de l'Université de Téhéran, 2ème éd. 1999, p. 60 et s.

2. L'arrêt n° 54/67 du 14 décembre 1989, et l'arrêt n° 619 du 6 novembre 1997 de l'Assemblée plénière de la Cour de cassation iranienne.

118. Les divers arrêts [1] rendus dernièrement par les juges du fond, et notamment l'arrêt du 18 juillet 2009 de la première chambre civile des tribunaux communs de Téhéran [2] contre le Centre de Transfusion Sanguine, tendent heureusement à pallier les inconvénients inhérents aux différences de régimes applicables aux victimes en cas de dommages consécutifs à la commission des infractions [3].

b. Le pouvoir souverain d'appréciation des juges du fond issu des décisions jurisprudentielles françaises

119. La Cour de cassation précisait, au travers de quelques arrêts principaux, que la détermination de l'étendue du préjudice relève de l'appréciation souveraine des juges du fond [4].

120. Cette jurisprudence doit être pleinement approuvée dans son principe, l'évaluation du préjudice ne pouvant correctement être effectuée que par la prise en compte de données concrètes dont seuls les juges du fond ont en principe à connaître. Elle se révèle cependant excessive dans sa portée [5], la Cour de cassation renonçant apparemment à exercer en la matière un véritable contrôle de motivation, qui seul permettrait pourtant de s'assurer que le principe de la réparation intégrale est parfaitement respecté.

---

1. L'arrêt n° 8709975115901881 du 26 janvier 2008 de la chambre criminelle 104 des tribunaux communs de Machhad ; L'arrêt n° 867 du 12 janvier 2008 des tribunaux communs de Khore Biabanak ; L'arrêt n° 0881 du 3 novembre 2008 de la chambre criminelle 111des tribunaux communs d'Isfahan ; L'arrêt n° 1799 du 30 janvier 2008 de la chambre criminelle du tribunal communde Samirom ; L'arrêt n° 1217 du 3 novembre 2008 de la chambre criminelle 101 du tribunal commun de Mahmoudabad ; L'arrêt n° 880810 du 11 juillet 2009 de la Cour d'appel d'Isfahan ; L'arrêt n° 01205 du 10 mars 2008 de la chambre criminelle 1173 des tribunaux communs de Téhéran ; L'arrêt n° 1279 du 29 septembre 2008 de la chambre 14 de la Cour d'appel de Téhéran ; L'arrêt n° 8709971511500844 du 28 septembre 2008 de Saari, cités par : TAHMASBI J., « Discours de l'étendue de la responsabilité dans la loi de l'assurance obligatoire de 2007 », Revue juridique de la justice, n° 68, L'hiver 2009, p. 49.

2. SABERI A., « Réflexion sur l'arrêt le plus récent de l'affaire du sang contaminé », Revue des recherches juridiques, n° 15, 2009-1, p. 435 et s.

3. La jurisprudence a mis à la charge du centre de transfusion sanguine d'Iran une responsabilité envers les receveurs de sang vicié au profit desquels les hôpitaux et cliniques sont censés avoir stipulé.

4. Civ., 29 juin 1853, D.P. 1854, 1, p.188 ; Civ., 23 mai 1911, D.P. 1912, p. 421 ; Civ., 16 mai 1922, S. 1922,1, p. 358 ; Req., 25 juin 1925, 1, p.351 ; Soc., 17 mars 1961, Bull. civ. IV, n° 363 ; Civ. 1er, 28 juin 1961, Bull. civ. I, n° 348 ; Civ. 2ème, 14 février 1962, Bull. civ. II, n°188 ; Civ. 1er, 5 juin 1962, Bull. civ. I, n° 290, Civ. 2ème, 19 juillet 1962, Bull. civ. II, n° 618 ; Civ. 2ème, 20 juillet 1962, Bull. civ. II, n° 621 ; Civ., 1er, 22 janvier 1963, Bull. civ. I, n° 50 ; Civ., 2ème, 20 février 1980, Bull. civ. II, n° 40 ; Civ., 2ème, 11 juillet 1983, Bull. civ. II, n° 153 ; Crim.,, 20 janvier 1987, Bull. crim., n° 26 ; Crim., 27 octobre 1987, Bull. Crim., n° 369 ; Crim., 4 mars 1991, Bull. crim., n° 106 ; Civ. 1er, 16 juillet 1991, Bull civ. I, n° 249, JCP 1992, I, 3572, obs. G. VINEY ; Civ. 2ème, 5 février 1992, Bull. Civ. II, n°42 ; Civ. 2ème, 2 novembre 1994, Bull. civ. II, n° 216 ; Civ. 1er, 20 février 1996, D. 1996, juris. P. 511, note B. EDELMAN ; Ass. Plén, 26 mars 1999, Bull. n° 3, JCP 2000, I, 199, n°12, obs. G. VINEY ; Civ. 2ème, 4 mai 2000, Bull. Civ. II, n° 76, JCP 2001, II, 10489, note Y. DAGORNE-LABBE ; Civ. 2ème, 13 juillet 2000, Bull. Civ. II, n°126 ; Ch. Mixte, 6 septembre 2002, Bull. Civ., n° 4- Civ., 2ème, 21 avril 2005, n° 04-06. 023, Bull. civ. II, n° 112 ; D. 2005, IR 1506 (sur la liberté d'évaluer le préjudice résultant d'un dommage lié à l'amiante à un montant supérieur à celui retenu par le FIVA).

5. VINEY G. et JOURDAIN P., *Traité de droit civil, Les effets de la responsabilité*, LGDJ, 2ème éd., 2001, n° 61 et s.., p. 125 et s.

Certes, le pouvoir souverain d'appréciation des juges du fond n'a jamais été sans limites. Dès l'origine, il a fait l'objet d'un contrôle de la Haute juridiction. Celui-ci restait toutefois très superficiel, puisque portant le plus souvent sur les seuls motifs exprimés. Aussi, les juges du fond étaient-ils finalement incités à être le moins diserts possibles [1]. En réalité, la cassation n'était essentiellement prononcée que lorsqu'il était expressément indiqué que l'évaluation des dommages et intérêts avait été faite en fonction d'un critère autre que celui fondé sur l'étendue du préjudice. Par exemple, était inévitablement vouée à être censurée la décision fixant explicitement la somme allouée à la victime en réparation de ses dommages de manière forfaitaire [2], par référence à des barèmes préétablis [3], ou encore en fonction de la jurisprudence classique de la juridiction ayant rendu la décision [4]. En revanche, l'insuffisance de motifs ne donnait que très rarement lieu à censure de la décision déférée à la Cour de cassation. Finalement, la liberté des juges du fond apparaissait, sinon totale, du moins très prononcée [5], l'indication du chiffre retenu pour déterminer le *quantum* du dommage sans que ne soient, en outre, spécifiés les différents éléments du préjudice pris en considération pouvant, par exemple, parfois suffire [6]. De même étaient admises les évaluations d'indemnités qui étaient opérées tous chefs de préjudices confondus [7].

Au début des années 1970 cependant, une évolution en faveur d'un contrôle plus approfondi du pouvoir souverain d'appréciation des juges du fond s'est amorcée, l'insuffisance de motifs fondant alors de plus en plus fréquemment des cassations. Par exemple, la chambre criminelle a souligné que « si les juges du fond apprécient souverainement l'indemnité due à la victime sans être tenus de spécifier les bases sur lesquelles ils en ont évalué le montant, cette appréciation cesse d'être souveraine lorsqu'elle est fondée sur des motifs insuffisants, contradictoires ou erronés » [8]. Récemment, cette solution a été confirmée en des termes quasiment identiques [9]. L'intensification du contrôle opéré par la Cour de cassation s'est également manifestée par des censures justifiées par le défaut de prise en compte d'un élément du pré-

1. AZARD P., note sous Montpellier, 9 décembre 1965, D. 1967, juris. P. 477, spéc. p. 480.

2. Civ., 16 juin 1927, D.P. 1928, 1, p. 25, note A. LEGRIS.

3. Crim., 3 novembre 1955, D. 1956, juris. P. 557, note R. SAVATIER, RTD civ. 1956, p.763, n°5, obs. P. HEBRAUD et P. RAYNAUD ; Civ. 2ème, 10 novembre 1965, Bull. civ. II, n° 868 ; Crim., 4 février 1970, D. 1970, juris. P. 333.

4. Crim., 3 octobre 1962, Bull. crim., n° 258 ; Crim., 20 janvier 1987, Bull. crim., n° 25.

5. IVAINER Th., « Le pouvoir souverain du juge dans l'appréciation des indemnités réparatrices », D. 1972, chron. P.7 et s.

6. Civ. 2ème, 9 décembre 1954, Bull. civ. II, n° 409 ; Civ. 1er, 13 octobre 1965, D. 1966, somm., p. 50 ; Civ. 2ème, 28 avril 1966, Bull. civ. II, n° 498 ; Civ. 1er, 15 février 1967, Bull. civ. I, n° 68 ; Civ. 3ème, 8 décembre 1969, Bull. civ. III, n°805 ; Crim., 9 février 1982, Bull. crim., n° 46 ; Com., 25 avril 1983, Bull. civ. IV, n° 123 ; Civ. 2ème, 20 janvier 1993, Bull. civ. II, n° 23, Gaz. Pal. 1993, 2, p. 491, note J.-L. EVADE ; Com., 7 février 1995, JCP 1995, II, 22411, note Ph. LA TOURNEAU.

7. Civ. 2ème, 21 avril 1966, Bull. civ. II, n° 266 ; Crim., 4 octobre 1982, JCP 1982, IV, p. 372.

8. Crim., 27 octobre 1976, D. 1976, I.R., p.322 ; Crim., 3 février 1977, D. 1977, I.R., p. 157 ; Crim., 13 octobre 1987, D. 1987, I.R., p.245 ; Crim., 27 octobre 1987, Bull. crim., n°369 ; Crim., 6 juin 1990, Bull. crim., n°224.

9. Crim., 25 octobre 2000, Bull. Crim., n°309, D. 2001, S.C. p.2233, obs. P. JOURDAIN, JCP 2001, I, 338, n°12 et s.., obs. G. VINEY.

judice résultant directement du fait dommageable [1], ou encore par le défaut de réponse à conclusions [2]. De même, a été cassée la décision fixant une indemnité toutes causes de préjudices confondues [3].

121. L'évolution de l'intensité du contrôle effectué par la Cour de cassation sur le pouvoir souverain d'appréciation des juges du fond n'est pas sans emporter quelques incidences quant à la possibilité pour ces derniers d'infliger des dommages et intérêts punitifs résultant de la prise en compte exclusive de la gravité de la faute commise par le responsable. Il est évident qu'à l'origine, le contrôle des seuls motifs exprimés rendait fort aisé le prononcé de telles sanctions. A l'heure actuelle cependant, la question qui se pose est de savoir si l'adjonction d'un contrôle de l'insuffisance des motifs à celui portant jusqu'alors sur les seuls motifs exprimés reste compatible avec la possibilité de condamner le responsable à verser des dommages et intérêts punitifs. De prime abord, une réponse négative semble devoir s'imposer. En effet, il a été décidé par la Cour de cassation que devait être censuré l'arrêt dont la motivation ne lui permettait pas de vérifier si les juges du fond n'avaient pas surévalué ou sous-évalué l'indemnisation d'un chef de préjudice [4]. Or, les dommages et intérêts punitifs dont il est ici question consistent précisément à fictivement surévaluer le dommage subi en considération de la faute commise. La Cour de cassation opérant un contrôle sur ce point, les juges du fond n'auraient plus la faculté de recourir à un tel procédé. En réalité, s'il leur est indéniablement plus difficile d'infliger des dommages et intérêts punitifs, il ne leur est pas pour autant devenu impossible de prononcer de telles sanctions. Il suffit qu'ils fassent preuve d'une habileté encore plus grande qu'auparavant dans la rédaction de leurs décisions. Dans une telle hypothèse, le principe de réparation intégrale se trouve formellement sauvegardé, alors que, sous couvert du pouvoir souverain d'appréciation des juges du fond, ce sont des dommages et intérêts punitifs qui sont concrètement infligés.

122. Finalement, si le contrôle par la Cour de cassation des motifs de la décision relatifs à l'évaluation du préjudice s'est indéniablement renforcé, il peut paraître encore insuffisant, comme le souligne d'ailleurs une partie de la doctrine [5]. Il est vrai qu'en l'état actuel du droit positif, il n'empêche pas de considérer que le principe de réparation intégrale se révèle plus théorique qu'effectif, la faculté pour les juges du fond de prononcer des dommages et intérêts punitifs fondés sur la seule gravité de la faute n'étant guère contestable, même si elle est officiellement écartée. Bien évidemment, à partir du moment où il s'agit d'une pratique occulte, il est difficile de conforter le propos par de multiples illustrations jurisprudentielles. D'ailleurs, la Cour de cassation, déniant officiellement toute fonction pénale à la responsabilité

1. Crim., 20 janvier 1987, Bull. crim., n°25 et 26.

2. Civ. 2ème, 11 juillet 1983, Bull. civ.II, n°149 ; Crim., 14 juin 1990, Bull. crim., n° 243.

3. Civ. 1er, 20 juillet 1993, JCP 1993, IV, 2421.

4. Crim., 5 juin 1984, Bull. crim., n°206 ; Civ. 2ème, 21 juin 1989, Bull. Civ. II, n° 134 ; Crim., 5 décembre 1989, Resp. civ. et assur. 1990, comm. 81

5. COUTANT-LAPALUS Ch., *Le principe de réparation intégrale en droit privé*, PUAM, 2002, n° 246, p. 239 ; VINEY G. et JOURDAIN P., *Traité de droit civil. Les effets de la responsabilité*, LGDJ, 2ème éd., 2001, n° 66, p.137.

civile [1], rappelle régulièrement que la gravité de la faute commise par le responsable ne saurait fonder une distorsion entre le montant des dommages et intérêts attribués à la victime et le *quantum* du préjudice effectivement subi par cette dernière [2].

123. Ceci étant, il faut garder à l'esprit que « ce qui ne peut être dit, peut être fait » [3]. Aussi, certaines décisions des juridictions du fond ne peuvent raisonnablement s'expliquer que par la volonté de punir un acte illicite, même si celle-ci n'est pas explicitement exprimée [4]. Plus particulièrement, les fautes lucratives sont désormais fréquemment réprimées au travers de la responsabilité civile. En effet, il est devenu habituel pour les juges du fond d'exagérer l'importance du préjudice causé à la victime en intégrant les profits réalisés par l'auteur de l'acte, que ces derniers correspondent à des économies [5] ou à des bénéfices [6] indus. De telles pratiques consistent, en définitive, à surévaluer artificiellement le préjudice effectivement subi par la victime en raison de la particularité de la faute commise, cette dernière procurant pour son auteur des chances de gains inacceptables. Aussi, de toute évidence, la condamnation dont fait l'objet le responsable tend moins à indemniser qu'à punir.

124. Si les dommages et intérêts punitifs fondés sur la prise en considération exclusive de la faute commise sont susceptibles d'être infligés, ainsi que cela vient d'être établi, lors de la détermination de l'obligation à la dette, leur prononcé peut également être la conséquence de l'application des règles qui, régissant les recours entre coresponsables d'un même dommage, permettent de déterminer la part de chacun dans la contribution à la dette.

B – Les dommages et intérêts punitif fondés sur la prise en considération exclusive du fait dommageable dans la détermination de la contribution à la dette

125. Le problème de la détermination de la contribution à la dette se pose essentiellement, en matière délictuelle, lorsque plusieurs personnes sont à l'origine d'un même dommage. Depuis un arrêt de la Cour de cassation du 11 juillet 1892, les

---

1. Crim., 8 février 1977, Bull. crim., n° 52. En substance la Cour de cassation précise dans cet arrêt que : « la condamnation des auteurs d'une infraction à verser des dommages et intérêts à la victime a seulement pour objet de réparer le préjudice causé. Elle ne peut avoir pour finalité de prévenir le renouvellement des faits infractionnels ».

2. Civ., 21 octobre 1946, JCP 1946, II, 3348, note P. L.-P. ; Civ., 8 mai 1964, Bull. civ. II, n° 269, JCP 1965, II, 14140, note P. ESMEIN ; Paris, 26 avril 1983, D. 1983, juris. P.376, note R. LINDON. Dans cet arrêt la Cour de Paris souligne que : « les dommages et intérêts sont destinés à réparer le préjudice subi, et qu'ils ne doivent pas varier en fonction de la gravité de la faute commise ».

3. ROUJOU DE BOUBEE M.-E., Essai sur la notion de réparation, Coll. Bibliothèque de droit privé, T. CXXXV, 1974, p.121.

4. Paris, 4 janvier 1988, D. 1989, S.C. p. 92, obs. D. AMSON, TGI Paris, 17 décembre 1986, Gaz. Pal. 1987, 1, p. 238.

5. CARVAL S., La responsabilité civile dans sa fonction de peine privée, Coll. Bibliothèque de droit privé, T. 250, LGDJ, 1995, n° 132 et s., p.140 et s.

6. Paris, 10 juillet 1986, JCP 1986, II, 20712, note E. AGOSTINI.

coauteurs sont tenus *in solidum* envers la victime [1]. Le législateur iranien n'étant pas indifférent à ce sujet prévoit, d'abord dans le Code civil, que : « Celui qui usurpe la chose injustement détenue par autrui, en demeure responsable comme le premier usurpateur, même s'il ignorait le caractère injuste de la détention de celui-ci » [2]. De même, la responsabilité *in solidum* des coauteurs en la matière a été acceptée aux travers des articles 165 de la Loi maritime et l'article 14 de la loi sur la responsabilité civile du 27 avril 1960 selon laquelle : « Si plusieurs personnes sont ensemble à l'origine d'un dommage, elles sont responsables solidairement des dommages causés. Dans ce cas, le montant de la responsabilité de chacun sera déterminé par le tribunal, compte tenu de son implication » [3]. En conséquence, l'un quelconque d'entre coauteurs peut être assigné par la victime en paiement de l'intégralité des dommages et intérêts qui lui sont dus [4].

Néanmoins, il dispose logiquement contre les autres coauteurs d'une action récursoire, dont le fondement peut être subrogatoire, en vertu de l'article 1251, 3° du Code civil français et de l'article 318 du Code civil iranien (CCI) [5], ou personnel, en déduction des dispositions de l'article 1214 du Code civil français (CCF) [6]. Or, les modalités de répartition de la charge de la réparation entre coresponsables sont organisées de telle manière que « la pluralité des auteurs d'un même délit constitue une circonstance dont la jurisprudence a tiré profit pour donner libre cours à sa tendance vers une reconnaissance de la fonction répressive de la responsabilité au moyen d'une résurrection des effets propres de la culpabilité » [7]. Aussi convient-il tout d'abord de les décrire afin de s'assurer qu'elles instituent effectivement un mécanisme de répression civile des fautes commises. Ce n'est qu'ensuite qu'il sera envisageable de vérifier que les sanctions finalement mises à la charge de certains des coresponsables correspondent réellement à des dommages et intérêts punitifs.

126. Trois hypothèses peuvent être distinguées pour présenter les règles fixant la part de contribution à la dette de chacun des coresponsables [8].

---

1. Civ., 11 juillet 1892, D.P. 1894, 1, p. 516, note C. LEVILLAIN, GAJC, T. II, 2000, n° 243, p. 450 et s.

2. Art. 316 du Code civil du 18 avril 1928.

3. Art. 14 de la Loi de responsabilité civile du 27 avril 1960.

4. En vertu de l'article 317 du Code civil iranien : « Le propriétaire peut exercer son recours, à son choix, contre le premier usurpateur ou contre chacun des usurpateurs subséquents, pour réclamer la chose qui a été usurpée, si elle existe en nature, sinon il peut exercer son recours de la même façon pour réclamer, selon le cas, la réparation en nature ou le paiement du prix, soit de la chose en entier soit d'une partie seulement ».

5. KATOUZIAN N., *Responsabilité civile, T. II, Usurpation, Paiement indu et Enrichissement sans cause*, Presses de l'Université de Téhéran, 2ème éd. 1999, n° 481, p. 111 et s. ; KATOUZIAN N., JONEYDI L. et GHAMAMI M., *Responsabilité consécutive aux accidents de la circulation*, éditions de l'Université de Téhéran, 3ème éd. 2007, p. 135 et s.

6. FLOUR J., AUBERT J.-L. et SAVAUX E., *Droit civil. Les obligations, T. III, Le rapport d'obligation*, Coll. Université, Sirey, 6ème éd., 2009, n° 326, p. 279.

7. VINEY G., *Le déclin de la responsabilité individuelle*, Coll. Bibliothèque de droit privé, T. III, LGDJ, 1965, n°370, p.316.

8. Afin de ne pas alourdir inutilement la présentation du régime des recours entre coresponsables, les hypothèses ici envisagées correspondent à celles où les coauteurs sont au nombre de deux. Les règles

La première renvoie à celle où les deux coauteurs ont chacun été déclarés responsables à raison de leur propre faute. Il ressort de la jurisprudence aussi bien française [1] qu'iranienne [2], approuvée en cela par une partie des doctrines [3], que dans une telle occurrence, la répartition du poids de la dette de réparation doit s'opérer en fonction de la gravité respective des actes illicites perpétrés. Il faut cependant noter que ce principe est atténué par le fait que le recours de l'auteur d'une faute dolosive contre le responsable ayant commis une faute simple est incertaine, la jurisprudence l'admettant [4], ou le rejetant [5], selon les espèces soumises.

Dans la seconde hypothèse, la condamnation de l'un des coauteurs est prononcée sur le fondement d'une faute par lui commise, tandis que celle de l'autre découle de l'application d'un régime de responsabilité objectif. C'est alors au responsable fautif d'assumer l'intégralité de la charge de la dette de réparation. En effet, alors que l'auteur de la faute ne peut exercer l'action récursoire contre le responsable non fautif [6], celui-ci, s'il a été assigné par la victime, pourra agir contre celui-là et obtenir sa condamnation pour le tout [7]. A titre exemple, les victimes de contaminations

---

qui les gouvernent sont bien évidemment applicables aux autres hypothèses où le nombre de coresponsables serait supérieur.

1. Req., 20 mai 1941, S. 1941,1, p.200 ; Civ. 1er, 21 février 1956, Bull. civ. I, n°71, JCP 1956, II, 92400, note H. BLIN ; Crim., 13 avril 1956, Bull. crim. n°519, S. 1956, juris. p.12 ; Civ. 2ème, 1er octobre 1975, IR p.256 ; Civ. 2ème, 14 janvier 1998, D. 1998, juris. P.174, note H. GROUTEL., JCP 1998, II, 10045, note P. JOURDAIN ; Civ. 2ème, 1er mars 2001, Bull. civ. II, n°31.

2. L'arrêt de l'Assemblée plénière de la Cour de cassation, n° 127 du 12 octobre 1967, Recueil périodique, édition Keyhan, l'année 1967, n° 20, p. 47 ; L'arrêt de l'Assemblée plénière de la Cour de Cassation, n° 82 du 2 mars 1966, Recueil périodique, édition Keyhan, l'année 1966, n° 7, p. 47 ; L'arrêt de l'Assemblée plénière de la Cour de cassation, n° 80 du 25 février 1966, Recueil périodique, édition Keyhan, l'année 1966, n° 8, p. 56 ; L'arrêt de l'Assemblée plénière de la Cour de cassation, n° 6025 du 7 septembre 1966, Recueil périodique, édition Keyhan, l'année 1966, n° 9, p. 59.

3. BAUDIN H., « La responsabilité en matière délictuelle : corréalité et s.olidarité », JCP 1943, I, 349, précis. n° 21 ; DEREUX G., « De la réparation due par l'auteur d'une seule des fautes dont le concours a causé un préjudice », RTD civ. 1944, p.155 et s., spéc. p.157 ; ESMAIN P., « La faute et s place dans la responsabilité civile », RTD civ. 1949, p.481 et s., spéc. n°4, p.483 ; KATOUZIAN N., *Responsabilité civile, T. I, Les obligations extracontractuelles,* éditions de l'Université de Téhéran, 2ème éd. 1999, p. 483 et s. ; SAFAEE S.-H., *Droit civil*, T. I, éditions de l'Institut supérieur de comptabilité, 3ème éd. 1961, p. 568 ; EMMAMI S.-H., *Droit civil*, T. I, éditions Eslamee, 3ème éd., 1995, pp. 384 et 395.

4. Civ. 1er, 14 octobre 1997, Bull. civ., I, n°275 ; Civ. 1ère, 3 mars 1998, Bull. Civ., I, n°92.

5. Civ. 17 décembre 1996, Bull. civ., I, n°458, Defrénois, 1997, art. 36516, p. 343, obs. J.-L. AUBERT, JCP, 1997, I, 4068, n°14, obs. G. VINEY ; Civ. 1ère, 23 novembre 1999, Bull. civ. I, n°320, Resp. civ. et assur. 2000, comm. 58, note H. GROUTEL, Defrénois 2000, art. 37107, p. 258, obs. J.-L. AUBERT, RTD civ. 2000, p. 345, obs. P. JOURDAIN.

6. Civ., 2ème, 9 octobre 1963, Bull. civ. II, n° 597 ; Civ. 2ème, 19 novembre 1970, JCP 1971, II, 16748 ; Civ. 2ème, 31 janvier 1973, Bull. civ. II, n° 38, JCP 1973, IV, p. 106 ; Civ. 2ème, 11 juin 1975, Bull. civ. II, n° 174 ; Civ. 2ème, 12 juin 1975, Bull. civ. II, n° 175, Civ. 2ème, 5 juin 1991, Bull. civ. II, n°175 ; Civ., 2ème, 10 mars 2004, n° 02-13.518, Bull. civ. II, n° 95 ; Civ., 2ème, 22 septembre 2005, n° 04-14.856, NP. D'ailleurs, l'article 335 du Code civil iranien dispose, en la matière, qu': « En cas de collision entre deux bateaux, deux trains, deux automobiles ou autres véhicules, est tenu pour responsable celui qui aura sciemment ou par négligence été cause de la collision. Si la faute ou la négligence proviennent des deux parties, toutes les deux seront responsables ».

7. Civ., 2ème, 11 juillet 1977, Bull. civ. II, n° 185, D. 1978, juris. P.581, note E. AGOSTIN- Civ. 2ème, 25 novembre 1987, Bull. civ. II, n°242- Civ. 2ème, 8 mai 1978, D. 1979, IR p.61, obs. Ch. LARROUMET- Civ., 1ère, 13 février 2001, n° 99-13.589, Bull. civ. I, n° 35 ; D. 2001.2234, obs. Ph. Delebecque ; JCP 2002, II, 10099, note Lisanti-Kalczynski ; Defrénois 2001, p. 712, obs. Savaux- Ass. Plén.,

issues de transfusions sanguines rendues nécessaires par l'accident de la circulation, agissent en général exclusivement contre l'Etablissement français du sang, sur le fondement de l'obligation de sécurité de résultat dont il est tenu. C'est alors l'Etablissement français du sang qui exercera un recours en contribution contre le conducteur du véhicule et son assureur. Puisque, selon la Cour de cassation, « le fournisseur de sang qui manque à son obligation de sécurité de résultat de fournir des produits exempts de vices commet une faute délictuelle à l'égard de la victime » [1]. Dans un premier temps, cette jurisprudence a créé un doute sur le régime juridique de ce recours : la première et la deuxième chambre de la Cour de cassation se sont divisées sur le point de savoir si la contribution à la dette devait avoir lieu « en proportion des fautes respectives » [2] (deuxième chambre) ou « pour moitié » [3] (première chambre) entre l'EFS et le conducteur fautif. La première chambre s'est finalement rangée à la position de la deuxième chambre. La contribution à la dette s'opère donc, dans la condition du droit commun, en proportion des fautes respectives et non plus pour moitié [4].

Quant à la troisième hypothèse, elle renvoie à celle où aucune faute ne peut être reprochée à l'un des deux auteurs du fait dommageable dont la responsabilité est, par exemple, retenue sur le fondement de l'article 1384 al. 1er du Code civil français et l'article 365 du Code pénal iranien selon lequel : « Chaque fois que quelques personnes sont ainsi la cause des blessures et des dommages, elles seront ensemble, responsables de les réparer ». La répartition du poids de la dette de réparation se fait alors par parts viriles [5].

127. S'il est évident que la dernière hypothèse envisagée ne saurait révéler l'existence d'une fonction punitive de la responsabilité civile, les deux premières, au contraire, en rendent parfaitement compte. En effet, la faute joue un rôle prépondérant lors de la détermination de la contribution à la dette, puisque c'est le plus fautif ou le seul fautif qui supportera, le plus lourdement ou exclusivement selon les cas, le poids définitif de la réparation. Or, si l'obligation *in solidum* peut être considérée comme une technique de garantie mise à la disposition de la victime, cette dernière

---

6 oct. 2006, n° 05-13.255, Bull. Ass. Plén. n° 9 ; RTD civ. 2007, 123, obs. Jourdain ; D. 2006, 2825, note Viney ; JCP 2006, II, 10181, note Billiau ; RDC 2007, 381, note Seuble. - Civ., 2ème, 19 novembre 2009, pourvoi n° 08-15.853, Etablissement français du sang ; Civ., 2ème, 13 janvier 2011, pourvoi n° 09-71.196, Société AXA Winterthur et Neuchatel contre M. x et s.ociété MAAF.

1. Civ., 2ème, 25 janvier 2007, n° 06-12. 106, Bull. civ. II, n° 20 ; D. 2007. 443, obs. Gallmeister ; RTD civ. 2007. 362, obs. Jourdain ; JCP 2007, act. 71, obs. C. Bloch ; ibid. I, 115, n° 14, obs. Stoffel-Munck ; ibid. II, 10035, note Radé ; RGDA 2007-2, p. 349, obs. Landel ; RDC 2007, p. 725, obs. Borghetti.

2. Civ., 2ème, 25 janvier 2007, n° 06- 13.611, n° 06-12. 106, 2 esp., Bull. civ. II, n° 20 ; RTD civ. 2007. 362, obs. Jourdain ; D. 2007. 443, obs. Gallmeister ; JCP 2007, II, 10035, note C. Radé.

3. Civ., 1ère, 5 juillet 2006, n° 05- 15.235, Bull. civ. I, n° 363 ; RTD civ. 2006. 783, obs. Jourdain ; JCP 2007, II, 10031, note G. Vial ; RCD 2006, ét. 13, obs. H. Groutel.

4. Civ., 1ère, 14 février 2008, n° 07- 11. 710, NP, JCP 2008, II, 10080, note C. Radé ; I, 186, n° 9, obs. Ph. Stoffel-Munck ; RCA 2008, comm. 137, note H. Groutel.

5. Civ., 28 novembre 1948, D. 1949, juris. P.117, note H. LALOU ; Civ. 2ème, 16 février 1962, Bull. civ. II, n° 208 ; Civ. 2ème, 2 juillet 1969, JCP 1971, II, 16588 ; Civ. 2ème, 17 novembre 1976, JCP 1977, II, 18550, concl. BAUDIN ; Civ. 2ème, 6 juillet 1978, Bull. civ. II, n° 184 ; Civ. 2ème, 11 février 1981, D. 1982, juris. P. 255, note E. AGOSTINI ; Civ. 2ème, 11 juillet 1983, Bull. civ. II, n° 152.

n'ayant pas à diviser son action pour obtenir l'indemnisation de l'intégralité des préjudices qu'elle a subis, elle ne commande toutefois pas que les recours en contribution auxquels elle peut ensuite donner lieu soient soumis à un tel régime juridique. Par exemple, il serait parfaitement envisageable que la ventilation s'effectue par parts viriles, l'obligation *in solidum* étant susceptible d'être expliquée par l'indivisibilité des causes du dommage. Aussi, en refusant de faire une répartition égalitaire, la jurisprudence met à la charge du fautif, ou du plus fautif, des sommes d'un montant supérieur à celui qu'une application concevable des conséquences attachées au fondement de la théorie de l'obligation *in solidum* aurait pu commander. Finalement, les recours entre coauteurs sont soumis à une réglementation qui révèle l'existence d'un système de répression civile, la volonté d'infliger une punition « aux plus coupables » lors de leur exercice étant difficilement contestable. Certes, il est toujours possible de rétorquer que celle-ci sera en réalité annihilée par l'effet de l'assurance. Il a toutefois déjà été expliqué pourquoi cette objection devait être, sinon écartée, du moins fortement relativisée [1].

128. il reste néanmoins une question en suspens : comment la somme mise à la charge de celui ayant commis la seule faute ou la faute la plus grave doit-elle être juridiquement qualifiée ? Autrement dit, à quel genre de sanction appartient-elle, et à quelle espèce de ce genre est-elle susceptible d'être rattachée ?

Pour certains auteurs, il ne pourrait s'agir que d'une peine civile dans la mesure où le supplément de dommages et intérêts mis à la charge du responsable ayant commis la seule faute ou la faute la plus grave bénéficie non pas à la victime mais aux coauteurs [2]. En effet, ces derniers sont tenus de verser des indemnités d'un montant inférieur à celui normalement dû si le partage du poids de la dette de réparation avait été opéré par parts viriles. Ceci étant, dès lors qu'il a été précédemment relevé, d'une part, que l'attributaire de la sanction était un critère indifférent de la qualification d'une sanction en peine privée et que, d'autre part, la distinction entre peine civile et peine privée ne présentait aucun intérêt [3], il est possible de soutenir que les règles de répartition du poids de la dette entre coresponsables ont pour conséquence de permettre le prononcé de sanctions appartenant au genre des peines privées. De telles sanctions constituent-elles pour autant des dommages et intérêts punitifs ? Au sens classique du terme, la réponse est bien évidemment négative. En revanche, en application de la définition plus compréhensive qui en a été proposée [4], une réponse positive doit être apportée.

129. Finalement, l'existence de dommages et intérêts punitifs fondés sur la prise en considération exclusive du fait dommageable découle tout d'abord de ce que lors de la détermination de l'obligation à la dette, les juges du fond, sous couvert de leur pouvoir souverain d'appréciation du *quantum* du dommage réparable, étendent exa-

---

1. *Cf. supra*, n° 97.

2. GRARE Cl., Recherche sur la cohérence de la responsabilité délictuelle, L'influence des fondements de la responsabilité sur la réparation, Coll. Nouvelle Bibliothèque de Thèse, vol. 45, Dalloz, 2005, n° 173, p. 130.

3. *Cf. supra*, n° 53.

4. *Cf. supra*, n° 108.

gérément ce dernier au regard de la faute commise. Elle procède ensuite de ce que lors de la fixation de la contribution à la dette, les règles jurisprudentielles régissant les recours entre coresponsables permettent de punir l'auteur le plus fautif, en lui faisant supporter la part la plus importante des dommages et intérêts devant être versés à la victime. Il ne s'agit cependant pas là de la seule catégorie de dommages et intérêts punitifs susceptible d'être inventoriée en droit positif. En effet, il en est une autre où les sanctions sont prononcées en considération, outre de la faute commise, du préjudice causé.

Paragraphe 2 : Les dommages et intérêts punitifs fondés sur la prise en considération supplétive du dommage causé

130. La possibilité de prononcer des dommages et intérêts punitifs fondés sur la prise en considération, en complément de celle du fait dommageable commis, du dommage causé, s'explique non seulement par l'admission, dans son principe, de la réparation du préjudice moral (**A**), mais également par un assouplissement ponctuel des caractères que doit normalement revêtir le dommage pour pouvoir donner lieu à réparation (**B**).

A – Les dommages et intérêts punitifs fondés sur l'admission de la réparation du dommage moral

131. La réparation tant des dommages matériels que moraux, influencée par des opinions de quelques brillants jurisconsultes islamiques [1], a été, depuis longtemps, admise en droit iranien [2]. L'article 9, 2° de la Loi du code de l'instruction criminelle du 11 septembre 1912, après avoir donné une définition du dommage moral comme « l'atteinte à l'honneur ou à la réputation » a considéré ce préjudice parmi les préjudices réparables [3]. Il est à noter toutefois que malgré la reconnaissance préalable du caractère réparable du dommage moral dans ce système juridique, elle s'est vue ultérieurement rejetée par le Conseil de Gardien de la Constitution iranienne (CGCI) lors de la discussion autour du projet de loi sur la presse [4] en raison de sa non-

---

1. MARAGHEI M.-F., *Anavin*, T. I, p. 309, cité par: KATOUZIAN N., *Responsabilité civile, T. I, Les obligations extracontractuelles*, Les presses de l'Université de Téhéran, 2ème éd. 1999, n° 96, p. 256 ; NADJAFI Sh.-M.-H, *Javaher el-kalam*, T. 43, 4ème éd. 1995, p. 316 ; Ayatollah KHOMEINI R.-A., *Tahrir el-vasileh*, T. IV, éditions Maktabat el-Eatemad, Qom, 5ème éd. 2009, pp. 420 et 421.

2. Chronologiquement, les principaux fondements de cette admission consistent respectivement en l'article 9, 2° de la Loi provisoire des principes des procès pénaux du 11 septembre 1911 inspiré largement par le droit français ; L'article 212 bis du Code pénal général du 23 janvier 1925 ; L'article 1, 2, 8, 9 et 10 de la Loi de responsabilité civile du 27 avril 1960, L'article 13 de la Loi de l'émission de chèque du 16 mai 1976.

3. SAGHIAN M.-M., L'évolution des droits de la victime dans les procédures pénales française et iranienne, Thèse, Université de Poitiers, 2009, p. 299.

4. Dans son avis du 5 septembre 1986, le Conseil de gardien de la Constitution iranienne a en effet estimé que l'évaluation du dommage moral pour allouer une somme d'argent est contraire à la Loi islamique mais, il a affirmé toutefois que l'atteinte à l'honneur doit être réparé par d'autres moyens adéquats, cité par : MADANI J.-A., *Droit constitutionnel de la République Islamique d'Iran*, T. IV, édition 1986, pp. 1380-1381.

compatibilité à des normes religieuses. Il a été retiré depuis de la nouvelle loi de procédure pénale [1], bien que la réparation du dommage moral soit finalement acceptée au travers de l'adoption de quelques textes législatifs assez récents [2]. En revanche, le Code civil français ne contient pas d'indications précises sur la nature des dommages susceptibles d'être réparés en matière de responsabilité civile [3].

132. De cette évolution législative du droit iranien et de la vacuité du droit français est née une controverse doctrinale. En effet, si le caractère réparable du dommage matériel n'a jamais été contesté, il n'en est manifestement pas allé de même à propos du dommage moral.

Pour certains auteurs, différents arguments justifieraient que soit écartée la réparation d'un tel préjudice. Tout d'abord, elle serait choquante d'un point de vue éthique, car elle conduirait inévitablement la victime à monnayer une souffrance qui, en faisant son entrée dans le commerce juridique [4], révèlerait la « patrimonialisation de la personne humaine » [5]. Ensuite, elle serait pratiquement impossible à mettre en œuvre, le dommage moral consistant dans l'atteinte à un intérêt extrapatrimonial qui ne saurait être effacée par une quelconque indemnisation, cette dernière n'ayant de raison d'être que pour les atteintes d'ordre patrimonial [6]. Enfin, et à supposer que cette seconde objection puisse être surmontée, le préjudice moral, dont l'étendue exacte serait impossible à préciser, ne pourrait donner lieu qu'à une indemnisation évaluée de manière arbitraire, et donc contestable au regard du principe de la réparation intégrale. Comme l'a relevé R. SAVATIER, « quand on cherche à équilibrer une valeur humaine par une valeur comptable, on poursuit une tâche impossible, en ce sens que l'équivalence laisse toujours un *reste*. Ici le *reste* est énorme. L'équivalence boite furieusement » [7].

Cependant, pour d'autres auteurs, l'admission de la réparation du dommage moral serait parfaitement opportune. Selon eux, elle s'inscrirait dans l'évolution normale d'une civilisation, les intérêts moraux étant parfaitement dignes de bénéficier

1. ZERAAT A. et MOHAJERI A., Commentaire de la Loi de procédure des tribunaux communs et révolutionnaires en matière pénale, T. I, éditions Ghoghnous, 1ère éd. 2001, p. 58.

2. L'article 171 de la Constitution ; L'article 58 du Code pénal du 7 novembre 1991 ; La Remarque 3 de l'article 1 de la Loi de l'assurance obligatoire de la responsabilité civile des détenteurs des véhicules terrestres à Moteurs du 15 juillet 2008 ; L'article 412, 3° du projet du Code pénal islamique, et la Remarque 1 de l'article 14 du projet du Code de procédure pénale iranien.

3. MAZEAUD L. et H. et TUNC A., *Traité théorique et pratique de la responsabilité civile délictuelle et contractuelle*, T. I, Montchrestien, 6ème éd., 1965, n°301, p. 400.

4. ESMEIN P., « La commercialisation du dommage moral », D. 1954, chron. P.113 et s. ; Questions et réponses de la Commission des consultations et des conseillers juridiques du Conseil de la magistrature suprême iranienne, T. I, édition 1983, p. 39.

5. JOSSERAND L., « La personne humaine dans le commerce juridique », D.H. 1932, chron. P.1 et s., spéc. p.4.

6. BAUDRY-LACANERIE G. etBARDE L., *Traité théorique et pratique de droit civil. Des obligations*, T. IV, L. Larose, 2ème éd., 1905, n° 2871.

7. SAVATIER R., « Personnalité et dépersonnalisation de la responsabilité civile », In Mélanges M. LABORDE-LACOSTE, Bière, 1963, p. 321 et s., spéc. p. 326 et 327.

d'une protection aussi étendue que celle accordée aux valeurs matérielles [1]. Pour contrecarrer les trois arguments avancés pour s'opposer à la réparation du dommage moral, il a tout d'abord été rétorqué qu'à côté du patrimoine traditionnel, il y aurait un patrimoine moral qu'il conviendrait de protéger à l'identique du premier [2]. Il a été ensuite opposé le fait que la responsabilité civile avait moins pour objet d'effacer le préjudice que de le compenser. Or, une condamnation à verser des dommages et intérêts permettrait parfaitement d'atteindre cet objectif. Enfin, il a été remarqué que dès lors que l'existence d'un préjudice moral était rapportée, les difficultés, indéniables, auxquelles le juge se heurte pour évaluer ce dernier ne sauraient sérieusement justifier à elles seules que soit déclarée irrecevable la demande d'indemnisation formulée par la victime [3]. D'ailleurs, l'inconvénient peut être aisément surmonté grâce au pouvoir souverain d'appréciation reconnu en la matière aux juges du fond.

133. Cette controverse doctrinale sur l'admission du caractère réparable, ou non, du préjudice moral s'est poursuivie jusqu'au milieu du XXème siècle où elle semble avoir connu, en France, son point d'orgue [4]. A cette époque, cependant, elle ne semblait déjà plus être de nature à influencer le droit positif, la Cour de cassation ayant depuis fort longtemps adopté une position qui ne devait plus changer par la suite. Tout comme l'admission tardive de la jurisprudence majoritaire en Iran [5], une partie minoritaire [6] étant contre la réparation patrimoniale du dommage moral afin d'éviter

---

1. KAYSER P., « Remarques sur l'indemnisation du dommage moral dans le droit contemporain », *in* Mélanges J. MACQERON, Faculté de droit et des sciences économiques d'Aix-en-Provence, 1970, p. 411 et s., spéc. n°1, p.411 ; SHAHIDY M., *Les effets des contrats et des obligations*, édition MADJD, 3ère éd. 2007, n° 52, p. 71 et s. ; BADINI H., *Philosophie du droit de la responsabilité civile*, éditions Sherkat Sahamiyeh Enteshar, 1ère éd., 2005, p. 616 ; PARVIN F., *Le dommage moral en droit iranien*, édition Ghoghnous, 1ère éd. 2001, p. 91 et s.

2. MAZEAUD L. et H. et TUNC A., *Traité théorique et pratique de la responsabilité civile délictuelle et contractuelle*, T. I, Montchrestien, 6ème éd., 1965, n°295, p. 395 ; KATOUZIAN N., *op. cit.*, p. 256 et s. ; EMAMI S.-H., « Responsabilité civile », Revue juridique de l'Université Nationale, devenue actuellement l'Université de Shahid Béhéshti, n° 5, janvier 1977, p. 21.

3. CHARTIER Y., *La réparation du préjudice*, Dalloz, 1983, n°119, p.162 ; KATOUZIAN N., *op. cit.*, p. 258.

4. CADIET L., « Les métamorphoses du préjudice », in Les métamorphoses de la responsabilité, 6ème journée René SAVATIER, PUF, 1998, p. 37 et s., spéc. p. 59.

5. L'arrêt du 18 juillet 2009 de la première chambre civile des tribunaux communs de Téhéran contre le Centre de Transfusion Sanguine, cité par : SABERI A., « Réflexion sur l'arrêt le plus récent de l'affaire du sang contaminé », Revue des recherches juridiques, n° 15, 2009-1, p.435 et s. ; L'arrêt n° 8709971511500844 du 28 septembre 2008 des tribunaux communs de Sari, cités par : TAHMASBI J., « Discours de l'étendue de la responsabilité dans la Loi de l'assurance obligatoire de 2007 », Revue juridique de la justice, n° 68, L'hiver 2009, p. 49 ; L'arrêt du 21 octobre 2002 de la chambre 1312 du tribunal commun de Téhéran, cité par : JALILVAND Y., « Le rôle du juge du fond dans la création de la Jurisprudence et la Loi », Revue du barreau de Téhéran, nouvelle période, n° 13, numéro de série 182, automne 2002, p. 22 et s. ; L'arrêt n° 277 du 18 avril 1998 de la chambre 3 de la Cour d'appel de Téhéran.

6. L'arrêt n° 4128 du 5 novembre 1957 de la Cour de cassation, 3ème chambre, cité par : NADJAFI S., « Réparation matérielle du dommage moral dans le système juridique iranien », http://www.iranbar.org/pmm ; L'arrêt n° 619 du 6 octobre 1997 de l'Assemblée plénière de la Cour de cassation, Jurisclasseur de l'année 1997, éditions du Journal Officiel de la République Islamique d'Iran, p. 1021.

la commercialisation de celui-ci, Ce n'est donc en réalité qu'ultérieurement que la Haute juridiction va explicitement retenir le caractère réparable du dommage moral.

a. Le rôle prépondérant de la jurisprudence dans l'admission de la réparation du dommage moral en France

134. Un arrêt est régulièrement mis en exergue pour rendre compte de ce que la jurisprudence a très tôt admis le caractère réparable du dommage moral. Il s'agit de celui rendu par les chambres réunies de la Cour de cassation le 15 juin 1833 [1]. En l'occurrence, les parties civiles invoquaient, selon lui, un préjudice de cette nature, de sorte qu'elles avaient un intérêt à agir qui les rendait recevables dans leur action [2]. Si la Haute juridiction a cassé l'arrêt qui lui était soumis, il semble toutefois excessif d'en déduire qu'elle ait admis dans son principe, la réparation du dommage moral. En effet, si, pour la Cour de cassation, les plaignants se prévalaient effectivement d'un préjudice réparable, il est symptomatique de constater que celui-ci n'a pas été précisément qualifié [3].

135. Cependant, la réparation du dommage moral fut, par la suite, retenu de manière explicite par la Haute juridiction.

Elle va tout d'abord approuver les juges du fond d'avoir condamné un amant à verser des dommages et intérêts à l'époux victime de l'adultère de sa femme [4]. Ensuite, elle va rejeter le pourvoi formé contre une décision avant ordonné

---

1. Ch. Réunies, 15 juin 1833, S. 1833, 1, p.458, concl. DUPIN : Des faits de l'espèce ayant donné lieu à cette décision, il ressort que des pharmaciens s'étaient constitués partie civile contre une personne exerçant leur profession alors qu'elle n'avait pas le diplôme requis. La Cour royale de Rouen les avait cependant déclarés non recevables dans leur action civile. Un pourvoi fut formé. Dans ses conclusions, le Procureur général près la Cour de cassation relevait expressément que le dommage moral devait être considéré comme réparable.

2. Procureur général DUPIN, concl. Sur Ch. Réunies, 15 juin 1833, S. 1833, 1, p. 458, spéc. p. 461 : « On oppose aux pharmaciens la difficulté d'apprécier individuellement leur intérêt. [...]. Dans tous ces cas, il y a difficulté sur le chiffre, c'est au juge à l'estimer ; mais il n'y en a aucune sur le principe. L'erreur capitale dans toutes ces affaires, c'est de croire qu'il n'y ait qu'un préjudice matériel et d'argent qui puisse donner lieu à une action en dommages-intérêts. Citons, pour exemple, des cas plus graves, les cas d'assassinat ou de meurtre par accident (sic). Ne voit-on pas des dommages-intérêts demandés par le fils pour le meurtre de son père, par le père pour celle de son fils, par la femme pour son mari son enfant ? On dira peut-être qu'ici il y a encore un intérêt matériel ; que le père était le soutien de sa famille, que le fils nourrissait son père et s mère ; mais si le cas est inverse, si le meurtre est tombé sur un enfant, sur un vieillard qu'il fallait nourrir, que sa faiblesse et ses infirmités rendaient à sa charge sous le rapport des intérêts pécuniaires, il faudra donc déclarer la mère ou le fils non recevables ; on pourra donc, en poussant le raisonnement dans ses conséquences, aller jusqu'à leur dire que loin de nuire, on leur a rendu service ! Evidemment, c'est ici méconnaître la morale du droit : mettre l'argent à la place des affections, à la place de l'honneur. Celui qui agit en pareille matière, selon la belle expression de la loi romaine, plaide la cause de la douleur. « *Causam agit doloris* ». De même, dans l'espèce soumise à la Cour, l'action des pharmaciens, à part et avant l'intérêt pécuniaire, poursuit la réparation d'un préjudice tout moral, la conservation de l'honneur et de l'exercice consciencieux de la profession... ».

3. KAYSER P., « Remarques sur l'indemnisation du dommage moral dans le droit contemporain », *in* Mélanges J. MACQERON, Faculté de droit et des sciences économiques d'Aix-en-Provence, 1970, p.411 et s., spéc. n° 3, p. 413.

4. Crim., 22 septembre 1837, S. 1838, 1, p. 331.

l'indemnisation d'un magistrat dont la réputation avait été mise à mal [1]. Enfin, elle va casser l'arrêt qui avait refusé de réparer le préjudice du mari consistant dans l'atteinte à son honneur et aux intérêts de la famille, laquelle avait été causée par celui ayant commis avec sa femme un outrage public à la pudeur [2].

b. Le rôle secondaire de la jurisprudence dans l'admission de la réparation du dommage moral en Iran

136. Plusieurs décisions administratives et judiciaires mettent en exergue la nécessité de la réparation du dommage moral. Tout d'abord, le bureau juridique du pouvoir judiciaire [3] a précisé que l'action fondée sur l'article 9 du Code de procédure pénale permet à la victime d'obtenir la réparation du dommage moral, car cet article est toujours en vigueur d'autant plus que l'article 171 de la Constitution affirme ce principe. Ensuite, dans un arrêt du 18 mai 1998, la 3ème chambre de la Cour d'appel de Téhéran [4], en se basant sur la règle religieuse dite *la zarar* selon laquelle « il n'y a pas de préjudice et ne pas nuire à autrui en Islam », l'article 171 de la Constitution, la Loi de responsabilité civile du 27 avril 1960 et la Loi de protection des auteurs et artisans de 1931, a accordé à la victime d'une somme d'argent de 20,000,000 Rials à titre de dommage moral. Enfin, pour que la jurisprudence prenne effectivement en considération ce type de préjudice, il fallu attendre 2006 où, par un célèbre arrêt dit « du sang contaminé », la jurisprudence s'est prononcée en faveur de la réparation du dommage moral.

Dans cette affaire, près de 1000 victimes, ayant été contaminées par les virus des hépatites B et C et du sida à la suite d'une transfusion sanguine, portent une action contre le ministère de la santé et le Centre de transfusion sanguine. Dans leur requête, elles demandent, d'une part, la réparation du dommage matériel pour atteinte portée à l'intégrité physique et frais d'hôpitaux et, d'autre part, l'indemnisation du préjudice moral pour les souffrances morales dues aux réactions sociales, à l'incertitude et au risque d'aggravation ainsi qu'aux perturbations de la vie scolaire, professionnelle, conjugale et familiale. La chambre 1060 du tribunal commun de Téhéran ayant été saisie de cette affaire, dans son arrêt du 24 avril 2003, leur a accordé satisfaction en application des textes tant nationaux qu'internationaux [5]. Dans

---

1. Req., 24 mai 1842, S. 1842, 1, p. 920.

2. Civ., 26 août 1857, S. 1858, 1, 9, 102.

3. L'avis consultatif n° 7/5947 du 3 décembre 1986, cité par : SHAHRI G. et s.OTOUDEH JAHROMI S., Les avis du bureau juridique du pouvoir judiciaire en matière pénale, T. I ; v. également, SAGHIAN M.-M., L'évolution des droits de la victime dans les procédures pénales française et iranienne, Thèse, Poitiers, 2009, p. 300.

4. L'arrêt n° 277 du 18 mai 1998 de la 3ème chambre de la Cour d'appel de Téhéran, cité par : PARVIN F., *Le dommage moral en droit iranien*, édition Ghoghnous, 1ère éd. 2001, p. 129 et s.

5. Sur le plan international, elle a évoqué l'article 2, al. 3du Pacte international relatif aux droits civils et politiques, devenu désormais une source nationale après avoir été ratifié par l'Assemblée Nationale, en vertu duquel les Etats parties au présent Pacte s'engagent à : a) garantir que toute personne dont les droits et libertés reconnus dans le présent Pacte auront été violés disposera d'un recours utile, alors même que la violation aurait été commise par des personnes agissant dans l'exercice de leurs fonctions officielles ; b) garantir que l'autorité compétente, judiciaire, administrative ou législative, ou toute autre autorité compétente selon la législation de l'Etat, statuera sur les droits de la personne qui forme le re-

sa décision rendue, la juridiction saisie, en mettant l'accent sur les souffrances morales extrêmes des victimes, condamne l'Etat de verser une somme d'argent au titre de dommage moral.

137. Admise dans son principe tantôt par le législateur [1] et tantôt par la jurisprudence, la réparation du dommage moral revêt parfois une fonction punitive difficilement contestable, laquelle est d'ailleurs mise en exergue par une partie de la doctrine [2]. Il est vrai que la force des arguments invoqués par ses opposants [3] permet finalement de soutenir qu'elle est le plus souvent accordée, moins pour indemniser la victime, que pour punir l'auteur d'un acte illicite [4].

Certes, le propos doit être nuancé. Toute indemnisation du préjudice moral ne saurait être systématiquement qualifiée de peine privée. Il en va notamment de la sorte lorsqu'elle est accordée en l'absence d'une quelconque faute reprochable au responsable, ce qui, il faut l'admettre, est parfaitement concevable juridiquement. En revanche, il serait excessif de dénier toute fonction punitive à la condamnation prononcée au seul motif qu'elle est fondée sur un régime de responsabilité objective.

---

cours et développera les possibilités de recours juridictionnel ; c) garantir la bonne suite donnée par les autorités compétentes à tout recours qui aura été reconnu justifié, cité par : SAGHIAN M.-M., L'évolution des droits de la victime dans les procédures pénales française et iranienne, Thèse, Université de Poitiers, 2009, p. 301 ; v. également, SEYFI S.-J., « L'affaire dite hémophilies : un nouveau regard sur la responsabilité pénale de l'Etat dans la jurisprudence », Revue des recherches juridiques, n° 8, 2005, p. 267.

1. Selon l'article 145, 3° du nouveau projet de Code pénal islamique (L'article 58 du Code pénal actuel) : « Au cas où, suite à la faute du juge, un dommage matériel ou moral sest causé à autrui, le juge sera responsable si toutefois sa faute est prouvée ; autrement, c'est à l'Etat qu'il revient d'indemniser la victime. En ce qui concerne les dommages moraux, si la faute ou l'erreur du juge causent une diffamation ou déshonneur contre quelqu'un, il faut lui accorder une réhabilitation en publiant et diffusant son acquittement aux médias ou bien accordant la compensation matérielle conformément à ce qu'exige la procédure civile ». Cette idée de sanctionner un comportement fautif au moyen des dommages-intérêts punitifs, au travers de la réparation du dommage moral, a été également proposé, implicitement, par l'article 10 de la Loi de responsabilité civile selon laquelle : « Toute personne qui a été victime d'une atteinte à sa dignité ou à sa réputation personnelle ou familialle, peut demander à son auteur une réparation matérielle et morale. Si l'importance du préjudice et la nature de la faute le nécessitent, le tribunal saisi peut, dans le cas où la faute est avérée, en plus de la délivrance d'un jugement portant sur le préjudice financier, ordonner la réparation du préjudice par d'autres moyens tels que l'obligation de présenter des excuses et l'insertion du jugements dans la presse ou des médias similaires ».

2. CARVAL S., La responsabilité civile dans sa fonction de peine privée, Coll. Bibliothèque de droit privé, T. 250, LGDJ, 1995, n° 21 et s., p.23 et s. ; DUPICHOT J., Des préjudices réfléchis nés de l'atteinte à la vie ou à l'intégrité corporelle, Coll. Bibliothèque de droit privé, T. XCVI, LGDJ, 1969, n° 173 et s., p.188 et s. ; FLOUR J., AUBERT J.-L. et SAVAUX E., Droit civil. Les obligations, T. II, Le faite juridique, Coll. Armand Colin, 13ème éd., 2009, n° 140, p. 161 ; GIVORD F., La réparation du préjudice moral, Thèse, Grenoble, 1938, n° 70 à 74 ; HUGUENEY L., L'idée de peine privée en droit contemporain, Thèse, Dijon, 1904, p. 269 et s. ; KAYSER P., « Remarques sur l'indemnisation du dommage moral dans le droit contemporain », in Mélanges J. MACQERON, Faculté de droit et des sciences économiques d'Aix-en-Provence, 1970, p. 411 et s., spéc. n° 16 et s., p. 423 et s. ; RIPERT G., La règle morale dans les obligations civiles, LGDJ, 4ème éd., 1949, n° 181 et s. ; STARCK B., ROLAND H. et BOYER L., Obligations, T. I, Responsabilité délictuelle, Litec, 5ème éd., 1996, n° 118, p. 68 et 69.

3. Ayatollah BOJNORDI S.-M., *Les contributions religieuses, philosophiques et s.ociales*, 1ère éd. 2001, pp. 472-474.

4. *Cf. supra*, n° 131.

En effet, dans cette hypothèse, si la faute ne constitue pas une condition expresse de la sanction, elle demeure susceptible d'en être la mesure occulte [1].

Ceci étant, il apparaît que, dans une large mesure, l'admission de la réparation du dommage moral corresponde pour les juges du fond à la création d'un instrument mis à leur disposition afin qu'ils puissent sanctionner un comportement fautif, toutes les fois qu'ils estiment, en vertu de leur pouvoir d'appréciation, que les circonstances de fait légitiment le prononcé d'une telle mesure.

138. L'expression, au travers de la réparation du dommage moral, de la fonction punitive de la responsabilité civile est d'autant plus intense que l'indemnisation de cette catégorie de préjudice est de plus en plus fréquente. Il a été relevé en doctrine dès 1928 [2], et le constat reste toujours d'actualité [3], que le dommage moral était une notion en extension, de plus en plus de chefs de préjudices lui étant rattachés. Au fur et à mesure en effet, vont y être intégrés non seulement des dommages directs, qu'ils résultent d'atteintes à un droit extra-patrimonial tel que le droit à l'honneur, le droit à la vie privée, le droit à l'image, le droit au nom, ou d'atteintes à l'intégrité corporelle de la personne [4] comme, par exemple, le *pretium doloris,* le préjudice esthétique, et le préjudice d'agrément, mais également certains préjudices par ricochet, tel le *pretium affectionis* [5]. Cette liste ne cesse d'ailleurs de s'allonger, puisque, récemment, la Cour de cassation a admis, par exemple, le préjudice moral des victimes en état végétatif chronique [6]. Or, si cette extension continue de la notion de dommage moral s'explique très certainement par des considérations indemnitaires, il n'en demeure pas moins qu'elle permet par ailleurs de multiplier les occasions données aux juges du fond de prononcer une peine privée.

139. En consacrant au siècle dernier le caractère réparable du dommage moral, les textes législatifs iraniens et la jurisprudence des deux pays étudiés ont finalement

1. *Cf. supra,* n° 61.

2. LALOU H., La responsabilité civile. Principe élémentaire et applications pratiques, Dalloz, 1928, n° 67.

3. CADIET L., « Les métamorphoses du préjudice », in *Les métamorphoses de la responsabilité*, 6ème journée René SAVATIER, PUF, 1998, p. 37 et s., spéc. p. 59 et s.

4. LAMBERT-FAIVRE Y. (sous la direction de), Rapport sur l'indemnisation du dommage corporel, juin 2003. Il prévoyait une liste détaillée de chefs de préjudices méritant réparation à la suite d'un dommage corporel. Ce rapport n'a pas été suivi d'effet dans l'immédiat et la Cour de cassation a même paru en faire fi par un arrêt d'assemblée plénière (Ass. Plén., 13 décembre 2003, Bull. AP, n° 8 ; D. 2004. Juris. 161, note Y. Lambert-Faivre, et 2005. Pan. 190, obs. P. Jourdain ; RTD civ. 2004. 300, obs. P. Jourdain). Cependant, le mouvement de réforme n'a pas été entièrement stoppé car la Cour de cassation a elle-même nommé en son sein une commission dont la mission était plus restreinte que celle de la commission Lambert-Faivre puisqu'elle consistait uniquement à établir une nomenclature des chefs de préjudice susceptibles de résulter d'un dommage corporel. Cette commission, dirigée par le président J.-P. Dintilhac, a déposé son rapport en juillet 2005.

5. CHARTIER Y., *La réparation du préjudice*, Dalloz, 1983, n°175 et s., p.225 et s. et n°199 et s., p. 250 et s. ; JOURDAIN P., *Les principes de la responsabilité civile*, Coll. Connaissance du droit, Dalloz,8ème éd., 2010, p. 128 et 129 ; STARCK B., ROLAND H. et BOYER L., *Obligations, T. I, Responsabilité délictuelle,* Litec, 5ème éd., 1996, n° 120 et s., p. 68 et s.

6. Civ. 2ème, 22 février 1995, Bull. civ. II, n° 61, D. 1996, juris. p. 96, note Y. CHARTIER, D. 1995, S.C. p.233, obs. D. MAZEAUD, JCP 1995, II, 22570, note Y. DAGORNE-LABBE, RTD civ 1995, p.629, obs. p. Jourdain.

permis aux juges du fond de prononcer des dommages et intérêts dont le caractère punitif procède, outre de la prise en considération de la faute commise, d'une diversification de la nature des préjudices réparables. Il convient toutefois de souligner qu'il ne s'agit pas là de la seule technique dont disposent les juridictions pour infliger de telles sanctions. En effet, les dommages et intérêts punitifs fondés sur la prise en compte supplétive du dommage causé découlent parfois d'un assouplissement des caractères que doit normalement présenter ce dernier pour être juridiquement réparable.

B – Les dommages et intérêts punitifs fondés sur l'assouplissement des caractères du dommage réparable

140. Pour pouvoir donner lieu à réparation, le préjudice invoqué par la victime doit présenter, quatre caractères. Les deux premiers sont d'ordre subjectif : le dommage doit être légitime [1] et personnel [2]. Les deux autres sont d'ordre objectif : le dommage doit être certain [3] et direct [4]. Or, il apparaît que, par un assouplissement de ces conditions du dommage réparable, aussi bien le législateur iranien que la Cour de cassation française facilitent grandement la mise en œuvre de la responsabilité civile. Si cet assouplissement peut, dans certaines hypothèses, indéniablement s'expliquer par la volonté de faciliter l'indemnisation des victimes [5], elle est égale-

1. KATOUZIAN N. *Responsabilité civile, T. I, Les obligations extracontractuelles,* éditions de l'Université de Téhéran, 2ème éd. 1999, n° 94, p. 252.

2. BARIKLOO A.-R., *Responsabilité civile,* édition Mizan, 2ème éd. 2008, p. 69 et s. ; GHAMAMI M., *La prévisibilité du préjudice en responsabilité civile,* éditions Sherkat Sahamiye Enteshar, 2ème 2009, n° 87 et s., p. 160 et s. KATOUZIAN N., *La théorie générale des obligations,* édition Yalda, 1ère éd. 1995, n° 418, p. 623 ; Art. 728, al. 3 du Code de procédure civile, remplacé désormais par l'article 520 du nouveau Code de procédure civile du 21 mars 2000, disposait : « ... *à propos de l'article précédemment cité, la juridiction saisie n'ordonne l'indemnisation des dommages uniquement si la victime prouve qu'elle est endommageé personnellement, et...* »

3. L'article 5 de la Loi traitant de la responsabilité civile dispose : « Dans le cas où des dommages corporels ou de santé seraient causés à autrui, qu'il en résulterait une invalidité partielle ou totale ou une diminution de ses capacités professionnelles et/ou une augmentation de ses frais de vie, alors l'auteur des faites serait responsable de la réparation de la totalité de ces dommages... » ; De même, l'article 6 de ladite Loi dispose : « En cas de décès de la victime du dommage, l'indemnisation portera sur tous les frais, en particulier les frais d'obsèques. Dans le cas où le décès ne se produirait pas immédiatement, les frais entraînés par les soins et les pertes issues de l'impossibilité de travailler au cours de l'immobilisation seront inclus dans ce montant d'indemnisation. Dans le cas où, au moment des faits à l'origine du dommage, la victime serait tenue légalement ou si elle tient ultérieurement à assurer l'entretien d'une tierce personne et qu'en conséquence de son décès, ce tiers se voit priver de ce droit ; alors l'auteur du dommage devra verser un montant pour constituer une pension en rapport avec l'espérance de vie qu'aurait eu la victime du dommage chargé d'entretenir la tierce personne. Dans ce cas le tribunal déterminera le montant à payer. Si lors des faits à l'origine du dommage, un enfant serait en gestation ou ne serait pas encore né, alors cet enfant aura droit à une pension ».

4. Art. 520 du nouveau Code de procédure civile iranienne prévoit, à propos de la demande de réparation des dommages que : « *la victime doit prouver que les dommages tiennent directement à la non exécution ou l'exécution tardive de l'obligation et/ou ...* ».

5. MAZEAUD D., « Famille et responsabilité (Réflexions sur quelques aspects de « l'idéologie de la réparation ») », in Mélanges P. CATALA, Litec, 2001, p.569 et s., spéc. n° 25 et s., p. 583 et s. ; D'HAUTEVILLE A., *Cours de Théorie des responsabilités civiles et pénales,* Année Universitaire 2006-2007 du Master 2 recherche du droit pénal fondamental de l'Université de Montpellier 1.

ment justifiable, dans d'autres circonstances, par la volonté de punir l'auteur d'un acte illicite. L'explication de cette dernière assertion procède de ce que l'assouplissement des caractères du dommage produit deux sortes de conséquences. Tout d'abord, dans certains cas, il permet de multiplier le nombre des victimes susceptibles de se prévaloir d'un dommage réparable. Partant, le montant des dommages et intérêts mis à la charge du responsable augmente inévitablement. Ensuite, dans d'autres hypothèses, il multiplie non plus le nombre de victimes mais, au contraire, celui des responsables potentiels. Il en résulte qu'il permet de condamner un sujet de droit alors qu'une approche plus stricte des caractères du dommage réparable aurait commandé qu'il ne le soit pas. Ce sont précisément les modalités d'assouplissement de ces caractères du dommage réparable qu'il reste désormais à examiner.

141. Le prononcé des dommages et intérêts punitifs est parfois révélé au travers de l'approche particulièrement compréhensive du concept de dommage personnel ainsi retenu. En effet, ce dernier devrait avoir pour conséquence de permettre aux seules personnes ayant été elles mêmes lésées par un fait dommageable d'agir en responsabilité civile. L'étude de la jurisprudence permet cependant de douter de ce que tous les enseignements devant être tirés de cette exigence d'un dommage personnel l'ont été. Tout d'abord, l'article 588 du Code de commerce iranien reconnaît aux personnes morales tous les droits et devoirs qui sont légalement prévus pour les personnes physiques. Il est d'ailleurs topique de relever que la jurisprudence reconnaît aux personnes morales la faculté de se prévaloir d'un dommage moral personnel [1]. Or, si la théorie de l'autonomie des personnes morales permet de soutenir qu'elles ont la capacité d'exprimer une volonté qui leur est propre, il serait excessif d'en déduire qu'elles peuvent personnellement subir un préjudice moral, tout au moins quand celui-ci consiste non pas dans une atteinte à leur activité ou à leur réputation, cette dernière étant en réalité susceptible de s'analyser en un dommage matériel au regard des répercussions économiques qu'elle emporte, mais dans une atteinte aux sentiments [2]. Pourtant, après avoir écarté la réparation d'un tel préjudice [3], la jurisprudence semble aujourd'hui l'admettre, du moins de temps à autre [4]. En-

---

1. CADIET L., « Les métamorphoses du préjudice », in *Les métamorphoses de la responsabilité*, 6ème journée René SAVATIER, PUF, 1998, p. 37 et s., spéc. p. 41 ; FLANDROIS C., *La loyauté dans la concurrence*, Thèse, Lyon III, 2002, n° 354 et s., p. 270 et s. ; L'arrêt n° 133 du 11 mars 1977 de la Cour d'appel de Province Centrale iranienne, cité par : KATOUZIAN N. *Responsabilité civile, T. I, Les obligations extracontractuelles*, éditions de l'Université de Téhéran, 2ème éd. 1999, n° 107, pp. 275-27.

2. LE TOURNEAU Ph., *Droit de la responsabilité et des contrats*, Coll. Dalloz Action, Dalloz, 2010 :2011, n°1466, p.495 ; WESTER-OUISSE V., « Le préjudice moral des personnes morales », JCP 2003, I, 145, spéc, n°11 et s. ; BARIKLOO A.-R., *op. cit.*, n° 179, P. 218.C'est d'ailleurs pourquoi l'article 588 du Code de commerce toute en reconnaissant aux personnes morales de pouvoir subir un dommage moral, ajoute dans son dernier alinéa que : « *...sauf les droits et devoirs qui sont propres à l'être humain, comme ceux de la filiation* ».

3. Montpellier, 4 février 1924, D.P. 1924, 2, p. 33, note H. LALOU.

4. Versailles, 17 mai 1995, D. 1997, S.C. p. 73, obs. Th. MASSIS ; Crim., 9 janvier 2002, pourvoi n° 01-82.471.

suite, qualifier de personnel le dommage matériel ou moral des victimes par ricochet révèle une approche particulièrement compréhensive de la condition ainsi posée [1].

142. Dans d'autres hypothèses, c'est la réception jurisprudentielle de l'exigence d'un préjudice certain qui peut rendre compte de la finalité punitive de la condamnation prononcée. Le caractère certain du dommage signifie que ce dernier ne saurait être hypothétique ou éventuel. Or, certaines pratiques prétoriennes en matière de concurrence déloyale permettent sérieusement de douter du respect systématique d'un tel impératif. En effet, cette action trouve son fondement d'une part, dans les articles 1382 et 1383 du Code civil français [2] et, d'autre part, dans les articles 5 et 6 de la Loi sur la responsabilité civile iranienne, mais également l'article 515 du Code de procédure civile iranienne. Il en résulte que son bien-fondé est conditionné par l'existence d'une faute commise par le défendeur, mais aussi par celle d'un préjudice souffert par le demandeur. Toutefois, la jurisprudence fait ici preuve d'une certaine souplesse dans l'appréhension du caractère certain que doit normalement revêtir le préjudice pour être réparable. L'affirmation est susceptible d'être doublement illustrée.

Tout d'abord, pour fonder une condamnation, les juridictions se contentent parfois de la possibilité d'un dommage, celui-ci pouvant se trouver établi, selon elles, au travers non pas d'une confusion mais d'un simple risque de confusion dans l'esprit des clients [3]. Cela a d'ailleurs été officiellement confirmé par l'article 9, 2° du Code de procédure pénale iranien : « ... les dommages pouvant être réclamés sont comme suit : 1- les dommages matériels dû à la commission des infractions, 2- la privation des intérêts susceptibles d'avoir été acquis, mais qui n'ont pu l'être à la suite de l'infraction ».

Ensuite et surtout, il devrait appartenir à la victime de rapporter la preuve de l'existence de son préjudice. La Cour de cassation française a d'ailleurs eu l'occasion de rappeler que cette règle avait, en principe, vocation à s'appliquer même en matière de concurrence déloyale [4]. Pourtant, aussi bien les juridictions du fond [5] que la Cour de cassation [6] décide de plus en plus fréquemment, qu'en ce do-

---

1. D'HAUTEVILLE A., *op.cit.* ; CADIET L., « Les métamorphoses du préjudice », in *Les métamorphoses de la responsabilité*, 6ème journée René SAVATIER, PUF, 1998, p. 37 et s., spéc. p. 41 ; COUTANT-LAPALUS Ch., *Le principe de la réparation intégrale en droit privé*, PUAM, 2002, n° 498, p.424 ; KATOUZIAN N., *op.cit.*, n° 100, p. 267 et s.

2. Com., 29 mai 1967, Bull. civ. III, n° 209 ; Com., 10 janvier 1989, D. 1990, S.C. p.75, obs. Y. SERRA.

3. TGI Paris, 10 octobre 1990, PIBD 1990, n° 493-III, p.89 ; TGI Paris, 6 décembre 1989, PIBD 1990, n° 477-III, p. 313 ; Com., 4 janvier 1984, Bull. civ. IV, n° 8 ; Com., 25 novembre 1986, Bull. civ. IV, n° 218 ; Com., 10 février 1987, Bull. civ. IV, n° 35 ; Com., 4 avril 1997, PIBD 1997, n° 635-III, p. 381.

4. Com., 19 juillet 1976, JCP 1976, II, 18507, note R.D.M.

5. Paris, 3 avril 1995, RJDA 1995, n° 1185 ; Paris, 29 avril 1998, D. 1999, S.C. p. 99, note M.-L. IZORCHE ; Paris, 5 janvier 2000, Les Petites Affiches 18 juillet 2000, p. 25, note M. MALAURIE-VIGNAL.

6. Com., 17 janvier 1979, Bull. civ. IV, n° 42 ; Com., 22 mai 1984, Bull. Civ. IV, n° 42 ; Com., 22 octobre 1985, Bull. Civ. Iv, n° 245 ; Com., 10 janvier 1989, D. 1990, S.C. p.75, obs. y. SERRA ; Com., 25 février 1992, Bull. civ. IV, n° 88 ; Com., 9 février 1993, Bull. civ. IV, n° 53, JCP 1993, I, 3727, n° 42, obs. G. VINEY, JCP 1994, II, 945, note C. DANGLEHANT ; Com., 18 octobre 1994, RJDA 1995,

maine, et par dérogation au droit commun de la preuve, le dommage s'infère nécessairement de la faute. Autrement dit, il est présumé. Même si cette présomption jurisprudentielle n'est pas irréfragable [1], elle a indéniablement pour implication de réduire l'importance du rôle du préjudice dont la consistance effective peut finalement prêter à discussion. Or, la déduction du préjudice à partir de la seule existence de la faute s'explique essentiellement, et logiquement, moins par la volonté de réparer plus facilement un dommage que de punir l'auteur d'un acte de concurrence déloyale [2].

143. Dans d'autres hypothèses encore, c'est le caractère direct du dommage qui est sollicité pour faciliter l'engagement de la responsabilité civile. En effet, il a pu être souligné que « les tribunaux disposent d'un autre moyen pour augmenter, dans un esprit de pénalité, le chiffre des dommages et intérêts. C'est celui que leur fournit l'imprécision de la notion de *préjudice direct* » [3]. En réalité, le caractère direct ou non du dommage dépend étroitement de la théorie de la causalité appliquée par la juridiction saisie d'une action en responsabilité [4]. Or, lorsque c'est la théorie de l'équivalence des conditions qui est mise en œuvre, un plus grand nombre de fautes est susceptible d'être considéré comme la cause directe du préjudice. Il en résulte une augmentation du nombre de personnes potentiellement responsables. Si la sollicitation de cette théorie peut éventuellement s'expliquer par la volonté de faciliter l'indemnisation des victimes par la multiplication des possibilités de trouver un débiteur solvable [5], elle peut également se justifier, dans certaines circonstances, par la volonté de réprimer l'auteur d'un comportement que les juges estiment ne pas

---

n°237 ; Com., 27 février 1996, RJDA 1996, n° 732, D. 1997, S.C. p. 104, obs. Y. SERRA ; Com., 8 juillet 1997, RJDA 1998, n°1572 Com., 22 février 2000, Contrats Conc. Consomm. 2000, Comm. 81 ; Com., 14 juin 2000, RJDA 2000, n° 1184 ; Com., 9 octobre 2001, Resp. civ. assur. 2002, comm. 8, RTD civ. 2002, p. 304, obs. P. JOURDAIN.

1. Com., 25 février 1992, Bull. civ. IV, n° 88 ; Com., 8 juillet 1997, RJDA 1997, n° 1572.

2. CARVAL S., *La responsabilité civile dans sa fonction de peine privée*, Coll. Bibliothèque de droit privé, T. 250, LGDJ, 1995, n° 125, p.132 et s. ; JOURDAIN P., obs., Com., 9 octobre 2001, RTD civ. 2002, p. 304, spéc. p. 306 ; LE TOURNEAU Ph., « De la spécificité du préjudice concurrentiel », RTD com. 1998, p. 83 et s., spéc. p. 94 ; PIEDELIEVRE S., « Les dommages et intérêts punitifs : une solution d'avenir ? », in *La responsabilité civile à l'aube du XXIème siècle*, Resp. civ. et assur. 2001, hors-série juin, p. 68 et s., spéc. n° 13 et s., p. 70 et s. ; POLLAUD-DULLAN F., « De quelques avatars de l'action en responsabilité civile dans le droit des affaires », RTD com. 1997, p. 349 ., spéc. p. 369.

3. STARCK B., Essai d'une théorie générale de la responsabilité civile considérée en sa double fonction de garantie et de peine privée, Rodstein, 1947, P. 416.

4. Aussi, c'est plutôt à partir des deux principales théories de la causalité proposées par la doctrine, que peuvent être précisément mises en lumière les différences de régimes civil et pénal qui président à l'établissement du lien causal. Depuis fort longtemps, il est relativement commun de soutenir que les juges statuant sur les intérêts civils sollicitent essentiellement la théorie de la causalité adéquate, tandis que les juges ayant à connaître de l'action publique font, en principe, application de la théorie de l'équivalence des conditions. v. également : KATOUZIAN N., *Responsabilité civile, T. I, Les obligations extracontractuelles*, éditions de l'Université de Téhéran, 2ème éd. 1999, n° 112, p. 287 ;BADINI H., *Cours du droit de la responsabilité civile*, En Master 2 recherche du droit privé, Faculté de droit et de science politique de l'Université de Téhéran, 2010-2011, p. 125.

5. Au niveau du lien causal, l'impératif d'indemnisation attaché à la responsabilité civile commande que la théorie de l'équivalence des conditions soit de plus en plus sollicitée : l'idée est de multiplier le nombre des responsables potentiels et, par suite, de garantir encore davantage les droits des victimes.

devoir laisser impuni. Ainsi, l'équivalence des conditions permet-elle de retenir une cause éloignée du dommage mais révélant un comportement fautif que les juges estiment devoir être civilement réprimé [1].

144. En définitive, si l'extension de la notion de préjudice réparable [2] peut se justifier par un objectif indemnitaire, il ne faut pas pour autant perdre de vue qu'elle peut aussi s'expliquer par des considérations répressives. Ainsi, le préjudice moral est parfois à ce point fictif que les sommes allouées correspondent en réalité davantage à une peine privée mise à la charge du responsable, qu'à une réparation, laquelle serait dépourvue d'objet. En outre, si le dommage réparable doit revêtir certains caractères, c'est parce qu'à défaut de les avoir, il est juridiquement considéré ne pas être digne d'être réparé. En conséquence, l'assouplissement des caractères du préjudice réparable peut, dans certaines circonstances, s'expliquer par le fait que s'il est acquis que le dommage n'a effectivement pas vocation à être réparé, il importe, en revanche, que la personne qui l'a causé soit punie du fait de la gravité de son comportement.

145. Toutes les variétés de peines privées ici présentées correspondent à des dommages et intérêts punitifs. Ces derniers révèlent avec une acuité toute particulière la fonction punitive assignée à la responsabilité civile. Ils en sont même le symbole. Pourtant, ils doivent être qualifiés de peine privée occulte, dans le sens où ils ne peuvent être infligés qu'au prix d'une application jurisprudentielle assez audacieuse des règles classiques qui gouvernent la responsabilité civile. Ceci étant, il ne s'agit pas là des seules sanctions civiles poursuivant une finalité punitive. Il en existe d'autres qui, bien que rendant compte avec une intensité éventuellement moindre de la dimension répressive de l'obligation de répondre civilement d'un fait dommageable, présentent cependant l'avantage de pouvoir être officiellement infligées.

Section 2 : Les sollicitations officielles de la peine privée

146. Les peines privées susceptibles d'être sollicitées de manière officielle correspondent à celles qui sont expressément prévues par un texte. En conséquence, et contrairement à celui des dommages et intérêts punitifs, leur prononcé n'a pas à être dissimulé par le recours à de quelconques artifices juridiques qui seraient destinés à les rendre formellement acceptables. Les peines privées officielles peuvent être rattachées à deux catégories différentes, selon qu'elles doivent, ou non, être systématiquement quantifiées. Ainsi, se distinguent les sanctions civiles punitives quantitatives (**Paragraphe 1**), de celles qui sont qualitatives (**Paragraphe 2**).

---

1. Crim., 10 juillet 1952, JCP 1952, II, note G. CORNU. Dans cette affaire, la Cour de cassation écarte la cause du dommage la plus proche au profit d'une cause plus éloignée, mais révélatrice d'une faute plus grave, puisque participant de la consommation d'une infraction pénale.

2. Opérée non seulement par l'admission de la réparation du préjudice moral, mais également par un assouplissement des caractères du préjudice réparable.

Paragraphe 1 : Les peines privées quantitatives

147. A côté de la loi du 18 novembre 1999 sur la compétence des tribunaux de la justice iranienne pour juger des affaires civiles contre les Etats étrangers, qui n'a donné lieu jusqu'à présent à aucune jurisprudence de principe et le projet du nouvel article 1371 du Code civil français qui n'a pas encore été adopté, principalement deux peines privées impliquent, pour être valablement infligées, que soit déterminé un *quantum* : il s'agit de la peine de Diyeh, reconnue officiellement en droit positif iranien d'une part (**A**) et de l'astreinte ainsi que de la clause pénale d'autre part (**B**).

A – Le Diyeh, peine privée propre au droit iranien

148. L'une des peines prévues par le législateur iranien est la peine dite du « Diyeh ». L'article 15 de l'ancien Code pénal iranien, devenu l'article 12 du même Code modifié en 1991 avait, en ce sens, indiqué que : « Le Diyeh est une peine pécuniaire qui est préfixée en matière criminelle par la loi religieuse ». Le fondement principal du Diyeh se trouve donc dans le Coran et la Sunna. Le Coran incite au pardon, soit à titre onéreux, soit à titre gratuit : « Celui qui obtiendra le pardon de son frère pourra être tenu de payer une certaine somme et la peine sera prononcée contre lui avec humanité » [1].

149. Etymologiquement, le Diyeh signifie « ce qui est donné en paiement ». Il correspond dans une certaine mesure à la composition ou au wergeld des anciens droits romain et germanique [2]. Dans le droit musulman, le Diyeh est le bien qui, en raison de l'atteinte portée à l'intégrité physique d'une personne, sera donné à la victime ou à ses ayants droit. D'un autre point de vue c'est « Le prix du sang, c'est-à-dire que le Diyeh, est l'indemnité versée par le coupable à la victime ou à ses ayants droit. Ainsi l'abandon du droit du talion est remplacé par le rachat de la peine de qu'issas » [3]. D'autres théories exposent que : « Le Diyeh est le prix du sang pouvant, en cas d'homicide ou de blessures graves, entraîner le paiement d'une compensation pécuniaire en substitution du talion » [4]. Quant au projet actuel du Code pénal iranien, il défini le Diyeh comme « La quantité du bien fixée par la sainte Chari'a pour le crime involontaire contre l'intégrité physique des gens ou pour le crime volontaire aux cas où, quelle qu'en soit la raison, il n'y a pas de talion, mais le crime est, lui, commis toujours injustement ».

150. La définition ainsi donnée, peut-elle influer sur la nature du « Diyet » ? Se pose ainsi la question de savoir si le prix du sang est un moyen de réparation ou une peine qui tend à réprimer les comportements fautifs de son auteur ? Généralement, la nature juridique du Diyeh contient tant une idée de répression (peine privée) que

---

1. Le Coran, Sourate II, verset 178.

2. KAZEMI-RACHED A., *L'Islam et la réparation du préjudice moral*, Genève, 1990, cité par : KOUSHA J., *Essai sur la peine à la lumière du droit pénal français et iranien*, Thèse, Université de Montpellier 1, 1996, p. 376 et s.

3. BOUSQUET G.-H., *Le droit musulman*, éd. Colin, 1963, p. 86.

4. DE WAEL H., Le droit musulman (nature et évolution), 1993, p. 30.

des moyens de réparation du préjudice subi (compensation pécuniaire). Cette double idée mérite un examen précis.

a. Le Diyeh en tant que peine privée

151. Certains auteurs iraniens considèrent le Diyeh comme « une peine privée, qui ne peut, en aucun cas, constituer un moyen de réparation pour la victime directe, ni pour les victimes par ricochet » [1] :

- L'origine de l'apparition du Diyeh, notamment à l'époque préislamique, révèle qu'il a été constitué pour « l'apaisement du sentiment de vengeance et de haine ». Donc, on constate que « ressentir de la haine, ou un désir de vengeance ne peut être pris en considération pour allouer une réparation. Seul, le préjudice réellement subi constitue le motif nécessaire et suffisant d'une demande en réparation » [2].
- Un autre argument est « le fait que le Diyeh soit versé aux successeurs de la victime, en cas de décès de cette dernière. Cela donne un argument de poids à l'idée de peine privée, en ce sens que le Diyeh est payé sans qu'il y ait un constat réel de l'existence pour les successeurs, ou du moins pour certains d'entre eux qui ne sauraient prétendre au paiement des dommages et intérêts. C'est donc bien une forme de survivance de la peine privée » [3].
- Le Diyeh est un moyen de répression donc cette mesure ne peut se cumuler avec la peine de Qu'issas selon le principe du droit de Qu'issas qui interdit un tel cumul. Ce principe oblige la victime, en attente d'une indemnité, à renoncer à l'exercice de son droit de Qu'issas. Le Diyeh, dans ce cas, comme la peine de Qu'issas, devient une peine privée. En revanche si on dit que le Diyeh est un moyen de réparation, on pourra donc les cumuler.

152. En résumé, la question qui se pose est celle de savoir si le Diyeh répond aux critères d'un moyen de répression ? Le courant doctrinal en faveur de ce concept théorique le justifie notamment par « son contexte historique, sa définition donnée par les jurisconsultes islamiques et le Code pénal, le fait qu'il soit une mesure ayant un prix imposé, mais aussi par l'intensification dans des lieux et des moments différents, son but et la non imposabilité du corps et de la vie de l'humain et quelques autres différences du Diyet avec la réparation du dommage » [4].

---

1. FEIZ A.-R., *Comparaison en droit général musulman*, Téhéran, 1986, p. 224 et s., cité par : KAZEMI-RASHED A., *L'Islam et la réparation du préjudice moral*, Genève, 1990.

2. *Ibid*, p. 116.

3. *Ibid*, p. 116.

4. Ayatollah MARASHI S.-M.-H., « Diyeh et les préjudices issus de l'infraction », in *Nouvelles approches en droit pénal islamique*, édition Mizan, 2ème éd. 1997, pp. 183-196 ; BADINI H., « Le système de la réparation du dommage corporel en droit iranien : examen des défauts et présentation des options pour assurer l'évolution », in *Sur la voie de la justice*, dédié aux Mélanges du Professeur KATOUZIAN, Les presses de l'Université de Téhéran, 1ère éd. 2009, p. 460 ; HAJIDEHABADI A., *Règles jurisprudentielles des Diyat*, L'organisation des éditions de l'institut de recherche sur la culture et la pensée islamique, 2ème éd. 2009, p. 44 et s. ; AREFI MASKOUNI M., *La nature juridique du Diyeh et l'analyse de son taux et sa variété*, éditions Daneshvar, 1ère éd. 2003, p. 44 et s. ; ZERAAT A., *Commentaire de la Loi pénale islamique, la partie de Diyat*, éditions Ghoghnous, 1ème éd. 2008, p. 31 et s. ; KIOMARS S., « Les personnes morales et la possibilité de les condamner au paiement de Diyeh »,

b. Le Diyeh, moyen de compensation

153. Certains considèrent, en revanche, que l'institution du Diyeh est une mesure destinée à réparer le préjudice et non pas une sanction pénale. Les arguments les plus importants de cette idée sont les suivants :

- Concernant l'origine du Diyeh, « l'idée de réparation semble mieux justifiée puisque le Diyeh adoucit la peine sanglante de Qu'issas » [1]. Il est un moyen dans le souci de réparer le dommage causé par l'infraction. Dans le droit musulman, à propos du paiement du Diyeh aux ayants droit de la victime décédée à la suite d'un acte illégal, « il fut préféré, même d'une façon inadéquate, de réparer le dommage » [2]. Autrement dit, la réparation est une mesure essentielle et fondamentale.
- Selon certains pénalistes [3], des héritiers reçoivent le Diyeh sans avoir subi aucun préjudice. Or, il serait illogique de punir quelqu'un à payer le Diyeh à un groupe de personnes sans qu'il n'ait éprouvé de chagrin. Ce qui est d'ailleurs essentiel pour l'Islam, c'est la valeur égale des victimes, c'est-à-dire des défunts. L'Islam ne s'intéresse pas directement à la qualité des personnes pouvant introduire une demande en réparation. L'Islam a certainement voulu sauvegarder et répandre l'idée que les hommes ont tous une valeur égale et le dommage ne doit pas être évalué en considération de la personne qui le réclame. Ce qui a retenu l'attention du législateur, c'est le dommage causé, la perte occasionnée, le préjudice créé. Le décès d'un être humain doit être impérativement réparé [4] quel que soit le moyen.
- Quant au non cumul de la peine de Qu'issas et le Diyeh, il est normal qu'une fois que la victime, c'est-à-dire la partie civile, a obtenu satisfaction en se voyant allouer le Diyeh, le juge se montre plus clément envers le responsable concernant des conséquences sociales de l'infraction c'est-à-dire l'action publique. De même, « ne pas pouvoir cumuler la peine de Qu'issas avec le Diyeh n'oblige nullement le juge à renoncer à toute condamnation pénale du responsable. Il peut le condamner à une peine moins grave que le Qu'issas, par exemple à une peine de « Taazir » tout en ordonnant le paiement du Diyeh en faveur de la victime » [5]. De plus, le juge peut, au gré des circonstances, prononcer le paiement du Diyeh en faveur de la victime et, prescrire une peine de Ta'azir. Si le Diyeh constituait une peine, il n'y aurait pas de raison de lui en adjoindre une autre. Le cumul dans ce cas n'est pas admis. En cas de choix entre deux peines, on opterait plutôt pour la plus grave. Or, le Diyet n'est pas une peine au sens répressif et son cumul avec la peine de Ta'azir s'explique parce qu'elle est une réparation.

---

http://www.iranbar.org/ph1140.php ; MIRSAEEDI S.-M., *La nature juridique des Diyat,* édition Mizan, 1ère éd. 1994, p. 59 et s.

1. GHORJI A., (sous la direction de), *Diyat* (les prix du sang), Presses de l'Université de Téhéran, 1ère éd. 2001, pp. 51-53.

2. KAZEMI-RASHED A., *L'Islam et la réparation du préjudice moral,* Genève, 1990, cité par : KOUSHA J., *Essai sur la peine à la lumière du droit pénal français et iranien,* Thèse, Université de Montpellier 1, 1996, p. 376 et s.

3. *Ibid,* p. 118.

4. *Ibid,* p. 118.

5. *Ibid,* p. 119.

Il s'ensuit que d'après la seconde idée, le Diyeh constitue en droit musulman le système de réparation, dans le cadre de la responsabilité civile, pour les dommages résultant de délits et de quasi délits.

154. Face à la force des arguments de ces deux groupes et en raison du conflit de certains textes juridiques, des auteurs ont adopté des solutions intermédiaires en donnant au Diyet une nature hybride, combinant la sanction et la compensation. D'autres [1] opèrent néanmoins une distinction. Dans certains cas, ils la considèrent comme indemnisation et dans d'autres cas ils l'envisagent en tant que peine. En revanche, encore selon d'autres auteurs [2], cette question doit être posée d'une autre manière. En effet, la question principale n'est pas de savoir si le Diyeh est une peine ou compensation, mais celle de savoir si le Diyeh est de nature civile ou fait partie du droit public ? Dans les cas où le « prix du sang » est payé par le Trésor public et/ou par les proches de sexe masculin du condamné dit « l'Aghélé » [3], son unique but est la compensation. Cependant, dans ce dernier cas, le Diyeh ne fait partie ni du droit privé ni du droit pénal. Il s'agit d'une forme de sécurité sociale qui est située dans le domaine du droit public. Son fondement repose sur la justice distributive. Dans d'autres cas où le coupable est personnellement responsable de la réparation du dommage, il fait partie du droit privé et il a deux objectifs : l'un de l'indemnisation du dommage de la victime et l'autre de punir l'auteur du dommage.

155. Pourtant, compte tenu des dispositions des lois pénales [4], du discours de la politique criminelle législative [5] ainsi que de celui des auteurs iraniens [6], des réponses de la direction juridique au ministère de la justice [7], et enfin du discours des juges pénaux de Téhéran [8], nous pouvons constater que le Diyeh est, en droit positif iranien, à la fois une mesure réparatrice au profit de la victime et une peine privée à l'encontre du coupable.

---

1. GHORJI A., (sous la direction de), *Diyat* (les prix du sang), *op. cit.*, pp. 51-53 ; KATOUZIAN N., « La nature et le domaine du Diyeh », in *La justification et la critique de la jurisprudence*, édition Dadghostar, 1ère éd. 1998, pp. 301-316.

2. BADINI H., Philosophie de la responsabilité civile, éditions Sherkat Sahamieh Entéshar, 1ère éd. 2005, n° 152 et s., p. 263 et s.

3. En vertu de l'article 305 du Code pénal iranien : « … si ces infractions sont prouvées par les témoignages, ou serments purgatoires ou l'intime conviction du juge, dans ces cas, le responsable du paiement du Diyeh est l'Aghélé. Suivant l'article 307 du Code pénal iranien l'« Aghélé » est tout parent mâle dans la ligne paternelle et maternelle ou paternelle qui serait appelé à hériter, si le coupable venait à décéder ».

4. Les articles 7 et 10 de la Loi pénale islamique du 21 septembre 1982 ; Les articles 12, 15, 294 et s. du Code pénal du 8 août 1991, et l'article 121-5 du nouvel projet du Code pénal islamique.

5. NADJAFI A.-H., *La politique criminelle iranienne à l'épreuve des changements politiques*, Thèse, Pau, juillet 1990, p. 312 et s. ; du même auteur : « La politique criminelle », in *La science criminelle*, éditions Salsabil, 1ère éd. 2005, p. 205 et s. ; PAKNAHAD A., *La politique criminelle axée sur le risque*, édition Mizan, 1ère éd. 2009, p. 81 et s.

6. KATOUZIAN N., *La responsabilité du fait des produits défectueux*, éditions de l'univers de Téhéran, 2ème éd. 2005, n° 101 et s., p. 170 et s. ; Ayatollah MARASHI M.-H., *op. cit.*, p. 9 et s.

7. AKHONDI M., *La procédure pénale*, T. III, édition du ministère de la culture et de l'orientation islamique, 6ère éd. 2005, pp. 147-160.

8. MOHAMADPOUR E., *Le discours des juges pénaux de Téhéran*, T. I, éditions Ghang Danesh, 1991, pp. 50-54.

156. Lorsque les mesures destinées à assurer le respect du droit violé ou à mettre un terme à la source du dommage sont prononcées par le juge, leur exécution doit être efficace. Ainsi la justice ne doit pas se contenter d'assurer leur prononcé. Elle doit permettre une exécution efficace des obligations conventionnelles et des décisions d'ordre judiciaires par celui qui est jugé coupable. Pour s'assurer d'une pleine exécution des décisions, les juges ont à leur disposition deux outils procéduraux : l'astreinte et la clause pénale.

B – Les peines privées comme remède au déclin de l'aspect normatif de la responsabilité civile

157. L'astreinte (**a**) et la clause pénale (**b**) sont deux mesures contraignantes qui peuvent être prononcées par le juge pour garantir l'exécution aussi bien des décisions de justice que des stipulations contractuelles.

a. L'astreinte : comme une peine privée pour la répression d'un manquement à une décision de justice

158. L'astreinte se définit comme « la condamnation pécuniaire accessoire et éventuelle, généralement fixée à tant par jour de retard, qui s'ajoute à la condamnation principale pour le cas où celle-ci ne serait pas exécutée dans le délai prescrit par le juge et tend à obtenir du débiteur, par la menace d'une augmentation progressive de sa dette d'argent, l'exécution en nature d'une obligation supposant son fait personnel »[1].

159. A l'origine, il s'agissait d'une sanction de création purement prétorienne, dont l'une des premières applications peut notamment être décelée dans un arrêt de la Cour de cassation française en date du 28 décembre 1824[2]. Elle a été imaginée, à l'époque, dans le seul but d'atténuer indirectement les inconvénients attachés à l'article 1142 C. civ., aux termes duquel « toute obligation de faire ou de ne pas faire se résout en dommages et intérêts, en cas d'inexécution de la part du débiteur ». Toutefois, afin de ne pas encourir le grief de heurter de front les dispositions textuelles applicables, elle était alors volontairement, mais fictivement, assimilée à des dommages et intérêts. A ce titre, sa finalité punitive ne pouvait déjà être que très difficilement contestée[3].

160. Ce n'est qu'à partir de la seconde moitié du XIXème siècle que la terminologie utilisée sera modifiée et que sera ainsi mis un terme à un certain artifice lexicologique. En effet, la Cour de cassation va la faire évoluer en faisant référence, pour

1. CORNU G., *Vocabulaire juridique*. Association Henri CAPITANT, PUF, 8ème éd., 2007, v° Astreinte.

2. Civ., 28 décembre 1824, S. 1824, 1, p. 604.

3. CHABAS F. et DEIS S., « Régime de la réparation. Action en réparation. Décision judiciaire. Astreinte », J.-Cl. Civil, Art. 1382 à 1386, fasc. 224-2, 1999, n° 8, p. 5.

désigner la sanction prononcée, d'abord à une mesure de contrainte [1], avant de la qualifier expressément d'astreinte [2].

Dans le même temps, la jurisprudence diversifia les formes que pouvait revêtir une telle condamnation. A sa création, l'astreinte était exclusivement provisoire, les juges ayant la faculté, lors de la liquidation, d'en diminuer le montant en considération de la bonne foi du débiteur. Or, un tel caractère, qui rendait hypothétique la condamnation finale, lui a fait perdre une partie de son efficacité et donc de son intérêt. Aussi, apparut à côté de l'astreinte provisoire, l'astreinte définitive qui, elle, ne pouvait plus être remise en cause [3]. Alors que l'autonomie de la première par rapport aux dommages et intérêts était régulièrement confirmée en jurisprudence [4], celle de la seconde se révélait davantage sujette à discussion. En effet, la nature exacte de l'astreinte définitive fut contestée, certains estimant qu'elle devait être analysée en des dommages et intérêts moratoires octroyés par avance, puisqu'il ressortait des décisions la prononçant [5], que son montant représentait en réalité le préjudice subi par le créancier pour chaque jour de retard [6].

161. Il faudra attendre la loi n°72-626 du 5 juillet 1972 instituant un juge de l'exécution et relative à la réforme de la procédure civile, pour qu'une loi consacre l'astreinte [7]. Elle dispose en son article 33 que « tout juge peut, même d'office, ordonner une astreinte pour assurer l'exécution de sa décision ». Par ailleurs, le législateur mettra a profit son intervention pour faire de l'astreinte une notion unitaire et autonome dans le sens où, dorénavant, qu'elle soit temporaire ou définitive, elle sera, aux termes de la loi, considérée comme étant indépendante des dommages et intérêts susceptibles d'être alloués à la victime. Cette conception de l'astreinte sera confirmée par la loi du 9 juillet 1991 portant réforme des procédures civiles d'exécution [8].

1. Req., 22 novembre 1841, S. 1842, 1, p. 170.

2. Civ., 25 juillet 1882, D.P. 1883, 1, p. 243.

3. Civ., 24 janvier 1865, S. 1865, 1, p.84.

4. Civ. 1ère, 20 octobre 1959, D. 1959, juris. P. 537, note G. HOLLEAUX, RTD. Civ. 1959, p. 778, obs. P. HEBRAUD et P. RAYNAUD, RTD civ. 1960, p. 116, obs. L. MAZEAUD : « [...] l'astreinte provisoire, mesure de contrainte entièrement distincte des dommages-intérêts, et qui n'est, en définitive, qu'un moyen de vaincre la résistance opposée à l'exécution d'une condamnation, n'a pas pour objet de compenser le dommage né du retard et est normalement liquidé en fonction de la gravité de la faute du débiteur récalcitrant et de ses facultés [...] » ; Civ. 1ère, 20 janvier 1960, JCP 1960, II, 11483, RTD civ. 1960, p. 317, obs. H. et L. MAZEAUD ; Civ.1ère, 17 janvier 1961, Bull. civ. I, n° 40 ; Soc., 16 mars 1961, D. 1961, juris. P. 609.

5. Soc., 30 novembre 1950, JCP 1951, II, 6089, note M. FREJAVILLE ; Com., 6 décembre 1954, Bull. civ. III, n°378 ; Civ. 1ème, 17 février 1965, Bull. civ. I, n°139 ; Soc., 7 décembre 1951, D. 1952, juris. P.165, RTD civ.1952, p.230, obs. H. et L. MAZEAUD ; Soc., 28 décembre 1951, JCP 1952, II, 6830, note H.G., RTD civ. 1952, p. 230, obs. H. et L. MAZEAUD ; Civ., 27 février 1953, S. 1953, 1, p.196, RTD civ. 1954, p.107, obs. H. et L. MAZEAUD.

6. CHABAS F. et DEIS S., « Régime de la réparation. Action en réparation. Décision judiciaire. Astreinte », J.-Cl. Civil, Art. 1382 à 1386, fasc. 224-2, 1999, n° 6, p. 5.

7. Loi n° 72-626 du 5 juillet 1972 instituant un juge de l'exécution et relative à la réforme de la procédure civile, JO 9 juillet 1972, p.7181 et s.

8. Art. 34 al. 1er de la loi n° 91-650 du 9 juillet 1991 portant réforme des procédures civiles d'exécution.

162. Désormais systématiquement distincte des dommages et intérêts avec lesquels elle peut donc se cumuler [1], l'astreinte doit être considérée comme étrangère à toute idée de réparation. Mais quelle est alors sa nature exacte ?

Il a été suggéré par certains auteurs de la qualifier de voie d'exécution [2]. Une telle proposition ne saurait toutefois être retenue. Si l'astreinte constitue effectivement un moyen de faire respecter une décision de justice dont elle constitue l'accessoire, son paiement ne dispense pas pour autant le débiteur d'exécuter les obligations découlant de sa condamnation principale, auxquelles il reste pleinement tenu [3]. Ainsi que cela a été justement observé, il « ne libère pas le débiteur de son obligation. En réalité, la mesure d'exécution n'apparaîtra que lorsqu'il s'agira d'assurer le recouvrement de l'astreinte après sa liquidation définitive, c'est à dire lorsque cette sanction comminatoire et provisoire aura épuisé sa vertu. Tout en ayant pour but de contraindre à l'exécution, elle n'en reste pas moins indépendante de l'exécution [...] » [4]. D'ailleurs, à l'heure actuelle, la Cour de cassation refuse, explicitement ou implicitement selon les cas, qu'une telle nature juridique soit reconnue à l'astreinte [5].

163. En réalité, il semble qu'il faille distinguer selon que l'astreinte a, ou non, déjà été liquidée. Si elle ne l'est pas, elle constitue une simple menace de sanction et présente à ce titre, un caractère comminatoire. Autrement dit, elle n'est rien d'autre qu'une mesure de coercition [6]. Après sa liquidation, l'astreinte acquiert une existence propre et doit être qualifiée, avec la doctrine monétaire et en dépit de quelques opinions dissidentes [7], de peine privée. Il est vrai qu'elle présente tous les critères qui la définissent. Tout d'abord, elle sanctionne une faute : celle de ne pas exécuter une obligation. Ensuite, son montant est liquidé, en application désormais de

---

1. Civ. 2ème, 2 décembre 1992, Bull. Civ. II, n° 289 ; Soc., 2 avril 1996, Resp. civ. et assur. 1996, comm. 694, Procédures 1996, comm. 178, note R. PERROT.

2. GLEIZES P., Les astreintes, Thèse, Montpellier, 1935, p. 39 et s. ; JOSSERAND L., Cours de droit civil positif français, T. II, Théorie générale des obligations. Les principaux contrats du droit civil. Les sûretés, Sirey, 3ème éd., 1939, n° 598.

3. Civ. 1ème, 12 juillet 1960, somm. P. 95.

4. VIZIOZ H., « Les pouvoirs du juge des référés en matière d'astreinte », JCP 1948, I, 689, spéc. n° 6.

5. Civ. 2ème 14 novembre 1979, Bull. civ. II, n°260 ; Soc., 27 novembre 1980, Bull. civ. V, n° 851, RTD civ. 1981, p.451, obs. R. PERROT ; Civ. 2ème, 16 juillet 1992, Bull. civ. II, n° 207 ; Civ. 2ème, 17 décembre 1997, Bull. civ. II, n° 318.

6. VINEY G. et JOURDAIN P., *Traité de droit civil. Les effets de la responsabilité*, LGDJ, 2ème éd., 2001, n° 6-5, p. 17.

7. CARVAL S., *La responsabilité civile dans sa fonction de peine privée*, Coll. Bibliothèque de droit privé, T. 250, LGDJ, 1995, n° 36 et s.., p. 39 et s. ; CHARTIER Y., *La réparation du préjudice*, Dalloz, 1983, n° 766 et s., p. 905 et s. ; COURTANT-LAPLUS Ch., *Le principe de réparation intégrale en droit privé*, PUAM, 2002, n° 484 et s., p. 410 et s. ; ESMEIN P., « L'origine et la logique de la jurisprudence en matière d'astreinte », RTD civ. 1903, p.5 et s. ; ESMEIN p., « Peine ou réparation », in Mélanges P. ROUBIER, T. II, Dalloz/Sirey, 1961, p.37 et s. ; FREJAVILIE M., « L'astreinte », D. 1949, chron. P.1 et s., spéc. p.1 ; HUGUENEY L., *L'idée de peine privée en droit contemporain*, Thèse, Paris, 1904, p.303 ; HUGUENEY L., « Le sort de la peine privée en France dans la première moitié du XXème siècle », in Mélanges G. RIPERT, T. II, LGDJ 1950, p. 249 et s., spéc. p. 253 ; JACOMET P., *Essai sur la sanction civile de caractère pénal en droit français*, Thèse, Paris, 1905, p.57 et s., TERRE F., SIMLER Ph. et LEQUETTE Y., *Droit civil. Les obligations*, Coll. précis, Dalloz, 9ème éd., 2005, n° 1122, p. 1070.

l'article 36 de la loi du 9 juillet 1991 [1], non pas en fonction de l'étendue du préjudice causé, mais au regard, notamment, de la gravité de l'écart de conduite du condamné. Il convient de remarquer qu'avant l'adoption de ce texte, les juridictions prononçaient déjà la liquidation de l'astreinte à partir d'un tel critère [2]. Un jugement du tribunal de grande instance de Paris laissait même apparaître que l'appréciation devait être opérée *in concreto* : « l'astreinte, mesure de coercition indépendante des dommages et intérêts, doit être liquidée en fonction de la gravité de la faute du débiteur et de ses facultés ; pour l'appréciation de la faute, il doit être tenu compte, notamment, de la mauvaise volonté et de la résistance abusive de celui qui, de façon claire et incontestable, a vu mettre à sa charge les diligences propres à faire cesser les conséquences illicites de son comportement initial, conséquences dont il pouvait seul avoir la maîtrise » [3]. Fondement fautif, finalité punitive, tels sont les deux principaux caractères que revêt l'astreinte. Or, ils correspondent en tous points à ceux qui conditionnent l'existence d'une peine privée, tels qu'ils ont été précédemment présentés. C'est la raison pour laquelle l'astreinte doit naturellement être qualifiée de sanction civile à finalité rétributive.

164. Il n'en demeure pas moins qu'elle fut prévue au travers de l'ancien article 729 du Code de procédure civile iranienne pour inciter efficacement les débiteurs réfractaires à finalement exécuter les obligations par eux contractées. Aussi, son montant était fixé en fonction, non pas de l'étendue du préjudice à venir, comme l'aurait pourtant commandé la qualification juridique retenue [4], mais au regard de la gravité de la faute commise et des facultés contributives de son auteur. A ce titre, la finalité punitive de l'astreinte était d'ailleurs confirmée officiellement par une partie de la doctrine [5]. Le professeur KATOUZIAN [6] l'avait considéré très clairement comme une peine privée destiné à faire exécuter les obligations tenues par le condamné.

165. Remarquons qu'il existait plusieurs procédés efficaces, en droit iranien, de réprimer les inexécutions dolosives. Pas seulement d'une obligation du droit civil ou commercial, mais également des décisions de justice. Elles pouvaient, d'une part,

---

1. KAYSER P., « L'astreinte judiciaire et la responsabilité civile », RTD civ. 1953, p.209 et s., spéc. n°28, p.243 et s.

2. Art. 36 al. 1er de la loi du 9 juillet 1991 : « Le montant de l'astreinte provisoire est liquidé en tenant compte du comportement de celui à qui l'injonction a été adressée et des difficultés qu'il a rencontrées pour l'exécuter ».

3. Civ. 3ème, 18 mars 1957, Bull. civ. III, n°53 ; Civ. 1ème, 20 octobre 1959, D. 1959, juris. p. 537, note G. HOLLEAUX, RTD civ. 1959, p.778, obs. P. HEBRAUD et P. RAYNAUD, RTD civ. 1960, p. 116, obs. H. et L. MAZEAUD ; Civ. 2ème, 18 février 1987, Bull. civ. II, n° 48.

4. Une collecte de points de vue juridique et judiciaire, et un examen des lois sélectionnées de l'année 2000, par : L'adjoint chargé de l'enseignement de la Justice de Téhéran, T. III, édition Eshraghiyeh, 1ère éd. 2003, pp. 104-108.

5. SHAHIDI M., *Les effets des contrats et des obligations*, édition Madjd, 3ème éd. 2007, n° 103 et s., p. 184 et s. ; BADINIH.,*Cours du droit de la responsabilité civile*, En Master 2 recherche du droit privé de la faculté de droit et de la science politique de l'Université de Téhéran, 2010-2011, p. 66 ; KHODABAKHSHI A., *La distinction fondamentale du droit civil et pénal*, Thèse, Université de Téhéran, 2007-2008, p. 109.

6. KATOUZIAN N., *La responsabilité du fait des produits défectueux*, Les presses de l'univers de Téhéran, 2ème éd. 2005, n° 101 et s., p. 170 et s.

être punies d'une assez forte amende et d'emprisonnement civil [1]. Il y avait d'autre part un moyen très efficace d'assurer l'exécution d'une obligation comme d'une règle de droit par un individu : c'est la condamnation à une astreinte [2]. La crainte de l'astreinte encourue soit directement, soit par voie de contrainte par corps, amenait, sans doute, beaucoup de parties condamnées à s'exécuter lorsqu'elles étaient en mesure de le faire.

166. Tirant ainsi les conséquences de l'évolution prétorienne qu'elle soit religieuse ou judiciaire, au fil des espèces, le législateur iranien avait fait de la sanction étudiée une mesure destinée à favoriser moins l'exécution en nature des obligations que celle, plus générale, des jugements ou arrêts. Discuté pourtant jadis dans ses résultats pratiques, le fondement textuel de l'astreinte n'a pas triomphé, et il est enfin retiré du nouveau Code de procédure civile iranienne adoptée en date de 28 mars 2000. La notion de l'astreinte était insuffisamment précisée en droit iranien, gênée qu'elle était pour se développer par la théorie de l'enrichissement sans cause qui ne permet pas que la victime d'un dommage puisse toucher en définitive plus que le montant de celui-ci.

167. La nature juridique de l'astreinte étant ainsi fixée, il reste à indiquer en quoi cette sanction est susceptible de rendre compte de la fonction répressive de la responsabilité civile. Initialement, l'astreinte était utilisée par le juge lorsque ce dernier n'avait pas la possibilité de contraindre un débiteur à exécuter en nature ses propres obligations contractuelles, qu'elles soient de faire ou de ne pas faire. Par la suite cependant, l'évolution jurisprudentielle, d'ailleurs consacrée par la loi, s'est faite dans le sens d'une extension du domaine d'application de l'astreinte, celle-ci étant désormais susceptible d'être prononcée alors même que le juge a la faculté de condamner le défendeur soit à l'exécution forcée directe, soit à l'exécution par équivalent [3]. Il en résulte que toute décision judiciaire, quel que soit son contenu, a vocation à être assortie d'une astreinte. Partant, cette dernière dépasse largement le cadre étroit de la seule responsabilité civile [4].

168. Ceci étant, en la matière, elle a pleinement vocation à être sollicitée [5]. En effet, les condamnations mises à la charge du responsable peuvent consister soit en

---

1. La condamnation à un emprisonnement a été d'abord prévue par la Loi sur la modalité de l'exécution des condamnations financières du 11 juin 1972. Il fût ensuite interdit par la Loi de l'interdiction de l'emprisonnement des gens pour la violation des obligations et exigences financières du 22 octobre 1973. Cette conception de l'emprisonnement sera toutefois retenue par l'article 2 de la Loi sur la modalité de l'exécution des condamnations financières du 10 octobre 1998 aux termes duquel : « Si quelqu'un est condamné à un paiement financier envers autrui et qu'il ne paie pas, il sera emprisonné jusqu'audit paiement ».

2. Selon l'ancien article 729 du Code de procédure civile : « En cas d'obligations personnelles de faire, la juridiction saisie peut, à la demande de la partie envers laquelle l'engagement n'a point été exécuté, ordonner au condamné de payer d'un somme d'argent à titre d'inexécution des obligations dans le délai déterminé ».

3. CHABAS F. et DEIS S., « Régime de la réparation. Action en réparation. Décision judiciaire. Astreinte », J.-Cl. Civil, Art. 1382 à 1386, fasc. 224-2, 1999, n°14, p.7.

4. VINEY G. et JOURDAIN P., *Traité de droit civil. Les effets de la responsabilité*, LGDJ, 2ème éd., 2001, n° 6-5, p. 12.

5. KAYSER P., « L'astreinte judiciaire et la responsabilité civile », RTD civ. 1953, p. 209 et s., spéc.n° 8, p. 218.

une obligation de réparer, en nature ou par le versement de dommages et intérêts, soit en une obligation de mettre un terme à la situation illicite [1]. Autrement dit, la décision sur la responsabilité civile peut faire naître, d'une part, des obligations de donner et, d'autre part, des obligations de faire ou de ne pas faire. Dans la première hypothèse, le prononcé de l'astreinte est parfaitement envisageable, la Cour de cassation ayant déjà eu l'occasion de préciser qu'elle pouvait être l'accessoire d'une condamnation à payer une somme d'argent [2]. Dans la seconde hypothèse, il ne l'est pas moins, ainsi que l'illustre la pratique jurisprudentielle, puisqu'il a par exemple été jugé que l'astreinte pouvait assortir des mesures destinées, même en matière délictuelle, à assurer le respect du droit violé ou à mettre un terme à la source du dommage [3].

Dès lors qu'elle est susceptible de constituer l'accessoire d'une décision retenant la responsabilité civile du défendeur, l'astreinte, dont la finalité punitive a été clairement mise en évidence, permet, certes indirectement mais indéniablement d'ajouter, si tel n'était pas déjà le cas au travers du contenu de la condamnation principale, une dimension répressive à l'obligation de répondre civilement d'un fait dommageable.

169. Parce qu'elle est désormais prévue par un texte, l'astreinte, dont la nature de peine privée quantifiable n'est pas discutable, constitue une sanction civile à finalité punitive susceptible d'être officiellement prononcée par le juge. Elle n'est toutefois pas la seule à pouvoir être ainsi qualifiée. Il en va en effet de même à propos de la clause pénale, dont l'insertion dans un contrat, bien que conditionnée par la volonté des parties, est avant tout rendue possible par l'application des dispositions de l'article 1152 du Code civil français et l'article 230 du Code civil iranien.

b. La clause pénale : comme une peine privée selon le paradigme de la justice privée

170. Il suffit de consulter un certain nombre de manuels de droit des obligations pour s'apercevoir qu'il existe *a priori* de multiples définitions de la clause pénale proposées en doctrine. Toutefois, cette apparente diversité ne doit pas faire oublier qu'elles sont finalement toutes susceptibles d'être réparties dans deux catégories différentes, l'une à la caractéristique « punitive », l'autre simplement « compensatoire ». Parmi celles appartenant à la première, il en est une [4] qui présente la clause pénale comme la « clause comminatoire en vertu de laquelle un contractant s'engage en cas d'inexécution de son obligation principale (ou en cas de retard dans l'exécution) à verser à l'autre à titre de dommages intérêts une somme forfaitaire – en général très

1. *Cf.* supra, n° 32 et s.

2. Com., 17 avril 1956, JCP 1956, II, 9330, note P. VELLIEUX ; Com., 3 décembre 1985, Bull. civ. IV, n° 286, RTD civ. 1986, P. 745, obs. J. MESTRE ; Soc., 29 mai 1990, Bull. civ. V, n° 244.

3. Req., 9 mai 1904, D 1904, 1, p. 518 ; Montpellier, 10 février 1934, D.H. 1934, p. 275 ; Civ., 22 février 1950, Bull. civ., I, n° 52 ; Paris 16 février 1974, JCP 1976, II, 18341, note R.L.

4. CORNU G., *Vocabulaire juridique*. Association Henri CAPITANT, PUF, 8ème éd., 2007, v° Pénal ; JAFARI LANGROUDI M.-J, Etendue dans la terminologie du droit, T. 5, éditions Ghanj danesh, 1ème éd., 1999, n° 8451, p. 2264.

supérieure au montant du préjudice réel subi par le créancier (et appelée peine stipulée) – qui en principe ne peut être ni modérée ni augmentée par le juge, sauf si elle est manifestement excessive ou dérisoire ». Parmi les définitions appartenant à la seconde catégorie, il est possible de citer celle [1] qui décrit classiquement la clause pénale comme « la stipulation contractuelle par laquelle les parties fixent à l'avance et de manière forfaitaire la somme d'argent qui sera due par le débiteur dans le cas où il n'exécuterait pas comme convenu son obligation ». A partir de ces deux exemples, le critère de répartition au sein des deux catégories apparaît nettement. Pour certains la clause pénale consiste nécessairement dans une mesure de réparation, puisqu'il est fait référence au versement de dommages et intérêts qui, en l'absence de précisions supplémentaires, doivent être considérés comme ayant une nature indemnitaire. Pour d'autres, en revanche, il conviendrait de rester plus prudent, en s'abstenant de qualifier juridiquement la somme due par le débiteur à raison de l'inexécution de son obligation contractuelle.

171. Pour ce qui concerne le droit iranien, si le principe même de la possibilité pour les parties à un contrat d'insérer une clause pénale ne fut pas contesté [2], le régime auquel cette dernière devait être soumise donna lieu à davantage de discussions, les fondements textuels étant assez équivoques. Afin de mieux comprendre la portée des dispositions pertinentes du droit positif iranien relative à la clause pénale, il nous faut d'abord exposer l'évolution des solutions en la matière. La clause pénale est désignée dans la terminologie du droit iranien tantôt sous couvert des dommages et intérêts moratoires tantôt sous le terme de *vajhe eltézam* [3], qui signifie littéralement « une somme d'argent pour assurer l'exécution des obligations ». Ce terme a toutefois acquis avec le temps une connotation juridique qui le fait correspondre au terme français de « clause pénale » [4].

172. S'agissant des dommages et intérêts moratoires, ils étaient, notamment dans le passé, une des questions les plus discutées en droit iranien aussi bien chez les théoriciens comme chez les praticiens. Au centre de ces discussions, il y a eu l'interdiction des intérêts pour dette, notion posée par le droit islamique se fondant notamment sur les versets coraniques [5]. Malgré cette interdiction de principe, l'ancien régime iranien admettait, dans ses législations, la possibilité de percevoir

---

1. COLIN H. et CAPITANT H., *Cours élémentaire de droit civil français*, Dalloz, 8ème éd., Dalloz 1935, n° 106 ; ABEDIYAN M.-H., « Etude comparative de la mise en œuvre des clauses pénales dans les contrats », Revue de droit et théologie, n° 19, 2006, p. 8.

2. Le contrat constitue en règle générale la loi des parties, à moins que le contrat ne prévoie des clauses contraires à des normes impératives de la loi. Le Code civil iranien dit à cet égard :

- Art. 10 : « Les conventions particulières obligent ceux qui les ont faites pourvu qu'elles ne soient pas expressément contraires aux lois »,

- Art. 219 : « Les conventions formées conformément à la loi sont obligatoires pour les parties contractantes et leurs ayants cause, à moins qu'elles n'aient été résiliées par leur consentement mutuel ou pour une cause légale ».

3. KATOUZIAN N., *Fait juridique*, éditions Sherkat Sahamiyeh Enteshar, 1ère éd. 2009, n° 166, p. 190.

4. JAFARI LANGHAROUDI M.-J., *Droit des obligations*, T. I, Nashr, 1992, p. 312 ; MEHMAN-NAVAZAN R., *Les dommages réparables en droit iranien*, édition Asare Andishe, 1ère éd. 2009, p. 117 et s.

5. Le Coran, Surate Ale Emran, Verset 130.

des intérêts moratoires. L'article 712 de l'ancien Code de procédure civile disposait ainsi : « Le plaignant a droit de demander à l'autre partie, soit dans la plainte ou pendant la procédure de payer des dommages lesquels il a ou pourrait subir en raison d'une procédure judiciaire ou en raison de retard dans le paiement de la dette… ». L'article 719 du même Code prévoyait : « Lorsque l'objet de l'obligation consiste en une somme d'argent dont le montant est fixé au moment de la demande en justice, le débiteur sera tenu, en cas de retard dans l'exécution, de payer au créancier, en réparation du dommage occasionné par le retard, des intérêts au taux de 12 % par an de la créance constatée par jugement… ».

Les dispositions du Code de procédure civile précisaient ainsi le taux des intérêts moratoires et la date à partir de laquelle ils pouvaient être exigés. Cependant, malgré la clarté des dispositions susmentionnées et le silence relatif des commentateurs, la question des dommages et intérêts moratoires ne va pas sans susciter des controverses en Iran. En premier lieu, il y a lieu de relever les opinions religieuses de l'Imam Khomeiny, lequel s'est prononcé contre les dommages et intérêts moratoires sous ses différentes formes. Dans certains cas par ailleurs c'est le Conseil Constitutionnel qui, ayant pour fonction selon l'article 4 de la Constitution iranienne de se prononcer sur la conformité ou non des lois iraniennes aux normes islamiques, a considéré, à l'époque, les articles 713 à 719 du Code de procédure civile comme contraires aux normes précitées [1]. On notera toutefois qu'enfin, l'octroi des dommages et intérêts moratoires est prévu au travers de la Remarque 3 de l'article 515 du Code de procédure civile du 21 mars 2000 aux termes de laquelle : « …les dommages et intérêts moratoires peuvent être réclamés dans des cas prévus par la loi ».

173. Il en va de même concernant le terme de « *vajhe eltezam* » prévu par le Code civil iranien. Celui-ci traite en effet des manquements dans l'exécution d'une obligation et des dommages et intérêts moratoires à payer pour de tels manquements. L'article 230 du Code civil, qui n'a pas été révisé après la révolution de 1979, dispose que : « Lorsque la convention porte que celui qui manquera à l'exécution paiera une certaine somme à titre de dommages et intérêts, le juge ne peut le commander au paiement d'une somme plus forte, ni moindre ». L'ambiguïté du texte est évidente. La clause pénale, est-il indiqué, donne lieu au versement d'une somme juridiquement qualifiée de dommages et intérêts. Dans le même temps, il n'est pas reconnu aux juges la faculté de moduler le montant convenu par les parties. Il s'agit donc d'un forfait. Or, cette technique se saurait en aucune manière se concilier avec les règles classiques d'indemnisation, les dommages et intérêts devant normalement être fixés en considération des préjudices effectivement soufferts. C'est pourquoi peut-être, commentant cette disposition, le Professeur Katouzian se contente d'écrire qu' » il n'est même pas nécessaire que le créancier ait subi un dommage pour avoir droit à des dommages et intérêts moratoires » [2]. Pour la doc-

1. Les avis du 3 décembre 1983 et 14 janvier 1987 du Conseil Constitutionnel de l'Iran, cité par : KASHANI S.-M., « Les fondements juridiques et textuels des dommages-intérêts moratoires », http://www.iranbar.org/pm74.php.

2. KATOUZIAN N., *Etude élémentaire du droit civil, Les actes juridiques*, La publication de Sherkat Sahamiyeh Enteshar avec collaboration de la Société Bahmane Bourna, 2ème éd. 1992, n° 255, p. 260.

trine majoritaire [1], néanmoins, le juge peut, selon les principes généraux, modifier ou augmenter la peine qui avait été convenue, si elle est manifestement excessive ou dérisoire.

174. Il en résulte que le droit iranien ne s'oppose pas à la clause pénale, appelée communément *vajhe eltezam* ou sous ses différentes formes, par les doctrines comme par les juridictions [2]. Selon eux, convenait-il de reconnaître que la clause pénale consiste en un forfait permettant non seulement d'assurer la réparation des préjudices causés mais également de punir, lorsque le montant prévu au contrat était supérieur au préjudice réellement souffert, celui qui n'a pas exécuté ses obligations contractuelles.

175. Pour ce qui concerne le droit français, la clause pénale est présentée par l'adoption de l'article 1152 C. civ. comme la sanction de l'inexécution d'un contrat consistant dans le versement de dommages et intérêts évalués par les parties, mais dont le montant peut toutefois être révisé par le juge. Pourtant, le débat sur la nature juridique de la clause pénale reste pleinement d'actualité, ainsi qu'en rend compte la diversité des théories doctrinales encore proposées pour la déterminer.

176. Selon une première analyse, qui reste néanmoins isolée, la clause pénale aurait une nature exclusivement réparatrice [3]. Les justifications de cette affirmation sont de deux ordres, l'un historique, l'autre technique. Pour ce qui est de l'argument historique, il consiste à relever que POTHIER retenait une conception indemnitaire de la clause pénale dont les rédacteurs du code civil se seraient fortement inspirés. Il n'est toutefois pas nécessairement convaincant, dans la mesure où si l'influence de POTHIER sur le Code civil est évidente, elle n'est pas pour autant omnipotente. D'ailleurs, sur ce point précisément, il semble bien que les rédacteurs du Code de 1804 se soient affranchis de la pensée de l'auteur. [4]

Pour ce qui est maintenant de l'argument technique, il s'évince de ce que la clause pénale aurait pour fondement exclusif le préjudice, tant au stade de sa prévision, que, selon la jurisprudence [5], lors de sa mise en œuvre. Toutefois, là encore, l'explication ne convainc guère, puisqu'il a été pertinemment établi, qu'en réalité, le préjudice ne constituait aucunement le fondement de la clause pénale [6]. En effet, ce n'est pas tant la preuve du préjudice par le créancier qui est indifférente à la mise en œuvre de la clause pénale, que son existence même. DEMOLOMBE l'avait déjà

---

1. KATOUZIAN N., *La responsabilité civile, T. I, Les obligations extracontractuelles*, éditions de l'Université de Téhéran, 2ème éd. 1999, n° 401, p. 730 ; ABEDIYAN M.-H., *op. cit.*, n° 19, 2006.

2. L'arrêt n° 143 du 24 mars 1982 de la chambre 5 du tribunal commun de Téhéran, cité par : KAMYAR M., *Les arrêts choisis de la chambre civile*, édition Hoghooghdan, 4ème éd. 2006, pp. 132-133.

3. ROUJOU DE BOUBEE M.-E., *Essai sur la notion de réparation*, Coll. Bibliothèque de droit privé, T. CXXXV, LGDJ, 1974, p.72 et s.

4. LEVY J.-Ph. et CASTALDO A., *Histoire du droit civil*, Coll. précis, Dalloz, 2010, n° 668, p. 961.

5. Req., 26 juin 1923, Gaz. Pal. 1923, 2, p.453.

6. MAZEAUD D., *La notion de clause pénale*, Coll. Bibliothèque de droit privé, T. 223, LGDJ, 1992, n° 668, p. 961.

souligné [1], et la Cour de cassation l'a parfaitement assimilé [2]. Or, dans la mesure où une sanction réparatrice n'a de sens que s'il existe un préjudice à réparer, il faut nécessairement conclure que la possibilité de mettre en œuvre la clause pénale en l'absence de dommage signifie que cette dernière ne peut en aucune manière avoir une nature exclusivement indemnitaire.

177. Selon une deuxième analyse, qui semble la plus largement partagée en doctrine, la clause pénale aurait une nature mixte [3]. Cette approche présente a *priori* l'avantage d'être confortée par la jurisprudence de la Cour de cassation, celle-ci ayant eu l'occasion de souligner que : « ... la peine stipulée peut se concevoir aussi bien comme un moyen de contraindre les parties à l'exécution que comme une évaluation conventionnelle anticipée du préjudice futur... » [4]. Encore faut-il s'entendre sur la réalité que doit exactement recouvrir une telle théorie. Il apparaît en effet qu'elle est susceptible d'être diversement appréhendée.

Ainsi, pour certains, il semblerait que la clause pénale soit, pour une même stipulation, à la fois réparatrice et punitive [5]. Mais dès lors qu'il a déjà été établi que l'existence d'un préjudice ne constituait pas une condition de la mise en œuvre de la clause pénale, cette conception de la mixité ne saurait être retenue. En effet, elle se heurte à la même objection décisive que celle formulée précédemment à propos de l'analyse développée par M.-E. ROUJOU DE BOUBEE [6]. Pour d'autres, en revanche, il faudrait considérer que la nature de la clause pénale est unique pour une stipulation donnée, mais qu'elle varie selon les hypothèses, en fonction du montant qu'elle prévoit, ou encore du caractère gratuit ou onéreux du contrat dans lequel elle est insérée. Ainsi, la clause pénale serait une indemnité lorsque la somme mention-

---

1. DEMOLOMBE Ch., Cours de Code Napoléon, XXVI, Traité des contrats ou des obligations en général, III, A. Lahure, 1880, n° 663, p. 585.

2. Civ. 3ème, 24 octobre 1974, D. 1975, juris. P.1, note G. DELTEL, RTD civ. 1975, p.130, obs. G. CORNU : « [...] ; Attendu qu'en statuant de la sorte, alors qu'en l'absence de toute fraude à la loi les parties étaient libres de déterminer à leur guise les moyens de contrainte destinés à assurer, même à défaut de préjudice, l'exécution de leurs conventions et qu'ainsi le tribunal ne pouvait, en la déclarant léonine et excessive, tenir pour nulle la clause pénale que les parties avaient librement stipulée pour l'éventualité qui s'est réalisé en l'espèce, le jugement attaqué a violé le texte susvisé ; [...] » ; Com., 10 janvier 1977, Defrénois 1977, art. 31522, n°83, p.1254, obs. J.-L. AUBERT ; Soc., 21 mars 1978, Bull. civ V, n°218 : « [...] ; Attendu que, après avoir constaté, d'une part que la clause litigieuse, non seulement était valable mais n'était manifestement ni excessive ni dérisoire, d'autre part que les salariées intéressés avaient manqué à l'engagement dont elle constituait la sanction, la Cour d'appel a déclaré la société Impex irrecevable en sa demande au motif qu'elle n'avait subi aucun préjudice et n'avait donc pas d'intérêt à agir ; Qu'en statuant ainsi alors que la société avait intérêt à se prévaloir de sa créance forfaitaire née à son profit par le seul fait de la violation de la clause, la Cour d'appel, a faussement appliqué le texte susvisé ; [...] ; Civ. 1ème, 19 mars 1980, Bull. civ. I, n° 95 ; Civ. 3ème, 12 janvier 1994, Bull. civ. III, n° 5, RTD civ. 1994, p. 605, obs. J. KESTRE, Defrénois 1994, art. 35854, p. 804, obs. D. MAZEAUD, JCP 1994, I, 3809, n°18, obs. G. VINEY.

3. CARVAL S., *op. cit.*, n° 11 ; CHARTIER Y., *op. cit.*, n° 573, p.701 ; VINEY G. et JOURDAIN P., *Traité de droit civil. Les effets de la responsabilité*, LGDJ, 2ème éd., 2001, n° 229, p. 443.

4. Civ. 1ème, 3 janvier 1985, Bull. civ. I, n° 4.

5. FLOUR J., AUBERT J.-L., FLOUR Y.et SAVAUX E., *Droit civil. Les obligations, T. III, Le rapport d'obligation*, Coll. Université, Sirey, 6ème éd., 2009, n° 236, p. 209 ; PAISANT G., « Clause pénale », Rép. Civil, Dalloz, 2003, n° 28 et s., p. 6.

6. *Cf. supra*, n° 144.

née au contrat est inférieure au préjudice subi, mais une peine privée dans l'occurrence inverse [1]. De même lorsqu'elle est intégrée dans un contrat à titre onéreux, elle aurait une nature réparatrice, mais elle deviendrait une sanction punitive lorsqu'elle est l'accessoire d'un contrat à titre gratuit [2]. Toutefois cette variabilité de la nature juridique de la clause pénale en fonction des circonstances propres à chaque espèce ne convient pas réellement. D'ailleurs, les critères de distinction suggérés ne sont pas pertinents. En effet, la nature d'une sanction ne saurait dépendre de son *quantum* [3], d'autant qu'il a été établi que celui-ci ne peut en aucune manière être un élément d'identification de la peine privée [4]. Ensuite, la proposition de déterminer la nature de la sanction à partir du caractère gratuit ou onéreux de l'acte ne convainc guère, dès lors qu'aucun argument rationnel n'est avancé pour la justifier solidement [5].

178. Une troisième théorie consiste à déceler dans la clause pénale une stipulation ayant la nature exclusive d'une peine privée [6]. Or, il semble que ce soit elle qui reflète le plus fidèlement la réalité du droit positif français. En effet, la clause pénale ne peut tout d'abord être mise en œuvre qu'en cas d'inexécution illicite d'une obligation prévue au contrat [7], celle-ci constituant d'ailleurs la cause de celle-là [8]. Certes, il pourrait être objecté qu'une telle exigence n'est en réalité pas systématiquement posée, dans la mesure où lorsque l'obligation principale est de résultat, la seule non obtention de ce dernier justifie l'exécution de la clause pénale. Aussi, la faute ne serait pas une condition de la mise en œuvre de la stipulation. De ce constat, il pourrait alors être déduit que la clause pénale n'est pas une peine privée, le fondement fautif auquel est impérativement subordonnée une telle qualification étant susceptible de faire défaut dans certaines hypothèses. En réalité, une telle inclusion doit être écartée : pour la doctrine majoritaire, le manquement à une obligation de résultat implique nécessairement l'existence d'une faute, laquelle est toutefois présumée [9]. Finalement, dès lors que l'inexécution d'une obligation contractuelle suppose toujours la commission d'une faute, la clause pénale présente bien la première condition requise pour être valablement considérée comme une peine privée [10].

---

1. MALAURE Ph., AYNES L. et STOFFEL-MUNCK Ph., *Les obligations, op. cit.*, n° 989, p. 540.
2. TERRE F., SIMLER Ph. et LEQUETTE Y., *Droit civil. Les obligations, op. cit.*, n° 622, p. 634.
3. ROUJOU DE BOUBEE M.-E., Essai sur la notion de réparation, *op. cit.*, p. 73.
4. *Cf.* supra, n° 42 et s.
5. MAZEAUD D., La notion de clause pénale, *op. cit.*, n° 554, p. 319.
6. CARBONNIER J., *Droit civil, T. IV, Les obligations*, Coll. Thémis, PUF, 22ème éd., 2000, n° 178, p. 331 ; COUTANT-LAPALUS Ch., *op. cit.*, n°481 et s., p.407 et s. ; MAZEAUD D., *op. cit.*, n° 556, p. 320 et s.
7. Paris, 13 décembre 1900, D.P. 1903, 2, p. 254 ; Civ., 3ème, 3février 1976, Gaz. Pal. 1976, 1, somm. p. 80 ; Civ. 1ème, 14 octobre 1981, Gaz. Pal. 1982, 1, pan. P. 85.
8. Com., 5 mars 1974, Bull. civ. IV, n° 78.
9. CARBONNIER J., *op. cit.*, n° 156, p. 298 ; MALAURE Ph., AYNES L. et STOFFEL-MUNCK Ph., *Les obligations, op. cit.*, n° 579, p.299 ; TERRE F., SIMLER Ph. et LEQUETTE Y., *Droit civil. Les obligations, op. cit.*, n° 577, p. 582.
10. *Cf.* supra, n° 58 et s.

Ensuite, il apparaît que la clause pénale satisfait pleinement le deuxième critère déterminant de la peine privée, lequel consiste dans sa finalité punitive [1]. La clause pénale, il est vrai, tend plus à punir l'auteur de l'inexécution illicite de ses obligations contractuelles, qu'à indemniser la victime d'un dommage [2], ce dernier n'existant d'ailleurs peut être pas. Il convient de préciser que cette finalité ne saurait être remise en cause par la faculté reconnue au juge, depuis la loi de 1975, de modérer le montant stipulé par les parties lorsque celui-ci est manifestement excessif. En effet, la reconnaissance d'une telle prérogative reste parfaitement compatible avec l'idée de peine privée, les magistrats n'étant absolument pas tenus de réduire le montant de la clause de telle sorte qu'aucune connotation répressive de la sanction ne puisse subsister [3].

179. Les peines privées quantitatives que sont l'astreinte et la clause pénale constituent seulement une espèce du genre des sanctions civiles à finalité répressive susceptibles d'être officiellement sollicitées, ces dernières recouvrant également les peines privées qualitatives.

Paragraphe 2 : Les peines privées qualitatives

180. Les peines privées qualitatives qui peuvent être officiellement prononcées par le juge sont, d'une part, la condamnation de principe (**A**) et, d'autre part, la publication de la décision de justice retenant la responsabilité civile du défendeur (**B**).

A – La condamnation de principe

181. Il est parfaitement concevable que la victime d'un fait dommageable agisse devant les juridictions civiles en cherchant à obtenir, non pas la réparation des préjudices qu'elle a subis, mais la condamnation de principe de celui qu'elle a assigné. Pour ce faire, elle sollicitera l'octroi d'un euro symbolique.

182. La condamnation de principe est susceptible d'être prononcée de manière officielle par les juridictions, dans la mesure où il n'est pas utile pour ces dernières de recourir à certains artifices destinés à la revêtir formellement du sceau de la légalité. Pourtant, *a priori,* la possibilité de prononcer l'euro symbolique devrait être écartée au regard des règles applicables en matière de responsabilité civile. Généralement définie comme obligation de réparer les dommages causés, celle-ci est régie par le principe de réparation intégrale qui commande que le *quantum* des dommages et intérêts alloués corresponde, ni plus ni moins, au préjudice effectivement causé. Les juges du fond ne devraient donc pas avoir la faculté d'édicter, à titre de principe, une telle sanction, puisque faisant manifestement fi de l'étendue exacte du préjudice souffert par la victime. D'ailleurs, la Cour de cassation française leur dénie le pouvoir de rendre des décisions accordant à la victime une réparation de principe alors

1. *Cf.* supra, n° 61 et s.
2. MAZEAUD D., *op. cit.*, n° 559, p. 321.
3. VINEY G. et JOURDAIN P., *op. cit.*, n° 6-4, p. 12.

que celle-ci leur a demandé des dommages et intérêts plus conséquents [1]. En réalité, le propos doit être fortement relativisé, des considérations d'ordre exclusivement procédural expliquant que la condamnation de principe puisse parfois faire partie de la nomenclature des mesures prononcées au titre de la responsabilité civile. Aux termes de l'article 4 du Code de procédure civile iranienne, « le juge doit se prononcer sur tout ce qui est demandé, sans ordonner de manière commune et générale ».

Si la victime décide de solliciter l'euro symbolique, et donc d'évincer elle-même les principes régissant l'indemnisation des dommages, le juge ne peut faire autrement que de prononcer la condamnation sollicitée par le demandeur si les conditions de l'engagement de la responsabilité civile sont réunies. A défaut, il statuerait *ultra petita* et s'exposerait potentiellement à la censure de la Cour suprême.

183. Reste à vérifier si l'euro symbolique correspond réellement à une sanction civile à finalité punitive. La question se pose dès lors que la condamnation de principe est parfois perçue comme étant destinée à donner une satisfaction morale à la victime. Or, si une telle dimension n'est indéniablement pas étrangère à la condamnation de principe, il n'en demeure pas moins que cette dernière présente aussi [2], et même surtout [3], les caractères déterminants d'une peine privée. Tout d'abord, elle n'a de réelle signification que si un acte illicite a été commis par celui qui en fait l'objet. A défaut, la victime n'a absolument aucune raison de chercher à l'obtenir. La faute constitue donc son fondement nécessaire. Ensuite, la condamnation de principe a pour fonction de punir le responsable [4], et elle peut même être analysée en une déclaration de culpabilité [5]. Sa finalité punitive ne saurait donc souffrir la moindre contestation.

184. Aux côtés de la condamnation de principe, il existe une autre peine privée qualitative susceptible d'être ouvertement infligée : il s'agit de la publication de la décision de justice retenant la responsabilité civile du défendeur.

B – La publication de la décision de justice

185. En matière de responsabilité civile, le demandeur à l'action dispose de la faculté de solliciter du juge qu'il ordonne la publication de la décision de condamnation.

---

1. Crim., 15 mai 1957, D. 1957, juris, p. 530 ; Civ. 2ème, 28 novembre 1962, D. 1963, juris. p. 77 ; Crim., 19 octobre 1971, Gaz. Pal. 1971, 2, p. 828.

2. CREMIEUX M., « Réflexions sur la peine privée moderne », *op. cit.*, p. 261 et s., spéc. n° 60, p.304 ; KAYSER P., *La protection de la vie privée par le droit*, Economica/PUAM, 3ème éd., 1995, n°199, p.367 ; BADINI H., *Cours du droit de la responsabilité civile*, *op. cit.*, p. 66.

3. CARVAL S., La responsabilité civile dans sa fonction de peine privée, *op. cit.*, n° 28, p. 30.

4. CHARTIER Y., La réparation du préjudice, *op. cit.*, n°471, p.586 ; KHODABAKHSHI A., La distinction fondamentale du droit civil et pénal, *op. cit.*, p. 41.

5. ESTOUP P., « Le référé, verdict de culpabilité », Gaz. Pal. 1988, chron. P.203 et s., spéc. p. 205 ; D'HAUTEVILLE A., *Cour de la théorie des responsabilités civile et pénale*, *op. cit.* ; KATOUZIAN N. *Responsabilité civile, T. I, Les obligations extracontractuelles*, *op. cit.*, n° 107, p. 275.

En droit iranien, cette idée de sanctionner un comportement fautif au moyen de la publication de la décision de condamnation a, tout d'abord, été pris en considération par le biais de l'article 10 de la loi de responsabilité civile aux termes duquel : « Toute personne qui a été victime d'une atteinte à sa dignité ou sa réputation personnelle ou familiale, peut demander à son auteur une réparation matérielle et morale. Si l'importance du préjudice et la nature de la faute le nécessitent, le tribunal saisi peut, dans le cas où la faute est avérée, en plus de la délivrance d'un jugement portant sur le préjudice financier, ordonner la réparation du préjudice par d'autres moyens tels que l'obligation de présenter des excuses et l'insertion du jugement dans la presse ou des médias similaires ». Une telle sanction est, ensuite, retenue au travers de l'article 145, 3° du nouveau projet de Code pénal islamique qui dispose : « Au cas où, suite à la faute du juge, un dommage matériel ou moral est causé à autrui, le juge sera responsable, si toutefois sa faute est prouvée ; autrement, c'est à l'Etat qu'il revient d'indemniser la victime. En ce qui concerne les dommages moraux, si la faute ou l'erreur du juge cause une diffamation ou déshonneur contre quelqu'un, il faut lui accorder une réhabilitation en publiant et diffusant son acquittement aux médias ou bien en lui accordant une compensation matérielle conformément à ce qu'exige la procédure civile ».

On peut également ajouter la Remarque de l'article 63 de la loi sur la réforme de certaines dispositions de la loi du 4ème programme de développement économique, sociale et culturelle de la République Islamique d' Iran et la mise en œuvre des politiques générales de l'article 44 de la Constitution d'Iran du 25 mai 2008 en matière de concurrence déloyale qui a autorisé la publication de la condamnation de l'auteur des faits dommageables.

Pour ce qui est du droit français, une telle mesure, qui est plus spécialement prononcée dans les hypothèses de contrefaçon ou de concurrence déloyale [1], d'atteintes aux droits de la personnalité [2], de diffamations ou d'injures [3], est classiquement présentée en doctrine comme constituant une modalité de la réparation en nature du préjudice causé à la victime [4]. Quant à la jurisprudence, elle semble globalement

---

1. Civ., 15 mars 1892, D.P. 1893, 1, p. 276; Civ., 25 mars 1902, D.P. 1902, 1, p.247; Paris,17 novembre 1970, D. 1972, juris. P. 78, note S. GUINCHARD ; Com., 8 mai 1979, Bull. civ. IV, n° 148 ; Paris, 22 mai 1980, JCP 1981, II, 19505, note F. GREFFE ; Versaille, 4 mars 1987, D. 1987, IR, p. 91 ; Paris, 10 avril 1995, D. 1996, S.C. p. 248, pbs. Y. SERRA. Aix-en-Provence, 31 octobre 1996, PIBD 1997, III, p. 258 ; Paris, 5 décembre 1997, PIBD. 1998, III, p. 185.

2. Paris, 26 avril 1983, D. 1983, juris. P. 376, note R. LINDON ; Paris, 28 novembre 1988, D. 1989, juris. P. 410, note J.-L. AUBERT ; Paris, 27 janvier 1989, JCP 1989, II, 21325, note E. AGOSTINI ; Civ. 1ème, 30 mai 2000, D. 2001, juris. P.1571, note J. RAVANAS.

3. Paris, 9 mars 1988, D. 1988, IR, p.99 ; Crim., 22 novembre 1994, Bull. crim., n° 372.

4. CHARTIER Y., *La réparation du préjudice*, Dalloz, 1983, n°401 et s., p.402 et s. ; DEMOGUE R., *De la réparation des délits civils*, A. Rousseau, 1898, p. 47 ; LE TOURNEAU Ph., *Droit de la responsabilité et des contrats*, Coll. Dalloz Action, Dalloz, 2010/2011, n° 2451, p. 778 ; LEDUC F., « Régime de la réparation. Modalités de la réparation. Règles communes aux responsabilités délictuelle et contractuelle. Principes fondamentaux », J. Cl. Civil, Art. 1382 à 1386, fasc. 201, 2006, n° 35, p. 16 ; ROUJOU DE BOUBEE M.-E., *Essai sur la notion de réparation*, *op. cit.*, p. 271 ; VINEY G. et JOURDAIN P., *Traité de droit civil. Les effets de la responsabilité*, LGDJ, 2ème éd., 2001, n° 33, p. 75 et s.

avoir fait sienne une telle analyse. Pour preuve, tant les juridictions du fond [1]que la Cour de cassation [2], ont eu l'occasion de souligner, à plusieurs reprises, que ce type de condamnations participait de la réparation du dommage.

186. En dépit de cet assez large consensus doctrinal et jurisprudentiel, la nature compensatrice de la publication de la décision de justice est susceptible d'être fortement contestée. Certes, une telle sanction peut éventuellement avoir pour la victime un résultat salvateur : celui de lui procurer une satisfaction morale. En obtenant que soit portée à la connaissance du public toute la condamnation prononcée, la victime d'une diffamation aura par exemple la possibilité de retrouver l'honneur perdu. De ce que la publication de la décision de justice peut produire un tel effet subsidiaire, il ne semble pas pour autant possible d'en déduire que son prononcé constitue une mesure de réparation. Deux raisons peuvent être avancées. La première tient à ce qu'une telle condamnation serait davantage susceptible d'aggraver le dommage que de le réparer [3]. La seconde procède de ce que les juridictions ordonnant la publication de leur décision ne semblent pas le faire en considération de l'étendue du préjudice causé [4]. Or, une telle démarche est exclusive de toute idée de réparation, cette dernière ne pouvant se concevoir que lorsqu'il existe une adéquation entre l'importance du dommage souffert et la sanction infligée. C'est peut être pourquoi de rares jugements ou arrêts excluent que la publication de la décision puisse être qualifiée de sanction réparatrice. Ainsi, la cour d'appel de Paris a jugé que cette mesure pouvait être ordonnée en complément des dommages et intérêts, qui seuls étaient destinés à assurer la réparation du préjudice souffert [5].

187. Finalement, si l'idée de réparation peut incidemment être rattachée à la publication de la décision de justice, elle ne saurait rendre compte de sa véritable nature. En réalité, une telle sanction présente tous les caractères requis pour être valablement qualifiée de peine privée. Tout d'abord, destinée à révéler au plus grand nombre le comportement blâmable du défendeur, elle n'a de raison d'être que si un comportement fautif a pu être relevé chez celui-ci. Ensuite, les conséquences de son prononcé apparaissent à un double titre punitif, puisque le condamné verra sa noto-

---

1. Paris, 26 avril 1983, D. 1983, juris. P.376, note R. LINDON ; Paris, 28 novembre 1988, D. 1989, juris. p. 410 note J.-L. AUBERT.

2. Crim., 4 février 1986, Bull. crim., n°46 ; Com., 5 décembre 1989, Bull. civ. IV, n° 307 ; Civ. 1ème, 14 mai 1992, Bull. civ. I, n° 138, D. 1992, S.C. p. 405, obs. J. KULIMANN, RTD civ. 1992, p. 772, obs. P. JOURDAIN.

3. Dans la mesure où elle implique inévitablement un rappel des faits de la cause ; KAYSER P., *La protection de la vie privée par le droit*, Economica/PUAM, 3ème éd., 1995, n°205, p.374.

4. COUTANT-LAPALUS Ch., Le principe de réparation intégrale en droit privé, *op. cit.*, n° 475, p. 407.

5. Paris, 18 mai 1989, D. 1990, juris. p.340, note L. CADIET : « [...] ; Considérant que la Cour a les éléments suffisants pour, sans recourir à une expertise, évaluer le préjudice des parfums Ungaro qui sera réparé par l'allocation de l'indemnité fixée au dispositif qui précisera d'autre part les modalités de la publication de l'arrêt ordonné aux frais de la société Jean-Jacques Vivier à titre de complément de dommages-intérêts ; [...] ».

riété immanquablement affectée [1] et qu'il devra, en outre, financer lui-même la publication [2].

188. Dommages et intérêts punitifs entendus au sens large, le prix du sang, astreinte, clause pénale, condamnation de principe et publication de la décision de justice, telles sont les principales variétés de peines privées, officieuses ou officielles, sollicitées en matière de responsabilité civile. Certains auteurs ajoutent à cette énumération la réduction de l'indemnisation de la victime fondée sur la faute qu'elle a elle-même commise et qui a contribué à la réalisation de son propre dommage [3]. Cependant, il peut être considéré qu'une telle mesure ne constitue pas réellement une peine privée. En effet, il ressort expressément de la jurisprudence qu'elle est susceptible d'être infligée alors que la victime n'est pas douée de discernement [4]. Or, il a déjà pu être établi qu'une sanction à finalité punitive n'a de sens que si la personne qui en est l'objet à la capacité de comprendre la portée de ses actes [5]. En réalité, il apparaît que les droits positifs prennent en compte la faute de la victime en application d'une conception objective et causaliste de la responsabilité civile [6], laquelle est exclusive de toute idée de peine privée. La jurisprudence considère en effet que la victime est un coauteur du dommage dont elle souffre et qu'elle doit, en conséquence, répondre de sa propre faute dans les conditions du droit commun.

189. Même si la réduction du montant de l'indemnisation attachée à la faute de la victime ne peut pas être qualifiée de peine privée, il n'en demeure pas moins que les sanctions à finalité punitive susceptibles d'être sollicitées en matière de responsabilité civile sont particulièrement variées. Il en résulte, qu'en pratique, l'existence d'une finalité punitive de l'obligation de répondre civilement d'un fait dommageable, laquelle est fondée sur la notion de peine privée, n'est pas sérieusement contestable. Toutefois, d'un point de vue théorique, elle se révèle dans une certaine mesure discutable.

---

1. ANSARI B., *Droit de la communication de masse*, édition SAMT, 2ème éd. 2008, p. 474 ; COUTANT-LAPALUS Ch., *op. cit.*, n° 476, p. 405.

2. L'article 27 de la loi sur la protection des droits des auteurs et des artistes iraniens dispose que : « La partie civile pourrait demander du tribunal qui a statué en dernier ressort sur l'affaire, d'ordonner la publication de la décision de justice dans une des journaux à son choix dont la publication sera financée par le condamné » ; CARVAL S., La responsabilité civile dans sa fonction de peine privée, Coll. Bibliothèque de droit privé, T. 250, LGDJ, 1995, n° 31, p. 34.

3. COUTANT-LAPALUS Ch., *op. cit.*, n° 490, p. 417 ; VINEY G. et JOURDAIN P., *op. cit.*, n° 6-1, p. 10.

4. Ass. Plén., 9 mai 1984, Bull. civ. n° 2 et 3, D. 1984, juris. p.525, concl. CABNANNES, note F. CHABAS, JCP 1984, II, 20256, note P. JOURDAIN, RTD civ. 1984, p. 508, obs. J. HUET.

5. *Cf. supra*, n° 93 et s.

6. CARVAL S., La responsabilité civile dans sa fonction de peine privée, *op. cit.*, n° 280, p. 320.

TITRE 2

La finalité punitive de la responsabilité civile : contestation théorique

190. L'officialisation de l'une des variétés de peine privée que constituent les dommages-intérêts punitifs est préconisée aussi bien en droit iranien [1] qu'en droit français [2]. L'on en veut pour preuve l'adoption de la « loi de la compétence des tribunaux de la justice iranienne pour juger des affaires civiles contre les Etats étrangers » le 18 novembre 1999 par l'Assemblée nationale, à travers laquelle la peine privée est, certes de manière réduite mais explicite, intégrée dans le système juridique iranien. Quant au droit français, le recours aux dommages-intérêts punitifs a été estimé comme une innovation pertinente pour améliorer les règles actuelles de

---

1. Il est à souligner que le droit de la responsabilité civile iranienne comportait déjà des aspects punitifs qui s'exprimaient au travers, d'une part, du régime de la clause pénale, qui peut conduire l'auteur d'un dommage à payer des sommes dépassant la simple indemnisation du préjudice subi et, d'autre part, les facultés de condamnation sous astreinte au versement de l'indemnité réparant le préjudice.

2. PREMIER RAPPORT DU GROUPE DE TRAVAIL SUR LA REFORME DU DROIT DES OBLIGATIONS, Avant-projet de réforme du droit des obligations (Articles 1101 à1386 du code civil) et du droit de la prescription (Article 2234 à 2281 du code civil), Rapport à Monsieur Pascal CLEMENT, Garde des Sceaux, Ministre de la justice, 22 septembre 2005, p.148 et p.162. C'est ainsi qu'un premier rapport, qui a été remis au garde de Sceaux de la France au nom de la commission présidée par le Professeur Pierre Catala, préconisait de sanctionner l'auteur d'une faute manifestement délibérée grâce à des dommages-intérêts punitifs qui viendraient s'ajouter aux dommages-intérêts compensatoires.

Il est en effet proposé de créer dans l'avant projet de réforme un nouvel article 1371 C. civ., aux termes duquel « L'auteur d'une faute manifestement délibérée, et notamment d'une faute lucrative, peut être condamné, outre les dommages-intérêts compensatoires, à des dommages-intérêts punitifs dont le juge a la faculté de faire bénéficier pour une part le Trésor public. La décision du juge d'octroyer de tels dommages-intérêts doit être spécialement motivée et leur montant distingué de celui des autres dommages-intérêts accordés à la victime. Les dommages-intérêts punitifs ne sont pas assurables ».

Cette idée de l'appréhension des fautes précitées au moyen des dommages-intérêts punitifs vient d'être reprise dans les conclusions du rapport d'information rédigé par MM. Anziani et Béteille, qui a été enregistré à la présidence du Sénat le 15 juillet 2009. Ce document, qui invite à tenir compte des évolutions européennes dans le but d'enrichir le droit français, défend l'idée selon laquelle le recours aux dommages-intérêts punitifs est une innovation pertinente pour certains contentieux de la responsabilité, en particulier pour les contentieux générés par la commission d'une faute lucrative.

A ce titre, la recommandation n° 24 préconise d' » autoriser les dommages et intérêts punitifs en cas de faute lucrative dans certains contentieux spécialisés, versés par priorité à la victime et, pour une autre part définie par le juge, à un fonds d'indemnisation ou, à défaut, au Trésor public, et dont le montant serait fixé en fonction des dommages et intérêts compensatoires ».

responsabilité civile [1]. En outre, sous l'influence du droit communautaire, le droit français prend désormais en compte des éléments qui confèrent à l'indemnisation civile un caractère dépassant le statu quo ante [2].

191. Attendue donc par une majorité d'auteurs [3], il peut paraître pour le moins anachronique de prétendre que le développement d'une fonction punitive de la responsabilité civile est théoriquement contestable. Pourtant, telle sera l'opinion ici présentée. Le contre-courant manifesté à l'égard de la peine privée s'explique tant par la relativité des justifications de son recours (**Chapitre 1**), que par sa compatibilité partielle avec l'ordre juridique établi (**Chapitre 2**).

---

1. ANZIANI A. et BETEILLE L., Rapport d'information fait par le groupe de travail sur *« la responsabilité civile : des évolutions nécessaires »,* au nom de la Commission de lois du Sénat, n° 558, 2008-2009, p. 88.

2. Par exemple, la loi n° 2007-1544 du 29 octobre 2007 de lutte contre la contrefaçon impose au juge, pour fixer les dommages et intérêts, de prendre en considération non seulement les conséquences économiques négatives - dont le manque - subies par la partie lésée ainsi que le préjudice moral causé au titulaire des droits de propriété intellectuelle, mais également les bénéfices réalisés par le contrefacteur.

3. VINEY G., « Quelques propositions de réformes du droit de la responsabilité civile », Recueil Dalloz 2009, n° 44, p. 2944 et s. ; BETEILLE L. et ANZIANI A., Responsabilité civile : des évolutions nécessaires, D. 2009, p. 2328 ; CHAGNY M., « La notion de dommages et intérêts punitifs et ses répercussions sur le droit de la concurrence. Lectures plurielles de l'article 1371 de l'avant-projet de réforme du droit des obligations », JCP 2006/1/149 ; KIESOW L., « La promotion des sanctions civiles en droit des pratiques anticoncurrentielles », D. 2007, chron., p. 2116 ; KATOUZIAN N., La responsabilité civile, T. I, Les obligations extracontractuelles, *op. cit.*, n° 354, p. 668, du même auteur, La responsabilité du fait des produits défectueux : étude critique et comparative sur l'équilibre du droit du producteur et du consommateur, *op. cit.*, n° 101, p. 170 ; BADINI H., Philosophie du droit de la responsabilité civile, *op. cit.*, p. 117 et s. ; du même auteur, Cours du droit de la responsabilité civil, Faculté de droit et de science politique de l'Université de Téhéran, 2010-2011 ; KODABAKHSHI A., La distinction fondamentale du droit civil et pénal, *op. cit.*, p. 32 et s. ; du même auteur, Assurance et droit de la responsabilité civile, édition du journal officiel de la République Islamique d'Iran, 1ère éd. 2009, p. 319 et s. ; du même auteur, La réparation du dommage des travailleurs en droit de la responsabilité civile, éditions Sherkat Sahamieh Entechar, 1ère éd. 2010, p. 276.

CHAPITRE 1 :

La relativité des justifications du recours à la peine privée

192. Le développement de la fonction punitive de la responsabilité civile se traduit notamment par deux arguments majeurs. Le premier procède de ce que le système de répression civile présenterait potentiellement une souplesse qui, en matière pénale, ferait défaut. C'est l'argument permissif de la responsabilité civile. Le second consisterait à soutenir que la fonction punitive de la responsabilité civile permettrait de pallier les insuffisances de la répression pénale. Nous parlerons ici d'argument répressif de la responsabilité civile. Cependant, de tels arguments ouvrent néanmoins un débat théorique, dans la mesure où les intérêts attachés à l'argument permissif (**Section 1**), comme à l'argument répressif (**Section 2**), sont bien plus abstraits que concrets.

Section 1 : L'argument permissif de la responsabilité civile

193. Les différents arguments censés rendre compte de la souplesse du système de répression civile (**Paragraphe 1**) peuvent néanmoins être réfutés (**Paragraphe 2**).

Paragraphe 1 : L'inventaire des arguments permissifs de la responsabilité civile

194. La répression découlant de l'engagement de la responsabilité civile présenterait l'avantage, par rapport à celle procédant de l'engagement de la responsabilité pénale, de pouvoir être déclenchée beaucoup plus facilement (**A**) et d'être soumise à des modalités d'exercice bien moins contraignantes (**B**).

A – La souplesse des modalités de déclenchement du système de répression civile

195. Les modalités du déclenchement de l'action publique sont étroitement dépendantes de la nature, accusatoire ou inquisitoire, de la procédure adoptée. Dans la première hypothèse, le procès pénal est soumis à un régime très proche de celui qui

gouverne le procès civil [1]. Pour ce qui est plus particulièrement de sa mise en œuvre, elle est subordonnée à la saisine de l'autorité publique par un accusateur. La question est de savoir quelles sont les personnes qui peuvent prétendre avoir une telle qualité ?

196. Dans sa conception originelle, le modèle accusatoire commande que celle-ci soit exclusivement accordée à la victime de l'infraction. Partant, la poursuite dépend uniquement de la volonté exprimée par cette dernière. En revanche, dans l'hypothèse de la procédure inquisitoire, le pouvoir de déclencher, ou non, les poursuites est détenu par le ministère public. En d'autre terme, le détenteur de ce pouvoir, selon Madame le Professeur D'HAUTEVILLE, est un « agent de la répression » [2]. Par ailleurs, et en application de l'adage « tout juge est procureur général », chaque juge du siège, à l'exception du juge d'instruction, a la faculté de se saisir d'office de faits délictueux dont il a eu connaissance. [3]

197. Le système procédural choisi en France comme en Iran résulte d'une combinaison des modèles accusatoires et inquisitoires. Concernant le droit français, le déclenchement de l'action publique peut se faire, aux termes de l'article 1er CPPF, selon deux voies différentes : la première est celle mise à la disposition du ministère public ou des administrations spécialement inventoriées par la loi ; la seconde est celle pouvant être utilisée par la victime de l'infraction qui a la faculté de saisir soit la juridiction de jugement, soit la juridiction d'instruction, en déposant une plainte avec constitution de partie civile. La question est maintenant de savoir si le droit iranien, comme son modèle français, reconnaît un partage du pouvoir de déclencher l'action publique avec la victime ?

L'étude du droit comparé a mis en avant une diversité entre deux grands systèmes juridiques en question. Si la possibilité de mettre en mouvement l'action publique par le ministère public constitue un point commun entre le droit français et iranien, deux points les distinguent cependant.

198. En premier lieu, le procureur de la République, en France, est hiérarchiquement subordonné au garde des Sceaux, donc au pouvoir exécutif. En Iran, le

---

1. D'HAUTEVILLE A., « le droit des victimes » *in* Libertés et droits fondamentaux,Dalloz, 16ème éd. 2010, n° 821, p. 658 ; CONTE Ph. et MAISTRE DU CHAMBON P., *Procédure pénale*, Coll., U, Armand Colin, 4ème éd., 2002, n° 22, p.12; THOMAS D., *Cours de droit de la procédure pénale*, En Master 2 recherche de droit pénal fondamental, Université Montpellier 1, 2006-2007 ; ACHOURI M., « *Quelques réflexions sur la nouvelle loi iranienne relative à l'organisation judiciaire et aux compétences des juridictions répressives (loi du 6 juillet 1994)* », RSC, n° 4, oct.-déc. 1995, p. 785 et s. ; KESHAVARZ M.-A., *La méthode et la pratique de la procédure pénale*, éditions Ebn Sina, Téhéran, 1ère éd. 1969 ; ZANDI M., *432 questions de la loi relative à l'organisation des tribunaux communs et révolutionnaires*, éditions Eshraghieh, Téhéran, 1ère éd. 2004, p. 108 ; AKHOUNDI M., Procédure pénale, T. V, La pratique, édition Mizan, 1ère éd. 2004 ; GHOLDOUST DJOYBARI R., *Procédure pénale*, éditions Janghal, 2ème éd. 2007.

2. D'HAUTEVILLE A., « *Le droit des victimes* », in *Libertés et droit fondamentaux*, Dalloz, 16ème éd. 2010, n° 830, p. 661.

3. BOULOC B., *Procédure pénale*, Coll. précis, Dalloz, 22ème éd., 2010, n° 67, p. 56 ; GUINCHARD S. et BUISSON J., *Procédure pénale*, Coll. Manuels, Litec, 6ème éd., 2010, n° 36, p. 47.

parquet n'est soumis qu'à l'autorité judiciaire [1]. En effet, le ministère public en droit iranien est indépendant à l'égard de l'exécutif et les parquetiers sont assimilés aux juges et soumis comme eux au Chef du pouvoir judiciaire [2]. Ils ne sont pas donc obligés d'obéir au gouvernement. Cependant, l'indépendance du parquet par rapport au pouvoir exécutif n'a pas été appréciée de la même manière chez les praticiens et les théoriciens. D'un côté, le statut actuel du parquet en République islamique d'Iran est tout à fait justifiable selon le Chef du pouvoir judiciaire. D'après son discours : « dans les pays où le parquet fait partie du pouvoir exécutif, le procureur privilégie plutôt les intérêts du gouvernement. En revanche, dans notre système, la place conférée au parquet assure une réelle défense des intérêts des citoyens et non pas seulement ceux de l'Etat » [3]. De l'autre, une partie de la doctrine propose de situer le parquet au sein de l'exécutif. Selon Monsieur le Professeur ACHOURI : « puisque d'une part dans le système actuel iranien, le Chef du pouvoir judiciaire n'est pas soumis au contrôle du pouvoir législatif qui est constitué des représentants de la société et d'autre part, l'établissement de la sécurité dans la société et la lutte contre la délinquance incombent à l'exécutif, il est donc opportun que le procureur soit hiérarchiquement subordonné au Ministère de la justice [4]. Ainsi, le contrôle de cette autorité par le représentant de la société sera possible » [5].

199. En deuxième lieu, à la différence du droit français où le ministère public partage le droit de déclencher l'action publique avec la victime, en droit procédural iranien, la mise en mouvement de l'action publique est une prérogative exclusive du ministère public [6]. Il apparaît que la raison essentielle de cette rupture résulte no-

---

1. En vertu de l'article 156 de la Constitution, « le pouvoir judiciaire est un pouvoir indépendant qui est chargé de la protection des droits individuels et sociaux et responsable de la mise en œuvre de la justice, dont les fonctions sont les suivantes : 1- Instruction et jugement des plaintes, des injustices et des griefs ; le règlement des litiges et des différends ; prise de décisions et de mesures nécessaires dans certaines affaires gracieuses qui sont déterminées par la loi, 2- Mise en valeur des droits publics et extension de la justice et des libertés légitimes, 3- Contrôle de la bonne application des lois, 4- Découverte des infractions et de leur poursuite en vue de l'application à l'encontre des coupables, des peines discrétionnaires et des peines déterminées par la loi et la réglementation pénale codifiée de l'Islam, 5- Mesures appropriées pour la prévention des infractions et rééducation des délinquants ».

De même, conformément aux articles 157 et 158 de la Constitution, le guide suprême de la révolution nomme, pour une période de cinq ans, le Chef du pouvoir judiciaire. Ce dernier établit les organisations légales juridictionnelles, prépare les projets de loi concernant le fonctionnement du pouvoir judiciaire et se charge du recrutement des juges.

2. Il est à noter que la Constitution de l'Iran ne prévoit pas expressément l'organisation du parquet, mais fait allusion au procureur général dans son article 162 selon lequel : « le président de la Cour de cassation et le procureur général doivent être des théologiens justes et au courant des affaires judiciaires ; le Chef du pouvoir judiciaire les nomme à ce poste pour une période de cinq ans, après consultation des juges de la Cour de cassation ».

3. Le journal de l'Aftab yazd, jeudi 5 mai 2005, p. 1.

4. Selon l'article 160 de la Constitution, « le ministère de la justice assume la responsabilité de toutes les questions liées aux rapports du pouvoir judiciaire avec le pouvoir exécutif et le pouvoir législatif ; il est nommé parmi les personnes que le Chef du pouvoir judiciaire propose au président de la République... ».

5. ACHOURI M., « Un coup d'œil sur l'évolution de sciences criminelles dans la République islamique d'Iran », Revue Samt, novembre 2004, p. 5.

6. Conformément à l'article 3 al.1er de la loi relative à la réforme partielle de la loi concernant l'organisation des tribunaux communs et révolutionnaires de 2002, « le parquet qui procède conformément à la loi, à la découverte de l'infraction, à la poursuite du suspect, au déclenchement de l'action

tamment du fait que le système pénal iranien a été calqué sur le Code d'instruction criminelle français de 1808. Ce dernier ne prévoyait pas expressément la possibilité de mise en mouvement de l'action publique par la partie civile. C'est pourquoi les inspirateurs du Code de procédure pénale iranien de 1912 à l'instar de son modèle français, n'ont pas accordé cette prérogative pourtant importante aux victimes d'infractions. En outre, le système pénal iranien n'a pas suivi, au cours des années, le développement jurisprudentiel et législatif du système français. Ce décalage procédural des deux systèmes en question tient, selon Monsieur le Professeur NADJAFI, à l'avènement de la République islamique et le retour du législateur iranien vers le droit musulman [1].

200. Est-ce à dire que le droit iranien n'a laissé aucune place à la victime dans le déclenchement de l'action publique ? Le propos doit fortement être nuancé. En effet, bien que, dans la procédure pénale iranien, le principe général est le monopole du Ministère public, il y a toutefois quelques exceptions à ce principe à travers lesquelles la victime possède certains pouvoirs pour contrôler le ministère public. Tout d'abord, le législateur lui a accordé la possibilité de saisir le juge d'instruction en cas d'urgence [2]. Ensuite, le ministère public, malgré sa volonté, ne peut pas saisir le système judiciaire en cas d'inaction de la victime [3].

---

publique [...] et à l'application des peines et au règlement des affaires gracieuses, est sous l'autorité du procureur ».

1. NADJAFI A.-H., *La politique pénale iranienne à l'épreuve de changement politique*, Thèse, Pau, 1990, p. 124 et s. : Avant la révolution islamique en Iran, le système pénal iranien, sous l'influence des enseignements du droit comparé, a évolué à plusieurs reprises. A titre exemple, le législateur en 1974 a modifié 23 articles du CPPI dans l'objectif d'accélérer le cours de la justice, d'admettre le principe de l'opportunité des poursuites, renforcer le rôle de la victime par l'extension du domaine des infractions privées, de sauvegarder la liberté individuelle moyennant la limitation de la durée de la détention provisoire.

2. Cette possibilité pour la victime était permise aussi bien devant le juge d'instruction que devant les juridictions de jugement. Concernant la première, l'article 60-1 du code de procédure pénale iranien avait dans un premier temps prévu que : « dans les cas suivants le juge d'instruction doit commencer à informer : 1- la plainte ou la déclaration de partie civile ou d'autre personne, 2- la déclaration de la police ou de la gendarmerie, 3- la déclaration du coupable, 4- la demande du procureur, 5- en cas de flagrant délit, dans un tel cas le juge d'instruction doit commencer lui-même ». Ensuite, la loi du 20 octobre 2002, réformant la loi du 6 juillet 1994 relative à l'organisation des juridictions de droit commun et des juridictions révolutionnaires prévoit désormais une telle possibilité pour la victime. L'article 3 de la nouvelle loi dispose qu'en cas d'urgence, et lorsque le procureur est absent, le juge d'instruction peut recevoir la plainte de la victime et commencer à l'instruire. Dans ce sens v. ACHOURI M., « *Réflexion sur l'alinéa 1 de l'article 60 du code de procédure pénale* », in *La justice pénale*, 1996, Téhéran, Ghange Danesh, p. 71 ; ZANDI M., *432 questions de la loi relative à l'organisation des tribunaux communs et des tribunaux révolutionnaires*, éditions Eshraghieh, Téhéran, 1ère éd. 2004, p. 108. S'agissant maintenant de la deuxième, la saisine de la juridiction de jugement par la victime est prévue avant et après la Révolution islamique de 1979 en Iran. Pourtant, cette possibilité n'est pas de même nature. Avant la Révolution islamique, la saisine de la juridiction de jugement suivait le modèle du code d'instruction criminelle français de 1808. En revanche, le législateur post-révolutionnaire, s'inspirant du droit musulman a prévu que le plaignant pouvait s'adresser directement au juge de fond. Il est à noter qu'en droit musulman, à défaut d'un ministère public, au sens actuel du terme, c'est la victime ou ses ayants droit qui plaideront devant le juge pour l'application de la loi religieuse contre le délinquant. v. AKHONDI M., *De l'influence de la tradition religieuse sur le droit pénal de l'Iran*, Thèse, Neuchâtel, 1961, p. 55.

3. Le principe selon lequel le Ministère public met en mouvement les poursuites sans tenir compte de la volonté de la victime n'est pas absolu. En effet, le législateur iranien offre à la victime une technique par laquelle elle peut bloquer les poursuites pénales. Dans de nombreux cas, l'ouverture de l'action

201. Il ressort de ces constatations que, concernant les modalités de la participation de la victime au procès, les deux systèmes juridiques en question ont adopté des orientations différentes. Dans le droit français, il existe une concurrence entre le ministère public et la victime dans le déclenchement de l'action publique. Dans le droit iranien, aucune concurrence directe entre le ministère public et la victime n'est concevable. Cependant, comme on l'a vu, bien que les principes de base entre ces deux systèmes diffèrent et que les voies empruntées se distinguent, les résultats, en pratique, sont similaires.

202. L'adoption d'un tel régime de procédure devrait permettre de considérer que les modalités de mise en œuvre du système de répression pénale sont déjà particulièrement souples, tant le parquet que certaines administrations et la victime disposant du pouvoir de déclencher les poursuites. Toutefois, de manière très concrète, le propos devrait être relativisé. Un tel constat ressort, du moins implicitement, de la thèse de S. CARVAL. Cet auteur considère que dans certains domaines, les autorités publiques ou parapubliques détiendraient, dans les faits, un monopole pour décider du déclenchement des poursuites [1]. Différents arguments sont avancés pour illustrer le propos.

203. Or, force est de constater que contrairement à la progression de la place des victimes, en droit iranien, dans le déclenchement de l'action publique, le droit français assiste au gré des réformes en cours, à une lente régression du pouvoir de la victime de déclencher l'action publique par elle-même. Et ce, alors que le rôle du parquet croît de manière exponentielle nonobstant les doutes relatifs à son statut [2]. En effet, alors que la victime était traditionnellement investie du pouvoir de déclencher l'action publique par le jeu d'une plainte avec constitution de partie civile (CPC), la loi du 5 mars 2007, entrée en vigueur le 1er juillet 2007, est venue restreindre ce droit. Désormais, l'article 85 du CPPF prévoit que la recevabilité n'est possible qu'à condition que la personne justifie qu'il n'engagera pas lui-même des poursuites, soit qu'un délai de trois mois se soit écoulé depuis qu'elle a porté plainte devant ce même magistrat contre récépissé ou par LRAR ou depuis qu'elle a adressé, selon les mêmes modalités, copie à ce magistrat de sa plainte déposée devant un service de police judiciaire. Cela dit, cette mise en mouvement de l'action publique a été subordonnée à la fixation, dans le délai fixé par le juge, de la consignation prévue par l'article 88 du Code de procédure pénale français.

---

publique est subordonnée à une plainte préalable de la victime dont le retrait de celle-ci a un effet extinctif sur l'action publique déjà engagée. En d'autres termes, face au monopole du ministère public dans la poursuite, la victime dispose du monopole de la plainte. Ce pouvoir important considéré par Madame le Professeur DELMAS-MARTY, dans son ouvrage des Grands Systèmes de Politique Criminelle, comme « le modèle de dépénalisation par la victime » s'est développé aux cours des années.

1. CARVAL S., La responsabilité civile dans sa fonction de peine privée, *op. cit.*, n° 220, p. 239 et s.

2. Jurisprudence de la CEDH, arrêt Medvedyev du 10 juillet 2008, cité par : NIORE V., « La problématique du déclenchement de l'action publique par la victime et la nécessité d'un système comparable : limites du pouvoir d'inertie lié à l'opportunité des poursuites », Gazette du Palais, 20 août 2009, n° 232, p. 9.

204. Il faut citer également les propositions du rapport COULON [1] consacré à la dépénalisation de la vie des affaires, déposé le 20 février 2008. S'agissant de la plainte avec constitution de partie civile, le rapport COULON suggère d'augmenter de trois à six mois le délai entre la plainte préalable et le dépôt d'une plainte avec CPC, et de convertir, sauf ordonnance motivée du juge d'instruction, le montant de la consignation en amende civile lorsque la CPC aboutit à une décision de non-lieu.

205. Il est clair qu'une restriction de la possibilité consentie aux victimes constitue une régression pure et simple des libertés publiques. Seront pris comme exemple les scandales sanitaires qui suscitent un vif émoi dans l'opinion publique. La distance entre ce sentiment populaire et la justice n'est que plus importante, comme l'illustre la récente affaire dite de l'» hormone de croissance ». Certaines victimes ont fait valoir leur droit à indemnisation devant les juridictions civiles. Le tribunal de grande instance de Montpellier, dans un jugement du 9 juillet 2002 [2], a fait droit à leur demande. La Cour de cassation a approuvé les juges du fond dans un arrêt du 24 janvier 2006 [3]. En parallèle, une première plainte a été déposée au pénal par le père d'une victime décédée des suites de la maladie, en 1991. Ce n'est que près de vingt ans après, soit le 14 janvier 2009, que la chambre correctionnelle du tribunal de Paris a rendu son jugement. La déception fut grande pour les victimes [4]. Les prévenus ont été relaxés du chef des infractions pour lesquelles ils ont été poursuivis [5]. L'issue de l'action civile n'est guère satisfaisante. Seuls deux prévenus sont condamnés à payer des dommages et intérêts à quatre victimes, sur les seize demanderesses. Ce jugement confirme les difficultés auxquelles peuvent être confrontées les victimes d'un dommage corporel qui décident de porter leur demande d'indemnisation devant les juridictions répressives.

206. Par ailleurs, dès lors qu'une infraction est portée à la connaissance du ministère public ou de l'administration, ces derniers peuvent décider de déclencher l'action pour l'application des peines, s'ils l'estiment opportun. En revanche, la victime n'a la possibilité de le faire, au terme d'une application littérale de l'article 2 du Code de procédure pénale français ainsi de que l'article 2 et s. du Code de procédure pénale iranien, que si elle peut se prévaloir d'un dommage personnel directement causé par l'infraction, lequel lui donnera alors l'intérêt et la qualité pour agir. A défaut de remplir de telles exigences qui sont appréhendées par les juridictions

---

1. MAMAN R., « Le rapport COULON : chronique d'une dépénalisation annoncée », JCP G, n° 12, 19 mars 2008, p. 3.

2. TGI Montpellier, 9 juillet 2002: RTD civ. 2002, p. 818, obs P. Jourdain ; JCP G 2002, II, 10158, F. Vialla.

3. Cass. 1er civ., 24 janv. 2006, n° 03-20. 178 : JurisData n° 2006-031777 ; Bull. civ. 2006, I, n° 34 ; RTD civ. 2006, p. 323, obs. P. Jourdain ; Resp. civ. Et assur. 2006, comm.. 89, C. Radé ; RDSS 2006, p. 495, note J. Peigné.

4. ROME F., « Madame Démagogie... », D. 2009, p. 153 ; LELIEVRE-BOUCHART M., « *Hormones de croissance : nouvelle étape dans l'examen des responsabilités pénale et civile* », Revue lamy droit civil, juillet/août 2009, n° 62, p. 14 et s.

5. CEERDS Montpellier, « affaire de ' l'hormone de croissance' : tout ça pour ça ? », D. 2009, p. 145 ; CORGAS-BERNARD Ch., « Les limites à la réparation du dommage corporel : l'emblématique affaire de l'hormone de croissance (à propos du jugement du TGI Paris, 31e ch. Corr., 14 janvier 2009) », Revue de Responsabilité civile et assurances, n° 10, octobre 2009, étude 14.

pénales tant françaises [1] qu'iraniennes [2] avec une relative sévérité. La victime ne pourra concrètement pas mettre en œuvre les poursuites. Ces dernières dépendront alors exclusivement du ministère public ou des administrations spécialement désignées. C'est en ce sens qu'il serait possible de parler d'une certaine rigidité dans le déclenchement de l'action publique, la victime qui se voit reconnaître la faculté d'agir devant les juridictions répressives étant peut être, du moins a *priori,* trop strictement définie, tandis que le parquet ou les administrations disposent de la faculté de décider, en vertu du principe de l'opportunité des poursuites, de classer l'affaire sans suite.

207. Après, il se peut que la victime préfère introduire son action devant les juridictions civiles. En effet, en dépit des avantages qu'elle procure généralement [3], la voie pénale est parfois susceptible de présenter quelques inconvénients [4]. Par exemple, en cas de diffamation [5], et en raison de la survivance en la matière du principe de la solidarité des prescriptions [6], la personne qui fait l'objet d'allégations portant atteinte à son honneur ne peut saisir le tribunal correctionnel que pendant le court délai spécialement prévu par la Loi du 29 juillet 1881. Par ailleurs, il est communément admis que la procédure imposée par la loi sur la presse est particulièrement contraignante. C'est ce qui explique que la victime, renonçant à saisir les juridictions répressives et, finalement, à déclencher les poursuites, se contente d'agir au civil pour une simple atteinte à la vie privée.

208. De l'ensemble de ces considérations, il ressort que les personnes ayant subi un dommage ne sauraient, au regard des conditions de mise en œuvre de leurs prérogatives pénales, constituer le véritable pilier d'une quelconque politique répressive. C'est le cas notamment en droit iranien, car le juge pénal n'a pas une vocation naturelle à statuer sur la demande d'indemnisation de la victime, et l'action civile y

---

1. Crim. 11 sept. 2001, Bull. crim. n° 175 ; Crim. 9 mars 2004, Bull. n° 61, JCP 2004. IV. 1957 ; Crim. 2 mai 2007, Bull. crim. n° 111 ; Crim. 17 juin 2008, Bull. crim. n° 149, D. 2008 AJ 1903, note Girault ; Crim. 27 mai 2009, Bull. crim. n° 107 ; AJ penal 2009. 363, obs. Duparc.

2. L'arrêt n° 582 du 2 mars 1991 de l'Assemblée plénière de la Cour de cassation ; L'arrêt n° 649 du 5 septembre 2000 de l'Assemblée plénière de la Cour de cassation : l'Assemblée plénière de la Cour de cassation iranienne a, dans ces arrêts, considéré que s'il est vrai que la constitution de partie civile peut avoir pour seul objet de corroborer l'action publique, encore faut-il, pour qu'elle soit recevable, que les circonstances sur lesquelles elle s'appuie permettent à la juridiction d'instruction d'admettre comme possible, non seulement l'existence du préjudice allégué, mais aussi la relation directe de celui-ci avec l'infraction poursuivie.

3. BOULOC B., *Procédure pénale*, *op. cit.*, 2010, n° 296, p. 281 : la voie répressive est plus rapide, moins coûteuse et procure des facilités en termes de preuve.

4. CARVAL S., La responsabilité civile dans sa fonction de peine privée, *op. cit.*, n° 219, p.238.

5. Cette unique illustration de la compétence exclusive des juridictions répressives pour connaître de l'action civile est dotée d'une portée fortement limitée. En effet, son domaine matériel est tout d'abord très réduit, puisqu'il ne concerne que certaines formes de diffamation. Ensuite, même si la prohibition énoncée par l'article 46 de la loi de 1881 présente, pour la jurisprudence, un caractère d'ordre public (Civ., 8 février 1909, D. 1909, 1, p. 471 ; Civ. 2ème, 30 septembre 1998, D. 1998, I.R., p. 229), il semble bien qu'elle puisse ne pas être nécessairement respectée. Un arrêt du 30 janvier 1991 rendu par la deuxième chambre civile de la Cour de cassation en témoigne. Civ. 2ème, 30 janvier 1991, Bull. civ. II, n° 39.

6. BIGUENET-MAUREL C., Réforme de la prescription civile, éditions Francis Lefebvre, 1ère éd., 2008. La loi du 17 juin 2008 a réduit de 30 à 5 ans le délai de la prescription de droit commun.

est conçue pour être exceptionnelle. En effet, l'Assemblée plénière de la Cour de cassation iranienne, tranchant les litiges sur la teneur de l'article 12 du Code de procédure pénale a, par son arrêt n° 649 du 5 septembre 2000, confirmé que « l'exercice de l'action civile devant les tribunaux répressifs est un droit exceptionnel qui doit être strictement renfermé dans les limites fixées par le Code de procédure pénale et, en particulier, dans celles que fixe l'article 12 de ce code, aux termes duquel l'action civile en réparation du dommage causé par un délit n'appartient qu'à ceux qui ont personnellement souffert du dommage directement causé par l'infraction » [1].

209. En conséquence, dans certains domaines au moins, le déclenchement des poursuites relèverait essentiellement, si ce n'est exclusivement, du parquet ou d'organismes publics spécialisés. Or, certains auteurs semblent regretter une telle situation [2]. Un tel regret vient du fait que la possibilité pour les victimes d'intenter, devant les juridictions civiles, une action en responsabilité à finalité punitive permettrait de remédier utilement à cet inconvénient. De plus, les conditions de recevabilité de cette dernière sont moins sévères que celles auxquelles l'action civile *stricto sensu* est soumise. De même, l'intérêt et la qualité pour agir y sont appréciés de manière beaucoup moins stricte, puisque le dommage souffert n'a pas, par exemple, à être directement causé par une infraction. Enfin le regret d'une telle situation s'exprime par le fait que la souplesse des conditions de mise en œuvre de ce système de répression civile présenterait l'avantage de faciliter la neutralisation de certaines pratiques des autorités publiques. Ces dernières consistent à concevoir le pouvoir de déclencher les poursuites, moins comme un instrument destiné à assurer la répression, que comme un moyen de pression mis en œuvre pour réguler une activité donnée [3].

210. A la souplesse des conditions du déclenchement du système de répression civile s'ajouterait, selon les partisans de la peine privée, la souplesse de ses modalités d'exercice.

B – La souplesse des modalités d'exercice du système de répression civile

211. La doctrine majoritaire iranienne s'accorde, comme on l'a vu, pour remarquer que, selon le principe de la primauté du criminel sur le civil, l'action civile est placée sous la forte prééminence de l'action publique. Cependant, le recours à la maxime *accessorium sequitur principale* [4] pour caractériser les relations de ces deux actions peut être contesté car, le demandeur à l'action civile peut, en droit iranien

---

1. KHALEGHI A., *Procédure pénale*, éditions Shahr Danesh (cité de science), 2ème éd. 2009, pp. 261-262.

2. CARVAL S., La responsabilité civile dans sa fonction de peine privée, *op. cit.*, n° 218, p. 236 et s.

3. *Idem*, n° 222, p. 241.

4. ROLAND H. et BOYER L., *Adages du droit français*, Litec, 4ème éd. 1999, n° 3, p. 1 : La maxime *accessorium sequitur principale* « régit le groupement de deux biens, matériellement distincts, qu'associe un rapport de principal à accessoire et qui donne pour règle, au plan du droit, la domination de l'accessoire par le principal ».

comme en droit français, porter son action en réparation, dans les limites prévues, devant une juridiction autre que répressive.

212. Le caractère peu contraignant des modalités d'exercice du système de répression civile présenterait le réel avantage de permettre de punir assez facilement des comportements jugés dignes de l'être, tout en respectant les garanties fondamentales dont chaque justiciable peut naturellement se prévaloir.

213. Tout d'abord, en l'état actuel du droit positif des deux pays en question, les peines privées sont susceptibles d'être prononcées pour réprimer des comportements qui n'ont pas été préalablement définis par le législateur. Il s'agit là d'une différence majeure par rapport à la responsabilité pénale, laquelle ne peut en effet être engagée que pour sanctionner une infraction dont les éléments constitutifs ont été précisés par la loi, ou éventuellement par le règlement. N'étant donc pas soumise au principe de légalité [1], même considéré dans sa conception atténuée telle qu'elle a pu être énoncée en doctrine [2], la répression civile serait délestée de la rigidité qui gouverne l'exercice du pouvoir de répression en droit pénal.

En particulier, le corollaire du principe de légalité qu'est l'interprétation stricte de la loi [3] ne s'imposerait pas au juge civil qui aurait alors une liberté non négligeable pour adapter ses décisions aux besoins contingents de la répression [4]. En effet, en droit pénal, l'interprétation stricte des textes, qu'ils soient d'incrimination ou de pénalité, est prescrite à l'article 111-4 du Code pénal français, et l'article 214 du Code de procédure pénale ainsi que l'article 3 du Code de procédure civile iranienne [5]. Elles

---

1. GUINCHARD S. et MONTAGNIER G. (sous la direction de), *Lexique des termes juridiques*, Dalloz, 18ème éd. 2011, p. 490 ; Principe, contenu dans l'adage latin « *Nullum crimen sine lege, nulla poena sine lege* », selon lequel les infractions doivent être légalement définies avec clarté et précision, ainsi que les peines qui leur sont applicables ». v. Le Coran, Sourate « Asra », verset 15 ; BECCARIA C., *Des délits et des peines*, traduit du persan par ARDEBILI M.-A., Presses de l'Université de Shahid Beheshti, 1ère éd. 1989, p. 34 ; GHORJI A.-Gh., *Droit pénal général de l'islam*, édition de l'Institut de droit comparé de la faculté de droit et des sciences politiques de l'Université de Téhéran, n° 6, p. 93 ; EFTEKHAR-JAHROMI Gh., « *Le principe de légalité des délits et des peines et ses évolutions* », Revue de la recherche juridique de la faculté de droit de l'Université de Shahid Béhéshti, Iran, 1999, n° 25-26, p. 79 et s. ; v. aussi, *Cf.infra*, n° 434.

2. CARVAL S., La responsabilité civile dans sa fonction de peine privée, *op. cit.*, n° 228, p. 248 et s.

3. JAFARI-LANGHAROUDI M.-J, Dans la *terminologie de droit*, éditions Ghang Danesh, 1ème éd. 1999, V° « Interprétation de la loi » ; CORNU G. (dir.), *Vocabulaire juridique*, PUF, 8ème éd. 2007, p.510.

4. THIERRY J.-B., « *l'interprétation créatrice de droit en matière pénale* », Revue pénitentiaire et de droit pénal, n° 4, octobre-décembre 2009, p. 799 et s. ; NOURBAHA R., *Précis de droit pénal général*, édition Dad Afarin, 26ème éd. 2009, p. 152 ; JEANDIDIER W., « *Interprétation de la loi pénale* », J-Cl. - Pénal, fasc. 20, 2004, n° 1.

5. En droit iranien, il n'existe pas de précision explicite concernant l'interprétation stricte de la loi pénale. Néanmoins, une règle générale de l'interprétation de la loi est prévue au travers de l'article 3 du Code de procédure civile, aux termes duquel : « Le juge doit déployer ses efforts pour que le jugement des litiges repose sur des dispositions légales, et dans les cas où celles-ci ne sont pas complètes et explicites ou que ces dispositions sont contradictoires, il peut rendre son jugement conformément à des sources islamiques valables ou de rescrits religieux valables. Il ne pourrait pas, sous prétexte de silence, de lacune, de concision ou de contradiction dans les lois se refuser à statuer sur une action intentée ou d'en rendre le jugement ». Il en ressort donc que face à une imprécision de la loi pénale, il convient de

excluent, notamment, que pour déterminer le sens d'une disposition et décider de son application, le juge puisse solliciter la méthode analogique, du moins lorsqu'elle est appliquée *in malam partem* [1]. C'est ainsi que la Cour de cassation française a eu l'occasion de décider que l'atteinte involontaire causée par un médecin à la vie d'un enfant à naître n'entrait pas dans les prévisions des articles 319 ancien et 221-6 du Code pénal français [2]. De même, la jurisprudence de la Cour de cassation iranienne est abondante en ce que les textes comportant une sanction pénale doivent être strictement interprétés, dès lors que leur signification est dépourvue de toute ambiguïté [3]. Or, dès lors que le juge civil n'est pas tenu d'interpréter strictement les textes sur lesquels il fonde une condamnation à finalité punitive, le recours à la méthode analogique serait parfaitement envisageable [4].

Pour illustrer le propos, un exemple de droit du travail français, que rien n'empêcherait d'étendre au droit de la responsabilité civile, a été donné. Aux termes de l'article L. 1235-5 C. trav. le salarié ayant moins de deux ans d'ancienneté ou appartenant à une entreprise employant moins de onze salariés ne peut se prévaloir, en cas de licenciement, des dispositions de l'article L. 1235-9 C. trav. dont la finalité répressive à l'égard de l'employeur est généralement admise. Il a seulement la faculté, en application de l'article L. 1235-5 C. trav. et dans l'hypothèse où la rupture de contrat se révélerait abusive, de solliciter le paiement d'une indemnité dont le montant est exclusivement fonction du préjudice effectivement souffert. La logique initialement indemnitaire du licenciement de l'article L. 1235-5 C. trav. explique ainsi que la Cour de cassation ait refusé de casser la décision de la cour d'appel qui avait débouté le salarié de sa demande de dommages et intérêts au motif qu'il ne rapportait pas la preuve de l'existence d'un préjudice [5]. Par la suite, cependant, un revirement de jurisprudence a été opéré. Dans un arrêt du 25 septembre 1991 [6], confirmé à plusieurs reprises [7], la Haute juridiction a décidé que le préjudice s'inférait de la

---

l'interpréter à la lueur des principes généraux du droit et des débats parlementaires qui en ont précédé le vote. Les juges ne peuvent par conséquent procéder par extension, analogie ou indication.

1. JEANDIDIER W., *op. cit.*, J.Cl. pénal, Art. 111-2 à 111-5, fasc. 20, 2005, n° 48, p. 9.

2. Crim., 30 juin 1999, Bull. crim., n° 174, D. 1999, juris. P. 711, note D. VIGNEAU, D. 2000, S.C. p. 27, obs. Y. Mayaud, D. 2000, S.C. p.169, obs. M. Véron, Dr. Pénal 2000, comm. 3, note M. Véron, RSC 1999, p.813, obs. Y. Mayaud, Les Petites Affiches 17 novembre 1999, p. 15, note F. Debove. En ce sens : Montpellier, 17 février 2000 : Dr. pénal 2000. 125 (2e arrêt), obs. Véron ; Crim. 26 février 2002, Bull. crim. n° 46 : Dr. pénal 2002. 71 (2e arrêt), obs. J.-R. Robert ; Crim. 14 septembre 2004, Bull. crim. n° 204 : Dr. pénal 2004. 170, obs. Véron ; Crim. 12 mars 2008, Bull. crim. n° 61 : Dr. pénal 2008. 86, obs. J.-H. Robert ; Crim. 16 janvier 2008, Bull. crim. n° 10 : Dr. pénal 2008. 30, obs. J.-H. Robert.

3. L'arrêt n° 2121 du 1 janvier 1937 ; L'arrêt n° 139 du 30 avril 1938 ; L'arrêt n° 2622 du 10 novembre 1939 ; L'arrêt n° 413 du 31 mai 1939 ; L'arrêt n° 182 du 27 avril 1939 ; L'arrêt n° 689 du 8 juin 1940 ; L'arrêt n° 2268 du 21 septembre 1940 ; L'arrêt n° 1816 du 22 février 1945 de la 2ème chambre de la Cour de cassation, cité par : MATINE A., Recueil de la jurisprudence de la Cour de cassation du 1931 au 1951, p. 147 et s. ; L' arrêt n° 12 du 20 juin 1985 de l'Assemblée plénière de la Cour de cassation, JO, n° 11888 du 30 octobre 1951.

4. CARVAL S., La responsabilité civile dans sa fonction de peine privée, *op. cit.*, n° 229, p. 251.

5. Cass. Soc., 31 mai 1989, Bull. civ. V, n° 408.

6. Cass. Soc., 25 septembre 1991, Bull. civ. V, n° 380, Dr. Social 1999, p.762, concl. G.PICCA.

7. Cass. Soc., 9 mars 1993, Bull. civ. V, n° 83 ; Soc., 7 décembre 1995, Bull. civ. V, n° 336 ; Cass. Soc., 14 mai 1998, Bull. civ. V, n° 253 ; Soc., 12 mars 2008, n° 06-43.866, FS+B+R, Sté Eserv Global c/ B. : Juris Data n° 2008-043134 (CA Grenoble, ch. Soc., 26 juin 2006) ; Cass. Soc., 12 mars 2008, n° 07-

seule constatation de l'absence de cause réelle et sérieuse de licenciement. Une telle décision a pour conséquence d'attribuer à la sanction mise à la charge de l'employeur une indéniable finalité punitive. Elle peut s'expliquer par la volonté jurisprudentielle d'étendre au licenciement de l'article L. 1235-5 C. trav. par une sorte d'analogie, la logique répressive qui sous tend le licenciement de l'article L.1235-9 C. trav. [1]. Aussi, cette évolution jurisprudentielle rend-elle effectivement compte de ce que l'interprétation analogique permet d'étendre le domaine de la répression lorsque celle-ci est extra-pénale.

214. Ensuite, la souplesse des modalités d'exercice du système de répression civile découlerait de ce que le prononcé des sanctions auxquelles il aboutit n'aurait pas le caractère stigmatisant de la condamnation pénale [2]. Pour preuve, la peine privée n'est pas inscrite au casier judiciaire et ses caractères afflictif et infamant seraient beaucoup moins marqués.

Cet aspect de la sanction civile à finalité punitive serait particulièrement intéressant toutes les fois que la force symbolique de la condamnation punitive présenterait un intérêt moindre. Il en irait ainsi dans tous les domaines où le recours à la justice pénale semble, du moins pour certains, largement excessif, comme par exemple, en droit de l'environnement, en droit de la consommation ou encore en droit des affaires.

215. Ces deux sortes de considérations permettent, chacune à leur manière, d'illustrer le caractère peu contraignant des modalités d'exercice de la répression civile. Cette souplesse serait d'autant plus appréciable qu'elle ne serait pas susceptible d'engendrer de quelconques abus. En effet, en matière de responsabilité civile, la peine privée présente l'avantage de ne pouvoir être infligée, du moins lorsque sa source n'est pas contractuelle, qu'à l'issue d'un procès engagé devant les juridictions de l'ordre judiciaire. Le débat précédant son prononcé aurait donc l'avantage d'offrir toutes les garanties procédurales traditionnellement requises. La justice sans juges parfois dénoncée en matière de répression administrative constituerait en l'espèce un grief inopérant.

216. Les arguments avancés pour légitimer le recours à la peine privée, lesquels sont fondés sur la souplesse du système de répression civile, ressortent plus ou moins implicitement, mais assurément, des opinions exprimées par les partisans

---

40.039, FS P+B, SA JP Ryckaert c/ Mimoun : JurisData n° 2008-043132 (CA Versailles, 5e ch. B, 26 oct. 2006) ; Cass. Soc., 19 mars 2008, n° 07-40.599, F P+B, B. c/ H.: JurisData n° 2008-043254 (CA Aix-en-Provence, 9e ch. A, 11 mai 2006) ; Cass Soc., 18 avr. 2008, n° 06-43.846, FS P+B, R. c/ Office national des forêts : JurisData n° 2008-043806 (CA Aix-en-Provence, 9e ch., 9 mai 2006 : {il résulte de la combinaison des articles L. 322-4-20 et L. 122-32-5, alinéas 1 et 2, du Code du travail que lorsque le salarié titulaire d'un contrat emploi-jeune est déclaré inapte à la suite d'un accident du travail ou d'une maladie professionnelle, l'employeur qui est dans l'impossibilité de reclasser et qui souhaite rompre le contrat, ne peut que demander la résiliation judiciaire du contrat de travail. A donc violé les textes précités, la cour d'appel qui a estimé fondée sur une cause réelle et sérieuse la rupture anticipée du contrat emploi-jeune à durée déterminée par l'employeur et a débouté le salarié de sa demande de dommages-intérêts pour licenciement sans cause réelle et sérieuse.].

1. CARVAL S., La responsabilité civile dans sa fonction de peine privée, *op. cit.*, n° 176, p. 186.

2. *Idem*, n° 235 et s., p. 259 et s.

d'une fonction punitive de la responsabilité civile. Ils peuvent néanmoins ne pas être partagés.

Paragraphe 2 : La réfutation des arguments permissifs de la responsabilité civile

217. Le système de répression civile est doté d'une souplesse dans ses modalités de déclenchement qui peut se révéler, à la réflexion, inutile (**A**) et d'une souplesse dans ses modalités d'exercice qui apparaît, pour le moins, juridiquement contestable (**B**).

A – La souplesse inutile des modalités de déclenchement du système de répression civile

218. Dès lors qu'elle peut être mise en œuvre par toute victime, la répression civile présenterait l'avantage d'être « un utile contrepoids aux monopoles publics ou parapublics de poursuite » [1]. L'opinion ainsi exprimée ne sera pas approuvée pour deux raisons. Tout d'abord, il n'est pas certain qu'il soit opportun de confier un pouvoir de répression à des personnes privées. Aussi, s'agirait-il d'un contrepoids contestable. Ceci étant, une telle remarque se révèle aujourd'hui totalement désuète, dans la mesure où l'action civile exercée devant les juridictions répressives par voie d'action permet d'ores et déjà aux personnes lésées par une infraction de déclencher valablement les poursuites. C'est d'ailleurs ce dernier constat qui fonde précisément la deuxième réserve exprimée, laquelle est en réalité la plus décisive. En effet, il semble en quelque sorte excessif de soutenir que les autorités publiques détiendraient, même en certains domaines bien particuliers, un quelconque monopole pour engager l'action publique.

219. Certes, une lecture littérale des dispositions du code de procédure pénale tant français qu'iranien pourrait a *priori* laisser à penser que les conditions auxquelles l'introduction de l'action civile devant les juridictions répressives est soumise, sont particulièrement sévères. D'ailleurs, la Cour de cassation, notamment en France, ne rappelle-t-elle pas que l'action civile devant les tribunaux répressifs est un droit exceptionnel qui, en raison de sa nature, doit être strictement renfermé dans les limites fixées par les articles 2 et 3 CPPF [2]. En conséquence, la faculté pour la victime de déclencher les poursuites serait étroitement encadrée.

En réalité, le propos doit être fortement relativisé. Il a été très justement établi par certains auteurs que « l'action civile doit être distinguée d'actions de droit civil qui ont l'infraction pour cause mais un autre but que la réparation du préjudice entraîné par celle-ci » [3]. Pour être correctement appréhendée, la notion de victime civile doit être comparée à celle de victime pénale. Tandis que les victimes pénales

---

1. *Idem*, n° 220 et s., p. 239 et s.

2. Crim., 9 novembre 1992, Bull. crim., n° 361.

3. DESPORTES F. et LAZERGES-COUSQUER L., *Traité de procédure pénale*, Economica, 1ère éd. 2009, n° 1321 et s., p. 809 et s.

se constituent partie civile dans l'unique but d'établir la culpabilité de celui retenu dans les liens de la prévention, les victimes civiles exercent à proprement parler l'action civile en sollicitant la réparation des préjudices dont elles ont souffert [1].

Or, il a été déjà indiqué par une doctrine autorisée [2] que si les conditions d'attribution de la qualité de victime pénale apparaissent sévères en théorie, elles se révèlent, en pratique, globalement peu contraignantes. Ainsi, il est vrai qu'une personne ne peut se prévaloir de la qualité de victime pénale que si elle invoque un préjudice certain, personnel et directement causé par une infraction punissable. Toutefois, l'application jurisprudentielle de ces exigences laisse transparaître une indéniable mansuétude. Le propos peut être diversement illustré : tout d'abord, le dommage sur lequel la victime fonde sa constitution de partie civile n'a pas à être réparable par les juridictions répressives ; ensuite, le caractère personnel du préjudice est largement entendu puisque, comme le souligne Madame le professeur Anne D'HAUTEVILLE [3], les proches de la victime immédiate peuvent agir, tout comme les personnes morales de droit privé qui tiennent leur faculté de se constituer partie civile pour assurer la défense de leurs intérêts collectifs d'une habilitation légale ou jurisprudentielle; enfin le caractère certain du dommage n'est pas exigé pour saisir les juridictions d'instruction, puisqu'il suffit qu'il soit éventuel dès lors qu'il est possible [4].

---

1. ACHOURI M., *Procédure pénale, T.* I, édition SAMT, 6ème éd. 2001, p. 220 et s. ; KHALEGHI A., *Procédure pénale, op. cit.,* p. 251 et s. ; DESPORTES F. et LAZERGES-COUSQUER L., *op.cit.*, n° 1320 et s., p. 809 et s.

2. MERLE R. et VITU A., *Traité de droit criminelle, T. II, Procédure pénale,* Cujas, 5ème éd. 2001, n° 71, p. 94 et s.

3. D'HAUTEVILLE A., *Cours de la théorie des responsabilités civile et pénale, op. cit.* ; Il y a été indiqué que la chambre criminelle de la Cour de cassation s'était autorisée à limiter l'interprétation de l'exigence du dommage. Elle considérait, en application de l'adage *Actio personnalis moritur cum persona,* que l'action en réparation du préjudice moral s'éteignait à la mort de la victime : Crim.,24 janvier 1958, Bull. crim. 1958, n° 341 ; Crim., 24 novembre 1965, Bull. crim. 1965. Cette jurisprudence a été par la suite confirmée par l'Assemblée plénière de la Cour de cassation : Cass. ass. plén., 12 janvier 1979, JCP 1980, II, 19335, note M.-E. Cartier. Cependant, devant les critiques soulevées par cette jurisprudence, la chambre criminelle devait modifier sa position en 1989. Ainsi, avec ses arrêts des 9 février et 21 mars 1989, elle a finalement considéré que la femme et des enfants mineurs d'un homme blessé lors de ces accidents de la circulation peuvent demander au juge pénal réparation de leur préjudice moral propre. En ce sens, v. également : PRADEL J., et VARINARD A., *Les grands arrêts de la procédure pénale*, Dalloz, 5ème éd. 2006, p. 118 et s. : Crim., 11 juillet 1994, Bull. crim., n° 269 ; Crim. 4 février 1998, Bull. crim. 1998 : Dr. pén., 1998, n° 104 ; Crim., 4 novembre 2003, AJ pénal, n° 1, 2004, p. 32.

4. Crim., 13 avril 1967, Bull. crim., n° 119 ; Crim., 12 décembre 1967, Bull. crim., n° 324 ; Crim., 4 novembre 1969, Bull. crim., n° 281, RSC 1970, p. 665, obs. ROBERT ; Crim., 28 janvier 1971, Bull. crim., n° 32, JCP. 1971, II, 16792, note P. CHAMBON : « [...] il suffit, pour qu'une constitution de partie soit recevable lors de l'instruction préalable, que les circonstances sur lesquelles elle s'appuie permettent au juge d'admettre comme possible l'existence du préjudice allégué et la relation directe de celui-ci avec une infraction à la loi pénale.» ; Crim., 24 juin 1971, Bull. crim., n° 207, D. 1971, juris. p. 655 : « [...] la recevabilité d'une constitution de partie civile devant une juridiction d'instruction ne saurait être subordonnée à la double preuve, préalablement rapportée par la personne qui se prétend lésée par une infraction, d'abord de l'existence même de l'infraction, ensuite de l'existence du préjudice dont elle aurait souffert ; [...] il suffit, pour que la demande de constitution de partie civile soit recevable lors de l'instruction préalable, que les circonstances sur lesquelles elle s'appuie permettent au juge d'admettre comme possible le préjudice allégué et la relation directe de celui-ci avec une infraction à la loi pénale » ;

220. En définitive, et contrairement à la première impression qui pourrait se dégager de la lecture des dispositions du Code de procédure pénale français et iranien, le pouvoir pour la victime de déclencher les poursuites est largement ouvert. Le monopole que détiendrait le parquet ou les administrations pour engager les poursuites apparaît donc beaucoup plus théorique qu'effectif. En conséquence, il serait inutile de chercher à le neutraliser par l'institution d'un système de répression civile qui pourrait être mise en œuvre par les victimes d'un fait dommageable.

221. A cette inutilité de la souplesse des modalités de déclenchement du système de répression civile, s'ajoute le caractère contestable de la souplesse de ses modalités d'exercice.

B – La souplesse contestable des modalités d'exercice du système de répression civile

222. Le système de répression civile, n'étant pas soumis au principe de la légalité, permet de punir tous les comportements qui, selon les juges, semblent devoir l'être au regard de leur gravité, peu importent qu'un texte les ait ou non préalablement définis de manière précise, ou que la condamnation prononcée soit fondée sur l'interprétation analogique d'autres dispositions.

223. Aussi, il présenterait l'indéniable intérêt de combler les lacunes de la répression pénale découlant de ce que cette dernière ne peut être exercée que si le comportement qui a vocation à être sanctionné correspond à une infraction légalement définie. En réalité, ce qui est présenté comme un avantage de la répression civile apparaît comme l'une de ses plus importantes faiblesses. En effet, tout pouvoir punitif qui n'est notamment pas soumis au principe de légalité, ne saurait être exercé sans être contraire tant à la Constitution, qu'aux exigences issues de la Convention européenne des droits de l'Homme [1].

224. Par ailleurs, la non application du principe de légalité au système de répression civile n'emporte pas seulement pour conséquence le défaut de conformité de ce dernier aux exigences attachées à l'exercice de tout pouvoir de répression. Elle rend concevable, à la faveur d'une déformation des concepts classiques de la responsabilité civile, l'instauration d'un système de répression sans réelles limites. En effet, le juge civil dispose d'une importante liberté lui permettant d'estimer réunies les conditions auxquelles l'engagement de la responsabilité est subordonné, alors que, dans les faits, elles ne semblent pas l'être. Le constat se vérifie tout d'abord à propos du dommage [2] : dès lors que la responsabilité civile est recherchée à des fins punitives, le préjudice invoqué peut être seulement moral ou ne pas présenter les caractères

---

Crim., 17 octobre 1972, Bull. crim., n° 289 ; Crim, 20 novembre 1980, Bull. crim., n° 309 ; Crim., 21 octobre 1982, Bull. crim., n° 231.

1. *Cf. infra*, n° 434.

2. COUYANT-LAPALUS Ch., Le principe de la réparation intégrale en droit privé, *op. cit.*, n° 512, p. 439 ; JOURDAIN P., « Rapport introductif », in Faut-il moraliser le droit français de la réparation du dommage ? (A propos des dommages et intérêts et de l'obligation de minimiser son propre dommage), Les Petites Affiches 20 novembre 2002, p. 3 et s., spéc. p.5.

traditionnellement requis pour fonder une condamnation [1]. Il se vérifie ensuite à propos du lien de causalité : il arrive en effet que la jurisprudence retienne un lien de causalité qui, objectivement, apparaît pourtant très hypothétique [2]. Le propos peut être illustré avec l'affaire *PERRUCHE* ayant donné lieu à l'arrêt de l'assemblée plénière de la Cour de cassation du 17 novembre 2000 aux termes duquel « les fautes commises par le médecin et le laboratoire dans l'exécution des contrats formés avec Mme X avaient empêché celle-ci d'exercer son choix d'interrompre sa grossesse afin d'éviter la naissance d'un enfant atteint d'un handicap, ce dernier peut demander la réparation du préjudice résultant de ce handicap et causé par les fautes retenues ;[...] » [3]. Or, ainsi qu'un auteur l'a relevé, il résulte de cette décision la possibilité de condamner civilement le médecin et le laboratoire de biologie médicale, non seulement en l'absence de lien de causalité entre le handicap de l'enfant et les fautes commises par les professionnels de santé, mais également en l'absence de tout préjudice [4]. Cette jurisprudence, peut être rendue caduque par les dispositions de l'article 1er I. de la loi n° 2002-303 du 4 mars 2002 relative aux droits des malades et à la qualité du système de santé, s'explique très certainement par la volonté de la Cour de cassation d'accorder à la personne handicapée le moyen matériel lui permettant de subvenir elle-même à son existence. Ceci étant, elle rend compte de ce que la responsabilité civile peut parfois être engagée en sollicitant à l'extrême les conditions qui président à sa mise en œuvre. Si une telle pratique, bien que juridiquement très contestable, peut éventuellement se comprendre lorsque sont en cause des préoccupations indemnitaires, elle devient inacceptable lorsqu'il s'agit de rechercher la responsabilité civile à des fins punitives.

225. Un autre intérêt de la répression civile découlerait de ce que les condamnations auxquelles elle donne lieu n'auraient pas le caractère afflictif et infamant habituellement attaché aux peines. Il est exact que, contrairement à ces dernières, les sanctions civiles à finalité punitive présentent une dimension rétributive qui est fortement atténuée : la force symbolique d'une condamnation civile à finalité punitive est, et restera moindre que celle qui est attachée à l'engagement de la responsabilité pénale. Tel en fut d'ailleurs le cas dans le récent arrêt Erika où la Cour d'appel de Paris a particulièrement accentué son raisonnement sur l'efficacité de la responsabilité pénale [5]. Dans l'affaire Erika, à une approche restrictive de la responsabilité civile du point de vue de l'auteur du dommage, répond une approche extensive de la responsabilité pénale. Tout se passe comme si le symbole de la condamnation pénale l'avait emporté. A l'avenir, nul doute que l'essor de la responsabilité sociale des entreprise (RSE) très marqué en matière environnementale [6] et qui se traduit par une

1. *Cf. supra*, n° 130.

2. COUYANT-LAPALUS Ch., *op. cit.*, n° 512, p. 439.

3. Ass. Plén., 17 novembre 2000, Bull. civ., n° 9, D. 2001, juris. p. 332, note D. MAZEAUD, D. 2001, juris. p. 336, note P. JOURDAIN, D. 2001, S.C. p. 2796, obs. F. VASSEUR-LAMBRY, JCP 2000, II, 10438, rapp. P. SARGOS, concl. J. SAINTE-ROSE, note F. CHABAS, RTD civ. 2001, p. 103, obs. J. HAUSER, RTD civ. 2001, p. 149, obs. P. JOURDAIN, Dr. Famille 2001, comm. 11, note P. MURAT.

4. MAZEAUD D., note sous Ass. Plén., 17 novembre 2000, juris. p. 332.

5. CA de Paris, 11ème chambre correctionnelle, l'arrêt n° 08-02278 du 30 mars 2010.

6. TREBULLE F.-G., « Responsabilité sociale des entreprises (Entreprise et éthique environnementale) », Rép. Sociétés Dalloz, 2003.

multiplication des engagements éthiques allant au-delà des exigences légales, va s'accompagner d'une extension du champ de la responsabilité pénale des entreprises sur le fondement du délit pour faute d'imprudence [1]. Ce qui témoigne de la prédominance de la sanction pénale par rapport à la sanction civile.

Ceci étant, il est permis de douter que la dimension rétributive soit un avantage pour la responsabilité civile. En effet, la punition est d'autant plus efficace que la sanction qui est censée la matérialiser présente les caractères requis pour assurer son effectivité. Or, la dimension afflictive et infamante d'une sanction conditionne son objet punitif. Finalement, le caractère atténué de la rigueur de la peine privée laisse supposer que la fonction punitive de la responsabilité civile est d'une moindre efficacité. La question qui se pose alors, est de savoir s'il est utile d'instrumentaliser l'obligation de répondre civilement d'un fait dommageable pour parvenir à un résultat pas suffisamment convaincant ?

226. Enfin, le dernier avantage de la répression civile procèderait de ce qu'elle est le plus souvent mise en œuvre au cours d'un procès se déroulant devant les juridictions de l'ordre judiciaire. Si la compétence de ces dernières révèle la primauté de la répression civile sur celle qui est exercée par les autorités administratives indépendantes [2], elle n'est en revanche pas de nature à rendre compte de sa supériorité sur la répression pénale. En effet, cette dernière est également exercée par l'autorité judiciaire mais elle présente, en plus, l'intérêt d'être soumise à un régime procédural peut être davantage protecteur des garanties fondamentales que la procédure civile, notamment lors de la mise en état.

227. En définitive, il semble difficile de considérer que la répression civile présente de quelconques avantages liés à la souplesse qui caractériserait ses modalités tant de déclenchement que d'exercice. Aussi, l'utilité d'un développement d'une fonction punitive de la responsabilité civile apparaît d'ores et déjà douteuse. Elle l'est d'autant plus que le second intérêt traditionnellement attaché à la répression civile, lequel procède de ce qu'il pallierait les insuffisances de la répression pénale, se révèle, là encore, plus hypothétique que réel.

Section 2 : L'argument répressif de la responsabilité civile

228. La soumission de la répression pénale au principe de légalité peut parfois avoir pour conséquence contestable de laisser certaines personnes ou certains comportements impunis [3]. Affranchie de l'exigence de légalité telle qu'elle est classiquement entendue, la responsabilité civile dans sa fonction de peine privée, permettrait justement de tenir en échec un tel inconvénient. L'argument répressif de la

1. NEYRET L., « *De l'approche extensive de la responsabilité pénale dans l'affaire Erika* », Environnement et développement durable, revue mensuelle lexisnexis jurisclasseur, novembre 2010, p. 11 et s.

2. CARVAL S., La responsabilité civile dans sa fonction de peine privée, *op. cit.*, n° 232, p. 255.

3. MASSE M., De la lutte contre l'impunité à un nouveau modèle de responsabilité, rapport au colloque célébrant le 75ème anniversaire de l'Ecole de criminologie de l'Université catholique de Louvain, 2005, pp. 429 et s., in DIGNEFFE F. et MOREAU T. (dir.), La responsabilité et la responsabilisation dans la justice pénale, coll. Perspectives criminologique, Larcier et De Boeck, 2006.

responsabilité civile serait sollicité alors même que la responsabilité pénale n'est pas susceptible d'être recherchée. Ceci étant, là encore, les arguments censés en rendre compte (**Paragraphe 1**) sont susceptibles d'être réfutés (**Paragraphe 2**).

Paragraphe 1 : L'inventaire des arguments répressifs de la responsabilité civile

229. Deux arguments sont principalement avancés pour illustrer le soi-disant rôle palliatif du système de répression civile. Le premier découle de ce que les personnes morales sont des sujets de la responsabilité civile et qu'elles ont vocation à pleinement le demeurer même lorsque celle-ci poursuit une finalité non pas réparatrice mais punitive (**A**). Le second consiste à soutenir que le recours à la sanction de droit privé à finalité punitive permet utilement de neutraliser le mouvement de dépénalisation qui est actuellement perceptible du moins dans certains domaines (**B**).

A – La soumission des personnes morales au système de répression civile

230. Alors qu'à l'origine, les personnes morales n'étaient pas pénalement responsables [1], tant en droit français qu'en droit iranien, elles ont été très tôt reconnues comme des sujets à part entière de l'obligation de répondre civilement d'un fait dommageable. L'explication procède de ce que l'inaptitude des personnes morales à faire l'objet de sanctions punitives ne constituait aucunement un obstacle à leur condamnation à répondre civilement d'un fait dommageable [2].

231. La responsabilité civile des personnes morales, lorsqu'elle découle de l'application d'un régime objectif détaché de toute idée de faute, ne soulève aucune difficulté particulière. En revanche, elle apparaît plus problématique lorsqu'elle est fondée sur la faute. Sur le modèle du débat qui a ultérieurement eu lieu, respectivement en droit français et très récemment en droit iranien, à l'occasion de la consécration de la responsabilité pénale des personnes morales [3], l'aptitude de ces dernières à commettre des fautes s'est inévitablement, et très rapidement, posée en doctrine : comment, en l'absence de volonté propre des personnes morales, celles-ci pourraient-elles se voir opposer un acte illicite ? A l'époque où la question s'est

1. Par un arrêt rendu le 8 mars 1883, la Cour de cassation a indiqué que « l'amende est une peine, que toute peine est personnelle, sauf les exceptions prévues par la loi ; qu'elle ne peut donc être prononcée contre une société commerciale, être moral, laquelle ne peut encourir qu'une responsabilité civile ». Crim., 8 mars 1883, D.P. 1884, 1, p. 428.

2. MAZEAUD J. et H. et L., *Traité théorique et pratique de la responsabilité civile délictuelle et contractuelle*, T. II, Montchrestien, 6ème éd., 1970, n° 1982, p. 1121 : « Elle [la responsabilité civile] ne tend ni à réprimer, ni à corriger, ni à mettre hors d'état de nuire. Elle ne vise qu'à réparer. Il n'y a donc, en ce qui concerne son but ou sa mise en œuvre, aucune impossibilité à la responsabilité civile des personnes morales » ; BADINI H., *Cours du droit de la responsabilité civil*, Faculté de droit de l'Université de Téhéran, 2010-2011.

3. NORY YOSHANLOEY J., Questions et éléments de réponses à propos de la responsabilité pénale des personnes morales en droit français et en droit iranien, Mémoire du Master 2 recherche de Droit privé, Sciences Criminelles et Justice, Spécialité Droit pénal Fondamental, Université Montpellier 1, 2006-2007 ; ESHTYAGH V., « Tendance à l'acceptation et au développement de la responsabilité pénale des personnes morales : réponse réaliste aux effets du développement », Revue de la recherche juridique, 2007, n° 11, p. 11 et s.

posée, une théorie a été développée pour remédier à cette objection. Elle consistait à considérer la responsabilité civile des personnes morales comme une exception à l'application des conditions classiques qui serait justifiée par la nécessité juridique de préserver les intérêts des victimes [1]. Une telle explication a cependant pu être considérée comme inutile, du moins à partir du moment où la faute objective a été consacrée : dès lors que la faute civile n'implique pas l'existence d'une capacité à comprendre la portée de ses actes, ni même d'une quelconque volonté autonome, une personne morale pourrait parfaitement la commettre [2].

232. Par ailleurs, et à supposer qu'une telle approche de la faute ne soit pas retenue, car sujette à discussion, il est un autre argument qui a pu être opposé à l'impossibilité pour une personne morale de perpétrer un acte illicite. Il procède de ce que, en réalité, la personne morale est susceptible d'être dotée d'une volonté propre s'exprimant à travers ses organes ou représentants lorsqu'ils agissent en son nom et pour son compte [3]. Partant, l'obstacle à sa condamnation civile sur le fondement d'une faute par elle commise serait levé. Ceci étant, il convient de reconnaître que la jurisprudence française n'a pas été particulièrement sensible à la controverse doctrinale qui vient d'être décrite : très tôt, elle a retenu la responsabilité civile des personnes morales sur le fondement d'une faute, qu'elle soit délictuelle ou contractuelle [4].

233. Finalement, la responsabilité civile des personnes morales recouvre un domaine très étendu, dans la mesure où elle peut être engagée aussi bien sur le fondement d'une faute, que sur celui d'un fait générateur objectif. Il a été alors suggéré qu'elle pouvait utilement être sollicitée à des fins punitives [5]. Il en irait notamment ainsi lorsque la faute reprochée au groupement est d'une particulière gravité. Mais il en irait également de la sorte à propos de la responsabilité des commettants du fait des préposés, telle qu'elle est prévue à l'article 12 de la loi iranienne du 27 avril 1960 sur la responsabilité civile [6] et à l'article 1384 al. 5 du Code civil français. En adaptant son régime juridique aux exigences de la répression, elle pourrait en effet

---

1. DEMOGUE R., *Traité des obligations en général, I, Sources des obligations*, T. III, A. Rousseau, 1923, n° 344, p. 546 et n° 350, p. 555 : la personne morale « est responsable d'un acte fait dans l'intérêt social et dont elle devait recueillir le profit ».

2. MAZEAUD J. et H. et L., *Traité théorique et pratique de la responsabilité civile délictuelle et contractuelle*, T. II, Montchrestien, 6ème éd., 1970, n° 1984, p. 1122 ; BARTELEMY M., « La responsabilité pénale des personnes morales », RDAI, 1995, n° 5, p. 541 et s.

3. *Idem*, n° 1985, p. 1123.

4. Civ, 9 avril 1921, S. 1921, 1, p. 161, note L. HUGUENEY ; Req., 5 novembre 1929, D.H. 1929, p. 538 ; Crim., 5 avril 1965, Gaz. Pal. 1965, 2, p. 36 ; Civ. 2ème, 17 juillet 1967, Gaz. Pal. 1967, 2, p. 235, note Ch. BLAEVOET.

5. CARVAL S., La responsabilité civile dans sa fonction de peine privée, *op. cit.*, n° 225, p. 244 et s.

6. La responsabilité du fait d'autrui est lorsqu'une personne est juridiquement responsable d'une autre personne et engage sa responsabilité délictuelle lorsque celle-ci a commise une faute. Ce type de responsabilité est régie, en principe, à l'article 12 de la Loi du 27 avril 1960 sur la responsabilité civile, et notamment en son premier alinéa qui dispose que : « Le commettants soumis au Code du travail sont responsables des dommages causés par leurs préposés dans les fonctions auxquelles ils les ont employés... ».

constituer un instrument utile pour punir la personne morale dont l'un des préposés a été pris en faute.

234. Lorsqu'elle est mise en œuvre à des fins punitives, la responsabilité civile des personnes morales permettrait de tenir en échec les insuffisances de la répression pénale qui ont parfois été mises en exergue en ce domaine. Il est vrai que, pendant longtemps, c'est le principe de l'irresponsabilité pénale des personnes morales qui a prévalu. Aussi, une certaine vacuité dans la répression pouvait-elle être dénoncée. Le propos doit cependant être désormais fortement relativisé, puisque, en droit français, depuis l'entrée en vigueur du Code pénal le 1er mars 1994, les personnes morales doivent, aux termes de l'article 121-2 du Code pénal français, répondre pénalement de leurs actes.

Concernant le droit iranien, une place à part doit être réservée à la responsabilité pénale des personnes morales du fait de sa reconnaissance implicite avant la Révolution de 1979 et sa consécration explicite après celle-ci [1]. En d'autres termes, avant cette révolution, le principe était l'irresponsabilité pénale des personnes morales. Néanmoins, certaines lois particulières avaient, sous l'ancien régime politique iranien, institué quelques hypothèses de responsabilité pénales des personnes morales. Aujourd'hui, le principe est devenu celui de la responsabilité pénale des personnes morales [2], avec encore certaines réserves.

235. La question qui se pose est donc de savoir si l'argument répressif de la responsabilité civile de ces dernières a-t-il pour autant disparu ? Un auteur a pu faire part de ses doutes, certainement avec raison à l'époque où il les a exprimés. En effet, la responsabilité pénale des personnes morales telle qu'elle a été consacrée par la version initiale des législations des deux pays en question, présentait la particularité de ne pas être générale mais spéciale. Autrement dit, elle ne pouvait être retenue que si, pour une infraction donnée, elle était expressément prévue par une disposition spécifique. Or, il a été remarqué que la liste initiale des infractions susceptibles de fonder la condamnation pénale des personnes morales était pour le moins lacunaire. Par exemple, en droit français, ces dernières n'avaient pas à répondre pénalement de leurs actes dans des domaines aussi variés que ceux du droit des sociétés commerciales, du droit de la consommation, du droit de l'urbanisme, du droit du travail, ou encore du droit de la presse et de la communication audiovisuelle [3]. Aussi, la responsabilité civile des personnes morales, prise dans sa fonction de peine privée, continuerait-elle à présenter quelques avantages indéniables, puisque non soumise au principe de spécialité [4].

236. Censé combler l'éventuelle impossibilité de retenir la responsabilité pénale des personnes morales, le système de répression civile présenterait en outre

1. NORY YOSHANLOEY J., Questions et éléments de réponses à propos de la responsabilité pénale des personnes morales en droit français et en droit iranien, *op. cit.*, p. 48 et s.

2. ESHTYAGH V., « La responsabilité pénale des personnes morales dans le nouveau projet de Code pénal islamique », Revue de la recherche juridique, 2009, n° 13, p. 335 et s.

3. BOULOC B., *Droit pénal général*, Coll. Précis, Dalloz, 21ème éd., 2009, n° 313, p. 282.

4. CARVAL S., La responsabilité civile dans sa fonction de peine privée, *op. cit.*, n° 226, p. 246.

l'avantage de favoriser la neutralisation de la dépénalisation de certains comportements jugée parfois peu opportune.

B – La neutralisation du mouvement de dépénalisation par le système de répression civile

237. Soulignons d'emblée avec Madame le Professeur Delmas-Marty que la dépénalisation est un terme susceptible de se voir reconnaître différentes significations [1]. Ainsi, elle est parfois entendue comme le processus visant à réduire la rigueur de la répression d'un comportement déterminé qui ne sera, par exemple, plus constitutif d'un crime mais d'un simple délit. Il fut un temps, sans doute révolu aujourd'hui, où un tel mouvement était perceptible notamment en matière de mœurs ou de sécurité routière [2]. Une telle conception de la dépénalisation ne sera, en l'occurrence, pas retenue. En effet, elle sera ici uniquement considérée comme l'opération à l'issue de laquelle un comportement auparavant incriminé sort du champ de la répression pénale. N'étant plus constitutif d'une infraction, celui-ci n'est donc plus susceptible de faire l'objet de sanctions pénales [3].

238. La détermination des comportements devant être érigés en infraction relève de la politique criminelle. Cette dernière varie d'un système juridique à l'autre. Or, contrairement au droit iranien où le mouvement de dépénalisation du droit des affaires ne se voit reconnaître qu'une application de manière très résiduelle, la tendance actuelle en droit français serait justement à la dépénalisation [4], du moins dans certains domaines, comme par exemple celui du droit des affaires [5].

Tout d'abord, la loi n° 85-98 du 25 janvier 1985 relative au redressement et à la liquidation judiciaire des entreprises a extrait du champ de la répression pénale un

---

1. DELMAS-MARTY M., *Les grands systèmes de politique criminelle*, traduit du persan par NADJAFI A.-H., éditions Mizan, 1ère éd. 2009, p. 43. Selon cet auteur, cette pluralité de significations a été mise en lumière par le Rapport du Conseil de l'Europe qui, sous l'intitulé de « décriminalisation » (1980), distingue plusieurs cas de retrait du système pénal. En une typologie plus riche encore, M. Van de Kerchove (1987) repère huit « positions » différentes pour les deux termes de dépénalisation et de décriminalisation ; VAN DE KERCHOVE M., *Le droit sans peine. Aspects de la dépénalisation en Belgique et aux Etats-Unis*, Facultés universitaires Saint-Louis, 1987, p. 300 et s.

2. COUVRAT P. et MASSE M., « *De quelques aspects de la dépénalisation actuelle en France : les décalages de la répression en matière de sécurité routière* », RSC 1989, p. 451 et s. ; MAYER D., « De quelques aspects de la dépénalisation actuelle en France : en matière de mœurs », RSC 1989, p. 442 et s.

3. DESPORTES F. et LE GUNEHEC F., *Droit pénal général*, Coll. Corpus Droit privé, Economica, 16ème éd., 2009, n° 130 et s.

4. MAMAN R., « Le rapport Coulon : chronique d'une dépénalisation annoncée », JCP G, n° 12, 19 mars 2008, p. 3 et s. ; MULLER Y., « La dépénalisation de la vie des affaires…ou la victoire du droit pénal » : http://blog.dalloz.fr/ ; HAERI K, « Réflexion sur le rapport du groupe de travail sur la dépénalisation de la vie des affaires : et le pénal n'appartient plus jamais au justiciable… », Dr. pénal. 2008, dossier spéc. mars 2008 ; BOULOC B., Droit pénal général, Coll. Précis, Dalloz, 21ème éd., 2009, n° 85, p. 77.

5. D'HAUTEVILLE A., *Cours de la théorie des responsabilités civile et pénale*, En Master 2 recherche du droit pénal fondamental de l'Université Montpellier1, 2006-2007 ; JEANDIDIER W., *Droit pénal des affaires*, Coll. Précis, Dalloz, 6ème éd., 2005, n° 245 et s., p. 343 et s.

certain nombre de cas de banqueroute. Ainsi, ne constituent plus une telle infraction, les dépenses excessives et les opérations de pur hasard ou fictives, l'ouverture d'une nouvelle procédure alors que les deux qui lui étaient antérieures ont été closes pour insuffisance d'actif, le défaut de présentation du débiteur en personne dans les cas et les délais fixés, ou encore le fait pour les associés tenus indéfiniment par la liste des associés solidaires [1]. Un autre exemple peut être donné avec l'ordonnance n° 86-1243 du 1er décembre 1986 relative à la liberté des prix et de la concurrence [2]. En son article 36, elle a notamment substitué une sanction civile à la peine jusqu'ici encourue en cas de refus de vente prohibé, de pratiques discriminatoires ou de ventes liées entre professionnels [3]. De même, l'abus de position dominante et de dépendance économique ne relèvent plus, en principe, du droit pénal, sauf circonstances particulières [4].

Ensuite, une illustration du mouvement de dépénalisation à la française peut être trouvée avec la loi n° 91-1382 du 30 décembre 1991 sur la sécurité des chèques et des cartes de paiement, laquelle abroge l'infraction d'émission de chèques sans provision, les banques étant désormais investies du pouvoir de sanctionner elles mêmes de telles pratiques. Enfin, plus récemment, une « dépénalisation saupoudrée » [5] a été opérée en droit des sociétés à l'occasion de l'entrée en vigueur des lois n° 2003-706 et 2003-721 du 1er août 2003 respectivement relatives à la sécurité financière et à l'initiative économique.

239. Quant au droit iranien, le mouvement de dépénalisation se fera certainement ressentir dans une moindre mesure que celle préconisée par le Rapport du Conseil de l'Europe ou celle proposée par le Rapport du groupe de travail sur la dépénalisation du droit des affaires présidé par Jean-Marie COULON en France. Le droit répressif économique et financier iranien a encore de beaux jours devant lui. Pourtant, il sera difficile d'en déduire qu'il n'y a pas de réformes identiques en droit pénal iranien. Cela s'explique d'abord par le fait qu'en droit iranien, inspiré largement du droit musulman [6], la répression pour les délinquants n'est pas une chose inévitable ou une

---

1. DERRIDA F., « La dépénalisation dans la loi du 25 janvier 1985 relative au redressement et à la liquidation judiciaire des entreprises », RSC 1989, p. 658 et s., spéc. p. 663.

2. AZEMA J., « *La dépénalisation du droit de la concurrence* », RSC 1989, p. 651 et s., spéc. p. 656 et 657.

3. L'article 36 de l'ordonnance n° 86-1243 du 1er décembre 1986 relative à la liberté des prix et de la concurrence est désormais intégré à l'article L.442-6 C. com. Son contenu d'origine est néanmoins modifié, notamment en raison du fait que le refus de vente entre professionnels ne constitue plus, en vertu de l'article 14 de la loi du 1er juillet 1996, une faute civile.

4. L'article 17 de l'ordonnance n° 86-1243 du 1er décembre 1986 relative à la liberté des prix et de la concurrence réserve en effet le cas où une personne physique prendrait frauduleusement une part personnelle et déterminante dans la conception, l'organisation ou la mise en œuvre de pratiques anticoncurrentielles. Cette disposition est désormais intégrée à l'article L. 420-6 du Code de commerce française.

5. ROBERT J.-H., « *Dépénalisation saupoudrée* », Dr. Pénal 2003, comm. 114.

6. Le Corant : Sourate « Nesa », versets 35 et 128 ; Sourate « Maédé », verset 35 ; Sourate « Baghara », verset 179 ; Sourate « Alemran », verset 134 ; Sourate « Almoménon », verset 96 ; Sourate « Shoura », verset 40 ; Sourate « Alhajarat », versets 9 et 10. v. aussi : HOR-AMOLI M., *Vasael el-chia'a*, T. 18, éditions Dar el-ahya el-toras el-arabi, Beyrouth, p. 344 ; TABATABAEE S.-M.-H., *Al-mizan fi Tafsir el-Corant*, T. I, traduit en persan par : La fondation scientifique et intellectuelle d'Allameh, pp. 6621-622 ; Allameh MAJLESI M.-B., *Behar el-anvar*, T. 71, éditions de l'Institut

décision prédéterminée. Le traitement criminel du délinquant avec la bienfaisance, le cas échéant, est considéré par le législateur islamique comme un signe de sa perfection spirituelle et de sa formation éducative [1]. D'ailleurs, la dépénalisation au profit du réseau de sanctions civiles s'analyse, en droit iranien, comme une véritable stratégie de politique criminelle [2] dans laquelle les auteurs favorables à la voie civile proposent de faciliter le choix de celle-ci en développant un système de peines privées et d'amendes civiles qui existent les unes et les autres dans les pays de tradition islamique, où la différenciation entre procès pénal et procès civil est toujours restée plus faible [3]. C'est la raison pour laquelle de nombreuses modifications ont été déjà apportées aux sanctions pénales ou encore aux infractions spécifiques au droit des affaires.

240. Aussi, dans un premier temps, un élargissement du champ de compétence des Conseils du règlement des litiges au sein du pouvoir judiciaire, ou l'adoption de la loi du 24 mars 2003 relatif au droit du système syndical pour laisser place à d'autres mécanismes de régulation, mais également pour remplacer certaines sanctions pénales par des sanctions civiles à caractère dissuasif et punitif, est prévu notamment pour les infractions relative à la vente, ou les autres infractions économique et financière.

Dans un deuxième temps, la dépénalisation du droit pénal iranien fut très récemment proposée par le gouvernement au travers de l'article 211 de la loi du 15 janvier 2011 relative au plan quinquennal du développement du pays, aux termes duquel : « afin de décriminalisation des titres criminels et les litiges pénaux, la création de la police judiciaire, standardisation des sanctions répressives et afin de faire appel à des sanctions non pénales efficaces comme les sanctions disciplinaires, civiles, administratives et réparatrices, le pouvoir judiciaire est dans l'obligation de

---

d'Al-vafa, 2ème éd., p. 423 ; MOGHADDAS-ARDEBILI, *Zoubdat el-bayan fi ahkam el-Corant*, éditions Maktab el-mortazavieh, p. 667 ; Sheikh TOUSSI, *Al-mabsout fi fegh el-emamieh*, T. V, éditions Maktab el-mortazavieh, p. 189 ; MOHAGHEGH-HELLI, *Sharayeh el-Islam*, T. IV, p. 81 ; NADJAFI M.-H., Jawaheer el-kalam, T. 41, p. 260 ; SHAHID-SANI, *Masalek el-afham*, T. II, pp. 437-438 ; EMAM-KHOMEINI R.-A., *Tahrir el-vasile*, T. III, éditions Moasseseyeh Esmaeilian, p. 476.

1. SADEGHI M.-H., « *La déjudiciarisation en droit islamique* », Revue spécialisée de l'Université des Sciences islamiques de Razavi : théologie et droit, n° 15-16, 2005, p. 147 et s.

2. NADJAFI A.-H., « *Nouvelle pénologie, nouvelle criminologie* », in Les actualités de Science criminelle (sous la direction de NADJAFI A.-H.), édition Mizan, 1ère éd. 2009 ; EBRAHIMI Sh., « *L'approche extensive et stricte de la prévention et ses effets* », Revue spécialisée de l'Université des Sciences islamiques de Razavi : les enseignements du droit, n° 12, 2009, p. 37 et s. ; RAYJYAN-ASLI M., « *L'explication de la stratégie de retrait ou de confinement de l'intervention du droit pénal* », Revue juridique et judiciaire de la justice, 2002, n° 141 ; ZEINALI A.-H. et AHMADI A., « *L'Organisation de la pénalité étatique : de la déjudiciarisation à la dépénalisation et le respect des droits des mises en examens et des victimes* », Revue juridique de la justice, n° 48-49, 2004, p. 227 et s.

3. ZEHR H., *Restorative justice*, traduit en persan par GHOLAMI H., éditions Madjd, 1ère éd. 2004, p. 82 et s. ; AZIZI H.-A., *Les contextes historiques de la justice restaurative en Iran*, édition Journal officiel de la République islamique d'Iran, 1ère éd. 2009, p. 95 et s. ; MOHAGHEGH-DAMAD M., « *La civilisation islamique et son organisation judiciaire* », *Revue trimestrielle des études juridiques et judiciaires*, 1987, cahier n° 10 ; GHOLDOUZIAN I., « *Les méthodes alternatives au règlement des litiges en droit pénal* », Revue de l'Université de Pardise de Qom, n° 1, 1999, p. 39 et s. ; MAHMOUDI J., « *Déjudiciarisation et décriminalisation du point de vue de la Constitution et le droit administratif* », Revue spécialisée de l'Université des Sciences islamiques de Razavi : théologie et droit, n° 19, 2006, p. 105 et s.

préparer des projets de lois nécessaires, au maximum jusqu'à la fin de la première du présent plan, pour qu'ils puissent être remis à l'Assemblée du Conseil Islamique ».

Enfin, l'aspect procédural de la dépénalisation du droit pénal iranien n'est pas en reste lui non plus.

Premièrement, le nouveau projet du Code de procédure pénale propose, toujours dans le même sens, de permettre au système pénal d'utiliser desalternatives aux poursuites comme la composition pénale et la transaction pénale garantissant avant tout une meilleure lisibilité et une plus grande cohérence du système répressif en droit économique et financier.

Deuxièmement, l'alinéa 2 de l'article 211 de la loi du 15 janvier 2011 relative au plan quinquennal du développement du pays, oblige également le pouvoir judiciaire à formuler son plan sur l'habilitation des auxiliaires de justice et leurs formations spécialisées.

Troisièmement, l'alinéa 1 de ce même article prévoit que le pouvoir judiciaire devra finalement entreprendre une meilleure spécialisation des juridictions pénales par le biais notamment d'une formation des magistrats à la vie des affaires.

241. De ces exemples, il ressort une tendance générale à la restriction de l'emprise de la répression pénale dans le domaine du droit des affaires, laquelle ne saurait être sérieusement contestée, bien qu'elle puisse être ponctuellement remise en cause, de nouvelles incriminations pouvant bien évidemment apparaître [1]. Ce mouvement de dépénalisation semble globalement encouragé en doctrine [2], même si certains auteurs peuvent se montrer beaucoup plus réservés [3], notamment au regard des conséquences problématiques qu'il pourrait finalement engendrer [4]. Les arguments traditionnellement avancés pour le justifier consistent à soutenir qu'une redéfinition du domaine d'intervention du droit pénal permettrait à ce dernier de se recentrer sur sa mission essentielle, punir les agissements les plus graves et de retrou-

1. Ainsi, la loi française n° 94-475 du 10 juin 1994 relative à la prévention et au traitement des difficultés des entreprises a créé un nouveau cas de banqueroute, puisque l'infraction peut désormais être constitué lorsque la compatibilité a été tenue de manière manifestement incomplète ou irrégulière au regard des dispositions légales (*cf.* art. L. 626-2, 5° C. com.).

2. CAZE-GAILLARDE N., L'ordre public pénal. Essai sur la dimension substantielle de la notion, Thèse Lyon III, 2003, n° 866, p.503 ; DELMAS-MARTY M., « Les conditions de rationalité d'une dépénalisation partielle du droit pénal de l'entreprise », in Bilan et perspectives du droit pénal de l'entreprise, Coll. Le point sur, Economica, 1989, p. 89 et s. ; GUYON Y., « De l'inefficacité du droit pénal des affaires », Pouvoirs 1990, n° 55, p. 41 et s., spéc. n° 10 et s., p. 49 et s. ; ANCEL M., La Défense sociale, traduit en persan par NADJAFI A.-H. et ACOURI M., Presses de l'Université de Téhéran, 1ère éd. 1991, pp. 113-114 ; NADJAFI A.-H., « Nouvelle pénologie, nouvelle criminologie », in Les nouveautés de la Science criminelle (sous la direction de NADJAFI A.-H.), édition Mizan, 1ère éd. 2009 ; GHOLDOUZIAN I., « Les méthodes alternatives au règlement des litiges en droit pénal », Revue de l'Université de Pardise Qom, n° 1, 1999, p. 39 et s. ; MAHMOUDI J., « Déjudiciarisation et décriminalisation du point de vue de la Constitution et le droit administratif », Revue spécialisée de l'Université des Sciences islamiques de Razavi : théologie et droit, n° 19, 2006, p. 105 et s.

3. JEANDIDIER W., « L'art de dépénaliser : l'exemple du droit des sociétés », in Mélanges J.-L. AUBERT, Dalloz, 2005, p. 449 et s.

4. MASCALA C., « Vers une dépénalisation des infractions d'affaires ? Une réalité ? », D. affaires 1998, p. 1030 et s.

ver ainsi une légitimité et une efficacité qui sont parfois mises en cause en raison de sa trop grande dilution.

242. Les comportements qui ne sont plus incriminés doivent-il désormais restés impunis ? *A priori,* une réponse positive devrait être formulée, puisque telle semble être la volonté exprimée par le législateur. Pourtant, il a été soutenu en doctrine que la dépénalisation devait s'accompagner de la mise en place de sanctions alternatives, afin de ne pas laisser sans réponse des comportements qui, au demeurant, peuvent continuer à produire des effets juridiquement contestables [1]. Or, la responsabilité civile considérée dans sa fonction de peine privée présenterait justement l'avantage de permettre de punir des comportements qui ne relèvent plus de la répression pénale : « A partir du moment où le législateur abandonne la régulation pénale de certaines activités, la fonction de sanction, de peine privée et de moralisation des comportements se déporte tout naturellement sur l'action en responsabilité pour faute, en concurrence, éventuellement, avec d'autres mécanismes, tels que, par exemple, l'interdiction bancaire qui assure la police des chèques par une technique qui ne relève ni du droit pénal, ni de la responsabilité civile… » [2].

243. En définitive, le rôle palliatif du système de répression civile procèderait de ce qu'il permet non seulement de sanctionner plus facilement certains sujets de droit, les personnes morales, mais également de neutraliser le mouvement de dépénalisation, les comportements ne correspondant plus à la définition d'une infraction demeurant susceptibles d'être sanctionnés au travers de la responsabilité civile mise en œuvre à des fins punitives. Toutefois, l'existence concrète d'un tel rôle palliatif de la répression civile est sujette à discussion. En effet, les arguments avancés pour rendre compte de sa réalité peuvent, là encore, ne pas être obligatoirement partagés.

Paragraphe 2 : La réfutation des arguments répressifs de la responsabilité civile

244. Le système de répression civile se voit reconnaître un rôle palliatif qui apparaît doublement hypothétique : tout d'abord, l'argument consistant à remarquer que les personnes morales sont susceptibles d'y être soumises se révèle désormais parfaitement inutile (**A**), ensuite la possibilité de neutraliser le mouvement de dépénalisation par le recours à la responsabilité civile à finalité punitive doit, quant à elle, être qualifiée de juridiquement contestable (**B**).

---

1. *Idem*, p.1030 et s., spéc. p. 1035 ; du même auteur, « *Les finalités de l'évolution législative en droit pénal des affaires* », in Les droits et le droit, Mélanges dédiés à Bernard Bouloc, Dalloz, 2007, p. 733 ; STASIAK F., *Droit des affaires*, LGDJ, 2005, p. 259.

2. POLLAUD-DULIAN F., « De quelques avatars de l'action en responsabilité civile dans le droit des affaires », RTD civ. 1997, p. 349 et s., spéc. p. 355.

A – La soumission inutile des personnes morales au système de répression civile

245. Deux raisons permettent de douter de ce que la mise en œuvre de la responsabilité civile des personnes morales dans un but punitif puisse utilement combler les lacunes de la répression pénale.

246. La première tient à ce que la responsabilité pénale des entités morales est soumise à des conditions qui se révèlent, au fil des réformes législatives françaises et iraniennes, de moins en moins sévères, de sorte que, désormais, ses insuffisances apparaissent davantage supposées que réelles. Tout d'abord, depuis la loi française n° 2000-647 du 10 juillet 2000, dans les hypothèses de causalité indirecte, elle peut être retenue alors même que celle des organes ou représentants n'est pas susceptible d'être engagée du fait de l'absence de faute qualifiée par eux commise. Ensuite, et peut être surtout, la loi n° 2004-204 du 9 mars 2004 portant adaptation de la justice aux évolutions de la criminalité a, en son article 54, abrogé la partie de la disposition de l'article 121-2 C. pén. qui prévoyait jusqu'alors que la responsabilité pénale des personnes morales ne pouvait être recherchée que « dans les cas prévus par la loi ou le règlement ». Cette suppression, qui était attendue [1], a été essentiellement décidée pour restaurer une certaine cohérence qui faisait manifestement défaut en la matière, la liste des incriminations susceptibles de fonder la condamnation des personnes morales étant dépourvue de toute logique [2]. Par ailleurs, les articles 124 et 125 de la Loi n° 2009-526 du 12 mai 2009 de simplification et de clarification du droit et d'allègement des procédures tirent les conséquences de l'adoption du principe de généralité et suppriment les normes éparses prévoyant un cas particulier de responsabilité pénale des personnes morales.

247. Il n'en demeure pas moins, concernant le droit iranien où les personnes morales, à l'exclusion de l'Etat, sont désormais responsables pénalement, selon les distinctions de certaines lois particulières [3] et généralisée très récemment par le biais

1. SORDINO M.-Ch., « La disparition du principe de spécialité de la responsabilité pénale des personnes morales: une fin espérée... adoptée dans la plus grande discrétion », Gaz. Pal. 2004, doct. p. 2842 et s.

2. STOLOWY N., « La disparition du principe de spécialité dans la mise en cause pénale des personnes morales », JCP 2004, I, 138.

3. NORY YOSHANLOEY J., Questions et éléments de réponses à propos de la responsabilité pénale des personnes morales en droit français et en droit iranien, Mémoire du Master 2 recherche de Droit privé, Sciences Criminelles et Justice, Spécialité Droit pénal Fondamental, Université Montpellier 1, 2006-2007, p. 48 et s. La première manifestation de l'idée de la responsabilité pénale des personnes morales se dérive de l'article unique relatif à la confiscation des biens appartenant aux parties politiques de l'ancien régime. La loi adoptée en 1955 concernant les affaires médicales et pharmaceutiques et les denrées alimentaires confirme nettement la responsabilité pénale des personnes morales. La loi des mesures de sûreté adoptée le 1er février 1957, a fait allusion dans son premier article aux personnes morales les considérant passibles de certaines peines. Il en est de la sorte la législation postérieure à la Révolution de 1979. En effet, le législateur postrévolutionnaire a, à son tour, lentement pris conscience de la capacité d'action des personnes morales. Il tenté d'accentuer la répression des personnes morales en augmentant les cas prévus par la loi. A titre exemple, on peut citer : la loi du système syndical adoptée en 1980 au Conseil de la Révolution, l'article 201 des dispositions pénales de la loi des impôts directs adoptée le 03 décembre 1987, l'article 184 du Code du travail adopté le 29 octobre 1990, l'article 8 de la loi du 23 novembre 1994 relative à l'interdiction de l'utilisation des équipements satellitaires, l'article 79 de la loi du 17 février 2003 relative au commerce numérique, l'article 5 de la loi du 24 juin 2004 relative à la lutte

de l'article 133-6 du nouveau projet de Code pénal islamique, des infractions commises pour leur compte, par leurs organes ou représentants [1]. Si cette responsabilité est récente en droit iranien, c'est d'abord parce que le législateur et la doctrine majoritaire considéraient qu'il s'agissait d'une responsabilité du fait d'autrui qui n'était qu'exceptionnelle. De plus, le législateur iranien était déjà méfiant des conséquences que cette mesure pouvait entraîner dans les faits et sur le droit pénal. Cependant, la réalité a dépassé la fiction, les personnes morales commettent des infractions sans que l'on puisse identifier un auteur personne physique, ou bien cet auteur n'agit que dans l'intérêt de la personne morale et la répression des personnes physiques ne le dissuade pas. Dès lors, des considérations pratiques ont motivé le législateur à tenter de créer une responsabilité pénale des personnes morales permettant de les sanctionner pour les infractions commises en leur sein.

248. Il en résulte que depuis les dernières modifications de ces législations, la responsabilité pénale des personnes morales n'est plus régie par le principe de spécialité. Aussi, elle peut, sauf exclusion expressément prévue par le législateur [2], être retenue pour toutes les infractions [3], sous réserve, bien évidemment, que les autres conditions de mise en œuvre auxquelles elle demeure subordonnée soient réunies. Finalement, les possibilités de condamner pénalement une personne morale sont suffisamment nombreuses pour que le relais du système répressif civil puisse être considéré comme superfétatoire.

249. La seconde raison, permettant de douter de l'utilité de soumettre des personnes morales au système de répression civile procède de ce que l'affirmation selon laquelle la répression civile des personnes morales encouragerait des régimes de responsabilité trop diversifiés pour fonder une condamnation, peut être réfutée. Cette dernière contestation provient plus du droit français qu'iranien, puisque les interventions législatives spécifiques iraniennes retenant la responsabilité pénale des personnes morales n'étaient pas coordonnées et manquaient de cohérence. D'ailleurs, le récent projet de Code pénal islamique n'a pas été encore définitivement adopté.

En effet, il a été soutenu, en doctrine française, que la responsabilité civile des personnes morales pourrait être recherchée à des fins punitives sur le fondement de l'article 1384 al. 5 C. civ dont il conviendrait cependant d'adapter certains aspects du régime actuellement trop marqué par l'idée de garantie [4]. Une telle proposition ne

---

contre le trafic des êtres humains, l'article 51 de la loi du 1 décembre 2005 sur le marché des valeurs mobilières, et l'article 19 de la loi des crimes informatiques adoptée le 11 février 2010.

1. ESHTYAGH V., « La responsabilité pénale des personnes morales dans le nouveau projet du Code pénal islamique », Revue de la recherche juridique, 2009, n° 13, p. 335 et s.

2. Par exemple, en vertu de l'article 43-1 de la loi du 29 juillet 1881 sur la liberté de la presse, les personnes morales ne peuvent pas être déclarées pénalement responsables sur le fondement d'infractions commises par voie de presse.

3. Il convient néanmoins de préciser que le législateur avait prévu une exception en matière d'infractions de presse. En effet, aux termes de l'article 55 de la loi du 9 mars 2004, les dispositions relatives à la responsabilité pénale des personnes morales « ne sont pas applicables aux infractions pour lesquelles les dispositions des articles 42 ou 43 de la loi de 1881 sont applicables ».

4. CARVAL S., La responsabilité civile dans sa fonction de peine privée, *op. cit.*, n° 301, p. 341 et s.

convainc pas nécessairement. En l'état actuel du droit, la responsabilité des commettants du fait des préposés est objective, dans le sens où, si elle repose sur un fait illicite du subordonné [1], son engagement n'est pas conditionné par la faute de la personne condamnée. Or, un fait générateur de responsabilité non fautif ne saurait justifier le prononcé d'une sanction susceptible d'être qualifiée de peine privée [2].

250. Certes, il pourrait être objecté que l'illicéité n'est pas totalement absente. Tout d'abord, la faute du préposé est requise pour fonder la condamnation du commettant. Ceci étant, il ne semble pas qu'elle suffise pour que cette dernière puisse se voir reconnaître une fonction punitive. En effet, la responsabilité découlant de l'article 1384 al. 5 C. civ. est alors encourue pour le fait d'autrui. Or, la répression n'a aucun sens lorsque celui qui la subit n'a pas eu un comportement personnel pris en défaut. Ensuite, sur le modèle de la théorie de la *culpa in vigilando* développée par une partie de la doctrine pénaliste, il a été soutenu qu'il serait possible de considérer que la faute du préposé révèle un défaut général de surveillance du commettant [3]. Aussi, le fondement fautif de la condamnation de ce dernier serait-il finalement établi, et le prononcé d'une sanction civile à finalité punitive deviendrait envisageable. Toutefois, il convient de constater que la Cour de cassation n'a toujours pas repris à son compte une telle proposition dont l'intérêt est, somme toute, assez limité. Quelle peut être, il est vrai, l'utilité pratique d'asseoir la responsabilité de l'article 1384 al. 5 C. civ. sur la faute du commettant, alors que celui-ci peut déjà être assigné sur le fondement de l'article 1382 C. civ. ?

251. La responsabilité civile des personnes morales à des fins punitives se révèle inutile dès lors qu'elle est supposée tenir en échec des lacunes seulement hypothétiques de la répression pénale, et que la diversité théorique des fondements qui permettent de l'engager ne présente, en l'occurrence, aucun intérêt particulier. Les réserves exprimées quant à l'opportunité de recourir à la répression de droit privé sont d'autant plus vives que le dernier argument avancé pour légitimer la fonction punitive de la responsabilité civile, à savoir la neutralisation du mouvement de dépénalisation, se révèle contestable, non pas dans son effectivité, mais dans son principe même.

B – La neutralisation contestable du mouvement de dépénalisation par le système de répression civile

252. Lorsque le législateur décide d'abroger une incrimination, il le fait généralement parce qu'il estime que le comportement qu'elle sanctionne ne justifie plus qu'il y soit apporté une réponse pénale, cette dernière pouvant désormais apparaître inutile, inefficace ou encore dépourvue de toute effectivité.

253. De prime abord, il pourrait être soutenu que le mouvement de dépénalisation traduirait non pas la volonté de ne plus punir certains comportements mais

1. Civ. 2ème, 8 octobre 1969, Bull. civ. II, n°269 ; Civ. 2ème, 8 avril 2004, D. 2004, juris. p. 2601, note Y.-M. SERINET.

2. *Cf. supra*, n° 58 et s.

3. CARVAL S., La responsabilité civile dans sa fonction de peine privée, *op. cit.*, n° 301, p. 342.

celle, beaucoup moins radicale, de seulement les sortir du champ matériel du droit pénal. C'est cette approche de la dépénalisation qui explique que la responsabilité civile dans sa fonction de peine privée puisse être judicieusement sollicitée afin de prendre le relais de la répression [1]. Une telle solution serait d'autant plus justifiée qu'il a été remarqué en doctrine qu'il était heureux, pour éviter une pénalisation excessive de la vie en société, que ne soit pas confiée au seul droit pénal la mission d'assurer la répression des comportements dommageables [2].

En effet, « le transfert à la responsabilité pénale de toute politique de sanction et de prévention appellerait inévitablement un gonflement démesuré du droit répressif français, difficilement compatible avec les caractères fondamentaux que la France lui a toujours reconnu » [3].

Qu'il soit cependant permis de ne pas partager les avis ainsi exprimés. Tout d'abord, il semble salutaire que la répression relève, si ce n'est exclusivement, du moins essentiellement du droit pénal. Ce dernier est en effet mis en œuvre selon une procédure qui présente les meilleures garanties pour les personnes mises en cause. Aussi, il ne paraît pas véritablement opportun de favoriser le développement de la peine privée. Ensuite, le risque de pénalisation excessive parfois dénoncé doit être relativisé. La commission d'une infraction n'emporte pas automatiquement condamnation. Le principe de l'opportunité des poursuites permet effectivement de réguler le déclenchement de l'action publique. Il est donc parfaitement envisageable qu'une infraction pleinement consommée aboutisse à un classement sans suite, par exemple si les circonstances particulières de l'espèce le justifient. Enfin, le prononcé de peines privées étant une pratique essentiellement occulte, il ne semble pas possible de considérer que le législateur envisage la dépénalisation de certains comportements pour les soumettre à un système de répression qui, officiellement, n'avait, notamment en France, aucune existence jusqu'alors.

254. Finalement, et en l'absence d'un transfert législatif du pouvoir de punition vers le juge civil, sur le modèle de celui qui a été effectué au bénéfice de certaines autorités administratives indépendantes, il s'avère préférable de considérer que le mouvement de dépénalisation révèle la volonté beaucoup plus profonde de l'autorité législative aussi bien française qu'iranienne de ne plus frapper de sanctions punitives les comportements ne faisant plus l'objet d'une incrimination. Il s'agit là d'un choix politique qui se doit d'être respecté. Aussi, sa neutralisation par le prononcé de sanctions civiles à finalité punitive impose d'être relativisée. Certes, il pourrait être objecté que cette conception de la dépénalisation est susceptible d'engendrer

---

1. *Cf. supra*, n° 237 et s.

2. CADIET L., « *Sur les faits et les méfaits de l'idéologie de la réparation* », in *Mélanges P. DRAI*, Dalloz, 2000, p. 495; ZEHR H., *Restorative justice*, traduit en persan par : GHOLAMI H., éditions Madjd, 1ère éd. 2004, p. 82 et s. ; AZIZI H.-A., *Les contextes historiques de la justice restaurative en Iran*, édition Journal officiel de la République islamique d'Iran, 1ère éd. 2009, p. 95 et s. ; MOHAGHEGH-DAMAD M., *La civilisation islamique et son organisation judiciaire, Revue trimestrielle des études juridiques et judiciaires,* 1987, cahier n° 10.

3. FLOUR Y., « *Faute et responsabilité civile : déclin ou renaissance ?* », in *Fin de la faute ?*, Droits 1987, n° 5, p. 29 et s., spéc. n° 10, p. 42.

certains abus au regard de l'espace de liberté qu'elle semble alors ouvrir [1]. Toutefois, là encore, un tel risque ne doit pas être exagéré, dès lors que les choix de politique criminelle sont réversibles [2]. Aussi, lorsque les nécessités de la répression se font ressentir, aucun argument ne fait obstacle à ce qu'un comportement soit de nouveau érigé en infraction. Cette option semble préférable, pour les raisons déjà exposées, à celle consistant à recourir à la responsabilité civile dans sa fonction de peine privée.

255. En définitive, dès lors qu'il peut être considéré que le but poursuivi par la dépénalisation est de ne plus punir certains comportements jusqu'ici incriminés, il apparaît contestable de contrecarrer cette volonté législative par un système de répression civile. Ceci est d'autant plus vrai que le système de répression civile ne semble que très partiellement compatible avec l'ordre juridique.

---

1. MASCALA C., « *Vers une dépénalisation des infractions d'affaires ? Une réalité ?* », D. affaires 1998, p.1030 et s., spéc. p.1035.

2. Par exemple, à l'origine, la contrefaçon en matière de brevet était constitutive d'une infraction. Puis, elle a été dépénalisée par une loi du 13 juillet 1978 aux motifs d'une part, que l'action publique n'était en ce domaine que très rarement mise en œuvre, et, d'autre part, que dans les législations étrangères, elle n'était déjà plus pénalement sanctionnée. Or, les inconvénients attachés à l'abrogation du caractère infractionnel de la contrefaçon ont été tels qu'une loi n° 90-1052 du 26 novembre 1990 a de nouveau pénalement sanctionné le fait de sciemment porter atteinte aux droits du propriétaire d'un brevet.

CHAPITRE 2
La compatibilité partielle de la peine privée avec l'ordre juridique

256. La peine privée est soumise à un régime juridique dont la coexistence avec d'autres règles ou principes faisant partie intégrante du droit positif français et iranien. Cependant ce régime est parfois susceptible de soulever quelques interrogations. Certes, si sa compatibilité avec le principe de réparation intégrale semble pouvoir être vérifiée (**Section 1**), son adéquation avec les principes gouvernant tout pouvoir de répression est, quant à elle, davantage problématique (**Section 2**).

Section 1 : La compatibilité avérée de la peine privée avec le principe de réparation intégrale

257. La compatibilité de la peine privée avec le principe de réparation intégrale ne paraît pas devoir être sérieusement discutée. En effet, quand elle ne s'impose pas naturellement (**Paragraphe 1**), elle peut encore être juridiquement mise en évidence (**Paragraphe 2**).

Paragraphe 1 : La compatibilité naturelle de la peine privée avec le principe de réparation intégrale

258. Parmi les peines privées qui ont pu être inventoriées [1], toutes n'ont pas vocation à potentiellement heurter le principe de réparation intégrale, aux termes duquel la compensation accordée doit être équivalente à l'entier préjudice subi. Ainsi, toutes les peines privées qui ne modifient aucunement l'étendue de la réparation accordée à la victime sont naturellement compatibles avec le principe de réparation intégrale (**A**). Par ailleurs, alors même qu'elles ont pour effet de diminuer ou d'augmenter le montant des dommages et intérêts dont la victime peut normalement se prévaloir, certaines peines privées ne portent pas pour autant atteinte au principe de réparation intégrale (**B**).

---

1. *Cf. supra*, n° 105 et s.

A – La compatibilité naturelle des peines privées ne modifiant pas l'étendue de la réparation accordée à la victime

259. Certaines variétés de sanctions civiles punitives n'exercent aucune influence sur l'étendue de la réparation du dommage accordée à la victime. L'affirmation peut être diversement vérifiée.

260. Tout d'abord, les astreintes n'agissent aucunement sur l'étendue de la réparation effectivement accordée à la victime. L'explication procède de ce que la Cour de cassation française a eu l'occasion de préciser que « l'astreinte provisoire, mesure de contrainte entièrement distincte des dommages-intérêts, et qui n'est en définitive qu'un moyen de vaincre la résistance opposée à l'exécution d'une condamnation, n'a pas pour objet de compenser le dommage né du retard et est normalement liquidée en fonction de la gravité de la faute du débiteur récalcitrant et de ses facultés [...] » [1]. Cette décision a par la suite été confirmée en des termes sensiblement identiques, la Haute juridiction énonçant à nouveau que « l'astreinte prononcée pour vaincre la résistance d'une partie à s'exécuter constitue une mesure de contrainte distincte de l'indemnité destinée à réparer le dommage résultant du retard imputable à la partie condamnée, qu'elle peut se cumuler avec les dommages-intérêts [...] » [2]. C'est d'ailleurs la solution qui peut s'inférer d'un arrêt très récemment rendu dans lequel la Cour de cassation avait qualifié de sanction civile une astreinte prononcée par un tribunal américain [3]. Les dommages-intérêts punitifs partageant avec l'astreinte la nature de peine privée, il est logique qu'ils soient soumis au même régime.

L'astreinte étant donc juridiquement distincte des dommages et intérêts accordés à la victime, elle ne saurait modifier d'une manière ou d'une autre la réparation accordée à cette dernière et, par suite, contrarier le principe de réparation intégrale.

261. Ensuite, certains dommages et intérêts punitifs ne modifient pas, contrairement à ce que leur dénomination pourrait pourtant laisser croire, le montant des sommes finalement allouées à la victime en réparation des préjudices dont elle a souffert. Il s'agit de ceux dont le prononcé résulte de la prise en compte de la gravité de la faute dans le cadre de la détermination de la contribution à la dette entre coauteurs [4]. Ainsi, au titre de la peine privée, celui à qui la faute la plus grave est reprochée doit prendre à sa charge une part plus importante que les autres des sommes allouées à la victime. Ceci étant, le montant global des dommages et intérêts accordés à cette dernière correspond au préjudice qu'elle a effectivement souffert. En conséquence, là encore, le principe de réparation intégrale reste parfaitement respecté.

262. Enfin, la publication de la décision de justice retenant la responsabilité civile du défendeur relève de la catégorie des peines privées pour lesquelles la victime

---

1. Civ.1ère, 20 octobre 1959, D. 1959, note G. HOLLEAUX.
2. Civ. 1ère, 28 février, 1989, Bull. Civ., I, n° 97.
3. Civ., 1ère, 28 janvier 2009, n° 07-11.729, Blech, Bull. civ., I, n° 15 ; D. 2009. 436, obs. I. Gallmeister, 2384, obs. S. Bollée, et 2010. 1585, obs F. Jault-Seseke ; JDI 2009. 1237, note F. Maechadier.
4. *Cf. supra*, n° 111 et s.

n'en est pas le bénéficiaire direct. Partant, l'étendue de l'indemnisation accordée à cette dernière n'est aucunement affectée par cette mesure et le principe de réparation intégrale ne l'est pas davantage.

Si les peines privées sont naturellement compatibles avec le principe de réparation intégrale, en ce qu'elles ne modifient aucunement l'étendue de l'indemnisation accordée à la victime des dommages, certaines peuvent également l'être dans l'hypothèse inverse. Ce sont ces dernières qu'il convient à présent d'identifier.

B – La compatibilité naturelle de certaines peines privées agissant sur l'étendue de la réparation accordée à la victime

263. Deux sortes de peines privées agissant sur l'étendue de la réparation accordée à la victime demeurent cependant naturellement compatibles avec le principe de la réparation intégrale.

La première est la condamnation de principe à un euro. Si elle constitue une peine privée qui, *a priori,* heurte le principe de réparation intégrale en ce que les sommes allouées sont nécessairement inférieures au préjudice effectivement souffert par la victime, il peut être vérifié, à la réflexion, que tel n'est en réalité pas le cas. La justification procède de ce que, en demandant un euro symbolique, la victime a, peut être fictivement, mais souverainement évalué son préjudice à ce montant. Ainsi, la condamnation prononcée ne heurte pas le principe de réparation intégrale.

La seconde est celle qui consiste dans l'éviction des clauses limitatives ou exonératoires de responsabilité prévues par les parties à la convention lorsque le défaut d'exécution est constitutif d'une faute intentionnelle ou équipollente au dol. En effet, son prononcé n'a pas pour conséquence d'autoriser l'octroi de dommages et intérêts d'un montant supérieur au préjudice effectivement subi par le biais d'un élargissement artificiel de la notion de dommage réparable. Il permet seulement une extension de l'assiette du préjudice juridiquement réparable, dans la limite du dommage objectivement souffert. En conséquence, là encore, il n'est aucunement porté atteinte à l'obligation d'indemniser l'entier et le seul dommage.

264. En réalité, les peines privées susceptibles de contrarier le principe de réparation intégrale, avec lequel elles ne sont donc pas naturellement compatibles, sont celles qui ont pour implication nécessaire de modifier, dans le sens d'une augmentation [1], le montant des dommages et intérêts qui devraient normalement être accordés en considération de l'étendue du préjudice. Relèvent de ces hypothèses, les dommages et intérêts punitifs qui découlent d'une extension jurisprudentielle de la notion de préjudice réparable, d'une modification des modalités d'évaluation du montant des indemnités, ou encore de l'allocation d'une somme d'argent en sus de la

1. La diminution du montant de l'indemnité versée à la victime à raison de sa propre faute n'est en effet pas susceptible d'être qualifiée de peine privée (*Cf.supra*, n° 188). La Cour de cassation française affirme dans son arrêt précédemment évoqué, certes, avec force qu'une condamnation à des dommages-intérêts punitifs n'est pas, en soi, contraire à l'ordre public international. Elle prend néanmoins le soin de tempérer cette tolérance en précisant qu' « il en est autrement lorsque le montant alloué est disproportionné au regard du préjudice subi et des manquements aux obligations contractuelles du débiteur ».

condamnation à la réparation en nature de l'entier préjudice concomitamment prononcée. De même, peut être inventoriée, mais uniquement en matière contractuelle, la clause pénale dont l'insertion dans un contrat est rendue possible par l'article 230 du Code civil iranien et l'article 1152 du Code civil français. Bien que ces sanctions, exclusivement prétoriennes pour les premières et légalement prévues pour les secondes, ne soient pas naturellement compatibles avec le principe de réparation intégrale en ce qu'elles le heurtent potentiellement, elles peuvent cependant l'être, à certaines conditions, d'un point de vue juridique.

Paragraphe 2 : La compatibilité juridique de la peine privée avec le principe de réparation intégrale

265. Après avoir exposé les conditions qui doivent présider à la compatibilité juridique des peines privées avec le principe de réparation intégrale (**A**), il s'agira de vérifier qu'elles sont susceptibles d'être en l'occurrence réunies (**B**).

A – L'énoncé des conditions de la compatibilité juridique de la peine privée avec le principe de réparation intégrale

266. Le principe de réparation intégrale n'est susceptible d'être tenu en échec que par des peines privées dont la variété est somme toute assez limitée et dont la source est exclusivement jurisprudentielle en matière de responsabilité extracontractuelle, et prétorienne ou légale en matière de responsabilité contractuelle [1].

267. Normalement, la compatibilité juridique des peines privées avec le principe de réparation intégrale ne pourra en toute logique être vérifiée que si la valeur juridique qui est reconnue à celles-là est identique à celle qui est attribuée à celui-ci. Il s'agit là de la condition *sine qua non* pour que la peine privée puisse coexister juridiquement avec le principe de réparation intégrale, par une sorte de conciliation qui imposerait alors de faire le choix entre la finalité répressive ou indemnitaire de la responsabilité civile. Si cette condition devait ne pas être remplie, c'est uniquement celle qui a la valeur juridique la plus forte qui pourrait, en principe, voir son existence s'imposer dans l'ordre juridique. De ce constat découle l'obligation de déterminer l'exacte place de la règle de la réparation intégrale en droit positif français et iranien.

268. Toutefois, il convient de préciser qu'en dépit d'une hypothétique différence d'autorité qui viendrait à être établie entre le principe de réparation intégrale et la peine privée, la compatibilité entre celle-ci et celui-là pourra encore être éventuellement sauvegardée. En effet, la portée du principe de réparation intégrale est loin d'être générale, de sorte que, faisant l'objet de nombreuses dérogations [2], son domaine d'application est finalement limité [1].

---

1. *Cf. supra*, n° 64.

2. Crim., 24 février 2009, Bull. crim., n° 43, RCA 2009, comm. 129, obs. F. Leduc ; Civ. 2ème, 15 décembre 2009, RCA 2009, comm. 238 ; Civ. 3ème, 1er décembre 2009, n° 08-18. 296 et 08-70. 245,

Les conditions de la compatibilité juridique de la peine privée avec le principe de réparation intégrale ainsi énoncées permettent de vérifier qu'elles sont réunies en droit positif des deux pays en question.

B – La réunion des conditions de la compatibilité juridique de la peine privée avec le principe de réparation intégrale

269. Pour établir la compatibilité juridique de la peine privée avec le principe de réparation intégrale, il faut au préalable s'assurer que ce dernier n'a pas une valeur supra-législative, laquelle, en effet, condamnerait définitivement le recours aux sanctions civiles punitives qui lui portent atteinte, leur source étant tout au plus législative.

270. Quant au droit iranien, le principe de réparation intégrale de tous les dommages trouve sa source dans les règles islamiques [2]. La règle la plus connue en la matière est celle de « là zarar » [3] (l'interdiction de préjudice), en vertu de laquelle aucun dommage ne doit être causé à autrui sous peine de réparer tous les chefs de dommages, aussi bien matériels que corporels. Cependant, comme le souligne Monsieur le Professeur KATOUZIAN, « le principe de réparation intégrale en vertu duquel la réparation doit couvrir tout le préjudice, ne doit pas être considéré comme un principe fondamental et intangible. Elle n'a qu'une valeur relative en droit iranien » [4]. En effet, dans un certain nombre d'hypothèses, le droit iranien prévoit, ou à tout le moins accepte, que la réparation puisse être inférieure au dommage effectivement subi par la victime [5]. En est-il par exemple des limitations légales de responsabilité en matière de droit maritime [6] ou de la possibilité, offerte aux professionnels, d'insérer, certes sous certaines réserves, dans leur contrat une clause limitative de responsabilité [7]. Même si elles ont pour objet de diminuer la réparation, ces atteintes consenties au principe de réparation intégrale laissent déjà pressentir que l'on n'est pas là en présence d'une valeur intangible susceptible d'empêcher l'intégration du principe des dommages-intérêts punitifs au droit de responsabilité civile iranienne.

RCA 2010, comm. 61 ; Civ. 2ème, 12 mai 2010, n° 09-14.596, FS-O+B, D. 2010. 1346, obs. I. Gallmeister.

1. COUTANT-LAPALUS Ch., *Le principe de réparation intégrale en droit privé*, PUAM, 2002, n° 258 et s.

2. HAJI-DEHABADI A., La réparation du dommage de la victime par l'Etat et les institutions publiques, édition Institut de recherche sur la culture et la pensée islamique, 1ère éd. 2009, p. 135 ; HASHEMI SHAHROUDI S.-M., *Les essentielles du figh pénal*, édition Mizan, 1ère éd. 2000, p. 129 et s.

3. RASHIDPOUR A.-Gh., *La règle de « là zarr » du point de vue de l'Imam KHOMEINI*, édition Uroudj, 1ère éd. 2011.

4. KATOUZIAN N., *La responsabilité civile, T. I, Les obligations extracontractuelles*, éditions de l'Université de Téhéran, 3ème éd., 2007, n° 368 et s., p. 693 et s.

5. IZANLO M., *Les clauses limitatives et exonératoires de responsabilité dans les contrats*, éditions Sherkat Sahamyeh Enteshar, 1ère éd. 2003, n° 237 et s.

6. Art. 55, alinéa 5, et l'article 75 de la Loi maritime, adoptée le 29 août 1964.

7. Art. 4 de la Loi du 27 avril 1960 sur la responsabilité civile.

271. Ce pressentiment se trouve d'ailleurs vérifié lorsque l'on observe qu'à l'inverse le droit iranien de la responsabilité civile, ou plus exactement l'application qui en est faite, permet dans certains cas à la victime d'obtenir plus que ce qu'elle a effectivement perdu [1]. C'est la raison pour laquelle, même si officiellement les juges doivent fixer le montant de la réparation sur la seule évaluation du dommage moral, il est évident qu'ils ont souvent tendance à « alourdir la somme due en fonction d'autres éléments que le seul préjudice » [2]. La solution s'explique, en principe, par la notion de dette de valeur. La dette du responsable n'a pas en effet pour objet une somme nominale fixe et liquide, mais la valeur d'un dommage qui varie jusqu'au jour où le juge la fixe et la transforme en dette monétaire. L'évaluation de la dette de réparation au jour de jugement est même une nécessité au regard du principe de la réparation intégrale. A défaut d'y procéder, la victime ne percevrait en période d'inflation qu'une indemnité dévaluée par suite de la dépréciation monétaire.

272. Aussi, au regard du seul droit interne, il paraît difficile d'ériger le principe de réparation intégrale en valeur intangible s'opposant, par principe, à l'introduction des dommages-intérêts punitifs en droit de la responsabilité civile iranienne. Ceci est d'ailleurs d'autant plus vrai parce que d'autres peines privées, voisines des dommages-intérêts punitifs, furent déjà introduites en droit iranien ; mais bien plus, l'institution des dommages-intérêts punitifs, y est ensuite officiellement consacrée.

273. Concernant le droit français, en dépit d'apparences quelque peu trompeuses, il ne semble pas que le principe de réparation intégrale puisse être considéré comme faisant partie intégrante du bloc de constitutionnalité. Certes, une analyse superficielle de la jurisprudence du Conseil constitutionnel pourrait, de prime abord, laisser à penser le contraire.

Ainsi, les membres du Conseil qui étaient saisis pour apprécier la constitutionnalité d'une disposition destinée à être insérée dans le Code du travail et selon laquelle « aucune action ne peut être intentée à l'encontre de salariés, de représentants du personnel élus ou désignés ou d'organisations syndicales de salariés, en réparation des dommages causés par un conflit collectif de travail ou à l'occasion de celui-ci, hormis les actions en réparation du dommage causé par une infraction pénale et du dommage causé par des faits manifestement insusceptibles de se rattacher à l'exercice du droit de grève ou du droit syndical », ont, dans une décision en date du 22 octobre 1982 censuré le texte qui leur était soumis [3]. Ce dernier qui, en définitive, permettait de supprimer le droit à réparation de certaines victimes a en effet été considéré comme portant atteinte au principe d'égalité devant la loi et les charges publiques,

---

1. Art. 230 du Code civil, et l'article 5 de la Loi du 27 avril 1960 sur la responsabilité civile.

2. L'arrêt du 5 avril 1996 de l'Assemblée plénière de la Cour de cassation iranienne, Recueil des discussions et des arrêts de l'Assemblée plénière de la Cour de cassation, éd. Journal officiel 1996, T. II, p. 87 et s. ; L'arrêt n° 277 du 18 mai 1998 de la troisième chambre de la Cour d'appel de Téhéran, cité par : PARVIN F., *Le dommage moral en droit iranien,op. cit.*, p. 129 et s. ; L'arrêt du 24 avril 2003 de la chambre 1060 du tribunal commun de Téhéran, cité par : SEYFI S.-J., « *L'affaire dite « hémophilie » : un nouveau regard sur la responsabilité pénale de l'Etat dans la jurisprudence* », Revue de la recherche juridique, n° 8, 2005, p. 267.

3. Cons. Const., Décision n° 82-144 D.C. du 22 octobre 1982, Rec., p. 61, D. 1983, juris. P. 189, note F. LUCHAIRE, Pouvoirs 1983, n° 25, p. 195, obs. P. AVRIL et J. GICQUEL, Gaz., Pal. 1983, 1, p. 60, note F.CHABAS.

dans la mesure où il établissait « une discrimination manifeste au détriment des personnes à qui il interdit, hors le cas d'infraction pénale, toute action en réparation ». Si une telle décision peut être interprétée, avec une partie de la doctrine, comme portant éventuellement consécration de la valeur constitutionnelle du droit à réparation [1], il ne saurait en être déduit que celle-ci doit nécessairement être intégrale, notamment parce que le Conseil constitutionnel reste silencieux sur ses modalités d'évaluation.

274. Une analyse identique semble pouvoir être faite de la décision rendue le 9 novembre 1999 à propos de la loi relative au pacte civil de solidarité [2]. L'un des griefs soumis au Conseil était pris d'une atteinte à un principe fondamental, celui de l'immutabilité des contrats. Cette dernière procédait, selon les auteurs de la saisine, de ce que la disposition destinée à devenir l'article 515-17 nouveau C. civ. permettait une rupture unilatérale du pacte civil de solidarité sans qu'aucune cause n'ait à être avancée. Le Conseil a néanmoins rejeté l'argumentation ainsi développée. Il a en effet relevé que « [...] si le contrat est la loi commune des parties, la liberté qui découle de l'article 4 de la Déclaration des droits de l'homme et du citoyen de 1789 justifie qu'un contrat de droit privé à durée indéterminée puisse être rompu unilatéralement par l'un ou l'autre des contractants, l'information du cocontractant, ainsi que la réparation du préjudice éventuel résultant des conditions de la rupture, devant toutefois être garanties ; qu'à cet égard, il appartient au législateur, en raison de la nécessité d'assurer pour certains contrats la protection de l'une des parties, de préciser les causes permettant une telle résiliation, ainsi que les modalités de celle-ci, notamment le respect d'un préavis ».

Cette réserve d'interprétation formulée, les membres du Conseil ont poursuivi en indiquant « que ne sont pas contraires aux principes constitutionnels ci-dessus rappelés les dispositions de l'article 515-17 nouveau C. civ. qui permettent la rupture unilatérale du pacte civil de solidarité, la prise d'effet de celle-ci intervenant, en dehors de l'hypothèse du mariage, trois mois après l'accomplissement des formalités exigées par le législateur, et qui, dans tous les cas de rupture unilatérale, y compris le mariage, réservent le droit du partenaire à réparation ; que toute clause du pacte interdisant l'exercice de ce droit devra être réputée non écrite : [...] ». A la lecture de ces considérants, il apparaît que, là encore, le Conseil constitutionnel semble intégrer le droit de la victime à obtenir réparation des préjudices subis dans le bloc de constitutionnalité. Toutefois, et comme dans la décision du 22 octobre 1982, rien n'est dit sur les caractères que doit revêtir le droit à réparation constitutionnellement garanti à la victime.

275. Finalement, des deux décisions qui viennent d'être évoquées, il peut être déduit que si le droit à réparation a probablement une valeur constitutionnelle, le

---

1. CARBONNIER J., *Droit civil. Introduction*, Coll. Thémis, PUF, 27ème éd, 2002, n°123, p.233 : « S'il y a quelque chose de constitutionnel dans l'article 1382, c'est la réparation du dommage, non la sanction de la faute » ; COUTANT-LAPALUS Ch., *Le principe de réparation intégrale en droit privé*, PUAM, 2002, n°114, p.114 ; HAMON L., « *Le droit du travail dans la jurisprudence du Conseil constitutionnel* », Dr. Social 1983, p.155 et s. ; spéc. p.156 ; MOLFESSIS N., *Le Conseil constitutionnel et le droit privé*, Coll. Bibliothèque de droit privé, T. 287, LGDJ, 1997, n° 371, p. 294.

2. Cons. Const., Décision n° 99-419 D.C. du 9 novembre 1999, D.2000, S.C. p.424, obs. S. GARNERI, JCP 2000, I, 261, n°15 et s., obs. B. MATHIEU et M. VERPEAUX, JCP 2000, I, 280, n°1, obs. G. VINEY, Les Petites Affiches 1er décembre 1999, p. 6, J.-E. SCHOETI.

caractère intégral de la compensation accordée à la victime ne saurait être doté d'une même importance, les membres du Conseil ne s'étant jamais prononcé sur ce point.

276. Le principe de réparation intégrale ne saurait par ailleurs être déduit de la jurisprudence de la Cour européenne des droits de l'homme. Certes, dans deux décisions rendues à un an d'intervalle, la Cour de Strasbourg a assimilé les droits de créance conventionnels [1], puis délictuels [2], à des biens au sens de l'article 1er du Protocole additionnel n°1. Ceci étant, s'il peut en être déduit que le droit à réparation de la victime d'un dommage est assurément placé sous la protection supra-législative du droit de propriété [3], il ne peut être que constaté, dans le même temps, que la Cour européenne ne s'est absolument pas prononcée sur le caractère intégral ou non que devait revêtir l'indemnisation [4].

277. Pour ce qui est des traités ou accords internationaux, le principe de réparation intégrale est consacré par deux textes internationaux ratifiés par la France. Il s'agit de la Convention de Vienne du 11 avril 1980 sur la vente internationale de marchandises, d'une part et du Règlement « Rome II » du 11 juillet 2007 sur la loi applicable aux obligations non contractuelles, d'autre part. Il convient toutefois de rappeler que sa consécration par ces textes internationaux ne permet pas pour autant de considérer le principe de réparation intégrale comme une valeur fondamentale du *for*.

278. En effet, depuis plus de quarante ans, la Cour de cassation française juge que le principe de réparation intégrale ne ressortit pas de l'ordre public international français. La Cour de cassation l'a d'abord affirmé de manière implicite mais certaine, en jugeant qu'une loi excluant ou restreignant la réparation de certains types de préjudice ne heurtait pas l'ordre public international [5]. La généralité des termes utilisés par la Cour de cassation permet donc non seulement de conclure qu'une loi ou un jugement qui accorde une réparation inférieure au préjudice réellement subi ne heurte pas l'ordre public international, mais aussi qu'il en est de même pour une loi ou un jugement qui accorderait une réparation supérieure au dommage subi [6]. Il reste cependant à savoir si ce principe de réparation intégrale s'oppose à la réception en France d'une décision prononçant des dommages-intérêts punitifs ? La Cour d'appel de Poitiers a, dans un arrêt du 26 février 2009 [7], refusé d'accorder

---

1. CEDH, 9 décembre 1994, « Raffineries grecques Stran Andreadis c/ Grèce », Série A, n°301-B, RTD civ. 1995, p.652, obs. F. ZENATI.

2. CEDH, 20 novembre 1995, « Pressos Compania Naviera S.A. et autres c/ Belgique », Série A, n° 332, RTD civ 1996, p.1019, obs. J.-P. MARGUENAUD.

3. ZENATI F., obs. CEDH, 9 décembre 1994, RTD civ 1995, p.652 et s., spéc. p.654.

4. VINEY G. et JOURDAIN, *Traité de droit civil. Les effets de la responsabilité*, LGDJ, 2ème éd., 2001, n°59-3, p.124.

5. Cass. 1ère civ., 30 mai 1967, Bull. civ. 1967, I, n° 189 ; Cass. 1ère civ., 15 décembre 1969, Bull. civ. 1969, I, n° 393 ; Cass. crim., 16 juin 1993, n° 92-83.871, JurisData n° 1993-002499, Bull. crim., 1993, n° 214 ; Cass. 1ère civ., 30 septembre 2003, n° 00-22.294, JurisData n° 2003-020395, Bull. civ. 2003, I, n° 39.

6. GUERCHOUN F. et PIEDELLEVRE S., « Le règlement sur la loi applicable aux obligations non contractuelles (Rome II) », Gaz. Pal. 30 oct. 2007, n° 85.

7. CA Poitiers 1ère ch. Civ., 26 février 2009, n° 07/02404, S. c/ SA Fountaine Pajot, JurisData n° 2009-019747.

l'exequatur d'une décision californienne ayant octroyé, en plus des dommages compensatoires, des dommages-intérêts punitifs pour sanctionner le comportement frauduleux du vendeur français d'un bateau à un couple d'acheteurs américains domiciliés en Californie. La motivation de la Cour est principalement fondée sur l'incompatibilité de cette décision avec le principe de la réparation intégrale, qui appartient à l'ordre public international français. Cependant, en affirmant avec force qu'une condamnation à des dommages-intérêts punitifs n'est pas, en soi, contraire à la conception française de l'ordre public international, la première chambre civile de la Cour de cassation sous-entend que le principe de réparation intégrale ne constitue pas nécessairement une valeur intangible ne pouvant souffrir aucune exception [1].

279. Il est, par conséquent, permis de relever que le principe de réparation intégrale a une valeur plus que relative dans l'ordre interne. Puisque les frontières entre la compensation et la punition sont poreuses. Et si elles le sont c'est parce que, d'après Madame le Professeur Anne D'HAUTEVILLE, « la responsabilité civile assure, par essence, à la fois réparation et punition » [2]. Cette valeur relative conduit logiquement à la conclusion que le principe de réparation intégrale ne saurait *a fortiori* appartenir à l'ordre public international. Par ailleurs, en consacrant l'obligation, pour la victime de modérer son dommage (Mitigation of damages) [3], la Convention de Vienne prévoit elle-même une exception au principe de réparation intégrale. De plus, cette convention n'a, dans son ensemble, qu'un caractère dispositif étant donné que son application peut être volontairement écartée par les parties au contrat. Il s'ensuit que le caractère intangible et absolu du principe de réparation intégrale pouvait donc difficilement être déduit de sa seule consécration par l'article 74 de la Convention de Vienne.

280. Il n'en demeure pas moins que le caractère d'ordre public international du principe de réparation intégrale ne pouvait pas non plus être déduit du Règlement Rome II applicable par les juges français depuis le 11 janvier 2009. En effet, dans sa teneur initiale, « le projet de règlement Rome II » contenait une disposition qui prévoyait que « [l]'application d'une disposition de la loi désignée par le présent règlement qui conduirait à l'allocation de dommages et intérêts non compensatoires, tels que les dommages et intérêts exemplaires ou punitifs, est contraire à l'ordre public communautaire » [4]. Cette disposition a cependant été écartée du texte définitif. Ce-

1. Cass. 1ère civ., 1er décembre 2010, n° 09-13.303, FS-P+B+R+I (N° Lexbase : A4103GMW). La doctrine allait implicitement en ce sens en affirmant la compatibilité des dommages-intérêts punitifs avec le principe de réparation intégrale. v. LICARI F.-X., « *La compatibilité de principe des punitive damages avec l'ordre public international : une décision en trompe-l'œil de la Cour de cassation ?* », Recueil Dalloz, 10 février 2011, n° 6, p. 423 et s. ; SAGOT-DUVAUROUX J., « *Le sort des dommages-intérêts punitifs devant le juge français* », Lexbase Hebdo n° 425 du jeudi 27 janvier 2011, édition privé ; MICHAUD O., « *Vers un assouplissement du principe de la réparation intégrale du préjudice subi ?* », Revue des loyers, octobre 2010, n° 910, p. 368 et s.

2. D'HAUTEVILLE A., *Cours de la théorie des responsabilités civile et pénale*, En Master 2 recherche du droit pénal fondamental de l'Université Montpellier1, 2006-2007.

3. Article 77 de la Convention de Vienne dispose que : « La partie qui invoque la contravention au contrat doit prendre les mesures raisonnables eu égard aux circonstances, pour limiter la perte, y compris le gain manqué, résultant de la contravention. Si elle néglige de le faire, la partie en défaut peut demander une réduction des dommages-intérêts égale au montant de la perte qui aurait dû être évitée ».

4. Article 23 du projet de Règlement» Rome II », COM/2003/0427 final.

lui-ci indique seulement, dans un considérant dénué de toute portée normative, que l'ordre public international peut s'opposer à des dommages-intérêts punitifs excessifs.

281. Absent du bloc de constitutionnalité et compatible avec le bloc de conventionalité, le principe de réparation intégrale n'est donc pas, à ce niveau de la démonstration, de nature à tenir en échec la peine privée. Reste maintenant à déterminer positivement sa valeur exacte en France et, par suite, sa compatibilité avec les peines privées. Pour ce faire, il est utile de distinguer selon qu'il est appréhendé sur le terrain extracontractuel ou contractuel.

282. Pour une partie de la doctrine classique, le principe de réparation intégrale en matière de responsabilité civile extra-contractuelle s'évincerait de l'article 1382 du Code civil français [1], de sorte qu'une valeur législative pourrait lui être reconnue. Cependant, une telle interprétation se révèle pour le moins audacieuse. Aucune référence à la quotité de la réparation devant être accordée à la victime n'était pas faite dans la disposition mentionnée. Elle n'est d'ailleurs pas unanimement retenue, de nombreux auteurs ayant eu l'occasion de souligner que dans le domaine de la responsabilité extra-contractuelle, le principe de la réparation intégrale n'était inscrit dans aucune disposition législative [2]. En réalité, il semble bien que son existence, qui n'a d'ailleurs jamais été sérieusement contestée, soit expressément affirmée par la seule jurisprudence. En effet, dans un attendu devenu de principe, la Cour de cassation rappelle régulièrement que « le propre de la responsabilité est de rétablir aussi exactement que possible l'équilibre détruit par le dommage et de replacer la victime, aux dépens du responsable, dans la situation où elle se serait trouvée si l'acte dommageable n'avait pas eu lieu (ou ne s'était pas produit) » [3] ou encore que « les dommages-intérêts dus à la victime doivent couvrir intégralement la valeur du préjudice subi » [4]. Finalement, ayant une valeur jurisprudentielle, le principe de réparation intégrale peut parfaitement coexister avec des peines privées prononcées

1. GAUDEMET E., *Traité général des obligations*, Sirey, 1965, p.322: « En principe, la réparation doit être intégrale. Cela résulte de la formule large de l'article 1382 » ; BEUDANT Ch. et LEREBOURS-PIGEONNIERE P. et RODIERE R., *Cours de droit civil français, T. IX bis, Les contrats et les obligations*, A. Rousseau, 2ème éd., 1952, n° 1658, p.277 : « Le principe est que la victime a un droit à une réparation intégrale [...] comme l'impose l'article 1382 du Code civil ».

2. PASSA J., Contrefaçon et concurrence déloyale, Coll. le Droit des affaires. Propriété intellectuelle, T. 15, Litec, 1997, n° 36, p. 27 ; PLANIOL M. et RIPERT G., Traité élémentaire de droit civil, T. II, Les preuves. Traité général des obligations. Les contrats. Les privilèges et les hypothèques, LGDJ, 11ème éd., 1932, n° 896, p. 331 : « La loi n'a pas fixé de règles pour la réparation des dommages causés en l'absence d'un contrat. L'article 1382 se borne à dire que celui qui a causé le dommage est tenu de le réparer, sans préciser dans quelle mesure cette réparation est due » ; VINEY G. et JOURDAIN, Traité de droit civil. Les effets de la responsabilité, LGDJ, 2ème éd., 2001, n° 57, p. 112.

3. Civ. 2ème, 28 octobre 1954, Bull. civ. II, n° 328, JCP 1955, II, 8765, note R. SAVATIER, RTD civ. 1955, p. 324, n° 34, obs. H. et L. MAZEAUD ; Civ. 2ème éd., 1er avril 1963, JCP 1963, II, 13408, note P. ESMEIN ; Civ. 2ème, 23 novembre 1966, Bull. civ. II, n° 916 ; Civ. 2ème, 19 novembre 1975, D. 1976, juris. P. 137, note Ph. LE TOURNEAU ; Civ. 2ème, 4 février 1982, JCP 1982, II, 19894, note J.-F. BARBIERI.

4. Civ. 2ème, 20 décembre 1966, D. 1967, juris. P.669, note M. LE ROY.

en matière de responsabilité extra-contractuelle. En effet, parmi ces dernières, celles qui sont susceptibles de le heurter ont une source exclusivement prétorienne [1].

283. Pour ce qui est de la responsabilité contractuelle, l'article 1149 du Code civil français indique que « les dommages et intérêts dus au créancier sont, en général, de la perte qu'il a faite et du gain dont il a été privé, sauf les exceptions et modifications ci-après ». En précisant que le préjudice réparable correspond, du moins en principe, tant au *damnum emergens* qu'au *lucrum cessans,* cette disposition peut être logiquement interprétée comme exprimant, certes implicitement, mais nécessairement, le principe de réparation intégrale [2].

Il apparaît en conséquence, et en dépit de la formulation d'opinions plus réservées [3], que ce dernier, dès lors qu'il est prévu par le Code civil a, en matière contractuelle, une valeur législative. Cette valeur législative rend-elle pour autant juridiquement contestable la sollicitation de toute peine privée ayant une source non légale ? Sa conciliation avec le principe de réparation intégrale reste t'-elle alors parfaitement envisageable [4], sur le pan jurisprudentiel, comme c'est par exemple le cas avec les dommages et intérêts punitifs ? Il semble que non. En effet, si en matière contractuelle le principe de réparation intégrale est bien doté d'une valeur législative, il apparaît néanmoins qu'il a une portée non pas absolue mais seulement relative [5]. A ce titre, il peut faire l'objet d'un certain nombre d'exceptions, le législateur prévoyant qu'il puisse, dans certaines circonstances, être écarté [6]. L'on en veut pour preuve que le préjudice moral « pur » résultant de la perte d'un être cher, ne peut être évalué car il est irréparable par équivalent financier. Une telle condamnation civile est alors de nature punitive, ce qui consacre le concept de peine privée. D'ailleurs, l'article 1149 du Code civil français n'indique pas, en substance, que les dommages et intérêts accordés doivent, *en général,* correspondre au préjudice subi. Cela rend ainsi concevable d'éventuelles atteintes au principe de réparation intégrale, fussent-elles d'origine prétorienne, notamment lorsqu'il s'agit de punir un comportement fautif qui, particulièrement grave, justifie le prononcé d'une peine privée.

284. En définitive, ni le droit français, ni le droit iranien ne permettaient aux juges du fond de conférer au principe de réparation intégrale le caractère fondamental susceptible de s'opposer à l'institution des dommages-intérêts punitifs au nom de

---

1. *Cf. supra*, n° 264.

2. MAZEAUD H. et L. et TUNC A., Traité théorique et pratique de la responsabilité civile délictuelle et contractuelle, T. III, Montchrestien, 5ème éd., 1960, n° 2361, p. 494; SAVATIER E., « Le principe indemnitaire à l'épreuve des jurisprudences civile et administrative », JCP 1999, I, 125, spéc. n°1.

3. COUTANT-LAPALUS Ch., *Le principe de réparation intégrale en droit privé*, *op. cit.*, n° 61, p.75 : « Toutefois, cette disposition n'a pas tant pour objectif d'affirmer l'exigence d'un principe de réparation intégrale que de donner des lignes directrices aux juges du fond, afin qu'ils puissent mettre en œuvre cette indemnisation des préjudices ».

4. *Cf. supra*, n° 267.

5. VINEY G. et JOURDAIN, Traité de droit civil. Les effets de la responsabilité, *op. cit.*, n° 60, p. 124.

6. LAPOYADE-DESCHAMPS Ch., « *Dommages et intérêts* », Rép. Civil, 1997, n° 183, p. 24.

l'ordre public international. Cette tolérance à l'égard de cette institution doit, d'ailleurs, d'autant plus être approuvée que la notion de peine privée n'est pas étrangère à l'ordre juridique français et iranien.

285. Si les sanctions civiles à finalité punitive se révèlent compatibles, soit naturellement, soit juridiquement, avec le principe de la réparation intégrale, il n'en va manifestement pas de même à propos de leur compatibilité avec les principes gouvernant le pouvoir de répression.

Section 2 : La compatibilité incertaine de la peine privée avec les principes gouvernant le pouvoir de répression

286. Le prononcé de peines privées s'inscrit dans le cadre plus général du pouvoir de répression, lequel est soumis à un certain nombre de principes auxquels il ne peut être dérogé. Or, si l'attribution de prérogatives punitives au juge civil est, en soi, parfaitement compatible avec eux (**Paragraphe 1**), il n'en va manifestement pas de même quant à leurs modalités d'exercice (**Paragraphe 2**).

Paragraphe 1 : La probable compatibilité de l'attribution de prérogatives punitives au juge civil avec les principes gouvernant le pouvoir de répression

287. Les conditions générales d'attribution d'un pouvoir de répression ont été dégagées, essentiellement par le Conseil constitutionnel et la Cour européenne des droits de l'homme, à la faveur du développement des prérogatives punitives reconnues aux autorités administratives indépendantes. Or, leur inventaire (**A**) laisse apparaître qu'elles sont parfaitement susceptibles être remplies par le juge civil (**B**).

A – L'inventaire des conditions d'attribution d'un pouvoir de répression

288. Il apparaît évident aujourd'hui qu'une spécialisation est nécessaire pour appréhender correctement certains contentieux présentant une forte spécificité ou une grande technicité. Néanmoins, comme cela a déjà été noté par certains auteurs, « les juridictions civiles et pénales appartiennent toutes à l'ordre judiciaire » [1]. Partant, en vertu du principe de l'unité de la justice civile et de la justice pénale, hormis quelques rares exceptions, la plupart des juridictions compétentes en matière pénale le sont également en matière civile. C'est la raison pour laquelle, le législateur iranien avait procédé, en juillet 1994, à une réforme importante relative à l'organisation selon laquelle « la frontière existant entre les juridictions civiles et répressives est ainsi supprimé » [2]. Furent créés les tribunaux communs à compétence

---

1. DESPORTES F. et LAZERGES-COUSQUER L., *Traité de procédure pénale*, Economica, 1ère éd. 2009, n° 636, p. 429.

2. NADJAFI A.-H., « *La politique criminelle iranienne* », in *Problèmes actuels de science criminelle*, vol. XIII, éditions Presses Universitaires d'Aix-Marseille, Faculté de droit et de science politique, 2000 ; ACHOURI M., « *Quelques réflexions sur la nouvelle loi iranienne relative à l'organisation judiciaire et aux compétences des juridictions répressives (loi du 6 juillet 1994)* », RSC, n° 4, 1995, p. 785 et s.

générale. Le juge unique de chaque tribunal était dès lors susceptible d'instruire et de juger des affaires aussi bien civiles que pénales, commerciales, qui lui étaient soumises. En effet, d'après l'alinéa 3 du nouvel article 158 de la Constitution, toutes les nominations, affectations et promotions des juges, y compris des chefs des ressorts judiciaires et des juges instructeurs, relèvent du chef du pouvoir judiciaire. Par ailleurs, il incombe, en application de l'article 17 du Règlement d'exécution de la loi de 1994, au juge de la première chambre du Tribunal révolutionnaire de distribuer les dossiers et de saisir la chambre qui lui paraît appropriée pour statuer sur l'affaire.

Cependant l'expérience pratique de l'application de cette réforme a rapidement démontré ses limites. En effet, le nouveau Code de procédure pénale de septembre 1999, ainsi que le nouveau Code de procédure civile adopté le 21 avril 2000 ont entraîné une spécialisation des juridictions civiles et pénales. Pourtant, il est certain que si le droit iranien a bien connu la distinction entre « délits publics » et « délits privés » il n'a jamais complètement distingué la peine de la réparation. Certes, il a créé des actions à but principalement indemnitaires et d'autres actions dites « pénales », destinées principalement à frapper d'une sanction l'auteur du délit. Mais l'opposition entre ces deux types d'actions n'a jamais été clairement systématisée et, à l'époque précitée, elle a même eu tendance à s'effacer en raison de la création des actions dites « mixtes » qui tendaient à la fois au prononcé d'une peine et à une condamnation à dommages et intérêts [1].

289. Ainsi, il apparaît que la Constitution iranienne aurait, certes implicitement mais assurément, reconnu la faculté pour le législateur de doter non seulement les juridictions civiles, mais également les autorités administratives indépendantes, d'un pouvoir répressif sous la réserve expresse que les droits à un procès équitable soient garantis. En d'autres termes, compte tenu de la Constitution iranienne, ni le principe de la séparation des pouvoirs, ni aucun principe ou règle de valeur constitutionnelle ne font obstacle à ce qu'un juge civil ou certaine autorité administrative et disciplinaire puisse exercer un pouvoir de sanction dès lors, d'une part, que la sanction susceptible d'être infligée est exclusive de toute privation de liberté et, d'autre part, que l'exercice du pouvoir de sanction soit assorti par la loi de mesures destinées à sauvegarder les droits et libertés constitutionnellement garanties [2].

290. Quant au droit français, ni le Conseil constitutionnel, ni la Cour européenne des droits de l'Homme n'eurent l'occasion de statuer sur la conformité aux textes dont ils contrôlent le respect, de l'attribution aux juges civils d'un pouvoir de répression. Partant, l'affirmation de la probable conformité de ce dernier à la Constitution ou à la Convention Européenne des Droits de l'Homme semble plus divinatoire que juridiquement fondée. En réalité, il n'en est rien dans la mesure où elle peut être vérifiée par un raisonnement *a fortiori* prenant pour point de départ la jurisprudence relative aux prérogatives punitives de l'administration.

---

1. YAVARI F., « La nécessité d'une révision des lois procédurales et d'organisations judiciaire », Revue du barreau de Téhéran, 1992, n° 5 ; HOSSEINI S.-M., Les écoles du droit musulman confrontées aux modèles de politique criminelle (le cas des atteintes à la dignité de la femme), Thèse, Paris I, 1996.

2. MADANI J., Droit Constitutionnel et institutions politiques de la République Islamique d'Iran, éditions Paydar (Iran), 6ème éd. 2001, p. 229 et s. ; RASTIN M., Les sanctions pénales dans les affaires administratives, éditions de l'Université de Téhéran, 1ère éd. 2007, p. 226 et s.

291. Le développement du pouvoir répressif octroyé à certaines autorités administratives a été l'occasion de s'interroger sur la conformité de ce dernier aux principes constitutionnels ou conventionnels. Bien qu'aucune disposition supralégislative ne réserve expressément au juge pénal un quelconque monopole pour prononcer des sanctions punitives, la question s'est posée de savoir, notamment au regard du principe de séparation des pouvoirs énoncé à l'article 16 DDHC et du droit à un tribunal indépendant et impartial contenu dans l'article 6§1 CEDH, si l'exercice des prérogatives répressives pouvait valablement être partagé avec l'administration.

292. Pour ce qui est tout d'abord du Conseil constitutionnel, il a fait montre, dans un premier temps, d'une certaine ambiguïté, puisque manifestant une incontestable défiance à l'égard de la répression administrative, sans pour autant la censurer systématiquement.

Certes, dans une décision des 10 et 11 octobre 1984 sur les entreprises de presse, il a, du moins *a priori,* semblé la condamner fermement en déclarant « qu'à supposer même qu'elles [les dispositions de la loi] aient pour objet de réprimer des abus au sens dudit article 11 [de la Déclaration de 1789], cette répression ne saurait être confiée à une autorité administrative » [1], à savoir, en l'espèce, la commission pour la transparence et le pluralisme de la presse. Toutefois, une telle interprétation se révélait difficilement concevable au regard des conséquences pratiques qu'elle aurait engendrées en leur faisant perdre *a posteriori* une certaine légitimité quant aux prérogatives répressives. En réalité, il semble que cette décision doivent être analysée, avec une partie de la doctrine [2], comme réservant un monopole ponctuel au juge pénal dans l'exercice du pouvoir de répression toutes les fois que se trouve concernée une liberté fondamentale, comme, en l'occurrence, la liberté d'expression.

Le caractère somme toute assez mesuré de l'hostilité du Conseil constitutionnel à l'égard des sanctions administratives peut être décelé à travers une décision du 30 décembre 1982 dans laquelle semble y être exprimé le regret que le législateur ait cru bon de laisser à une autorité de nature non judiciaire le soin de prononcer des sanctions ayant le caractère d'une punition [3]. Surtout, il peut être confirmé en observant que le Conseil constitutionnel n'a pas jugé nécessaire de soulever d'office le défaut de constitutionnalité des sanctions administratives qui étaient susceptibles d'être prononcées par l'ancienne commission nationale de la communication et des libertés ou encore par l'ancien conseil de la concurrence [4].

---

1. Cons. Const., Décision n° 84-181 D.C. des 10 et 11 octobre 1984, Rec., p. 78, AJDA 1984, p. 684, note J.-J. BIENVENU, RDP 1986, p. 395, obs. L. FAVOREU.

2. DE VILLERS M., « La décision du conseil constitutionnel des 10 et 11 octobre 1984 sur les entreprises de presse », Rev. Adm. 1984, p. 580 et s., spéc. p. 584 ; GUINCHARD A., Les enjeux du pouvoir de répression en matière pénale. Du modèle judiciaire à l'attraction d'un système unitaire, Coll. Bibliothèque des sciences criminelles, T. 38, LGDJ, 2003, n°112, p. 65.

3. Cons. Const., Décision n° 82-155 D.C. du 30 décembre 1982, Rec., p. 88, RDP 1983, p. 333, obs. L. FAVOREU, Rev. Adm. 1983, p. 142, obs. M. DE VILLERS.

4. Cons. Const., Décision n° 86-217 D.C. du 18 septembre 1986, Rec., p. 141, AJDA 1987, p. 102, note P. WASCHSMANN, RDP 1989, p. 49, obs. L. FAVOREU ; Cons. Const., Décision n° 86-224 D.C.

Par la suite cependant, le Conseil constitutionnel va saisir les occasions qui lui sont offertes pour clarifier sa position. Ainsi, dans une première décision abondamment commentée [1], il va indiquer que « la loi peut, [...], sans qu'il soit porté atteinte au principe de la séparation des pouvoirs, doter l'autorité administrative indépendante chargée de garantir l'exercice de la liberté de communication audiovisuelle de pouvoirs de sanction dans la limite nécessaire de l'accomplissement de sa mission » [2]. Si aux termes de ce considérant, les prérogatives répressives du Conseil supérieur de l'audiovisuel apparaissent conformes à la Constitution, la question se pose de savoir si la solution qu'elle propose peut être généralisée à l'ensemble des sanctions administratives. Il est permis d'en douter. En effet, la décision mentionnée ne fait référence qu'aux seules prérogatives répressives de l'autorité chargée de la régulation de la communication audiovisuelle, de sorte qu'une portée jurisprudentielle seulement limitée a vocation à lui être reconnue. En réalité, il faudra attendre la décision du 28 juillet 1989 relative aux pouvoirs de la commission des opérations de bourse pour que puisse être soutenu que les sanctions administratives sont conformes à la Constitution [3]. L'affirmation procède du sixième considérant aux termes duquel il est énoncé que « le principe de la séparation des pouvoirs, non plus qu'aucun principe ou règle de valeur constitutionnelle ne fait obstacle à ce qu'une autorité administrative, agissant dans le cadre de prérogatives de puissance publique, puisse exercer une pouvoir de sanction [...] » [4].

293. Pour ce qui est ensuite de la Cour européenne des droits de l'homme, il est *a priori* permis de douter qu'elle ait pu reconnaître, même au cas par cas, la conformité à la Convention des sanctions administratives punitives. En effet, aux termes de l'article 6§1 CEDH, « toute personne a droit à ce que sa cause soit entendue équitablement, publiquement [...], par un tribunal indépendant et impartial, établi par la loi, qui décidera, soit des contestations sur des droits et obligations de caractère civil, soit du bien-fondé de toute accusation en matière pénale dirigée contre elle [...] ». Le prononcé de sanctions administratives punitives étant susceptible de relever de la matière pénale, il semble qu'il soit soumis au respect des exigences de l'article 6§1 CEDH. Or, ces dernières ne paraissent pas pouvoir être satisfaites, dans la mesure où les sanctions ne sont en l'occurrence pas infligées par un tribunal, mais par une autorité administrative indépendante. Il en résulte que la répression administrative devrait être systématiquement considérée comme non conforme à la Convention.

---

du 23 janvier 1987, Rec., p. 8, AJDA 1987, p. 345, note J. CHEVALLIER, RDP 1987, p. 1341, note Y. GAUDEMET, D.1988, juris. P. 118, note F. LUCHAIRE.

1. AVRIL P. et GICQUEL J., « Chronique constitutionnelle », Pouvoirs 1989, n°50, p.197 ; AUTIN J.-C., « La décision du conseil constitutionnel relative au CSA », Rev. Adm. 1988, p.223 ; GENEVOIS B., « Le conseil constitutionnel et la définition des pouvoirs du CSA », RFDA 1989, n°2, p.215 et s. ; FAVOREU L. et PHILIP L., Les grands décisions du conseil constitutionnel, Coll. Grands Arrêts, Dalloz, 13ème éd., 2005, n°38, p.667 et s.

2. Cons. Const., Décision n°88-248 D.C. du 17 janvier 1989, JO 18 janvier 1989, p.753.

3. CENEVOIS B., « Le conseil constitutionnel et l'extension des pouvoirs de la commission des opérations de bourse (à propos de la décision n°89-260 D.C. du 28 juillet 1989) », RFDA 1989, p.671 et s., spéc. p.683.

4. Cons. Const., Décision n°89-260 D.C. du 28 juillet 1989, Rec., p.71.

294. En réalité, une telle analyse ne peut valablement être effectuée pour deux raisons. D'une part, toutes les sanctions administratives ne relèvent pas nécessairement de la matière pénale au sens de la Convention, ni même des droits et obligations de caractère civil. Aussi, ne sont-elles pas systématiquement soumises à l'article 6 §1 CEDH [1]. D'autre part, quand elles sont subordonnées au respect de ce dernier, il demeure envisageable que les autorités administratives présentent les qualités requises à l'article 6 §1 CEDH, ou qu'elles rendent des décisions susceptibles de faire l'objet d'un recours devant une juridiction interne dont l'indépendance et l'impartialité ne sont pas discutées. C'est pourquoi la Cour européenne des droits de l'homme ne saurait condamner, par principe, l'attribution d'un pouvoir de répression aux autorités administratives puisque le droit au procès équitable, tel qu'il est prévu à l'article 6§1 CEDH, est susceptible, en définitive, d'être parfaitement respecté. Les conditions du partage du pouvoir de répression ont été précisées par la Cour de Strasbourg au terme d'une jurisprudence qui semble aujourd'hui fixée.

Elles peuvent être ainsi résumées : pour le contentieux le plus grave, la sanction administrative ne semble pouvoir être conforme à la Convention que si l'autorité qui la prononce est dotée des mêmes qualités reconnues au juge pénal ; pour le contentieux le moins grave, le droit à un tribunal indépendant et impartial peut ne pas être respecté en première instance, pourvu qu'il le soit en appel. Une exception doit néanmoins être signalée en matières fiscale et douanière où, quel que soit le degré de gravité de la sanction prononcée, l'administration peut, sans heurter la Convention, connaître du contentieux en première instance [2].

295. La position de la Cour européenne des droits de l'homme peut être illustrée à travers plusieurs décisions. Lorsque le contentieux est de faible gravité, il a été décidé dans l'arrêt *OZTURK c/ ALLEMAGNE,* à propos de contraventions administratives au code de la route que, eu égard « au grand nombre des infractions légères, notamment dans le domaine de la circulation routière, un Etat contractant peut avoir de bons motifs de décharger ses juridictions du soin de les poursuivre et de les réprimer. Confier cette tâche, pour de telles infractions, à des autorités administratives ne se heurte pas à la Convention, pour autant que l'intéressé puisse saisir de toute décision ainsi prise à son encontre un tribunal offrant les garanties de l'article 6 » [3]. En revanche, lorsque le procès du requérant porte « sur des accusations graves répertoriées comme pénales tant en droit interne qu'au regard de la Convention », la Cour exige que l'intéressé ait « droit à un tribunal de première instance répondant pleinement aux exigences de l'article 6§1 » [4].Cette décision, qui sera par la suite

---

1. CRUCIS H.-M., « *Sanctions administratives* », J.-Cl. Administratif, fasc. 108-40, 1999, n°123, p.33.

2. GUINCHARD A., Les enjeux du pouvoir de répression en matière pénale. Du modèle judiciaire à l'attraction d'un système unitaire, Coll. Bibliothèque des sciences criminelles, T. 38, LGDJ, 2003, n°192, p.110.

3. CEDH, 21 février 1984, OZTUK c/ ALLAMAGNE, série A, n° 73.

4. CEDH, 25 février 1997, FINDLAY c/ Royaume-Uni, Recueil 1997-I, §79.

régulièrement confirmée [1], a été prise à propos d'une Cour martiale. Sa solution semble néanmoins pouvoir être étendue aux autorités administratives.

296. La motivation du principe de la conformité des prérogatives punitives des autorités administratives indépendantes, tant à la Constitution qu'à la Convention européenne des droits de l'homme, permet précisément de s'assurer de la validité, au regard de ces mêmes textes, de l'octroi d'un pouvoir de répression aux juges civils.

B – La satisfaction par le juge civil aux conditions d'attribution d'un pouvoir de répression

297. Pour ce qui est tout d'abord de la constitutionnalité de l'attribution d'un pouvoir de répression au juge civil, elle peut être déduite de ce que, pour le Conseil constitutionnel, aucune règle intégrée dans le bloc de constitutionnalité n'exige que le pouvoir de punir soit concentré entre les mains du seul juge pénal. Aussi, dès lors qu'il admet que des autorités administratives ont la possibilité de prononcer des sanctions punitives, il faut en conclure, qu'*a fortiori,* le juge civil, qui présente, du moins en principe, les mêmes garanties que celles offertes par le juge pénal quant à son indépendance à l'égard du pouvoir exécutif est, lui aussi, susceptible de se voir attribuer un pouvoir répressif.

298. Pour ce qui est ensuite de la conformité des prérogatives punitives du juge civil à la Convention européenne des droits de l'homme, elle s'évince de ce que la Cour de Strasbourg admet que la répression puisse s'exercer en dehors de la seule justice pénale. Les conditions auxquelles elle subordonne ce partage de pouvoir sont celles qui ont été présentées à propos de la validité des sanctions administratives [2]. Or, le juge civil, en tant que membre du corps judiciaire et qui est donc, à ce titre, soumis au même statut que le juge pénal, présente plus naturellement que les autorités administratives les qualités ainsi requises. C'est pourquoi il peut être déduit que la conformité à la Conv.EDH des sanctions administratives, qui est admise dans son principe, implique, là encore *a fortiori,* celle des mesures punitives prononcées par un juge civil.

299. La conformité de l'attribution d'un pouvoir répressif du juge civil aux normes supra-législative que sont la Constitution et la Conv. EDH est donc clairement établie. Il reste cependant à s'interroger sur le point de savoir si les modalités d'exercice de telles prérogatives punitives par le juge civil sont conformes à ces mêmes textes. Or, une réponse négative semble devoir s'imposer.

---

1. CEDH, 24 septembre 1997, COYNE c/ ROYAUME-UNI, Recueil 1997-V, §57 ; CEDH, 18 février 1999, CABLE ET AUTRES c/ Royaume-Uni, Recueil 1999, §18 ; CEDH, 29 septembre 1999, SMITH AND FORD c/ Royaume-Uni, §19 et s.

2. Il s'agit notamment du respect des exigences énoncées à l'article 6 CEDH relatif au droit à un tribunal indépendant et impartial.

Paragraphe 2 : L'improbable compatibilité de l'exercice de prérogatives punitives par le juge civil avec les principes gouvernant le pouvoir de répression extra-pénale

300. Là encore, ni le Conseil constitutionnel, ni la Cour européenne des droits de l'homme n'ont eu l'occasion de statuer directement sur la conformité aux textes dont ils contrôlent le respect, des modalités d'exercice par les juges civils de leur pouvoir de répression extra-pénal. Aussi, pour se prononcer sur l'adéquation de ce dernier aux normes supra-législatives, il peut être intéressant d'analyser une nouvelle fois, mais sous un angle nouveau, la jurisprudence qui a été rendue relativement aux prérogatives punitives des autorités administratives et dont s'évince les conditions générales d'exercice du pouvoir de répression extra-pénal (**A**). De cette étude, il sera en effet possible de tirer quelques enseignements utiles quant à la validité juridique des modalités d'exercice de la répression civile (**B**).

A – L'inventaire des conditions d'exercice du pouvoir de répression extra-pénale

301. Il apparaît que la mise en œuvre du pouvoir répressif octroyé aux autorités administratives est subordonnée au respect de deux conditions.

La première condition, négative, est afférente à la nature des mesures punitives susceptibles d'être prononcées. Dans sa décision du 28 juillet 1989, le Conseil constitutionnel a précisé, en se fondant sur l'article 66 de la Constitution aux termes duquel « le juge judiciaire est gardien de la liberté individuelle, qu'une autorité administrative ne saurait en aucune manière infliger, en vertu de son pouvoir de répression, une peine privative de liberté » [1].

La seconde condition, positive celle-là, consiste dans la soumission du système répressif administratif aux principes généraux du droit pénal et de la procédure pénale.

Ainsi, doit tout d'abord être respectée la légalité des délits et des peines, telle qu'elle est appréhendée dans son sens formel et énoncée, notamment, aux articles 8 DDHC et 7 Conv. EDH. A l'origine, le Conseil d'Etat n'exigeait pas de l'administration qu'elle la respecte strictement [2]. Par la suite cependant, sa position évoluera puisqu'il lui fera défense d'édicter des sanctions qui ne sont pas prévues par un texte [3]. Ce n'est toutefois qu'en 1989 que, pour sa part, le Conseil constitutionnel va très clairement subordonner l'efficacité du prononcé de sanctions administratives à finalité répressive au respect du principe de légalité, en soulignant que ce dernier s'applique à « toute sanction ayant le caractère d'une punition, même si le législateur a laissé le soin de la prononcer à une autorité de nature non judiciaire » [4].

---

1. Cons. Const., Décision n° 89-260 D.C. du 28 juillet 1989, Rec., p. 71 (6ème considérant).
2. CE, 26 octobre 1917, DAIRAT, Rec., p. 690 ; CE, 27 juin 1934, DOREAU, Rec., p. 729.
3. CE, 28 février 1947, BEAUZET, Rec., p. 84.
4. Cons. Const., Décision n°88-248 D.C. du 17 janvier 1989, JO 18 janvier 1989, p.753 (36ème considérant).

302. La question s'est néanmoins posée de savoir si le principe de légalité des délits et des peines ne devait pas être appliqué à la répression administrative avec une rigueur moindre qu'en droit pénal. En effet, le Conseil constitutionnel a immédiatement complété sa décision en indiquant que, « appliquée en dehors du droit pénal, l'exigence d'une définition des infractions se trouve satisfaite, en matière administrative, par la référence aux obligations auxquelles le titulaire d'une autorisation administrative est soumis en vertu des lois et règlements » [1]. En réalité, une réponse négative semble pouvoir être apportée. La précision du Conseil est intervenue alors qu'il se prononçait sur la constitutionnalité de la loi sur la liberté de communication, qui institue un régime d'autorisation préalable. Il faut donc en conclure, avec certains auteurs, qu'en dehors de cette hypothèse particulière révélée par l'existence d'une relation préétablie entre administration et administré, le strict respect du principe de légalité des délits et des peines entendu dans sa pleine signification s'impose [2].

303. Doit ensuite être respecté, toujours en vertu de la soumission de la répression administrative aux règles fondamentales du droit pénal et de la procédure pénale, le principe de proportionnalité qui implique l'existence d'une certaine corrélation entre la gravité des faits reprochés et la sévérité de la sanction prononcée [3]. Fondé sur l'article 8 DDHC [4] selon lequel « la loi ne doit établir que des peines strictement et évidemment nécessaires », son domaine d'application a incontestablement été étendu par le Conseil constitutionnel aux sanctions administratives. La première décision en ce sens a été rendue à propos des pénalités fiscales, dans laquelle il a été jugé que le principe énoncé à l'article 8 DDHC « ne concerne pas seulement les peines prononcées par les juridictions répressives mais s'étend à toute sanction ayant le caractère d'une punition même si le législateur a laissé le soin de la prononcer par une autorité de nature non judiciaire » [5]. Par la suite, cette solution a été réitérée, d'abord à propos des pouvoirs de sanction du Conseil supérieur de l'audiovisuel [6], puis de ceux de la Commission des opérations de bourse [7].

304. Enfin, il apparaît que les sanctions administratives ne peuvent valablement être infligées que si la procédure appliquée permet à la personne poursuivie de bénéficier des garanties attachées au procès pénal que sont les droits de la défense. Ces

---

1. Cons. Const., Décision n° 88-248 D.C. du 17 janvier 1989, JO 18 janvier 1989, p. 753 (37ème considérant).

2. DELMAS-MARTY M. et TEITGEN-COLLY C., Punir sans juger ? De la répression administrative au droit administratif pénal, Economica, 1992, p. 65 ; GENEVOIS B., « Le conseil constitutionnel et la définition des pouvoirs du Conseil supérieur de l'audiovisuel (à propos de la décision n°88-248 D.C. du 17 janvier 1989) », RFDA 1989, p. 215 et s., spéc. p. 226.

3. ALLIX D., « De la proportionnalité des peines », in Mélanges J.Cl. SOYER, LGDJ, 2000, p. 1 et s.

4. MOLFESSIS N., *Le Conseil constitutionnel et le droit privé*, Coll. Bibliothèque de droit privé, T. 287, LGDJ, 1997, n° 261, p. 215.

5. Cons. Const., Décision n° 87-237 D.C. du 30 décembre 1987, Rec., p. 63.

6. Cons. Const., Décision n° 88-248 D.C. du 17 janvier 1989, JO 18 janvier 1989, p. 753. (34ème, 35ème et 36ème considérants).

7. Cons. Const., Décision n° 89-260 D.C. du 28 juillet 1989, Rec., p. 71. (17ème et 18ème considérants).

derniers ont une valeur constitutionnelle depuis la décision du Conseil du 2 décembre 1976 qui les qualifie de principe fondamental reconnu par les lois de la République [1]. Ils ont également une valeur conventionnelle puisqu'ils sont énumérés à l'article 6 §3 Conv. EDH. Or, il a été jugé par le Conseil constitutionnel que les droits de la défense, qui auraient *a priori* pu être considérés comme destinés à être invoqués uniquement devant les juridictions pénales [2], devaient être également reconnus aux personnes susceptibles de subir la répression administrative [3].

305. Les conditions de la conformité des sanctions administratives à la Constitution ainsi présentées sont toujours d'actualité. Elles ont été récemment rappelées par le Conseil constitutionnel français, d'abord, dans une décision du 30 décembre 1997 dont il résulte que toute sanction ayant le caractère de punition ne peut être infligée que si sont respectés « le principe de légalité des délits et des peines, le principe de nécessité des peines, le principe de non-rétroactivité de la loi pénale d'incrimination plus sévère ainsi que le principe du respect des droits de la défense » [4]. La précision expresse du nécessaire respect du principe de non-rétroactivité de la loi pénale plus sévère pourrait être interprétée comme une nouveauté. En réalité, il n'en est rien, dans la mesure où elle se révèle superfétatoire, la non-rétroactivité de la loi pénale plus sévère étant susceptible d'être rattachée au principe de légalité dont elle constitue une conséquence logique.

306. Ensuite, dans sa décision du 10 juin 2009 [5], le Conseil constitutionnel s'est prononcé sur la loi favorisant la diffusion et la protection de la création sur internet [6]. La disposition pivot était énoncée à l'article 5 instaurant une Haute Autorité pour la diffusion des œuvres et la protection des droits sur internet (HADOPI) dont l'une des formations, la Commission de protection des droits, avait pour mission de mettre en œuvre les nouveaux mécanismes d'avertissement et de sanction des titulaires d'accès à internet qui auront manqué à l'obligation de surveillance de cet accès définie à l'article 11 de la loi. Dans leur lettre de saisine, les requérants estimaient qu' « en conférant à une autorité administrative, même indépendante, des pouvoirs de sanction consistant à suspendre l'accès à l'internet, le législateur aurait, d'une part, méconnu le caractère fondamental du droit à la liberté d'expression et de

1. Cons. Const., Décision n° 76-70 D.C. du 2 décembre 1976, Rec., p. 39.

2. Il peut être souligné qu'entendus au sens large, les droits de la défense ne se limitent pas à la matière pénale puisqu'ils peuvent être invoqués tant devant les juridictions que devant des organes non juridictionnels, pourvu qu'une sanction à finalité punitive soit susceptible d'être prononcée (*Cf.* DEGOFFE M., Droit de la sanction non pénale, Economica, 2000, n° 365 et s., p. 221 et s. ; MOLFESSIS N., *op. cit.*, n° 278 et s., p. 224 et s.

3. Cons. Const., Décision n° 88-248 D.C. du 17 janvier 1989, JO 18 janvier 1989, p. 753 (34ème, 35ème et 36ème considérants).

4. Cons. Const., Décision n° 97-395 D.C. du 30 décembre 1997, JO 31 décembre 1997, p. 19313.

5. Cons. const., Décision n° 2009-580 DC du 10 juin 2009, *Loi favorisant la diffusion et la protection de la création sur internet*, JORF, 13 juin 2009, p. 9675.

6. Loi n° 2009-669 favorisant la diffusion et la protection de la création sur internet, JORF, 13 juin 2009, p. 9666.

communication et, d'autre part, institué des sanctions manifestement disproportionnées » [1].

307. Le Conseil Constitutionnel, dans sa décision précitée, répond à l'essentiel d'entre elles en accueillant, tout d'abord, les griefs d'inconstitutionnalité adressés à l'encontre des modalités de suspension de l'accès à l'internet, il reconnaît ici fort logiquement que « ce dispositif est contraire au principe de présomption d'innocence consacré par l'article 9 de la Déclaration de 1789 » [2]. Plus instructive encore est la réponse apportée quant au principe de la sanction, une suspension d'accès prononcée non par un juge, mais par une autorité administrative indépendante. Le Conseil Constitutionnel procède sur ce point à une analyse méthodique en trois temps non dénuée d'audace. En premier lieu, affirme-t-il [3], la liberté d'expression « implique la liberté d'accéder à ces services » de communication en ligne, eu égard « à l'importance prise par ces services pour la participation démocratique et l'expression des idées et des opinions ». Ce faisant, le Conseil s'inspire clairement de la recommandation du Parlement européen du 26 mars 2009 [4]. En deuxième lieu, le Conseil mentionne que « la propriété intellectuelle peut être également qualifiée de droit de l'Homme par l'entremise du droit de propriété des articles 2 et 17 de la DFDHC ». En dernier lieu, le Conseil constitutionnel affirme ici catégoriquement que « le législateur ne pouvait, quelles que soient les garanties encadrant le prononcé des sanctions, confier de tels pouvoirs à une autorité administrative dans le but de protéger les droits des titulaires du droit d'auteur et de droits voisins » [5].

308. Ces conditions présidant à l'exercice d'un pouvoir de répression extra-pénal ont été ainsi dégagées à l'occasion du développement des prérogatives punitives des autorités administratives indépendantes. Néanmoins elles ne semblent pas pouvoir être toutes satisfaites par le juge civil. En conséquence, la mise en œuvre des prérogatives punitives peut se révéler juridiquement discutable.

B – La non satisfaction par le juge civil aux conditions d'exercice du pouvoir de répression extra-pénale

309. Certes, les modalités d'exercice de la répression administrative sont soumises à des impératifs qui n'ont pas tous vocation à être respectés par le juge civil lorsqu'il met en œuvre ses prérogatives punitives. Ainsi, au regard de la motivation qui la fonde, l'interdiction faite aux autorités administratives d'infliger des mesures

---

1. BENESSIANO W., « *L'inconstitutionnalité, sanction de l'identification d'un pouvoir de répression pénal dévalué* », Revue française de droit constitutionnel, n° 81, janvier 2010, p.168 et s.

2. Cons. Const., Décision n° 2009-580 DC du 10 juin 2009, JO du 13 juin 2009, p. 9675 (18ème considérant).

3. Cons. Const., Décision n° 2009-580 DC du 10 juin 2009, JO du 13 juin 2009, p. 9675 (13ème considérant).

4. ZOLLINGER A., « La lutte des parlements : les droits de l'Homme opposés à la riposte graduée », Légipresse juin 2009, I, p. 77.

5. Cons. Const., Décision n° 2009-580 DC du 10 juin 2009, JO du 13 juin 2009, p. 9675 (16ème considérant).

privatives de liberté ne semble pas devoir être étendue au juge civil. En effet, elle s'explique par le monopole implicitement reconnu par l'article 61 de la Constitution iranienne [1] et l'article 66 de la Constitution française [2], non pas au juge pénal, mais à l'autorité judiciaire, au sein de laquelle le juge civil est intégré, pour prononcer de telles sanctions.

Il convient toutefois de reconnaître que le constat reste très théorique, la privation de liberté ne faisant pas partie de la nomenclature des sanctions civiles à finalité punitive, et nul ne songeant à l'y intégrer. Cela étant, la conformité du concept de peine privée aux principes gouvernant l'exercice du pouvoir de répression doit être vérifiée au regard de toutes les autres exigences qui conditionnent la validité juridique des prérogatives répressives en matière administrative, ces dernières étant justifiées moins par la nature administrative des sanctions prononcées, que par leur finalité punitive. Or, si cette conformité peut être qualifiée d'improbable, c'est tout simplement parce que les conditions sus-mentionnées ne sont pas toujours satisfaites par le juge civil.

310. Tout d'abord, pour ce qui est du principe de légalité, selon lequel « aucun acte ou manquement ne peut être considéré comme un délit, sur la base d'une loi qui est promulguée postérieurement à la commission de l'acte » [3], il semble très difficile d'admettre qu'il puisse être effectivement respecté lors du prononcé d'une peine privée, du moins lorsque cette dernière n'a pas encore de fondement légal. En effet, dans cette occurrence, la mesure civile à finalité punitive sanctionne de manière occulte un comportement dont le caractère fautif n'est certes pas contesté, mais dont la définition précise fait défaut. La violation du principe de légalité auquel les sanctions civiles à finalité punitive sont pourtant logiquement soumises doit donc ici être considérée comme évidente. Par ailleurs, alors même que la peine privée prononcée aurait un fondement légal, il apparaît que le comportement qu'elle réprime n'est pas nécessairement défini de manière précise, puisqu'il correspond parfois à la seule inexécution d'une obligation. Enfin, le principe de légalité implique que le maxi-

1. Art. 61 de la Constitution iranienne prévoit que: « Le pouvoir judiciaire est exercé par les tribunaux judiciaires qui doivent être constitués selon les préceptes islamiques et veiller au règlement des litiges, à la protection des droits publics, au développement à l'application de la justice au respect des ordres divins ». L'article 156 de même loi, toujours en ce sens, dispose que : « Le pouvoir judiciaire est un pouvoir indépendant, qui est protecteur des droits individuels et collectifs et responsable de la mise en œuvre de la justice, et assure les fonctions suivants : 1- Examen et prononcé des jugements en cas de demandes en justice, d'usurpation et de plainte ; le règlement des litiges et des différends ; prise de décisions et de mesures nécessaires dans certaines affaires gracieuses qui sont déterminées par la loi ; 2- Mise en valeur des droits publics et extension de la justice et des libertés légitimes ; 3- Contrôle de la bonne application des lois ; 4- Recherche des infractions et leur poursuite, en vue de l'application à l'encontre des coupables, des peines discrétionnaires et des peines déterminées par la loi et la règlementation pénales ; 5- Mesures appropriés pour la prévention des infractions et la rééducation des délinquants ».

2. L'article 66 de la Constitution française prévoit que : « Nul ne peut être arbitrairement détenu. L'autorité judiciaire, gardienne de la liberté individuelle, assure le respect de ce principe dans les conditions prévues par la loi ».

3. Art. 169 de la Constitution iranienne ; v. aussi, l'article 8 de la Déclaration des Droits de l'Homme et du Citoyen de 1789 selon lequel : « nul ne peut être puni qu'en vertu d'une loi établie et promulguée antérieurement au délit ».

mum de la peine encourue soit déterminé [1] ce qui, le plus souvent, n'est pas le cas pour les sanctions civiles à finalité punitive.

Conscient de cet inconvénient susceptible de définitivement condamner toute sollicitation du concept de peine privée, un auteur fervent défenseur de ce type de mesures a préconisé l'adoption d'une approche beaucoup moins rigide du principe de légalité, sur le modèle de celle qui en serait déjà retenue en matière de répression administrative [2]. Une telle suggestion ne convainc pas nécessairement dans la mesure où, d'une part, son opportunité se révèle contestable, et où, d'autre part, elle est finalement impuissante à rendre concrètement compte du respect, à l'heure présente, du principe de légalité en matière de répression civile.

311. Ainsi, au regard de sa raison d'être, le principe de légalité en matière de répression civile ne semble pas devoir faire l'objet de quelconques atténuations. Destiné à protéger le citoyen contre l'arbitraire du juge, il peut légitimement être soutenu qu'il doit s'appliquer avec la même rigueur, indépendamment de la sévérité des sanctions punitives encourues, et donc, indépendamment de l'ordre de répression, civil ou pénal, pris en considération. Par ailleurs, et à supposer qu'une mise en œuvre moins rigoureuse du principe de légalité en matière civile soit néanmoins envisageable, les propositions formulées pour y parvenir sont faites, notamment en droit français, dans l'optique d'une éventuelle officialisation future des peines privées. Elles ne prétendent aucunement fonder la constitutionnalité actuelle de ces dernières au regard de l'article 8 DDHC. Partant, elles ne peuvent remédier au constat précédemment opéré de l'atteinte au principe de légalité par le prononcé de sanctions civiles à finalité punitive.

312. Pour ce qui est ensuite du principe de proportionnalité, le constat de son respect, ou de sa violation, est particulièrement problématique, dès lors que le juge qui prononce une peine privée n'est jamais tenu par un maximum légal. Tout au plus le législateur indique parfois les éléments qui peuvent être pris en considération pour le montant de la sanction. Il en va notamment ainsi à propos de l'astreinte provisoire. En toutes hypothèses cependant, il apparaît que le juge bénéficie d'une liberté à ce point importante qu'elle fait obstacle à ce que la conformité des peines privées au principe de proportionnalité puisse être *a priori* appréciée. Seule une analyse au cas par cas de chaque peine privée prononcée pourrait permettre de déterminer, *a posteriori*, si elle respecte ou non l'exigence de proportionnalité.

Ceci étant et en l'absence de limites véritablement contraignantes assignées au juge dans la détermination du *quantum* de la mesure prononcée, il peut être observé que les sanctions civiles à finalité punitive sont potentiellement susceptibles de heurter le principe de proportionnalité. En revanche, il convient de remarquer que ce dernier ne fait aucunement obstacle au cumul de sanctions de nature différente. Telle a du moins été la décision du Conseil constitutionnel à propos des sanctions pénales et administratives [3]. Or, aucun argument ne fait obstacle à ce que cette solution ne

---

1. GHAMAMI M., « Le principe de légalité du point de vue des droits de l'Homme », http://www.iranbar.org.

2. CARVAL S., La responsabilité civile dans sa fonction de peine privée, *op. cit.*, n° 209, p. 225.

3. Cons. Const., Décision n° 89-260 D.C. du 28 juillet 1989, Rec., p. 71 (16ème considérant).

puisse être étendue aux peines privées de sorte que, juridiquement, celles-ci peuvent parfaitement être infligées en complément, par exemple, d'une sanction pénale.

313. Pour ce qui est enfin du respect des droits de la défense, il ne semble pas qu'il faille considérer qu'il implique que soit mis à la disposition de la personne susceptible d'être condamnée à une peine privée, l'ensemble des garanties procédurales habituellement accordées dans le cadre d'un procès pénal [1]. Cette affirmation se justifie pleinement au regard de la décision du Conseil constitutionnel du 17 janvier 1989, laquelle fait apparaître que les droits de la défense dont le respect est exigé ne correspondent pas à l'identique à ceux reconnus à la personne faisant l'objet d'une poursuite pénale [2]. L'explication procède de ce que ces derniers présentent une certaine spécificité inévitablement liée à la particularité des prérogatives pouvant être déployées par l'autorité publique, tant au niveau de l'enquête de police que du déroulement de l'action publique. En réalité, en matière de répression extra-pénale, le respect des droits de la défense emporte obligation de faire bénéficier le justiciable de garanties procédurales minimales, lesquelles lui permettent de faire valoir correctement ses droits et d'assurer convenablement sa défense. Or, il est possible de soutenir que ces deux exigences sont pleinement satisfaites dans un procès civil dont le déroulement est notamment soumis au respect du principe du contradictoire et, plus globalement, à celui du principe des droits de la défense au sens civil, lequel a pour objet la protection des intérêts des parties au litige [3].

314. Finalement, le défaut de compatibilité entre les modalités d'exercice du pouvoir de répression accordé au juge civil avec les principes gouvernant le pouvoir de répression extra-pénale ne saurait être déduit de l'exigence du respect des droits de la défense. En réalité, il peut être la conséquence soit d'un manquement au principe de proportionnalité, soit de la violation du principe de légalité provoqué par le prononcé d'une peine privée.

315. Sanction civile à finalité punitive, la peine privée est une notion dont la sollicitation est théoriquement contestable. Tout d'abord, les arguments avancés pour légitimer le prononcé de peines privées par le juge civil n'emportent pas nécessairement la conviction certaine et établie. Ensuite, la peine privée n'est que partiellement compatible avec certains principes qui gouvernent l'ordre juridique. En tout état de cause, la potentielle contestation du concept théorique de peine privée dont il vient d'être fait état, ne remet aucunement en question l'importance de la mise en pratique de ce système répressif.

---

1. CARVAL S., *op. cit.*, n° 212, p. 229.

2. Cons. Const., Décision n° 88-248 D.C. du 17 janvier 1989, JO 18 janvier 1989, p. 753, 29ème considérant : « Considérant que conformément au principe du respect des droits de la défense, [...], aucune sanction ne peut être infligée sans que le titulaire de l'autorisation ait été mis à même tant de présenter ses observations sur les faits qui lui sont reprochés que d'avoir accès au dossier le concernant ; qu'en outre, [...], le législateur a prescrit le respect d'une procédure contradictoire qui est diligentée par un membre de la juridiction administrative [...] ».

3. SHAMS. A.-A., *Procédure civile*, T. I, édition Mizan, 3ème éd. 2008, 211 et s. ; VINCENT J. et GUINCHARD S., *Procédure civile*, Coll. précis, Dalloz, 27ème éd., 2003, n° 609, p. 543 ; COUCHEZ G. et LAGARDE E., Procédure civile, 16ème éd., 2011, p. 276.

Conclusion de la première partie

316. Nul ne saurait sérieusement contester que la responsabilité civile a pour fonction principale la réparation des dommages causés à une victime. Il ne s'agit cependant pas là de sa finalité exclusive puisqu'il peut être vérifié qu'elle poursuit par ailleurs, comme objectif accessoire, la punition de certains comportements. *A priori*, les règles auxquelles son engagement est subordonné semblent faire obstacle à ce qu'elle puisse atteindre un quelconque but rétributif. Cependant, à la réflexion, le propos se doit d'être corrigé. En effet, la peine privée constitue un concept qui, en pratique, rend compte de l'existence d'une fonction punitive de la responsabilité civile.

317. La peine privée peut se définir comme la sanction de droit privé dont l'objet est de punir les auteurs de comportements jugés dignes de l'être. Elle se caractérise à la fois par son fondement fautif et sa finalité rétributive. Elle a vocation à être prononcée pour sanctionner ceux qui ont des comportements fautifs présentant un degré de gravité minimum. A défaut de ce dernier la volonté de punir civilement ne saurait en aucun cas se justifier.

318. La peine privée est souvent sollicitée en droit positif tant français qu'iranien. Certes, le plus fréquemment, elle l'est de manière seulement occulte. Elle s'explique aisément mais de manière différente selon le système juridique français et iranien. Pour ce qui est du droit français, la peine privée est officiellement prévu par le nouveau projet de l'article 1371 du Code civil, mais il n'est toujours pas en vigueur. En ce qui concerne le droit iranien, bien que déjà adopté par la Loi du 18 novembre 1999 sur la compétence des tribunaux de la justice iranienne pour juger des affaires civiles contre les Etats étrangers, la fonction punitive de la responsabilité civile n'a pas encore donné lieu à une application officielle à l'heure actuelle. Ainsi, c'est par le prononcé de dommages et intérêts officiellement indemnitaires, mais objectivement punitifs, que les juridictions parviennent à réprimer des comportements qu'elles estiment devoir sanctionner. Plus rarement, la peine privée est infligée sans avoir à être dissimulée : il en va ainsi avec l'astreinte, la clause pénale, la condamnation de principe ou encore avec l'obligation de publier la décision de justice retenant la responsabilité civile du défendeur.

319. La sollicitation de la peine privée sous des formes diverses et variées ne doit toutefois pas faire oublier qu'elle n'a pas pu se manifester sans un débat doctrinal critique. Les arguments avancés pour la légitimer était fondé d'abord sur le fait que le système de répression civile serait doté d'une souplesse appréciable en com-

paraison des règles contraignantes qui président à l'engagement de la responsabilité pénale et, d'autre part, sur le fait qu'il aurait un rôle palliatif permettant de combler les lacunes de la responsabilité pénale. Or, de telles explications se révélaient théoriquement contestables. En outre, l'instauration d'un système de répression civile, tel qu'il est ici décrit, posait la question de sa compatibilité d'une part, avec le principe de réparation intégrale et, d'autre part, avec les principes gouvernant le pouvoir de répression.

320. Néanmoins, contrairement à ce qu'une première impression pourrait laisser croire, la peine privée n'est pas nécessairement incompatible avec les principes précités, ni même avec le développement des assurances. L'expression procède de l'existence des techniques assurantielles de pénalisation. En effet, d'après le Professeur TUNC, « on est tenté de penser que la fonction normative, que les responsabilités civile et pénale se partageaient auparavant, incombera, dans l'avenir, de plus en plus exclusivement au droit pénal » [1]. Cependant, pour que celui-ci parvienne à rivaliser complètement la responsabilité civile dans ce domaine, il faudrait que les incriminations pénales soient considérablement élargies. Or, comme le souligne Madame le professeur VINEY, « il ne paraît guère pensable et, en tout cas, certainement pas souhaitable, de créer en toutes matières des incriminations à contenu indéfiniment extensible » [2]. Ce qui reviendrait en fait à abolir le principe, si essentiel pour les libertés individuelles, de la « légalité des délits ». C'est pourquoi nous estimons, avec Madame CARVAL, que la responsabilité civile ne devrait pas être totalement évincée de sa fonction normative et préventive et qu'il est souhaitable, dans cette perspective, d'officialiser et d'organiser la fonction de « peine privée » qui peut être reconnue dans des domaines nombreux et importants [3].

321. On peut également penser que le mouvement de « dépénalisation » que prône aujourd'hui une partie de la doctrine, notamment dans le domaine économique, et dans lequel le législateur tant français qu'iranien s'est déjà engagé, pourrait ouvrir à la responsabilité civile de nouvelles perspectives. Associer et rendre complémentaire la responsabilité civile et la responsabilité pénale s'est également manifesté en matière médicale, à travers laquelle le système de répression civile est généralement approuvé et il a même été proposé de poser, dans ce domaine, un « principe de subsidiarité » du droit pénal par rapport au droit de la responsabilité civile [4].

322. Ainsi, l'officialisation de la peine privée ne paraît pas seulement possible, elle serait, également, extrêmement utile. Il suffit de la confronter aux sanctions pénales de droit positif des deux pays étudiés pour se rendre compte de ce qu'elle possède des qualités qui lui permettraient d'obtenir des résultats là où les sanctions

1. TUNC A., La responsabilité civile, Economica, 2ème éd. 1990, n° 166.

2. VINEY G., Traité de droit civil, Introduction à la responsabilité, LGDJ, 3ème éd. 2008, n° 75, p. 179.

3. CARVAL S., La responsabilité civile dans sa fonction de peine privée, *op. cit.*

4. SCHAMPS G., « La subsidiarité du droit pénal par rapport au droit de la responsabilité civile : la problématique de la responsabilité des prestataires de soins », in *Le principe de subsidiarité*, sous la direction de Francis DELPEREE, bibl. de la Faculté de droit de l'UCL, T. XXXVII, Bruylant 2002, p. 161 et s.

pénales ne parviennent pas à accomplir leur tâche. Ces qualités sont, essentiellement :

- le fait qu'elle soit réclamée par les victimes directes ou indirectes de l'acte fautif, généralement bien placées pour porter à la connaissance de la justice des violations des normes juridiques ;
- le fait qu'elle ne soit pas soumise à un principe de légalité aussi strict que celui qui gouverne le droit pénal et qu'elle puisse atteindre largement les personnes morales ;
- le fait qu'elle soit une sanction sévère sans être stigmatisante, c'est-à-dire infligée au terme d'une procédure qui présente des garanties plus nombreuses que celles des autres procédures.

323. Quant à l'aptitude de la peine privée à compléter les sanctions pénales, elle ressort par ailleurs de l'utilisation de plus en plus massive que font d'elle des juridictions tant française qu'iranienne à l'instar de certains systèmes juridiques de Common Law. Il ne fait nul doute que les condamnations pécuniaires extrêmement lourdes infligées aux condamnés du sang contaminé en Iran ou fabricants des hormones de croissance ainsi qu'aux différents protagonistes de la catastrophe de l'Erika en France sont destinées, dans l'esprit des magistrats qui y ont recours, à produire un effet rétributif et dissuasif analogue à celui des sanctions pénales.

324. La complémentarité de la finalité punitive de la responsabilité civile étant admise, il convient de rappeler que cette dernière n'a pas été reconnue de la même manière en droit français et iranien. En effet, s'ils ont en commun d'avoir officialisé ou envisagé la peine privée dans leur système juridique respectif, ils n'en font pas un développement et une application semblables.

En premier lieu, le système juridique iranien, et ce, contrairement à son homologue français, applique avec une certaine restriction les peines privées. A titre d'observations, l'astreinte figurant parmi des peines privées les plus communes, n'a pas été reprise dans le nouveau Code de procédure civile iranien. De même, le régime juridique de la clause pénale reste des plus flous parce que non clairement établi ni par le législateur iranien, ni par la jurisprudence, ni par la doctrine. Enfin, l'étendue des dommages-intérêts accordée par les juridictions iraniennes ne semble pas satisfaire au principe de réparation intégrale et donc, de surcroît et *a fortiori*, aux dommages-intérêts punitifs.

En second lieu, alors que les peines privées furent officialisées dans le système juridique iranien avant qu'elles soient envisagées en droit français, leurs applications demeurent plus fréquentes dans ce dernier. Cette discordance s'avère partiellement justifiable du fait que les peines privées prévues en droit iranien étaient à première vue réservées pour une application d'ordre international. Cependant, elles demeuraient un outil juridique applicable en droit interne qui n'a pas été pris en compte par la jurisprudence, ni même développer par les auteurs doctrinaux.

En troisième lieu, concernant le droit français, alors que depuis des années les peines privées sont utilisées dans de nombreuses matières contentieuses, la question se pose de savoir pourquoi le législateur tarde à les officialiser par un texte de loi.

325. Alors que la responsabilité civile développe une fonction punitive destinée à compléter les fonctions de la responsabilité pénale, celle-ci poursuit sur le modèle de

la première, un objet restitutif tentant ainsi de rivaliser avec cette responsabilité civile.

SECONDE PARTIE :

La finalité réparatrice de la responsabilité pénale concurrente de celle de la responsabilité civile

326. Juridiquement, la restitution est définie comme la mesure « tendant à rétablir la situation antérieure à une infraction ou à faire cesser un état délictueux » [1], ou encore par « la remise des objets volés placés sous main de justice à leur propriétaire » [2]. Plus communément, la restitution est présentée comme étant destinée à assurer la remise en l'état antérieur, sans qu'il ne soit apporté davantage de précisions [3]. C'est cette seconde approche, au champ plus large [4] que la première, qui sera ici retenue. Elle permet de rattacher à la restitution non seulement l'obligation de réparer un dommage [5], mais également celle de faire cesser une situation illicite [6].

327. L'obligation de restitution ainsi désignée relève naturellement de la responsabilité civile [7]. Cela signifie-t-il pour autant, que toute dimension restitutive puisse être déniée à la responsabilité pénale ? *A priori*, une réponse affirmative devrait s'imposer. Le droit pénal [8] est destiné à assurer la défense de l'ordre social au

---

1. GUINCHARD S. et MONTAGNIER G. (sous la direction de), *Lexique des termes juridiques,* Dalloz, 18ème éd., 2011, V° Restitution.

2. CABRILLAC R. (sous la direction de), *Dictionnaire du vocabulaire juridique*, Coll. Objectif droit, Litec, 3ème éd., 2008, V° Restitution.

3. Le grand Robert de la langue française, *Dictionnaire le Robert*, T. V, 2ème éd., 2002, v° Restituer ; GOLDOUZIAN I., *Précis de droit pénal général*, édition Mizan, 12ème éd. 2006, p. 334.

4. Puisqu'elle est indépendante de la nature pénale du fait ayant rompu l'équilibre dont la restauration est recherchée.

5. Par cela, elle constitue une sorte de remise en état par compensation.

6. Elle correspond, quant à elle, à une mesure de rétablissement par la suppression de la source du préjudice.

7. La responsabilité civile a une fonction de rétablissement ou de remise en état, laquelle, pour ne pas lui être officiellement attribuée, a néanmoins pu être mise en évidence par un auteur français : ROUJOU DE BOUBEE M.-E., *Essai sur la notion de réparation*, Coll. Bibliothèque de droit civile, T. CXXXV, LGDJ, 1974.

8. CORNU G., *Vocabulaire juridique*. Association Henri CAPITAN, PUF, 8ème éd., 2007, v° pénal-(Droit) ; AZEMAYESH A., *Cours de droit pénal général*, faculté de droit et des sciences politiques de l'Université de Téhéran, 1995-1996 : Il se définit généralement par son double objet de prévention et de répression des infractions.

moyen, d'une part, de la mise en œuvre de l'action publique et, d'autre part, du prononcé de sanctions pénales. Or, aucune finalité restitutive ne paraît pouvoir être décelée dans celle-là ou dans celles-ci.

Pour ce qui est tout d'abord de l'action publique, elle est déclenchée au nom de la société, principalement par des magistrats du parquet ou, éventuellement, par des fonctionnaires spécialement habilités. Portée devant les juridictions répressives, elle a pour objet l'application de la loi pénale à l'auteur d'une infraction. Elle autorise, en outre, le déploiement d'un certain pouvoir de contrainte destiné à s'assurer de la personne du délinquant. Sa finalité punitive ne saurait donc être sérieusement démentie, et toute considération restitutive semble devoir être écartée.

Ensuite quant aux sanctions pénales susceptibles d'être prononcées à l'issue de l'action publique, elles se divisent de deux variétés :
- Celles appartenant à la première variété sont les peines. Elles se définissent comme les mesures infligées aux délinquants en rétribution des infractions qu'ils commettent [1]. Ces sanctions présentent des caractères qui rendent parfaitement compte de leur finalité essentiellement répressive [2]. Ainsi, elles sont afflictives. Elles paraissent comme un châtiment qui consiste, sinon en une souffrance, du moins en une privation ou en une gêne. Les sanctions pénales sont par ailleurs infamantes. Elles infligent un blâme officiel au responsable qui doit supporter le poids de la réprobation publique.
- Quant aux sanctions pénales de la seconde variété, elles recouvrent les mesures de sûreté qui sont de « simples précautions de protection sociale destinées à prévenir la récidive d'un délinquant ou à neutraliser l'état dangereux »[3]. Si aucune finalité punitive ne peut leur être attribuée, elles ne sont pas pour autant des sanctions à objet restitutif [4]. En réalité, ces sanctions pénales poursuivent un but qui est exclusivement préventif.

328. De par son essence, le droit pénal ne semble avoir d'autres vocations que de prévenir et de réprimer les comportements infractionnels. En conséquence, le réta-

---

1. GUINCHARD S. et MONTAGNIER G. (sous la direction de), *Lexique des termes juridiques*, Dalloz, 18ème éd., 2011, v° Peine.

2. BOULOC B., *Droit pénal général*, Coll. précis, Dalloz, 21ème éd., 2010, n° 549, p. 468 et s. ; PRADEL J., Droit pénal général, Coll. Manuels, Cujas, 18ème éd., 2010, n° 590, p. 481 ; ARDEBILI M.-A., *Droit pénal général, T. II*, édition Mizan, 3ème éd. 2002, p. 131 et s.

3. MERLE R. et VITU A., Traité de droit criminel, T. I, Problèmes généraux de la science criminelle. Droit pénal général, Cujas, 7ème éd., 1997, n°656, p.826.

4. Plusieurs lois récentes ont en effet institué de véritables mesures de sûreté juridiquement distinctes des peines et ne présentant aucun caractère de sanction. En ce qui concerne le droit iranien, il s'agit d'abord la Loi de l'assurance obligatoire de la responsabilité civile des détenteurs des véhicules terrestres à Moteur du 15 juillet 2008. Les dispositions des nouveaux projets des Codes pénal et de procédure pénale sont ensuite venues d'assurer davantage la sûreté des personnes. Pour ce qui est du droit français, il s'agit principalement de la loi n° 2004-24 du 9 mars 2004 portant adaptation de la justice aux évolutions de la criminalité, modifiée ensuite par les lois du 12 décembre 2005, 4 avril 2006 et 5 mars 2007, ayant institué le fichier judiciaire national automatisé des auteurs d'infractions sexuelles ou violentes (FIJAIS), qui impose certaines obligations aux personnes qui y sont inscrites, et, surtout, de la loi n° 2008-174 du 25 février 2008 relative à la rétention de sûreté et à la déclaration d'irresponsabilité pénale pour cause de trouble mental qui a institué à l'égard des criminels dangereux des mesures de sûreté restrictives.

blissement de la victime dans l'état où elle se trouvait avant le fait dommageable paraît devoir constituer une préoccupation qui lui est parfaitement étrangère.

Pourtant, le propos doit être fortement nuancé et reconsidéré. Si la prévention et la répression des comportements infractionnels demeurent les fonctions essentielles de la responsabilité pénale, elles ne sont pas pour autant exclusives de la recherche d'autres objectifs [1]. Or, parmi ceux-ci figure, tout d'abord, la réparation [2]. Une telle finalité serait d'ailleurs à ce point ancrée au droit pénal qu'un auteur a eu l'occasion de relever que « le but précis et clair de la réglementation pénale moderne est : remplacer la peine, dans la mesure du possible, par la réparation civile. Aussi, l'idée selon laquelle *la réparation n'exclut pas la peine* devrait être remise en cause. Doit lui être préférée : la réparation rend la peine superflue » [3]. Ensuite, une autre fonction de la responsabilité pénale consisterait dans la suppression de la situation illicite [4], laquelle correspond à la seconde dimension de la restitution telle qu'elle a été théoriquement définie [5]. En effet, si la responsabilité pénale a indéniablement une finalité punitive et une fonction préventive, celle-ci résultant pour une grande part de celle-là, il semble qu'elle développe, surtout depuis ces dernières années, une finalité restitutive. Cette dernière consiste d'ailleurs, selon les hypothèses, dans la réparation du dommage causé par l'infraction et/ou dans la suppression de la situation illicite.

329. La finalité réparatrice de la responsabilité pénale ainsi pressentie par une partie de la doctrine est susceptible d'être vérifiée à un double niveau : celui, tout d'abord, de l'action publique (**Titre 1**) ; celui, ensuite, des sanctions auxquelles l'engagement de la responsabilité pénale peut donner lieu (**Titre 2**).

---

1. ROYANT S., *L'autonomie du droit pénal en question*, Thèse Montpellier I, 2002, n° 592 et s., p. 333 et s. ; NOURBAHA R., *Précis de droit pénal général*, édition Dad Afarin, 26ème éd. 2009, p. 483 et s.

2. NADJAFI A.-H., « *De la justice pénale classique à la justice restaurative* », Revue spécialisée de l'Université des sciences islamiques Razavi : droit et théologie, n° 9-10, 2004, p. 8 et s. ; CADIET L., « *Sur les faits et les méfaits de l'idéologie de la réparation* », in Mélanges P. DRAI, Dalloz, 2000, p.495 et s., spéc. p.508 et s. ; CASORAL F., « *La justice pénale à l'épreuve du concept de restaurative justice* », RPDP 2000, p.31 et s. ; NEYS A. et PETERS T., « *La peine considérée dans une perspective de réparation* », RICPT 1996, P.3 et s.

3. NAUCKE W., « *Philosophie pénale contemporaine et réparation civile* », in Archive de philosophie du droit, T. 28, Philosophie pénale, Sirey, 1983, p.1 et s., spéc. p. 4.

4. VINEY G., Traité de droit civil. Introduction à la responsabilité, LGDJ, 3ème éd., 2006, n°74-2, p.171 et s.

5. Le grand Robert de la langue française, *Dictionnaire le Robert*, T. V, 2ème éd., 2002, v° Restituer ; GOLDOUZIAN I., *Précis de droit pénal général*, édition Mizan, 12ème éd. 2005, p. 334.

TITRE 1
L'influence de la réparation sur l'action publique

330. Définie par son objet qui consiste dans l'application des peines à l'auteur d'une infraction [1], l'action publique constitue l'instrument procédural destiné à assurer la mise en œuvre de la répression. En conséquence, il semble *a priori* assez difficile de lui reconnaître une quelconque finalité restitutive. Toutefois, si un tel constat semblait être le parfait reflet de la réalité de l'ancien droit [2], il se révèle aujourd'hui fortement fragilisé, pour ne pas dire suranné. En effet, l'évolution du droit positif aussi bien français qu'iranien s'est traduite par une instrumentalisation de plus en plus fréquente de l'action publique à des fins de remise en état [3]. Pour ce faire, différents procédés ont été imaginés. Mais, les plus appropriés sont ceux qui ont en commun de constituer une alternative au déclenchement de l'action publique.

331. Le pouvoir du ministère public d'apprécier l'opportunité de déclencher les poursuites explique la possibilité d'envisager l'existence de modes alternatifs à l'engagement de l'action publique. Cette opportunité résulte de l'évolution du principe de légalité des poursuites prévue par la Déclaration des Droits de l'Homme de 1789, largement inspirée des travaux de Becarria sur la légalité des délits et des peines. La reconnaissance d'une telle prérogative [4] a permis d'imaginer que d'autres réponses puissent être apportées à la commission d'une infraction que celle consistant à traduire le délinquant devant une juridiction répressive. Or, les différentes

---

1. Art. 1er du Code de procédure pénale français, et la 2ème Remarque de l'article 2 du Code de procédure pénale iranien. Selon ledit article : « Toute infraction ayant deux aspects, pourra donner naissance à deux actions : a- action publique pour maintenir des préceptes divins, la loi et l'ordre public ; b- action civile pour demander le droit y compris Qu'issas et diffamation d'adultère (de sodomie contre quelqu'un), ou la réparation du préjudice des personnes physiques et morales ».

2. Il s'agit plutôt du Code d'instruction criminelle de 1808 français et de la loi iranienne provisoire des principes des instance pénales de 1912 qui a été d'ailleurs inspirée largement de celui-là.

3. KHALEGHI A., *Procédure pénale*, éditionde Cité de science, 2ème éd. 2009, p. 9 ; v. également : RAYEJIAN-ASLI M., *Victimologie protective*, édition Dadghostar, 1ère éd. 2005 ; SHIRI A., « *Le traitement juste avec des victimes* », Trimestrielle des études de prévention de l'infraction, 2007, n° 6, p. 17.

4. Cela découle de l'article 40 al. 1er CPPF aux termes duquel, le principe de légalité des poursuites est implicitement mais nécessairement rejeté.

alternatives aux poursuites créées ont toutes en commun d'inciter la personne à l'encontre de laquelle une infraction est reprochée à réparer le dommage qu'elle a causé [1] et/ou à mettre spontanément un terme à la situation illicite générée. Au recensement de ces différentes alternatives à l'action publique (**Chapitre 1**) succédera leur appréciation au regard des intérêts en cause (**Chapitre 2**).

1. DESDEVISES M.-Cl., « L'option entre prévention et répression : les alternatives aux poursuites, un nouveau droit pénal des majeurs », in Mélanges R. OTTENHOF, Dalloz, 2006, p.167 et s.

CHAPITRE 1

Le recensement des techniques de provocation à la réparation par la menace de poursuites

332. Certaines alternatives au déclenchement de l'action publique impliquent un dialogue direct entre l'autorité chargée des poursuites et la personne à qui la commission d'une infraction est reprochée. Elles ont pour conséquence obligatoire, si elles aboutissent, d'éteindre l'action pour l'application des peines. Elles peuvent être qualifiées de transactions sur l'action publique (**Section 1**). D'autres, au contraire, consistent, sur proposition du parquet et sous son contrôle, dans la recherche, par l'intermédiaire d'un tiers, d'une solution amiable entre la personne mise en cause et sa victime. Si elles sont menées à leur terme, les alternatives au déclenchement de l'action publique peuvent inciter le parquet à renoncer aux poursuites, lesquelles ne sont cependant pas légalement éteintes. Il s'agit des médiations pénales (**Section 2**).

Section 1 : Les transactions sur l'action publique

333. La transaction est, aux termes de l'article 2044 du Code civil français, « un contrat par lequel les parties terminent une contestation née, ou préviennent une contestation à naître ». L'article 752 du Code civil iranien le définit d'ailleurs comme « un contrat ayant lieu, soit pour terminer une contestation déjà née, soit pour prévenir une contestation à naître à propos d'une convention quelconque ». Si elle peut être efficacement conclue sur l'action civile pour mettre un terme au litige d'ordre privé opposant la victime à l'auteur de l'infraction [1], le principe de sa validité lorsqu'elle porte sur l'action publique se révèle beaucoup plus problématique. En effet, cette dernière, qui réprime le trouble social, est d'ordre public [2]. Or, une telle qualification semble nécessairement exclure, ainsi que la jurisprudence eut

---

1. Art. 2046 al. 1er C. civ.: « On peut transiger sur l'intérêt civil qui résulte d'un délit ».

2. BOULOC B., *Procédure pénale*, Coll. Précis, Dalloz, 22ème éd., 2010, n°163, p.137 ; ACHOURI M., *Procédure pénale, T. I*, édition SAMT, 6ème éd. 2001, p. 82.

l'occasion de le souligner en d'autres matières également d'ordre public [1], qu'elle puisse faire l'objet d'une transaction. Aussi, l'affirmation selon laquelle elle est « hors commerce et la société ne peut par l'intermédiaire de ses représentants, transiger comme le ferait un particulier » [2] serait-elle toujours d'actualité.

334. En réalité, il n'en est rien, puisqu'elle avait, depuis longtemps, été retenue par l'article 262 de l'ancien Code d'instruction criminelle iranienne de 1912 [3], devenue désormais l'article 195 du Code de procédure pénale, aux termes duquel : « Dans tous les cas où l'action intentée peut être terminée par la transaction, le tribunal de paix fera-t-il son mieux pour y arriver avant de rendre sa décision, sinon il va statuer sur l'action ». La faculté de recourir à la transaction et/ou composition pénale avait aussi été reconnue au travers des articles 3 et 7 de la loi iranienne relative à la formation des tribunaux mobiles [4] de 1988 afin de mettre à contribution l'auteur de l'infraction pour consentir à une peine, plutôt que de se la voir imposer. D'ailleurs, dès le XIXème siècle, des lois spéciales ont reconnu à certaines administrations le pouvoir de transiger dans tous les litiges intéressant leurs services [5]. Aujourd'hui, l'article 6 al. 3 CPPI prévoit expressément que l'action publique peut « s'éteindre par transaction lorsque la loi en dispose expressément ». Les dispositions spéciales qui autorisent un tel mode de règlement du contentieux né de la commission d'une infraction sont afférentes à une délinquance spécialisée pour laquelle le pouvoir de transiger est confié à l'administration.

335. Les transactions ainsi prévues peuvent être qualifiées d'administratives (**Paragraphe 1**). Par ailleurs, et bien qu'elles n'en portent pas formellement le nom, certaines procédures alternatives aux poursuites constituent de véritables transactions dès lors qu'elles impliquent, en contrepartie d'une extinction de l'action pour l'application des peines, l'accomplissement par la personne mise en cause d'une prestation exigée par le ministère public [6]. C'est en ce sens que ces techniques peuvent être qualifiées de transactions judiciaires (**Paragraphe 2**).

---

1. Civ. 1ère, 12 juin 1967, D. 1967, juris. P.584, note A. BRETON, JCP 1967, II, 15225, note RL : dans cet arrêt, la Cour de cassation rappelle expressément qu'il n'est pas possible de transiger sur des matières qui intéressent l'ordre public.

2. BOITARD M., « *La transaction pénale en droit français* », RSC 1941, p.151 et s., spéc. p. 151 ; v. également : KHALEGHI A., *op. cit.*, p. 36 et s.

3. FROUZESH R., Justice restaurative dans la jurisprudence islamique et en droit iranien, éditions Khorsandi, 1ère éd. 2008, p. 179. v. également : NADJAFI A.-H., « De la justice pénale classique à la justice restaurative », Revue spécialisée de l'Université des sciences islamiques de Razavi : droit et théologie, n° 9-10, 2003, p. 8 et s.

4. A l'époque où il était difficile en milieu rural de recourir aux moyens classiques de communication pour sensibiliser les citoyens, les tribunaux mobiles ont été mis en place afin de rendre la justice plus accessible et plus proche des citoyens.

5. GASSIN R., « *Transaction* », Rép. Pénal, Dalloz, 1969, n°9, p. 2 ; DARVISHI-HOVEYDA Y., *Règlement extrajudiciaire des différends*, édition Mizan, 1ère éd. 2009, p. n° 56, p. 125.

6. PIN X., *Le consentement en matière pénale*, Coll. Bibliothèque des sciences criminelle, T. 36, LGDJ, 2002, n° 737, p. 568.

Paragraphe 1 : Les transactions administratives

336. Les transactions administratives présentent la particularité de pouvoir être conclues non seulement avant le déclenchement de l'action publique, mais également après la saisine des juridictions répressives. Et ce, peu importe que le jugement ou l'arrêt retenant la culpabilité de la personne mise en cause ait ou non été déjà rendu [1]. Toutefois, lorsqu'elles sont conclues après le déclenchement des poursuites, elles ne constituent un motif d'extinction de l'action publique que si aucune décision de condamnation définitive n'a été encore prononcée. Dans l'hypothèse inverse, l'accord négocié entre l'administration et la personne poursuivie doit s'analyser en une remise de pénalité [2].

337. Ceci étant précisé, seront ici étudiées, respectivement en droit iranien (**A**), et en droit français (**B**), uniquement les transactions administratives conclues préalablement à la mise en œuvre de l'action publique, puisqu'elles sont les seules à rendre envisageable une provocation à la restitution sous menace de poursuites.

A – La portée restreinte de la transaction administrative en droit iranien

338. Même si de plus en plus de lois accordent à certaines administrations la faculté d'en conclure, les transactions administratives recouvrent un domaine aujourd'hui encore assez limité, puisque manifestement circonscrit à une délinquance fortement spécialisée.

Les transactions administratives, conçues comme de véritables alternatives aux poursuites, sont en effet une procédure traditionnelle [3], et même de base religieuse [4], de traitement des litiges en Iran. La transaction administrative, en matière pénale [5], s'entend de tous les cas où l'auteur de faits pénalement répréhensibles accepte la sanction qui lui est proposée par l'autorité en charge de la défense des intérêts lésés pour éteindre l'action publique. Les avantages communément reconnus à cette procédure sont multiples. Il s'agit d'une procédure plus rapide et moins onéreuse que le procès pénal qui permet de désengorger les juridictions répressives tout en mettant un terme aux situations infractionnelles et en autorisant la réparation des dommages causés à l'intérêt public. La transaction est par ailleurs une procédure efficace en raison de l'économie de temps et de moyens qu'elle permet.

---

1. REDON M., « *Transaction* », Rép. Pénal, Dalloz, 2004, n°21 et s., p. 4 ; FROUZESH R., *op. cit.*, p. 176.

2. REDON M., *op. cit.*, n° 23, p .4.

3. JAFARI LANGHAROUDI M.-J., *Encyclopédie des sciences islamiques, T. II, Judiciaire*, éditions Ghanje Danesh, 3ème éd. 2002, p. 866.

4. Le Coran, Surate Nesa, verset 128 ; Surate Alhajarat, verset 10. v. en ce sens, HOR AMELI M.-E.-H., *Vassael el-chi'at ella tahsil massael el sharia, T. XIII*, Téhéran, éditions Eslami, 1972, pp. 161-164 ; SADEGHI M.-H., « *Déjudiciarisation en droit pénal islamique* », Revue spécialisée de l'Université des sciences islamiques de Razavi : droit et théologie, n° 15-16, 2006, p.165.

5. HOSSEINI S.-M., « *Rôle de médiation dans le règlement des différends et la réponse aux violations des normes* », Revue de la faculté de droit et des sciences politiques de l'Université de Téhéran, n° 45, 2000, p. 8 et s.

339. De plus, elle se distingue clairement des autres procédures alternatives aux poursuites par l'autorité à l'initiative de laquelle ces procédures peuvent être engagées. La transaction est en principe proposée et mise en œuvre par l'autorité administrative, alors que les autres procédures alternatives aux poursuites relèvent exclusivement de la décision de l'autorité judiciaire, en particulier du procureur de la république [1]. Contrairement à la composition pénale [2], ce mode de traitement alternatif aux poursuites ne nécessite pas l'intervention d'un magistrat du siège. Les parties à une transaction administrative sont donc, d'une part, l'autorité qui dispose du pouvoir exprès de transiger, et d'autre part, l'auteur de l'infraction. La transaction qui est proposée au contrevenant comporte la restitution, le paiement d'une amende transactionnelle et, lorsqu'elles sont nécessaires, des mesures visant à faire cesser l'infraction, à éviter son renouvellement ou à réparer le dommage. L'exécution de la transaction par le contrevenant a pour effet d'éteindre l'action publique. Cependant, au contraire du droit civil [3], qui envisage de manière générale le recours à la transaction, du moins dans tous les cas où le contrat est licite et ne porte pas atteinte à l'ordre public ni aux bonnes mœurs, les transactions administratives n'ont cours que dans un périmètre infractionnel délimité.

340. Il semble effectivement que les formes actuelles de transaction administrative trouvent leur terrain de prédilection dans les domaines les moins graves [4]. Il en est ainsi, notamment, de l'administration des impôts indirects [5], de l'administration des douanes [6] et de l'administration des postes [7] qui peuvent transiger avec le délinquant. La transaction obtenue d'un pays étranger pour une exportation délictueuse n'évite en revanche pas à l'intéressé des poursuites en Iran [8] pour importation délictueuse. En outre, intervenue avec la personne morale, elle met fin aux poursuites exercées contre le préposé. La loi reconnaissait aussi un droit de transaction en ma-

---

1. ACHOURI M., *Procédure pénale, T. I*, édition SAMT, 6ème éd. 2001, p. 84 ; KHALEGHI A., *Procédure pénale*, édition de Cité de science, 2ème éd. 2009, p. 36 et s.

2. SAGHIAN M.-M., *op. cit.*, p. 575 et s.

3. EMAMI S.-H., *Droit civil, T. II*, éditions Islamiyeh, 11ème éd. 1996, p. 315 ; KATOUZIAN N., *Droit civil, Contrats nommés, T. II, Partenariats et transaction*, éditions Ghanje Danesh, 4ème éd. 1998, p. 297 et s.

4. MOSLEHI A.-H. et SADEGHI M., « *Etude de la procédure des alternatives au règlement des différends* », Revue de droit comparé, Faculté de droit et des sciences politiques de l'Université de Téhéran, la nouvelle série, n° 1, 2007, p. 106 et s. ; des mêmes auteurs, « *Réflexion sur les procédures alternatives au règlement des différends* », Revue de la Lettre de Mofid, n° 46, 2005, p. 135 et s. ; HOSSEINI S.-M., « *Rôle de médiation dans le règlement des différends et la réponse aux violations des normes* », Revue de la faculté de droit et des sciences politiques de l'Université de Téhéran, n° 45, 2000, p. 8 et s.

5. L'article 238 et s. de la loi de contributions directes du 3 mars 1988.

6. Les articles 6, 27 et 50 du Code des douanes du 30 mai 1972, et les articles 2, 279, 305 et s. de son règlement exécutif du 20 avril 1973.

7. L'article 22 de la loi relative à la formation de la société de Poste de 1988, cité par :NIAZPOUR A.-H., *Contractualisation de la procédure pénale*, Thèse, Université de Shahid Béhéshti, Iran, 2010, p. 148.

8. L'article 174 du Code de procédure pénale iranien. v. également : KHALEGHI A., *Procédure pénale*, édition de Cité de science, 2ème éd. 2009, p. 134 ; ALMASI N.-A., *Droit international privé*, édition Mizan, 1ère éd. 2003, p. 164 et s. ; du même auteur, « *La reconnaissance et l'exécution des jugements étrangers en droit français, anglais et Etats-Unis* », Revue de la faculté de droit et des sciences politiques de l'Université de Téhéran, n° 25, 1992.

tière économique, suite à la loi iranienne du système syndical du 24 mars 2004. L'autorité administrative chargée de la protection du consommateur fera une proposition tant que l'action publique n'a pas été engagée. L'exécution de la transaction éteint l'action publique. L'action publique semble disparaître aussi par l'effet d'une sorte de transaction entre le délinquant et l'autorité publique, en cas d'amende forfaitaire, c'est-à-dire soit de versement direct d'une amende pour contravention à la police de la circulation [1], entre les mains de l'agent verbalisateur, soit de paiement au moyen timbre-amende ou d'un autre procédé.

341. En matière de fiscalité indirecte, les infractions peuvent faire l'objet de transaction avant mise en mouvement d'une action judiciaire. Les demandes de remise, totale ou partielle, des sanctions fiscales pour tenir comte des ressources et des charges du débiteur sont instruites par l'administration et soumises au Conseil de règlement des litiges fiscaux créés par l'article 244 de la loi pour les impôts directs de 1988 [2]. Ainsi, l'administration ne peut transiger que si les conditions fixées à la loi précitée sont remplies et que le Conseil de litige fiscal admet le principe d'une transaction. Pourtant, il faut bien se rendre à l'évidence : il y a, en droit fiscal, comme ailleurs, des conditions qui sont réservées à la transaction et cette dernière se fait par différentes étapes : Premièrement, la transaction ne fait pas l'objet d'une véritable négociation. Elle a l'autorité de la chose jugée et obéit à des règles particulières. Deuxièmement, le contribuable adresse une demande de transaction au service territorial de l'administration des impôts dont dépend le lieu d'imposition. Cette demande doit permettre d'identifier l'imposition en cause et ne doit pas comporter de proposition chiffrée de la part du contribuable. C'est une demande qui peut être refusée par l'administration. Troisièmement, l'administration notifie la proposition de transaction au contribuable. Elle mentionne le montant de l'impôt et celui des pénalités qui lui seront réclamées s'il accepte la proposition. Quatrièmement, l'administration décide ou non d'accepter la transaction laquelle est définitivement conclue quand les pénalités sont effectivement fixées. Ainsi la transaction devient définitive après son exécution par le contribuable.

342. Pour ce qui est de la restitution issue de la transaction portant sur les infractions douanières, l'administration des douanes [3] est, en application de l'article 6 du Code des douanes [4], autorisée à transiger, certes avant la mise en mouvement de l'action publique, avec les personnes poursuivies pour infractions douanières. Il en résulte que la faculté de transiger ainsi reconnue à la douane iranienne ne peut être

---

1. Décret du 12 décembre 2006 de la formation du Conseil de règlement des litiges de circulation, cité par : JO n° 17716 du 27 décembre 2006. v. également : BAKHTAR S.-A., *Les infractions à la police de la circulation*, éditions Khorsandi, 1ère éd. 2008.

2. ROSTAMI V. (sous la direction de), *Procès équitable dans les tribunaux administratifs iraniens*, Les presses de l'Université de Téhéran, 1ère éd. 2009, p. 52.

3. KACHEFI M., *La contrebande en droit pénal iranien*, Thèse, Paris, 1959, p. 195 et s.

4. NORY YOSHANLOEY J., Recueil des Lois et des règlements relatif à la contrebande de marchandise et de devise, édition Mizan, 3ème éd. 2010, p. 90 et s.

utilisée, non seulement après le jugement définitif, mais non plus après un jugement susceptible d'appel ou de cassation [1].

L'accord qui se réalise, en matière de douanes, entre les parties remplit bien les conditions de la transaction en ce que l'administration prévient les difficultés et les lenteurs d'une contestation judiciaire, et le contrebandier évite un procès dont il est menacé, ou bien dans le sens inverse, la douane prend l'engagement de ne pas user de son droit de poursuivre le prévenu devant le tribunal, afin de lui infliger une peine de prison, et le prévenu d'abandonner son droit de s'adresser à la justice en vue de faire prononcer un jugement d'acquittement.

343. En ce qui concerne la détermination du montant des pénalités transactionnelles, à la différence du droit français [2] où l'administration a un pouvoir absolu d'appréciation et désigne la sanction, sans s'attacher spécialement aux pénalités légalement encourues, la douane iranienne [3] ne peut accorder au prévenu, en transigeant avec lui que de la faire échapper à la poursuite pénale, à condition qu'il paie la totalité du montant de l'amende, tel que prévue par la loi, et la valeur des objets confiscables, s'ils n'existent pas en nature. Lorsque l'existence d'une transaction est constatée, cette transaction ne peut profiter qu'à ceux en faveur desquels elle a été consentie, et les coauteurs ou complices de fraude ne sauraient en prévaloir de la transaction consentie à un prévenu [4].

344. La provocation à la restitution est également envisageable par le biais d'une transaction officiellement reconnue à certains délits en matière de services bancaires. L'article 8 de la loi du 24 mars 1958 sur le transfert des opérations de change à la Bank Méli Iran dispose que : « ... La poursuite et le règlement de toutes les actions pénales qui avaient déjà été intentées par la Commission d'Echange contre les personnes physiques et morales, et qui sont toujours pendants, seront désormais à la charge du liquidateur... ». Selon l'alinéa 3 dudit article : « Le liquidateur pourrait résoudre les litiges précités par une transaction administrative et retirer les actions déjà intentées devant les juridictions pénales si les débiteurs ont tenu leurs obligations consenties » [5]. Qu'en est-il en droit français ?

B – La portée généralisée de la transaction administrative en droit français

345. Précisément, la transaction pénale est possible relativement à certains délits en matière d'aviation civile [6], d'infractions douanières [1], de litiges relatifs aux con-

1. Cass. Ch. 2, n° 164, 31 avril 1938, cité par : MATINE A., *Recueil de la jurisprudence criminelle*, Téhéran, 1954.

2. Crim. 2 avr. 2008, Bull. crim. n° 91 ; Crim. 15 mai 2008, Bull. crim. n° 122 ; Crim. 20 fév. 2008, Bull. crim. n° 45, cité par : FILIPI P., « *Les spécialités de la poursuite des infractions douanières* », AJ pénal, n° 5/2009, mai 2009, p. 213 et s. ; BOULAN F., « *La transaction douanière* », in Etudes de droit pénal douanier, GASSIN R. (sous la direction), PUDF 1968, p. 220 et s.

3. KACHEFI M., *op. cit.*, p. 197.

4. Cass. Ch. 2, n° 1061, 29 juillet 1942, cité par : MATINE A., *Recueil de jurisprudence criminelle*, Téhéran, 1954.

5. NORY YOSHANLOEY J., *op. cit.*, p. 211.

6. Art. L. 150-16-1 et L. 330-9 C. aviation.

tributions indirectes [2], aux contraventions des quatre premières classes à la police des services publics de transports ferroviaires et des services de transports publics des personnes [3], aux infractions à la police de la conservation du domaine public routier national [4], d'infractions forestières [5], d'infractions à la réglementation des postes et des télécommunications [6], ou encore d'infractions relatives aux ports maritimes, au domaine fluvial et à la navigation intérieure [7]. Le décret n° 2007-598 du 26 avril 2007 relatif à la transaction pénale en matière de police de l'eau et de police de la pêche en eau douce a défini les conditions de deux cas supplémentaires à l'inventaire [8]. On reconnaît encore la nature de transaction à la procédure instaurée en faveur des maires [9], au pouvoir institué face à certains délits en faveur du chef de service d'enquête au sein de la DGCCRF [10], voire à l'injonction pénale [11], qui au contraire des autres procédures cache son nom de transaction et concerne le cas très spécifique de personnes ayant fait un usage illicite de stupéfiants.

346. Ces transactions administratives sont, pour une part, soumises à une réglementation spécifique qui dépend du texte qui les a spécialement prévues [12]. Il n'en demeure pas moins que, pour une autre part, elles présentent certains caractères irréductiblement communs. Ainsi, elles consistent pour l'administration, avec l'autorisation parfois nécessaire du ministère public [13], et sous son contrôle, à ne pas déclencher ou à ne pas faire déclencher les poursuites dès lors que la personne mise en cause reconnaît avoir commis l'infraction et s'engage à fournir une prestation ou à payer une certaine somme déterminée. Or, cette obligation souscrite par le transigeant peut très bien correspondre à la réparation du préjudice souffert par l'administration, ou à la cessation de la situation illicite générée par le fait infractionnel. D'ailleurs, la dimension restitutive de la transaction conclue est parfois explicitement précisée par le législateur. Par exemple, aux termes de l'article 529-4 CPP, il apparaît qu'en matière d'infractions à la police des services publics de transports terrestres, « la transaction est réalisée par le versement à l'exploitant d'une indemnité forfaitaire et, le cas échéant, de la somme due au titre du transport ». Une

---

1. Art. 350 C. douane.

2. Art. L. 248-3°, L. 248, L. 249 et L. 251 LPF.

3. Art. L. 529-3 à 529-5 CPP.

4. Art. L. 116-8 C. voirie routière.

5. Art. L. 153-2 C. forestier.

6. Art. L. 28 C. postes et télécommunications.

7. Art. L. 211-4 C. ports Maritimes.

8. Art. L. 216-14 et L. 437-14 C. env.

9. Art. 44-1 CPP : pour les contraventions que les agents de la police municipale sont habilités à constater par procès-verbal conformément aux dispositions de l'article L. 2212-5 du Code général des collectivités territoriales et qui sont commises au préjudice de la commune au titre de l'un de ses biens.

10. Art. 470- 4-1 C. com.

11. Art. L. 3423-1 C. santé publ.

12. BOULOC B. et MATSOPOULOU H., *Droit pénal général et procédure pénale,* 17ème éd., Sirey, 2009, n° 296 et s. ; MERLE R. et VITU A., *Traité de droit criminel, T. II, Procédure pénale*, Cujas, 5ème éd., 2001, n° 65, p. 84.

13. Art. 16 de la loi n°77-1453 du 29 décembre 1977 accordant des garanties de procédure aux contribuables en matière fiscale et douanière.

telle indication est indéniablement de nature à rendre compte de la finalité réparatrice du contrat ainsi conclu entre le transporteur et le contrevenant.

347. Explicite dans certaines hypothèses, seulement implicite mais néanmoins avéré dans d'autres, l'objet restitutif de la transaction pénale semble acquis. Il reste cependant à justifier l'affirmation selon laquelle la restitution ainsi obtenue l'est effectivement sous la menace de poursuites. Il est vrai qu'elle ne va pas de soi, ainsi qu'en rendent compte les différentes opinions doctrinales exprimées dans le but de fixer la nature juridique de la transaction pénale. Trois théories ont pu être proposées [1]. Or, l'une d'entre elle, en ce qu'elle se propose de déceler dans les obligations mises à la charge du transigeant une véritable sanction pénale impliquant que les poursuites aient été préalablement engagées sous une forme ou sous une autre, semble tenir en échec qui est ici proposé d'établir. Aussi, après avoir succinctement présenté ces différentes théories, fortement présentes en droit français, il s'agira de mettre en évidence uniquement celle qui doit être retenue, permet justement de déceler dans la transaction administrative une véritable technique de provocation à la remise en état, et ce, sous menace de mise en œuvre de l'action publique.

348. *La première théorie a été qualifiée de pénale*. A son terme, la transaction est considérée comme une peine poursuivant un but punitif. Sa signification exacte est néanmoins susceptible d'être diversement décrite. Pour F. BOULAN, il s'agirait d'une peine, mais d'une peine privée : « il apparaît bien, en définitive, que la transaction douanière notamment en France, avant jugement définitif, s'inscrit tant au stade de son attribution qu'à celui de son évaluation, dans une sorte d'instance pénale. L'effet extinctif de l'action publique et les caractères réparateur et répressif de cette transaction déterminent sa nature de peine privée, infligée pourtant par une administration publique » [2]. C'est toutefois J. MAZARD qui a soutenu la théorie pénaliste dans sa version la plus aboutie. Pour le haut magistrat, la transaction semble constituer une authentique sanction pénale : « [...]. L'on sait que l'une des sanctions instituées par l'ordonnance n°45-1483 du 30 juin 1945 est la transaction. Cette peine peut consister en un payement d'une somme d'argent, soit dans la confiscation de marchandises ou produits, soit dans une mesure de publicité ou de fermeture, voire d'un simple avertissement [...]. La transaction constitue une véritable peine, elle sanctionne le délit, compte pour la récidive et éteint l'action publique en vertu du principe *non bis in idem* » [3].

349. *La deuxième théorie, désignée sous l'adjectif de libérale, pourrait parfaitement être qualifiée de civile*. Elle se propose d'assimiler, dans une certaine mesure, la transaction sur l'action publique à une transaction civile, telle qu'elle est prévue aux articles 2044 et s. C. civ. En effet, celle-là serait un contrat synallagmatique à titre onéreux et commutatif destiné à mettre fin à une contestation par des conces-

---

1. DUPRE J.-F., *La transaction en matière pénale*, Litec, 1977, p. 163 et s.

2. BOULAN F., *La transaction douanière. Etudes de droit pénal douanier*, Annales de la Faculté de droit d'Aix-en-Provence, 1968, p. 219 et s., spéc. p. 238.

3. MAZARD J., note sous Crim., 19 février 1964, D. 1964, juris. p. 37.

sions réciproques [1] et elle serait, de plus, soumise à des conditions de formation analogues.

350. *La troisième théorie attribue une nature administrative à la transaction.* Ainsi, cette dernière a été présentée par certains comme un contrat administratif donnant naissance à une sanction administrative qui serait librement consentie [2], ou encore comme un « moyen administratif bilatéral d'extinction des poursuites » [3]. Cette conception de la transaction a d'ailleurs été reprise par une juridiction du fond, la cour d'appel de Nîmes ayant eu l'occasion de la définir comme un acte administratif individuel [4].

351. Parmi ces trois propositions doctrinales, la première contrarie manifestement l'affirmation qu'il s'agit d'étayer [5]. Cependant, peut-il être soutenu que c'est elle qui rend le plus fidèlement compte de la nature véritable des transactions sur l'action publique ? Il ne le semble pas [6].

352. En effet, différents arguments font obstacle à ce que l'obligation issue de la transaction puisse être analysée en une véritable peine. Premièrement, elle n'en présente pas les caractères généraux : elle n'est ni afflictive, ni infamante, ni même intimidante. Deuxièmement, elle ne poursuit pas les mêmes objectifs [7]. Troisièmement, elle est soumise à un régime autonome [8], puisqu'elle n'est pas inscrite au casier judiciaire, qu'elle n'entraîne pas les incapacités que la loi peut prévoir en cas de condamnation par la juridiction répressive, et qu'elle est sans aucune incidence sur la récidive [9]. Quatrièmement, dès lors que la transaction remplace la peine encourue [10], la prestation que le transigeant s'est engagé à fournir est nécessairement distincte de la peine prévue pour l'infraction commise. Cinquièmement, la nécessaire acceptation par le transigeant de l'obligation souscrite exclut que celle-ci puisse être qualifiée de peine, une telle sanction, lorsqu'elle est prononcée,

---

1. DOBKINE M., « La transaction en matière pénale », D. 1994, 137, n° 2 ; ALLIX E. et ROUX L., Les droits de douane. Traité théorique et pratique de législation douanière, T. II, Rousseau, 1932, p.347.

2. BOITARD M., « La transaction pénale en droit français », RSC 1941, p.151 et s., spéc. p.162 ; GHERARDI E., « L'ambiguïté des relations entre droit administratif et droit pénal. Réflexions sur la nature juridique des transactions pénales », RFDA 1999, p.905 et s., spéc. p.908.

3. BOULOC B. et MATSOPOULOU H., *Droit pénal général et procédure pénale*, 17ème éd., Sirey, 2009, n° 296 et s. ; PRADEL J., *Procédure pénale*, 15ème éd., Cujas, 2010, n° 254, p. 198 ; GUINCHARD S. et BUISSON J., *Procédure pénale*, 6ème éd., Litec, 2010, n° 1273, p. 830 ; MERLE R. et VITU A., *Traité de droit criminel, T. II, Procédure pénale*, Cujas, 5ème éd., 2001, n°65, p.84.

4. Nîmes, 6 juin 1958, JCP 1959, II, 11185, note H. GAL.

5. *Cf. supra*, n° 214.

6. DUPRE J.-F., *La transaction en matière pénale*, Litec, 1977, p.178 et s. ; LARONDE-CLERAC C., *La civilisation du droit pénal*, Thèse, La Rochelle, 2002, n °60, p. 53 et s.

7. COLOMBANI I., *La place du consensualisme dans le droit pénal français*, Thèse, Aix-Marseille III, 1991, p.359.

8. REDON M., « *Transaction pénale* », Rép. Pénal, Dalloz, 2004, n°30, p. 5.

9. Crim. 13 juin 1956, Bull. crim., n° 472.

10. DUPRE J.-F., *op. cit.*, p. 179 : « La transaction n'est qu'une mesure qui se substitue éventuellement à la véritable peine ».

s'imposant, à une exception près [1], à la personne condamnée. Enfin, la conclusion de la transaction n'est pas soumise aux règles de la procédure pénale et elle intervient en dehors du procès pénal qui est, en principe, le seul à permettre que soient prononcées des peines à son issue.

353. Puisque la transaction pénale ne met pas à la charge du délinquant une véritable peine, elle n'est peut être qu'un contrat, civil ou administratif. Elle est donc susceptible d'être valablement qualifiée de technique de provocation à la restitution par la menace de poursuites, dès lors que sa conclusion n'aboutissant pas au prononcé d'une peine, elle n'implique aucunement une mise en œuvre préalable de l'action publique, même sous une forme originale.

354. Véritable technique de provocation à la restitution par la menace de poursuites, ainsi que cela vient d'être vérifié, la transaction sur l'action publique est, en outre, particulièrement efficace. En effet, lorsque l'administration propose une transaction au délinquant, ce dernier sait pertinemment que son refus de contracter l'exposera très certainement à la rigueur de la justice pénale. A l'inverse, s'il transige et qu'il exécute les obligations qu'il a souscrites, il sera obligatoirement à l'abri de toutes poursuites. Selon la jurisprudence en effet, lorsque la transaction est conclue et exécutée avant que l'action publique n'ait été déclenchée, la juridiction répressive qui viendrait à être ultérieurement saisie ne peut faire autrement, en application de l'article 6 al. 3 CPP, que de constater l'extinction des poursuites [2]. Aussi, la transaction constitue-t-elle pour l'administration un moyen intéressant d'obtenir une remise en état et, pour le délinquant, une technique particulièrement sûre d'échapper définitivement aux poursuites.

355. En dépit des textes relativement nombreux qui autorisent sa conclusion, la transaction administrative reste limitée à une forme particulière de délinquance. Elle constitue donc un mode de provocation à la restitution par menace de poursuites seulement exceptionnel. Or, le législateur, soucieux de diversifier les réponses pénales susceptibles d'être apportées à la petite et moyenne délinquance, a exprimé sa volonté de généraliser les techniques transactionnelles d'extinction des poursuites. Leur mise en œuvre serait subordonnée, notamment, à la réparation du préjudice causé par l'infraction et à la cessation de la situation illicite que cette dernière a par ailleurs générée. Pour ce faire, il a accordé au ministère public le pouvoir de négocier directement avec la personne mise en cause la renonciation à l'exercice des poursuites en contrepartie de l'accomplissement d'un certain nombre de prestations.

356. C'est en ce sens que la technique prévue par le législateur peut être présentée comme portant consécration des transactions judiciaires.

---

1. Ainsi, le travail d'intérêt général ne peut être infligé par la juridiction de jugement qu'après acceptation du condamné présent à l'audience (art. 131-8 al. 2 C. pén.).

2. Crim., 7 juin 1956, Bull. crim., n° 446.

Paragraphe 2 : Les transactions judiciaires

357. A l'origine, et en dehors du cas particulier et exceptionnel où la possibilité d'accorder le recours à la transaction administrative lui était reconnue, le procureur de la République, lorsque la commission d'une infraction était portée à sa connaissance, disposait, pour prendre une décision, d'un choix somme toute très limité : soit il classait l'affaire sans suite ; soit, au contraire, il décidait de déclencher l'action publique. Par la suite cependant, et afin de remédier aux inconvénients découlant de cette seule alternative, s'est développée, en marge des textes, la pratique du classement sans suite sous conditions.

358. Elle permettait au parquet de s'engager, de manière officieuse, à renoncer à la mise en œuvre des poursuites, en contrepartie de l'exécution par la personne mise en cause d'un certain nombre d'obligations qu'il inventoriait lui même.

Or, parmi ces dernières, il était parfaitement concevable que figurent non seulement la réparation du dommage causé à la victime, mais également la suppression de la situation illicite [1]. Aujourd'hui, le classement sans suite sous conditions a été législativement consacré, de sorte qu'il constitue une nouvelle alternative aux poursuites officiellement envisageable. En effet, l'article 41-1 du Code de procédure pénale français [2] comme l'article 79 du nouveau projet du Code de procédure pénale iranien [3] autorise expressément le procureur de la République, préalablement à sa décision sur l'action publique, à demander, directement ou par délégation, à l'auteur des faits de réparer les dommages causés par l'infraction [4], ainsi que de régulariser sa situation au regard de la loi ou des règlements [5], ce qui peut notamment s'analyser en une obligation de mettre un terme à l'illicite.

359. Si le classement sous conditions relève incontestablement des moyens de provocation à la restitution par menace de poursuites, et bien qu'il puisse résulter d'un accord susceptible d'être directement négocié entre le parquet et la personne mise en cause, il ne semble pas pour autant qu'il soit susceptible d'être valablement qualifié de transaction judiciaire. En effet, pour pouvoir être ainsi nommé, il faudrait qu'il mette définitivement fin au litige en faisant obstacle à ce que des poursuites puissent ultérieurement être engagées. Or, tel n'est pas le cas, l'exécution des obligations auxquelles le parquet a subordonné son classement sans suite n'ayant pas

---

1. BLOCH C., La cessation de l'illicite, Dalloz, 1ère éd. 2008, p. 31 ; CARTIER M.-E., « Les modes alternatifs de règlement des conflits en matière pénale », RGP 1998, p.1 et s., spéc. p.3 et 4 ; JOLY-SIBUET E., La restitution en droit pénal. De la dimension nouvelle d'un concept classique, Thèse Lyon III, 1990, n°50 et s., p.43 et s. ; SHEIDAEIAN M., L'analyse du principe de l'opportunité de poursuite pénale et sa place en droit pénal iranien et islamique, Thèse, Pardise de Qom, Université de Téhéran, 2009, p. 224 et s. ; NIAZPOUR A.-H., Contractualisation de la procédure pénale, Thèse, Université de Shahid Béhéshti, Iran, 2010, p. 150.

2. Depuis l'entrée en vigueur de la loi n° 99-515 du 23 juin 1999 renforçant l'efficacité de la procédure pénale, un article 41-1 a été intégré dans le code de procédure pénale français.

3. Cet article fait partie de la nouvelle approche de politique criminelle iranienne dans laquelle la consensualisation du procès pénal est au centre des préoccupations du législateur.

4. Art. 41-1, al. 1, 4° CPPF.

5. Art. 41-1, al. 1, 3° CPPF.

pour conséquence d'éteindre l'action publique, laquelle peut donc, en définitive, toujours être déclenchée [1].

360. En réalité, seule la composition pénale semble constituer une véritable transaction judiciaire. D'ailleurs, la composition pénale, parmi toutes les transactions, est la seule qui se soucie véritablement d'améliorer le sort des parties d'un procès pénal, bien que ces transactions judiciaires ne soient pas encore pleinement fonctionnelles en Iran.

Une telle discordance nous amène à étudier successivement la sollicitation de la composition pénale en droit iranien (**A**), avant d'en examiner son intégration au droit français (**B**).

A – Une composition pénale envisageable en droit iranien

361. Même si la théorie de l'existence de la composition pénale en droit iranien, rappelée par un doctorant iranien dans sa thèse [2] soutenue en septembre 2009 à l'Université de Poitiers, fut sur le champ remise en cause très justement par le Professeur NADJAFI en précisant que la composition pénale n'a jamais existé en droit iranien, elle a pourtant été reconnue au travers de l'article 80 du nouveau projet du Code de procédure pénale iranien.

362. En effet, l'auteur avait déduit de l'article 6 de la « loi sur la réforme de certaines lois de justice » que le législateur iranien, s'inspirant du *plea bargaining* américain, a souhaité faire participer le justiciable à la négociation de la peine. Conformément à cet article, « dans toutes les condamnations en matière de délit, lorsque le procureur de la République n'a pas interjeté appel ou n'a pas formé de pourvoi, le condamné peut soit en renonçant à son droit d'appel ou de pourvoi, soit en retirant son recours, demander au tribunal qui a rendu le jugement d'atténuer la peine prononcée. Dans ce cas, le tribunal peut, dans un délai non déterminé mais légalement prévu, en présence du procureur, par un jugement définitif atténuer jusqu'à un quart la peine d'emprisonnement ou d'amende prononcée. En aucun cas, une amende ne peut se substituer à une peine d'emprisonnement ».

363. Comme il est constaté, le *plea bargaining* à l'iranienne représente cette caractéristique d'avoir lieu après qu'un jugement sur le fond ait été rendu par la juridiction du première degré. Ainsi, bien qu'elle portait sur un champ d'application assez étendu [3], n'étant jamais abrogée [1], cette composition pénale obligeait les juri-

---

1. GOOLDOUST-JOYBARI R., Généralités de la procédure pénale, éditions Janghal, 4ème éd. 2010, p. 57 ; KOUSHKI Gh.-H., Examen des pouvoirs et fonctions du procureur de la République dans la procédure pénale iranienne et française, Thèse, Université de Shahid Béhéshti, 2003, p. 192 ; CARTIER M.-E., « Les modes alternatifs de règlement des conflits en matière pénale », RGP 1998, p.1 et s., spéc. p. 5 ; CERE J.-P., « Composition pénale », Rép. Pénal, Dalloz, 2004, n° 26, p. 4.

2. SAGHIAN M.-M., *op. cit.*, p. 575 et s.

3. L'arrêt n° 1767 du 23 août 1997 de la chambre 229 du tribunal pénal de Téhéran : cette jurisprudence précise que le champ matériel de cette mesure comprend également les peines secondaires dites accessoires et complémentaires, cité par : ALLIZADEH-ASHKALAK M., « *L'analyse de l'article 6 de la loi sur la réforme de certaines lois de justice* », Revue du droit et de la société, 2000, n° 13 et s., p. 40 et s.

dictions de jugement à faire droit à la demande émanant du condamné [2] en vue de faire valoir des caractères contractualisés de cette justice. Mais il serait insensé d'en déduire qu'elle correspondait à la composition pénale au sens français du terme. Car, à la différence de la composition pénale ou la comparution sur reconnaissance préalable de culpabilité française, l'Iran avait, semble-t-il, préféré adopter une conception très particulière se détachant de l'exemple français mais aussi du modèle américain dont il s'était inspiré.

364. Il n'en demeure pas moins une autre théorie, développée dans une thèse [3] récemment soutenue à l'Université de Shahid Béhéshti, selon laquelle « avoir le monopole de l'action publique ne donne pas au ministère public une obligation systématique de la poursuite » [4]. Grâce à la modification du Code de l'instruction criminelle de 1912, intervenue au début de l'année 1974, une sorte de procédure alternatives à la poursuite fut consacrée dans l'ordre juridique iranien et, par cela, le pouvoir d'apprécier l'opportunité des poursuites du ministère public s'est amélioré.

365. En introduisant l'article 40 *bis* dans le Code de procédure pénale, le législateur iranien a mis en place une procédure simplifiée en matière de petite et moyenne criminalité [5] visant à alléger la tâche des tribunaux et à accélérer la procédure pour ce type d'infractions. L'objectif recherché était également de parvenir à un règlement consensuel sans jugement de condamnation à l'encontre du prévenu ni mention dans le casier judiciaire. Aux termes des dispositions dudit article, lorsque l'accusé reconnaît avoir commis un ou plusieurs délits et le ministère public en tenant compte de la situation sociale, familiale et du passé de l'accusé ainsi que des circonstances dans lesquelles l'infraction est commise estime que la suspension de la procédure peut, sous réserve de conditions suivantes, suspendre la poursuite et envoyer le dossier au tribunal correctionnel afin de le valider : l'infraction commise n'est pas « l'une de celles prévues à la deuxième partie du Code pénal » [6]; l'accusé n'a pas d'antécédent judiciaire de nature à produire effet ; la plainte n'est pas encore déposée ou la victime se désiste de son action.

---

1. L'arrêt n° 661 du 13 octobre 2003, de l'Assemblée plénière de la Cour de cassation, cité par : SAGHIAN M.-M., *op. cit.*, p. 577 ; v. également, HODJATTI M., « *L'analyse de l'article 6 de la loi sur la réforme de certaines lois de justice* », Revue du barreau de Téhéran, n° 22, p. 11 et s.

2. L'arrêt n° 661 du 14 octobre 2003 de l'Assemblée plénière de la Cour de cassation iranienne ; v. également, L'avis consultatif n° 7/62206 du 10 septembre 2003 du bureau juridique du pouvoir judiciaire.

3. NIAZPOUR A.-H.,*op. cit.*, p. 163 et s.

4. En effet, la règle de légalité de la poursuite entraîne l'obligation d'engager l'action publique à l'encontre de la personne mise en cause lorsque cette dernière est suffisamment suspecte d'avoir commis un délit et les résultats de l'enquête préliminaire justifient sa condamnation ultérieure. Par ailleurs, l'augmentation du contentieux pénal a conduit les magistrats du parquet à atténuer la rigueur du principe de légalité en rendant, par exemple, une ordonnance de non-lieu fondée, parfois, sur des charges insuffisantes. Cette pratique permettait donc aux magistrats du parquet, même dans les cas où la plainte de la victime a été déposée, d'accorder une sorte de « pardon extrajudiciaire » du comportement fautif.

5. HAKIMINEDJAD A. (sous la direction de), *L'institution du ministère public dans l'ordre juridique actuel*, éditions Sepehre Adab, 1ère éd. 2008, p. 93.

6. Il s'agit des délits contre la paix publique, la sûreté intérieure ou extérieure de l'Etat.

La deuxième tentative d'introduction du principe de l'opportunité des poursuites en droit iranien remonte à la loi sur la réforme de certaines lois de justice de 1977. Selon l'article 22 de ladite loi, le procureur de la République peut suspendre la poursuite et donc classer conditionnellement l'affaire [1].

366. Dans ces conditions, force est d'admettre qu'il y a là, comme la première théorie, une différence notable avec la composition pénale conçue en droit français, où l'accord tant du procureur de la République que de l'auteur des faits infractionnels constitue le premier terme d'une composition pénale.

367. Il a fallut donc attendre le nouveau projet de Code de procédure pénale iranien qui tente de pallier le défaut d'une vraie mesure alternative au sein de la procédure pénale de ce pays en prévoyant nominativement une composition pénale au stade des poursuites. Pour reprendre l'expression de M. SAGHIAN [2], les rédacteurs dudit projet ont, en effet, décidé de suivre les évolutions procédurales récentes du droit comparé. Influencés par le Code de procédure pénale français, ils ont mis un terme au système antérieur en vertu duquel les aspects de la justice restaurative étaient limités. Ainsi, l'article 80 du nouveau projet dispose que : « Dans les infractions de ta'azir de 6ème à 8ème classes dont la peine encourue peut être suspectée, s'il n'y a pas de victime ou si cette dernière se désiste ou si elle est indemnisée ou si sa réparation ultérieure fixée avec son accord est assurée et que l'accusé n'a pas d'antécédent judiciaire, le procureur de la République peut, après avoir transigé avec l'accusé, renoncer à poursuivre l'action publique pour une durée de six mois à deux ans ». Dans ce cas, le procureur peut lui proposer une ou plusieurs mesures alternatives parmi les 11 propositions qui contiennent ledit article du projet du Code de procédure pénale iranien. Autrement dit, le parquet peut recourir à cette mesure lorsqu'il estime qu'une telle alternative serait capable d'assurer la réparation du dommage causé à la victime et donc suffirait à faire cesser l'illicite.

368. Ce processus qui est proche de la composition pénale française s'en distingue, toutefois, sur plusieurs points. En effet, généralement, deux garanties principales sont mises en avant dans cette procédure : il s'agit en premier lieu du fait qu'elle ne peut être infligée qu'à l'encontre d'une personne ayant reconnu être l'auteur de l'infraction [3]. Celui qui nie ne peut se voir proposer une composition pénale, alors qu'elle n'est pas nécessaire en droit iranien. Et, en second lieu, l'intervention du magistrat du siège chargé d'homologuer cette procédure [4], alors que les propositions de composition pénale iranienne ne sont pas soumises à l'homologation.

---

1. Il y a d'ailleurs quelques décisions des magistrats du parquet dans lesquelles la suspension des poursuites est fondée sur l'article 22 de la loi sur la réforme de certaines lois de justice de 1977 : l'affaire n° 166/ب/89 ; l'affaire n° 176/ب/89 ; l'affaire n° 890440/2 ب/89 ; l'affaire n° 517/3 ب/89, cité par : NIAZ-POUR A.-H., *op. cit.*, p. 171.

2. SAGHIAN M.-M., *op. cit.*, p. 582.

3. Art. 41-2 du Code de procédure pénale français.

4. PERROCHEAU V. « La composition pénale et la comparution sur reconnaissance de culpabilité : quelles limites à l'omnipotence du parquet ? », Revue de Droit et société, 74/2010, p. 55 et s.

369. Ainsi qu'il vient d'être expliqué, le droit iranien est en phase d'élaborer une technique de composition pénale judiciaire. Au contraire, le droit français apparaît coutumier de ces techniques de résolution des conflits. Face à un système juridique bien établi, se pose la question de savoir s'il est envisageable de le comparer à un système juridique en construction ?

B – Une composition pénale intégrée au droit français

370. Elle trouve son origine dans le projet d'injonction pénale qui avait été imaginé non seulement pour faire reculer le taux de classement sans suite, jugé beaucoup trop élevé par les parlementaires [1], mais également afin d'» alléger les procédures, de donner plus de souplesse à l'institution, d'accroître les capacités de jugement et, plus particulièrement ici, de favoriser des réponses diversifiées, mieux adaptées au traitement de la délinquance » [2].

371. Pour ce faire, le législateur avait décidé d'attribuer au procureur de la République le pouvoir d'enjoindre à une personne physique contre laquelle des éléments d'une enquête sont de nature à motiver l'exercice des poursuites, l'exécution de certaines obligations. Ces dernières pouvaient consister dans diverses prestations limitativement énumérées. Il s'agissait :

- du versement au Trésor public d'une somme fixée par le procureur, lequel devait tenir compte non seulement des circonstances de l'infraction et des capacités contributives de la personne mise en cause mais également des limites définies par la loi ;
- de la participation à une activité non rémunérée au profit d'une personne morale de droit public ou d'une association habilitée ;
- de la réparation du préjudice causé à la victime ; et
- enfin de la remise à l'Etat de la chose qui a servi à l'infraction, ou de la chose qui en est le produit à moins que sa restitution ne soit possible.

372. Toutefois, le projet d'injonction pénale ainsi adopté par le Parlement fut déféré au Conseil constitutionnel qui le censura dans une décision du 2 février 1995, en ce qu'il portait atteinte au principe de la séparation des fonctions de justice, du fait d'une confusion entre l'autorité de poursuite et de jugement [3]. En effet, elle permettait au ministère public d'apporter une appréciation définitive sur le dossier qui lui était soumis et de prononcer directement une sanction qui, pour ne pas être une peine, n'était pas moins infligée en conséquence de l'infraction commise par la personne mise en cause.

373. La déclaration de non conformité de la procédure d'injonction pénale à la Constitution impliquait-elle pour autant que toute consécration légale des transactions judiciaires doit être considérée comme définitivement impossible ? L'analyse

---

1. BALLADUR E. et MEHAIGNERIE P., Exposé des motifs du projet de loi relatif à l'organisation des juridictions et à la procédure civile, pénale et administrative, Assemblée nationale, n° 1335, 1er juin 1994, p. 8.
2. Cons. Const., Décision n° 95-360 D.C. du 2 février 1995.
3. Cons. Const., Décision n°95-360 D.C. du 2 février 1995.

des motifs de la décision du Conseil constitutionnel permet d'apporter une réponse négative. Ce qui était censuré par les neuf sages était moins l'injonction pénale dans son principe que les modalités qui étaient prévues pour sa mise en œuvre [1]. Aussi, le législateur a-t-il assez rapidement décidé de remettre l'ouvrage sur le métier en tenant pleinement compte des exigences formulées par le Conseil constitutionnel dans sa décision du 2 février 1995.

374. C'est ainsi par la loi n°99-515 du 23 juin 1999 renforçant l'efficacité de la procédure pénale qu'a été consacrée la composition pénale à l'article 41-2 CPP, laquelle constitue, en cas d'exécution des obligations imposées par le ministère public et acceptées par la personne mise en cause, un mode d'extinction des poursuites [2].

Initialement prévue pour certaines infractions limitativement énumérées, elle a été, dans un premier temps à la faveur de l'adoption de la loi n°2004-204 du 9 mars 2004 portant adaptation de la justice aux évolutions de la criminalité, généralisée, à quelques exceptions près [3], à tous les délits punis, à titre de peine principale, d'une amende ou d'un emprisonnement d'une durée inférieure ou égale à cinq ans, ainsi qu'à toutes les contraventions connexes. Ensuite, le champ d'application de cette mesure a été, par le biais de la loi n° 2007-297 du 5 mars 2007 relative à la prévention de la délinquance et la loi n° 2007-308 du 5 mars 2007 portant réforme de la protection juridique des majeurs, étendu notamment aux mineurs d'au moins treize ans et aux majeurs protégés [4]. Comme l'a précisé avec pertinence le Professeur FORTIS [5], au moment de la connaissance du fait délictueux, les autorités de poursuites peuvent d'abord faire de la réparation du préjudice une modalité de la médiation pénale. Dans ce cas de la médiation pénale, la prescription de l'action publique est suspendue le temps de la procédure et en cas non-exécution de la mesure en raison du comportement de l'auteur des faits, le procureur de la République met en œuvre une composition pénale ou engage des poursuites.

375. Il peut tout d'abord être signalé que la mise en œuvre de la composition pénale est subordonnée à la reconnaissance des faits par celui à qui elle est proposée. C'est en cela, qu'elle se rapprocherait, sans pour autant se confondre avec elle, de la procédure du « *plea bargaining* » appliquée dans le système anglo-saxon [6]. Ensuite,

---

1. PRADEL J., « D'une loi avortée à un projet nouveau sur l'injonction pénale », D.1995, chron. P.171 et s., spéc. p.172 ; VOLFF J., « Un coup pour rien ! L'injonction pénale et le Conseil constitutionnel », D.1995, chron. P. 201 et s., spéc. p. 204.

2. Art. 6 al. 3 et 41-2 al. 8 CPP.

3. Art. 41-2 al. 11 CPP : « Les dispositions du présent article ne sont applicables ni aux mineurs de dix-huit ans ni en matière de délits de presse, de délits d'homicides involontaires ou de délits politiques ».

4. L. n° 2007-297 du 5 mars 2007 relative à la prévention de la délinquance, JO 7 mars 2007, p. 4297; L. n° 2007-308 du 5 mars 2007 portant réforme de la protection juridique des majeurs, JO 7 mars 2007, p. 4325.

5. FORTIS E., « Variations sur la sanction-réparation créée par la loi n° 2007-297 du 5 mars 2007 relative à la prévention de la délinquance », in Etudes offerts à G. VINEY, LGDJ, 2008, p. 451.

6. LOYER-LEMERCIER M.-J., « Réflexions sur la nature originale des transactions pénales, mode de gestion de l'action publique à la manière contractuelle », Revue pénitentiaire et de droit pénal, n° 2, avril-juin 2010, p. 344 ; PERROCHEAU V., *op. cit.*, p. 55 et s. ; CERE J.-P., « Composition pénale », Rép. Pénal, Dalloz, 2004, n°12, p.3 ; PRADEL J., « Une consécration du plea bargaining à la française :

et il s'agit là de l'une des leçons de la décision du Conseil constitutionnel tirée par le législateur, la composition pénale conclue entre le ministère public et la personne mise en cause doit être validée par le président du tribunal [1].

376. Concernant des mesures susceptibles d'être imposées en application de cette procédure, elles furent considérablement diversifiées par rapport à celles qui étaient énumérées dans le projet d'injonction pénale puisqu'elles sont désormais au nombre de dix-sept [2]. Parmi elles figurent l'obligation de réparer le dommage causé à la victime [3], ainsi que celle, qui peut parfois s'analyser en une obligation de mettre un terme à la situation illicite, de se dessaisir, au profit de l'État, de la chose qui a été l'instrument ou le produit de l'infraction.

377. Si la composition pénale peut éventuellement impliquer, pour emporter extinction des poursuites, l'accomplissement par la personne mise en cause d'un certain nombre de prestations dont la finalité répressive s'avère difficilement contestable, il n'en demeure pas moins qu'elle permet, par ailleurs, d'assurer la compensation du préjudice subi par la victime [4], ainsi que la suppression de sa source. A ce titre, une dimension restitutive doit nécessairement lui être reconnue. Est-il pour autant possible de considérer qu'elle constitue une véritable technique de provocation à la restitution par la menace de poursuites ? Une réponse positive s'impose. En effet, si l'accord conclu entre le parquet et la personne mise en cause doit être validé par le président du tribunal, cette homologation n'a pas pour conséquence de permettre de qualifier les obligations résultant des sanctions pénales ordinaires. Toutefois, le débat sur la nature juridique de la composition pénale a été renouvelé à la faveur de l'adoption de la loi n°2002-1138 du 9 septembre 2002 d'orientation et de programmation pour la justice [5]. En son article 36, elle a modifié l'article 41-2 CPPF qui prévoit désormais que « les compositions pénales exécutées sont inscrites au bulletin n°1 du casier judiciaire ».

378. Les implications d'une telle mention sont susceptibles d'être diversement appréciées [6]. Selon une première analyse, elle transformerait en une peine les obligations prévues par la composition pénale. Aussi, celle-ci n'apparaîtrait plus comme une procédure permettant de provoquer la restitution par la menace de poursuites,

---

la composition pénale instituée par la loi n° 99-515 du 23 juin 1999 », D. 1999, chron. p. 379 et s., spéc. p. 382 ; Pour la vision du législateur français, voir les travaux préparatoires de la loi où le garde des Sceaux attire l'attention sur les « énormes différences », AN débats parlementaires, séance du 22 mai 2003 (3ème séance), JOAN, 23 mai 2003.

1. Art. 41-2 al. 5 CPP.

2. *Cf.* Art. 41-2 al. 1er, 1° à 17° et al. 2 CPP.

3. Art. 41-2 al. 2 CPP : « Lorsque la victime est indéfinie, et sauf si l'auteur des faits justifie de la réparation du préjudice commis, le procureur de la République doit également proposer à ce dernier de réparer les dommages causés par l'infraction dans un délai qui ne peut être supérieur à six mois. [...] ».

4. SAAS Cl., « De la composition pénale au plaider coupable : le pouvoir de sanction du procureur », RSC 2004, p.827 et s., spéc. p.829.

5. CONTE Ph., « La nature juridique des alternatives aux poursuites : de l'action publique à l'action à fin publique ? », in Mélanges offerts à R. Gassin, PUAM, 2007, p. 189 s.

6. GHERARDI E., « Réflexions sur la nature juridique des transactions pénales », REDA 1999, p. 905 et s.

mais comme un mode original d'exercice de l'action publique aboutissant au prononcé de sanctions pénales. Une telle interprétation ne sera toutefois pas retenue. Il ne paraît pas possible, en effet, de considérer que l'article 36 de la loi du 9 septembre 2002 soit susceptible de modifier la nature juridique de la composition pénale. La justification de cette affirmation procède de l'article 41-2 CPPF issu de la loi n° 2004-204 du 9 mars 2004, art. 71-1, qui dispose que « si après avoir donné son accord, elle [la personne ayant accepté la composition pénale] n'exécute pas intégralement les mesures décidées, le procureur de la République met en mouvement l'action publique, sauf éléments nouveaux ». Or, si la composition pénale devait aboutir au prononcé de peines, il ne serait pas concevable que le parquet, en cas d'inexécution, puisse encore déclencher l'action publique qui, par définition, aurait déjà été exercée. Par ailleurs, il serait toujours envisageable de remédier à la mauvaise volonté de la personne condamnée en ayant recours aux voies de droit commun prévues pour l'application forcée des peines. Or, tel n'est pas le cas, puisque, aux termes de la loi, il n'est possible de solliciter que des procédures d'exécution seulement incitatives et spécialement prévues pour les compositions pénales [1]. En conséquence, il semble préférable de considérer que la mention au casier judiciaire constitue une nouveauté qui, techniquement et juridiquement contestable [2], n'a aucune vocation à emporter quelques modifications sur la nature juridique de la procédure étudiée, laquelle est une alternative à la poursuite. C'est d'ailleurs ainsi qu'elle demeure qualifiée tant en doctrine [3], que par le Code de procédure pénale [4].

379. Les transactions sur l'action publique, qu'elles soient administratives ou judiciaires, constituent des alternatives aux poursuites particulièrement efficaces. Elles permettent de fortement inciter la personne mise en cause à remettre les choses en l'état, cette dernière sachant pouvoir définitivement échapper aux poursuites si elle accepte d'en conclure et si elle respecte les engagements qu'elle a acceptés. Il ne s'agit cependant pas là des seules techniques de provocation à la restitution par la menace de poursuites. Il en est d'autres [5] qui n'en sont pas moins en fort développement : il s'agit des médiations pénales.

---

1. Art. R. 15-33-49 et s. CPPF.

2. LOYER-LEMERCIER M.-J., *op. cit.*, p. 352 ; JOSEPH-RATINEAU Y., « *Contractualisation de la procédure pénale et liberté procédurale du parquet* », Note sous l'arrêt du 20 novembre 2007, Recueil Dalloz, 2008, n° 15, p. 1035 et s.

3. ETRILLARD Cl., « *Les modes alternatifs de résolution des conflits en matière pénale : état des lieux* », RRJ 2003, p.1927 et s., spéc. p.1933 ; TEITGEN-COLLY C., « *La contractualisation de la répression ?* », in Contrat ou institution : un enjeu de société (sous la coordination de B. BASDEVANT-GAUDEMET), Coll. Systèmes, LGDJ, 2004, p.58 et s., spéc. p.63.

4. Art. 40-1 CPP : en substance, cette disposition précise, notamment, que le procureur de la République territorialement compétent décide s'il est opportun [...] de mettre en œuvre une procédure alternative aux poursuites en application des articles 41-1 et 41-2 CPP. Or, ce dernier est relatif à la composition pénale.

5. Elles sont éventuellement moins incitatives car n'emportant pas extinction légale de l'action publique.

Section 2 : Les médiations pénales

380. La résolution amiable sous la menace de poursuites pénales fait également œuvre de médiation. La contractualisation [1] de règlement des conflits n'est, donc, pas un phénomène propre au droit civil [2]. Il affecte la plupart des branches du droit en éprouvant la solidité de leurs dispositions d'ordre public. Il est sans doute inhérent au libéralisme qui prévaut au plan politique et économique. Pour autant, l'on pouvait légitimement penser que le droit pénal était mieux armé que les autres pour résister à ce mouvement. La justice pénale est le lieu où s'exerce la violence légitime de l'Etat, son droit de punir, principal attribut de sa souveraineté. Que vient faire la médiation ici ? Et pourtant, médiation il y a, et l'idée de contrat est bien au cœur de la médiation pénale. Elle est de l'essence de la médiation.

381. En effet, en application de l'article 1er du décret français n° 78-381 du 20 mars 1978 ont été institués « des conciliateurs de justice qui ont pour mission de faciliter, en dehors de toute procédure judiciaire, le règlement amiable des différents portant sur des droits dont les intéressés ont la libre disposition ». Cependant, la limitation de cette procédure aux litiges portant exclusivement sur des droits dont les parties ont la libre disposition a très certainement constitué un obstacle à une extension jurisprudentielle de son application en matière pénale [3]. Il faudra donc attendre une circulaire du Garde des sceaux en date du 25 juillet 1983 pour que soit envisagée, en marge des textes, la possibilité d'appliquer au contentieux pénal l'équivalent de la conciliation civile [4]. A la suite de cette suggestion ministérielle, sous l'impulsion des parquets et en étroite collaboration avec les barreaux et les associations d'aide aux victimes [5], diverses expériences de médiations pénales vont être conduites, sur le modèle de celles qui furent menées dans certains droits étrangers [6]. Le bilan qu'il estimera très positif de ces pratiques va inciter le législateur à les

---

1. Il convient de souligner que le développement des procédures alternatives, auquel on assiste, s'inscrit dans un mouvement général manifeste de « contractualisation du droit pénal » et de recherche de procédures de nature à désengorger les juridictions pénales.

2. Les modes de règlement des conflits remontent à une époque très ancienne en Iran. Dès l'antiquité, aux 3èmes et 2ème millénaire avant Jésus Christ, la majorité des conflits se terminaient par une médiation ou un arbitrage. Cette culture s'est maintenue plus au moins jusqu'à présent dans toutes les régions de l'Iran. En effet, dans les payes qui obéissent aux règles de la Charia islamique, la conciliation est un moyen de règlement des conflits, encouragé par le Coran et le Hadith, tant pour tous les litiges civiles que les conflits pénaux (v. en ce sens : SAGHIAN M.-M., *op. cit.*, p. 430 s).

3. ROYANT S., *L'autonomie du droit pénal en question*, Thèse, Montpellier I, 2002, n°541, p.304.

4. Circ. CRIM n°83-21 du ministère de la Justice 1983 sur la protection des victimes d'infractions et le renforcement de leurs droits ; v. notamment, LAZERGES Ch., « *Médiation pénale, justice pénale et politique criminelle* », RSC, 1997, p. 187.

5. APAG G., « La conciliation pénale à Valence », RSC 1990, P.633 et s. ; ETEVENON Cl., « Les expériences françaises de médiation », Gaz. Pal. 1993, doct. P.119 et s. ; LEBLOIS-HAPPE J., «La médiation pénale comme mode de réponse à la petite délinquance : état des lieux et perspectives », RSC 1994, p.525 et s., spéc. p.525 et 526 ; VINCENT J., GUINCHARD S., MONTAGNIER G. et VARINARD A., Institutions judiciaires, Coll. précis, Dalloz, 8ème éd., 2005, n°617, p.845 et s. ; PERROT R., Institutions judiciaires, éditions Montchrestien, 14ème éd., 2010, n°497 et s., p. 386 et s.

6. DESDEVISES M.-Cl., « L'évaluation des expériences de médiation entre délinquances et victimes : l'exemple britannique », RSC 1993, p.45 et s. ; FAUCHERE J., « Regards sur le droit pénal de la réparation et les pratiques de médiation au Canada », Arch. Pol. Crim. 1991, A. pedone, p. 25 et s. ; VERIN J., « Le règlement extra-judiciaire des litiges », RSC 1982, p.171 et s.

consacrer, et ce, en dépit de la réticence de certains parlementaires qui remarquaient que leur sollicitation pouvait suffisamment se légitimer par l'application du principe de l'opportunité des poursuites, dans la loi n° 93-2 du 4 janvier 1993 portant réforme de la procédure pénale. La médiation pénale a, ensuite, été incluse dans la catégorie des « procédures alternatives aux poursuites » au moyen de l'article 41-1 al. 1er,5° CPPF pour compléter la médiation spécialement applicable aux mineurs, parfois désignée sous l'expression de « réparation-pénale », et mentionnée à l'article 12-1 de l'ordonnance n°45-174 du 2 février 1945 relative à l'enfance délinquante.

382. S'agissant de l'Iran, la médiation pénale n'a pas encore dépassé le stade de l'expérimentation. Rappelons que les développements suivants furent destinés à mettre en avant des points qui s'apparentent à la médiation pénale. Sous l'empire du Code d'instruction criminelle de 1912, les magistrats iraniens aussi bien au niveau du parquet qu'à celui du jugement, se sont fondés sur certaines dispositions du Code susvisé pour régler les conflits entre les parties. En premier lieu, les juges d'instruction ont fait usage de l'article 66 du même Code selon lequel, dans les cas où l'affaire pénale pouvait parvenir à un accord entre les parties, le juge d'instruction convoquait celles-ci en vue de résoudre les conflits de manière amiable. Si les parties se concilient ou si la victime n'a pas comparu en invoquant une excuse justifiée, l'instruction s'arrête. En second lieu, les dispositions de l'article 262 du Code de l'instruction criminelle de 1912 et l'article 195 du CPPI de 1999 sont aussi invoquées par les juges de siège. En vertu de ces textes, dans les affaires où une médiation entre les parties est possible, le tribunal de paix, avant de rendre son jugement, procède à une tentative de médiation. Mais c'est avec la loi du 5 avril 2000 qu'une sorte de médiation pénale a été consacrée par le législateur iranien [1].

383. En graduant et en élargissant ainsi l'éventail des voies procédurales offertes au parquet, le législateur iranien lui a permis d'individualiser le cadre procédural de son action en vue d'apporter une réponse judiciaire adaptée d'une part, et de tenter de remédier au fléau des encombrements judiciaires d'autre part. La possibilité de recours à la médiation pénale à tous les stades du procès et pour les infractions les plus graves aussi bien pour les majeurs que pour les mineurs a été introduite dans le projet du Code de procédure pénale et le projet de loi sur la protection des mineurs, actuellement en cours d'étude au parlement iranien.

384. Intégrée au système pénal, la médiation sème donc la confusion. Au lieu d'être limitée au droit pénal des mineurs où elle a peut-être sa place, elle concerne potentiellement tous les auteurs et victimes d'infractions. A cette occasion, doit donc être pris soin de distinguer la médiation pénale de droit commun (**Paragraphe 1**), de la médiation spécialement applicable aux mineurs (**Paragraphe 2**).

---

1. Sur ce point v. le discours du Chef du pouvoir judiciaire : Journal Mâva du 17 janvier 2004, n° 268 ; v. aussi, ABASIAN FARD A., *Les conseils de règlement des litiges et la participation de la société civile, T. I*, éd. Le centre de presse et éditions du pouvoir judiciaire de 2005, p. 94.

Paragraphe 1 : Les médiations pénales de droit commun

385. Alors que la concordance pratique de la médiation pénale est pleinement effective en droit français et iranien (**B**), les discordances théoriques battent leur plein (**A**).

A – Discordance théorique sur la définition de la médiation pénale

386. S'inspirant des VORP [1] américains, la médiation pénale a, respectivement, été introduite dans le droit positif français et iranien par les dispositions précitées sans en donner aucune définition.

387. L'étude des opinions doctrinales ainsi que des travaux parlementaires, laisse toutefois apparaître qu'il s'agirait là moins d'une négligence regrettable, que d'un choix manifestement délibéré du législateur dicté par la volonté de ne pas, *a priori*, exclure l'application des nouvelles prévisions légales à certaines pratiques qui avaient antérieurement cours [2]. Il est vrai que les médiations pénales telles qu'elles ont été mises en œuvre par les praticiens à partir du début des années 1980 recouvraient des formes hétérogènes, de sorte qu'il pouvait se révéler sinon impossible, du moins très difficile, de les réunir sous une définition unique. D'ailleurs, si la médiation pénale est une institution commune au droit positif de ces deux pays, certaines divergences existent en la matière. Alors qu'en droit iranien la possibilité d'entreprendre une médiation au sens de conciliation à toutes les phases de la procédure a été envisagée par le législateur ; en droit français, la loi du 4 janvier 1993 indique de façon claire et précise que la médiation ne peut intervenir qu'avant le déclenchement de l'action publique.

388. Pour rendre compte de cette diversité, plusieurs auteurs ont proposé une typologie des différentes procédures de médiation pénale [3]. Ainsi, pour Ch. LAZERGES ces dernières peuvent être réparties dans trois catégories différentes. Celles appartenant à la première correspondent aux médiations pénales sociétales sans contrôle judiciaire, lesquelles sont directement engagées par les parties faisant elles-mêmes appel à un médiateur social. Cependant, les modalités de leur mise en œuvre, qui s'effectue en dehors de toute intervention de l'autorité judiciaire, excluent qu'elles puissent être soumises à l'article 41-1 al. 1er, 5° CPPF. D'ailleurs le droit positif ne les réglemente nullement [4].

---

1. Victime-offender reconciliation programs.

2. NADJAFI A.-H., « *De la justice pénale classique à la justice restaurative* », Revue spécialisée de l'Université des sciences islamiques : droit et théologie, n° 9-10, 2003, p. 8 et s. ; PIN X., *Le consentement en matière pénale*, Coll. Bibliothèque des sciences criminelles, T. 36, LGDJ, 2002, n°733, p.564.

3. DELMAS-MARTY M., *Les grands systèmes de politique criminelle*, Coll. Thèmis, PUF, 1992, p.20 et s. ; LAZERGES Ch., « *Typologie des procédures de médiation pénale* », in Mélanges A. COLOMER, Litec, 1993, p. 217 et s. ; ROJARE-GUY S., *La médiation pénale*, Thèse, Paris 1, 1996, p. 81 et s. ; NADJAFI A.-H., *op.cit.*, p. 25 et s. ; ABBASI M., *La médiation pénale*, éditions Dannéshvar, 1ère éd. 2004, p. 299 et s.

4. LAZERGES Ch., « *Médiation pénale, justice pénale et politique criminelle* », RSC 1997, p.186 et s., spéc. p.187.

389. Pour celles relevant de la seconde catégorie, elles renvoient aux médiations pénales judiciaires qui peuvent être directement exercées non seulement par les magistrats du siège, mais également par ceux du parquet. L'article 262 du Code de l'instruction criminelle de 1912, devenu l'article 195 du Code de procédure pénale de 1999, envisageait une médiation à l'initiative du juge de paix pour certaines infractions. De plus, l'article 8 de la loi relative aux Conseils du règlement des litiges de 2008, et l'article 81 du nouveau projet de CPPI ont, elles aussi, prévu de nouvelles dispositions relatives à la médiation pénale, accordant une place incontournable à la médiation dans la procédure pénale. Ce dernier autorise expressément le parquet, préalablement à sa décision sur l'action publique et avec l'accord des parties, à recourir à la médiation pénale chaque fois qu'il lui apparaissait opportun d'assurer la mise en état et la réparation du dommage causé à la victime. Pourtant, la procédure prévue dans la phase de jugement ne peut en aucune manière constituer une alternative aux poursuites, ces dernières étant, par définition, déjà engagées. Si elle l'est indéniablement dans la seconde, c'est-à-dire avant le déclenchement de la poursuite, elle ne saurait en revanche coïncider avec la technique prévue à l'article 41-1 al. 1er, 5° CPPF. En effet, aux termes de cette disposition, les magistrats du parquet doivent « faire procéder [...] à une mission de médiation ». Il en ressort qu'ils n'ont en aucune manière le pouvoir de la diligenter eux mêmes.

390. Enfin, les médiations pénales de la troisième catégorie sont celles qualifiées de sociétales sous contrôle judiciaire. Mises en œuvre à la demande et sous le contrôle, *a priori* et *a posteriori*, de l'autorité judiciaire qui confie à un tiers la mission de chercher à obtenir un accord entre l'auteur des faits et la victime, ce sont exclusivement elles qui correspondent, en réalité, à la procédure alternative aux poursuites aujourd'hui retenue en droit positif des deux pays [1].

391. Ces précisions étant apportées, il devient désormais possible, malgré le silence du législateur sur ce point, de proposer une définition du concept de médiation pénale tel que les parlementaires ont implicitement entendu le consacrer. C'est celle qui a été énoncée dans une note d'orientation de la Direction des affaires criminelles et des grâces en date du 2 octobre 1992 [2] qui sera ici retenue. La médiation pénale y est en effet présentée comme la procédure consistant à « rechercher, grâce à l'intervention d'un tiers, une solution librement négociée entre les parties à un conflit né d'une infraction ».

392. Si le législateur n'a pas lui même défini la médiation pénale, il a en revanche, dès l'origine, précisé clairement les conditions auxquelles le recours à cette dernière devait être subordonné. Or, leur description permet non seulement de

1. BOULOC B., *Procédure pénale*, Coll. précis, Dalloz, 22ème éd., 2010, n°595, p. 594 ; CARTIER M.-E., «*Les modes alternatifs de règlement des conflits en matière pénale* », RGP 1998, p.1 et s., spéc. p.8 ; MBANZOULOU P., *La médiation pénale*, Coll. La Justice au quotidien, L'Harmattan, 2002, p.17 et 18 ; NADJAFI A.-H., *op. cit.*, p. 30 et s. ; SAGHIAN M.-M., *L'évolution des droits de la victime dans les procédures pénales française et iranienne*, Thèse, Poitiers, 2009, p. 471 et s. ; NIAZPOUR A.-H., *op. cit.*, p. 182 et s. ; FROUZESH R.,*op. cit.*, 2008, p. 176 et s.

2. Note d'orientation sur la médiation pénale, Ministère de la justice du 3 juin 1992, in Médiation pénale : entre répression et réparation, éd. L'Harmattan, Coll. Sciences criminelles, 1997, p. 1779.

rendre compte de la nature véritable de la médiation pénale, mais également de sa dimension restitutive.

B – Concordance pratique sur l'enjeu réparateur de la médiation pénale

393. De prime abord, l'action publique ne doit pas avoir été déjà déclenchée. D'une telle exigence, il peut être déduit que la médiation pénale constitue exclusivement une mesure alternative à l'action publique, et non une alternative au prononcé de la sanction. En revanche, en droit iranien, l'article 14 du Règlement relatif à l'application de la loi sur les Conseils du règlement des litiges, en ce sens, précise que dans le domaine d'infractions d'intérêt privé comme par exemple les homicides volontaires et involontaires, les Conseils peuvent, même après la décision définitive du tribunal, procéder à une médiation entre les parties. Cette dernière sorte de technique n'est susceptible d'être sollicitée que lorsque les poursuites ont d'ores et déjà été engagées [1].

394. Il convient toutefois de préciser que la médiation pénale est une alternative à l'action publique présentant pour le délinquant une garantie moindre que celle qui lui est offerte, par exemple, lors d'une transaction pénale. En effet, et contrairement au résultat auquel aboutit la conclusion de celle-ci, la médiation pénale n'emporte pas extinction légale des poursuites, quand bien même elle se solderait par la signature d'un accord apportant une solution au conflit opposant le délinquant à sa victime [2]. Certes, si en pratique, il apparaît assez peu probable que dans une telle occurrence l'action publique soit ensuite déclenchée, il n'en demeure pas moins que, en théorie, cette éventualité ne saurait être définitivement écartée, puisque l'article 6 du Code de procédure pénale français et iranien qui énumère les causes d'extinction des poursuites ne mentionne nullement la médiation pénale.

395. Ensuite, si la mise en œuvre d'une procédure de médiation pénale ne peut se faire qu'à l'initiative du ministère public, elle reste cependant subordonnée au consentement des parties, c'est à dire du délinquant et de la victime. La nécessité de l'accord des parties est explicite non seulement dans le CPPF où il est précisé que « le procureur de la république ne peut décider de recourir à une médiation qu'avec l'accord des parties », mais aussi dans le projet du CPPI qui dispose que « le procureur ou le juge d'instruction renvoient en médiation avec l'accord des parties ».

---

1. Lorsque l'action publique est déclenchée, l'incitation à la médiation pénale va procéder de la menace de sanction qui peut alors être exercée à un double niveau. Tout d'abord, avant même qu'elle ait été déclarée coupable, la personne poursuivie est susceptible d'être condamnée. Ensuite, et après que sa culpabilité a été retenue, la personne déclarée pénalement responsable pourra encore être fortement encouragée à la médiation pénale.

2. SEGNARBIEUX L., *La médiation pénale*, Thèse, Montpellier I, 2004, p. 157 ; NADJAFI A.-H., « *L'analyse criminologique de la délinquance juvénile* », Revue de la justice de département d'Isfahan, n° 7-8, p. 50 ; BLANC G., « *La médiation pénale. (Commentaire de l'article 6 de la loi n° 93-2 du 4 janvier 1993 portant réforme de la procédure pénale)* », JCP 1994, I, 3760, spéc. n°6 et 7 ; CARTIER M.-E., « *Les modes alternatifs de règlement des conflits en matière pénale* », *op. cit.*, p. 9 ; SAGHIAN M.-M., *op. cit.*, p. 477 et s.

396. Enfin et surtout, le recours, en France, à la médiation pénale ne sera opportunément proposé, selon les termes mêmes de l'article 41-1 al. 1er, 5° CPPF, que s'il est de nature à permettre d'atteindre trois sortes d'objectifs : le premier consiste dans la réparation du dommage causé à la victime ; la deuxième dans la cessation du trouble résultant de l'infraction ; le troisième dans le reclassement de l'auteur de l'infraction. En revanche, le projet du CPPI ne reconnaît qu'une seule des conditions précitées : la réparation du dommage de la victime. Selon les dispositions de l'article 81 du même projet, dans les cas où le délinquant s'est engagé à réparer le dommage causé à la victime dans un souci de conciliation avec cette dernière, une médiation peut avoir lieu. Parmi les trois buts précédemment mentionnés, c'est d'ailleurs ce dernier qui est indéniablement de nature à rendre compte de la dimension restitutive, et plus spécialement réparatrice, qui est traditionnellement attachée à la médiation pénale [1].

397. Il en résulte que la fonction restitutive de la médiation pénale ne peut être sérieusement contestée, puisque la mise en œuvre de cette dernière suppose nécessairement que la réparation et la cessation de l'illicite soient possibles.

233-398. La dimension restitutive de la médiation pénale se retrouve également à travers les conséquences qu'elle engendre. Si la procédure engagée sur proposition du ministère public aboutit à un accord entre le délinquant et sa victime, ce dernier constituera une transaction sur l'action publique au sens du droit civil [2]. Cette procédure se base sur la note d'orientation du ministère de la justice [3] dont le contenu est sur ce point approuvé par la doctrine majoritaire. Certes, des juridictions du fond considèrent, au terme d'une motivation discutable, qu'une telle qualification n'est pas systématiquement susceptible d'être retenue [4]. Une telle jurisprudence reste toutefois difficile à approuver dans son principe. En effet, si l'accord de médiation peut revêtir des formes diverses et variées, il a toujours pour objet de mettre un terme à un litige opposant le délinquant à sa victime par des concessions réciproques de chacun, celui-là pouvant s'engager, notamment, à réparer, en nature ou en argent, le dommage subi par celle-ci qui, pour sa part, renoncera à faire valoir ses droits par

---

1. CADIET L., « *Sur les faits et les méfaits de l'idéologie de la réparation* », in Mélanges P. DRAI, Dalloz, 2000, p.495 et s., spéc. p.508 ; CARIO R., « *Potentialités et ambiguïtés de la médiation pénale* », in La médiation pénale. Entre répression et réparation, (sous la direction de R. CARIO), Coll. Logiques juridiques, Série Science criminelle, L'Harmattan, 1997, p.11 et s., spéc. p.17 et s. ; DESDEVISES M.-Cl., « *Réparer ou punir : la médiation pénale* », Les Petites Affiches 25 août 1997, p.3 et s. ; JACCOUD M. (sous la dir. de), *Justice réparatrice et médiation pénale,* Coll. Sciences criminelles, L'Harmattan, 2003 ; ROJARE-GUY S., *op. cit.*, p.52 et s.

2. BERG R., « *Médiation pénale* », Rép. Pénal, Dalloz, 1999, n°66, p.8 ; BLANC G., *op. cit.*, I, 3760, spéc. n°17 ; CARTIER M.-E., *op. cit.*, p.1 et s., spéc. p.9 ; MBANZOULOU P., *La médiation pénale*, Coll. la Justice au quotidien, L'Harmattan, 2002, p.47.

3. Note d'orientation de la direction des affaires criminelles et des grâces sur la médiation en date du 2 octobre 1992 : « l'accord conclu peut être considéré comme une transaction avec toutes les conséquences qui en résultent ».

4. Paris, 28 janvier 2000, Res. Civ. et assur. 2000, comm. 326, note L. GRYNBAUM : « [...] ; Si un accord peut être convenu entre les parties au cour d'une médiation pénale, il ne résulte pas de cette seule procédure que cet accord emporte transaction sur les droits de la victime, laquelle doit satisfaire aux exigences des articles 2044 et s.du code civil, en comportant notamment des concessions réciproques et en respectant les dispositions de la tutelle ou de l'administration légale lorsque l'intéressé est mineur ; [...] ».

la voie judiciaire. Aussi, convient-il de considérer la médiation pénale comme une alternative à l'engagement de l'action publique permettant à la victime d'obtenir contractuellement satisfaction sur ses intérêts civils.

399. Il est donc vérifié qu'elle constitue bien une procédure de provocation à la remise en état par la menace de poursuites. La consécration légale de la médiation de droit commun s'est accompagnée, dans le même temps, de celle de la « médiation-réparation », spécialement applicable au mineur.

Paragraphe 2 : Les médiations pénales de droit spécial

400. Le traitement spécial du mineur délinquant a ouvert le champ de la médiation pénale spéciale (**A**), qui ne cesse dès lors de s'étendre (**B**).

A – La consécration attendue d'une médiation pénale spéciale

401. Largement inspiré des apports du droit pénal des mineurs comparé et notamment des enseignements du droit français [1], la loi iranienne relative « à la création du tribunal pour enfants délinquants de 1959 » où le mineur délinquant faisait l'objet de dispositions particulières de fond comme de forme [2], posa comme principe que le mineur commettant une infraction doit être soumis à des « mesures de protection, d'assistance, de surveillance et d'éducation qui sembleront appropriées » [3], plutôt que d'être condamné à exécuter des sanctions à finalité punitive. Aussi, ce n'est qu'à titre exceptionnel, ou du moins à des conditions définies beaucoup plus strictement que pour les majeurs, qu'un mineur délinquant pourra faire l'objet, par exemple, d'une peine d'emprisonnement [4].

402. Ce traitement spécial des mineurs a été retenu dans cette optique, et ce même si elle figure hors du champ de la médiation pénale, par la loi du 15 décembre 2002. Ce texte est destiné à protéger la dignité de la personne du mineur au sens large du terme. Pour reprendre l'expression de Professeur NADJAFI [5], « c'est dans

---

1. ARDEBILI M.-A. et NADJAFI A.-H., « *La responsabilité pénale des mineurs en droit iranien* », Revue international de droit pénal, 2004/1-2, vol. 75, p. 401 ; ARDEBILI M.-A., *La délinquance juvénile en Iran*, Thèse, Lille, 1978.

2. Sur les dispositions pénales d'avant 1959 et pour plus de détails concernant ladite loi, v. NADJAFI A.-H., « *Les mineurs délinquants en droit iranien* », Revue pénitentiaire et de droit pénal, n° 1, mars 2003, p. 209, du même auteur, La politique criminelle iranienne à l'épreuve des changements politiques, Thèse, Pau, 1990, pp. 165-169 ; ACHOURI M., « *Quelques réflexions sur la nouvelle loi iranienne relative à l'organisation judiciaire et aux compétences des juridictions répressives* », RSC, n° 4, 1995, p. 785 et s.

3. Il s'agissait en fait des arrêts domiciliaires, de l'obligation de suivre des stages de formation professionnels, des travaux d'intérêt général, de la semi-liberté, de l'obligation de suivre des cours d'alphabétisation, des séances de psychothérapie…

4. ABACHI M., *Le droit pénal des mineurs dans les instruments de l'ONU*, éditions Madjd, 2ème éd. 2009, p. 127 et s. ; MOAZAMI Sh., *La délinquance des enfants et adolescents*, édition Dadghoustar, 1ère éd. 2009, p. 146 et s.

5. NADJAFI A.-H., « *La protection du mineur victime d'infractions en droit pénal iranien* », in Le droit pénal à l'aube du troisième millénaire, Mélanges offerts à J. PRADEL, éditions Cujas, 2006, p. 833.

ce sens que la minorité est définie différemment de celle du droit pénal commun, et que de nouvelles incriminations conçues de façon relativement ouverte, ont été introduites dans le droit pénal iranien pour mieux garantir la protection de la dignité des enfants ». L'article 1 de ladite loi, sans donner une définition de l'enfant et de l'adolescent, précise que : » toutes les personnes ayant moins de dix-huit ans solaire bénéficient des protections de la présente loi ».

403. Par ailleurs, le projet de loi sur « l'établissement du tribunal pour enfants et adolescents », soumis au mois de janvier 2005 au parlement, prescrit une procédure et une organisation judiciaires différenciées à l'égard des mineurs délinquants en introduisant nominativement la médiation pénale et des sanctions communautaires en droit iranien. Suivant l'article 15 de ce nouveau projet, le parquet ou le tribunal, selon le cas, pour résoudre le litige relatif à la réparation des dommages découlant de l'infraction des mineurs délinquants, renvoie l'affaire soit devant le Conseil des règlements des litiges, soit aux assistantes sociales, soit à toute autre personne compétente en tant que médiateur.

404. S'agissant du droit français, le mouvement de différenciation du traitement pénal des mineurs a été déclenché, par l'ordonnance n° 45-174 du 2 février 1945. Cet objectif poursuivi en matière de traitement de la délinquance des mineurs [1] a, ensuite, été confirmé à la faveur de l'adoption de la loi n°2002-1138 du 9 septembre 2002 d'orientation et de programmation pour la justice. En effet, même si elle a été l'occasion de créer des sanctions constituant une sorte d'intermédiaire entre les mesures éducatives et les peines [2], elle a, dans le même temps, réaffirmé le rôle avant tout pédagogique de la législation pénale applicable aux mineurs [3].

405. C'est très certainement en considération de cette prépondérante finalité éducative de l'ordonnance n°45-174 du 2 février 1945 relative à l'enfance délinquante, que le législateur a imaginé, en même temps qu'il consacrait la médiation de droit commun, d'instaurer une procédure de médiation-réparation spécialement applicable aux mineurs [4]. Aussi, en vertu de l'article 12-1 al. 1er de l'ordonnance de

---

1. BIDART R., « *De la médiation pour les majeurs à la réparation pour les mineurs* », in La médiation pénale. Entre répression et réparation, (sous la direction de R. CARIO), Coll. Logiques juridiques, Série Science criminelle, L'Harmattan, 1997, p.83 et s., spéc. p.85 ; SALAS D., « *Modèle tutélaire ou modèle légaliste dans la justice pénale des mineurs ?* », RSC 1993, p.238 et s., spéc. p.238.

2. DESPORTES F. et LE GUNEHEC F., *Droit pénal général*, Coll. Corpus Droit privé, Economica, 16ème éd., 2009, n°658-1, p.634, et s.

3. Elle l'a fait, notamment, en réécrivant l'article 122-8 C. pén., dont l'alinéa 1er dispose désormais que «les mineurs capables de discernement sont pénalement responsables des crimes, délits ou contraventions dont ils ont été reconnus coupables, dans les conditions fixées par une loi particulière qui détermine les mesures de protection, d'assistance, de surveillance et d'éducation dont ils peuvent faire l'objet». Ce n'est qu'à l'alinéa 2 qu'il est ensuite précisé que « cette loi détermine également les sanctions éducatives qui peuvent être prononcées à l'encontre des mineurs de dix à dix-huit ans ainsi que les peines auxquelles peuvent être condamnés les mineurs de treize à dix-huit ans, en tenant compte de l'atténuation de responsabilité dont ils bénéficient en raison de leur âge ». En ce sens, v. : DESPORTES F. et LE GUHENEC F., *op. cit.*, n° 20, p. 8 ; SORDINO M.-Ch., *Droit pénal général*, Ellipses, 2ème éd. 2005, p. 30 ; CARIO R., « *Entre virtualité de l'éducation et réalité du répressif* », in Le mineur et le droit pénal, NERAC-CROISIER R. (sous la dir.), Bruylant-LGDJ, 1995.

4. GIACOPELLI M., « *La médiation en matière pénale en France : l'exemple de la médiation réparation* », Revue pénitentiaire et de droit pénal, janvier-mars 2006, p. 37 et s.

1945 issu de la loi n°93-2 du 4 janvier 1993 portant réforme de la procédure pénale, « le procureur de la République, la juridiction chargée de l'instruction de l'affaire ou la juridiction de jugement ont la faculté de proposer au mineur une mesure ou une activité d'aide ou de réparation à l'égard de la victime ou dans l'intérêt de la collectivité. [...] ».

406. Certes, le lien entre l'objectif éducatif signalé et l'obligation de réparer le dommage subi par la victime semble, *a priori*, difficile à établir. En réalité, il a pu être établi, en criminologie, que la réparation par l'auteur d'une infraction participait de son entreprise de rééducation [1]. Ainsi, elle est « d'abord destinée à favoriser un processus de responsabilisation du mineur vis à vis de l'acte commis, en lui faisant prendre conscience de l'existence d'une loi pénale, de son contenu, et des conséquences de sa violation pour lui-même, pour la victime et pour la société toute entière » [2].

B – Le champ d'application étendu d'une médiation pénale spéciale

407. Le mécanisme mis en place par le législateur se distingue de la médiation de droit commun dans la mesure où s'il correspond, comme celle-ci, à une alternative aux poursuites, il est aussi susceptible de constituer une alternative à la peine [3] lorsque la mesure d'aide ou de réparation est infligée par la juridiction d'instruction ou de jugement avant déclaration de culpabilité.

408. La mise en œuvre d'une procédure de médiation-réparation implique au préalable le consentement de la victime. De plus, il convient de rappeler que contrairement au droit français où la démarche de la médiation est initiée par le parquet, en droit iranien le recours à la médiation est à l'initiative seule des parties au procès. Néanmoins, lorsqu'elle intervient sur proposition du ministère public, elle ne peut s'effectuer qu'après que le mineur et les titulaires de l'exercice de l'autorité parentale ont donné leur accord. De telles conditions ont pour effet de rapprocher la médiation-réparation de la médiation de droit commun, puisqu'elles rappellent singulièrement celles présidant à la mise en œuvre de cette dernière [4]. Pour le reste, toutefois, la médiation de droit spécial présente une certaine autonomie par rapport à celle prévu par le droit commun.

409. Ainsi, il n'est nul besoin pour que cette alternative aux poursuites puisse être valablement sollicitée, qu'elle soit susceptible de mettre fin au trouble résultant de l'infraction ou de contribuer au reclassement de l'auteur des faits. Par ailleurs, si

---

1. MILBURN Ph., « La réparation pénale à l'égard des mineurs: éléments d'analyse sociologique d'une mesure de justice restaurative », Arch. Pol. Crim., A. Pedone, 2002, n°24, p.147 et s., spéc. p. 154 et s.

2. Circulaire de la protection judiciaire de la jeunesse du 11 mars 1993 sur la mise en œuvre à l'égard des mineurs de la mesure de réparation pénale (art. 12-1 de l'ordonnance n°45-174 du 2 février 1945), BOMJ 31 mars 1993.

3. MILBURN Ph., « *Place de la médiation dans le procès pénal : phase de jugement et phase post-sentencielle* », in La médiation pénale « dix ans après… », « Restauration du lien social et réponses judiciaires », Colloque national, Aix-en-Provence, 23 et 24 septembre 2004, p. 43 et s.

4. Cf. *supra*, n° 392 et s.

comme pour la médiation de droit commun, la mesure doit permettre la réparation du dommage causé, celle-ci peut s'effectuer, et il s'agit là d'une marque d'originalité, non seulement de manière directe, mais également de manière indirecte [1]. Dans la première hypothèse, elle se fera au profit de la seule victime de l'infraction. Elle pourra être purement symbolique, consistant par exemple dans la formulation d'excuses, ou prendre la forme d'une prestation en nature ou en espèce. Dans la seconde hypothèse, au contraire, elle bénéficiera à la collectivité tout entière. Elle est réalisée de la sorte lorsque il n'y a pas eu de victime identifiée [2], lorsque l'indemnisation a été prise en charge par une assurance, ou encore lorsque l'infraction commise a causé un dommage à une personne morale de droit public. La mesure à accomplir par le mineur se rapproche alors sensiblement, si ce n'est par son régime, du moins dans son contenu, du travail d'intérêt général.

410. La possibilité de recourir à la réparation indirecte tend à démontrer que la médiation de droit spécial a été instituée moins en considération de l'intérêt des victimes, que pour favoriser le processus de rééducation du mineur [3]. Il en ressort que l'indemnisation est reléguée au rang de simple instrument de resocialisation parmi bien d'autres. Elle ne saurait donc être considérée comme l'objectif prioritaire à atteindre à travers la mesure créée. Par ailleurs, la vertu réparatrice de la médiation-réparation est relative. En effet, la compensation du dommage reste parfois très symbolique, notamment lorsqu'elle prend la forme de simples excuses adressées à la victime, ou se révèle limitée à une partie seulement résiduelle du préjudice réellement souffert. C'est la raison pour laquelle, et contrairement à la médiation de droit commun iranien [4], il ne semble pas que l'accomplissement de la mesure de réparation puisse être assimilée à une transaction sur l'action publique. Aussi, les services de la chancellerie français ont-ils eu l'occasion de préciser que « la mise en œuvre de la réparation ne fait pas obstacle à une éventuelle action de recouvrement en dommages civils, intentée par la victime » [5].

411. Ceci étant, et même si son efficience peut être discutée, il n'en demeure pas moins que la médiation-réparation constitue, lorsqu'elle est mise en œuvre sur proposition du ministère public, une véritable technique de provocation à l'indemnisation des victimes par menaces de poursuites. En effet, le déclenchement

---

1. JACOPIN S., *Contribution à l'évolution de la responsabilité pénale du mineur*, Thèse Paris 1, 1999, n°498 et s., p.478 et s. ; ARDEBILI M.-A. et NADJAFI A.-H., *op. cit.*, p. 405 ; ABACHI M., *op. cit.*, p. 133 et s. ; ABBASI M., *op. cit.*, p. 207 ; CARTIER M.-E., *op. cit.*, p.1 et s., spéc. p.10 ; MBANZOULOU P., *op. cit.*, p.62 et s. ; ROJARE-GUY S., *op. cit.*, p.154.

2. RAHAMI M. (sous la direction de), *Les infractions sans victimes*, édition Mizan, 1ère éd. 2008, p. 110 ; HOSSEINI S.-M., *La politique criminelle en Islam et en Iran*, éditions SAMT, 1ère éd. 2005, p. 191 et s.

3. DESDEVISES M.-Cl., « *Réparer ou punir : la médiation pénale* », *op. cit.*, p.3 et s., spéc. p. 6.

4. En effet, lorsque les conditions sont réunies, l'accord de médiation constitue un pardon au sens de l'article 23 du Code pénale iranien. Un tel pardon fait donc obstacle à l'action civile de victime. Toutefois, l'Assemblée plénière de la Cour de cassation a estimée que la renonciation de la victime et l'accord de médiation doit être clair et précise (l'arrêt n° 525 du 12 décembre 1989 de l'Assemblé plénière de la Cour de cassation iranienne).

5. Circulaire de la protection judiciaire de la jeunesse du 11 mars 1993 sur la mise en œuvre à l'égard des mineurs de la mesure de réparation pénale (art. 12-1 de l'ordonnance n°45-174 du 2 février 1945), BOMJ 31 mars 1993.

de l'action publique peut être évité par l'acceptation du mineur de se soumettre à une telle procédure. Il faut néanmoins souligner que, comme pour la médiation de droit commun, et à l'inverse de ce qui se produit dans les hypothèses où des transactions sont conclues, le ministère public dispose toujours, à l'issue d'une médiation-réparation, de la faculté de déclencher l'action publique.

412. Les transactions sur l'action publique et les médiations pénales constituent des instruments *a priori* permettant de tenir en échec le caractère initialement limité des décisions que le ministère public pouvait prendre lorsqu'une infraction était portée à sa connaissance. Ainsi, elles permettent l'ouverture d'une troisième voie, située entre le classement sans suite et le déclenchement de l'action publique, laquelle consiste à renoncer, définitivement ou non selon les cas, à l'exercice des poursuites en contrepartie de l'accomplissement par l'auteur des faits de prestations pouvant notamment consister dans la compensation du préjudice et la suppression de sa source.

413. Cette première impression positive portée sur les transactions et les médiations ne saurait toutefois dispenser d'apprécier, d'un point de vue exclusivement juridique, leur véritable valeur.

CHAPITRE 2

L'appréciation des techniques de provocation à la réparation par la menace de poursuites

414. A l'origine, les techniques de provocation à la restitution par la menace de poursuites se limitaient aux seules transactions administratives. Cependant, à partir de 1993, elles ont connu un essor considérable, d'abord avec la consécration légale des médiations, puis avec la composition pénale qui constitue, bien qu'elle n'en ait pas officiellement reçue la dénomination, une véritable transaction judiciaire.

415. L'extension législative de ces différentes alternatives à l'engagement de l'action publique, lesquelles participent de la démonstration de la finalité restitutive de la responsabilité pénale, laisse penser, de prime abord, qu'elles ouvrent une voie médiane particulièrement adaptée aux exigences de la justice pénale. Si telle est certainement l'opinion du législateur, ainsi que celle, éventuellement, d'une partie de la doctrine, elle peut ne pas être partagée. En effet, le recours aux transactions ou aux médiations est justifié par des avantages dont l'effectivité est pour le moins incertaine en raison d'inconvénients qui, semblent bien réels.

416. Les modes alternatifs au déclenchement des poursuites, lorsqu'ils aboutissent à la conclusion d'un accord, portent création d'un certain nombre d'obligations mises à la charge du délinquant. Il a été vérifié que ces dernières ne sauraient constituer des sanctions pénales, lesquelles seraient infligées à l'issue d'un procès se déroulant devant les juridictions répressives qui auraient retenu la culpabilité du prévenu [1]. Ce constat permet-il pour autant d'en déduire que les garanties légales dont peut se prévaloir celui à l'encontre duquel l'action publique a été engagée n'ont pas vocation à s'appliquer au délinquant soumis à une procédure de la troisième voie ? Une réponse négative s'impose pour trois raisons. Tout d'abord, les transactions et les médiations pénales qui sont régies par le Code de procédure pénale, constitueraient, à défaut, des instruments bien trop commodes d'éviction de principes pourtant fondamentaux. Ensuite, le Conseil constitutionnel, dans sa décision du 2 février 1995, a censuré l'injonction pénale, procédure alternative aux poursuites, aux motifs, notamment, qu'elle portait atteinte à la présomption d'innocence et aux droits

---

1. *Cf. supra*, n° 220, n° 212, n° 228 et s.

de la défense [1]. Cela signifie donc que pour les gardiens de la Constitution, les procédures de la troisième voie sont soumises au respect de ces garanties légales. Enfin, l'article préliminaire CPPF indique, en substance, que les différents principes énumérés ont vocation à s'appliquer à l'ensemble de la procédure pénale.

417. Il faut alors en conclure que les personnes acceptant de s'engager dans une alternative aux poursuites doivent logiquement pouvoir s'en prévaloir. Or, il semble justement que la mise en œuvre de transactions ou de médiations pénales ait pour conséquence nécessaire de porter atteinte non seulement à la présomption d'innocence (**Section 1**) mais également à certains droits de la défense (**Section 2**).

Section 1 : L'atteinte à la présomption d'innocence

418. Les procédures alternatives aux poursuites entrent dans le champ de la matière pénale au sens de la Cour Européenne des Droits de l'Homme, et doivent à ce titre respecter toutes les garanties du procès équitable. Parce qu'elles sont négociées en matière pénale, les procédures alternatives aux poursuites ne respectent pas la présomption d'innocence (**Paragraphe 1**), pourtant universellement reconnue comme nécessaire à toutes les phases du procès pénal (**Paragraphe 2**).

Paragraphe 1 : Reconnaissance de la présomption d'innocence à toutes les phases du procès pénal

420. La présomption d'innocence, droit essentiel bien que parfois malmené [2], est aujourd'hui consacrée dans de nombreux textes tant internationaux que nationaux.

421. Au niveau international, elle est mentionnée, sous des formes diverses, aux articles 9 DDHC [3], 6§2 CEDH [4], 11 de la Déclaration universelle des droits de l'homme et à l'article 14, alinéa 2 du Pacte international relatif aux droits civils et politiques de 1966. Au niveau national, elle a, en France, été prévue par le biais de l'article 9-1 du Code civil [5] ainsi que par l'article préliminaire III CPPF [6]. Quant au droit iranien [7], elle provient de l'article 37 de la Constitution de la République Isla-

---

1. Cons. Const., Décision n° 95-360 D.C. du 2 février 1995.
2. JEANDIDIER W., « La présomption d'innocence ou le poids des mots », RSC 1991, p.48 et s.
3. Art. 9 DDHC : « Tout homme est présumé innocent jusqu'à ce qu'il ait été déclaré coupable [...] ».
4. Art. 6§2 CEDH : « Toute personne accusée d'une infraction est présumée innocente jusqu'à ce que sa culpabilité ait été légalement établie ».
5. Art. 9-1 C. civ. : « Chacun a droit au respect de la présomption d'innocence ».
6. Art. Préliminaire III CPP : « Toute personne suspectée ou poursuivie est présumée innocente tant que sa culpabilité n'a pas été établie. [...] ».
7. Pour plus d'information, v. TADAYYON A., *Production de la preuve en procédure pénale*, édition Mizan, Téhéran, 1ère éd. 2009, p. 41 ; ACHOURI M., « *La présomption d'innocence et ses effets en matière pénale* », Revue de la faculté de droit et des sciences politiques de l'Université de Téhéran, n° 29, 1995 ; SHAMLOO B., « *La présomption d'innocence pénale dans les nouveaux systèmes de procédure* », in Sciences criminelles, recueil des articles, Mélanges offerts à M. le Professeur M. ACHOURI, éditions SAMT, 1ère éd. 2005, p. 262 et s. ; SHAMSE-NATERI M.-E., « *La présomption d'innocence et les cas*

mique d'Iran [1]. Elle est, en outre, rappelée, à l'article unité, alinéa 2 de la loi sur « le respect des libertés légitimes et la sauvegarde des droits civiques » du 16 avril 2005 [2]. Toutefois, sa valeur juridique se déduit moins de ces multiples références normatives, que de son inscription dans la Déclaration des droits de l'homme et du citoyen. C'est exclusivement cette dernière qui permet de lui reconnaître une dimension constitutionnelle, laquelle commande, d'ailleurs, qu'elle ne puisse pas être remise en cause au travers de procédures prévues par de simples textes législatifs.

422. La présomption d'innocence est traditionnellement présentée comme « le principe selon lequel, en matière pénale, toute personne poursuivie est considérée comme innocente des faits qui lui sont reprochés, tant qu'elle n'a pas été déclarée coupable par la juridiction compétente » [3]. Cette définition mérite néanmoins d'être complétée : une personne qui n'est pas encore poursuivie et qui est seulement mise en cause dans une affaire doit également bénéficier de la présomption d'innocence qui s'applique à toutes les phases du procès pénal entendu au sens large, c'est à dire de l'enquête policière jusqu'au jugement [4].

423. Les conséquences de cette garantie légale sont au nombre de trois [5]. Tout d'abord, en application de la maxime *in dubio pro reo*, le prévenu ou l'accusé doit être relaxé ou acquitté toutes les fois qu'il subsiste un doute sur sa responsabilité. Ensuite, il semble qu'elle fasse obstacle, en vertu des dispositions précitées, et sur le modèle du droit anglo-saxon, à ce qu'une personne puisse être présentée par des tiers comme étant coupable alors qu'elle n'a pas encore été définitivement condamnée. Enfin, et surtout, la présomption d'innocence détermine l'attribution de la charge de la preuve. La personne mise en cause dans une enquête de police ou faisant déjà l'objet de poursuites pénales n'a pas à rapporter la preuve de son innocence, celle-ci étant justement présumée. C'est donc au ministère public, demandeur au procès pénal, qu'il revient d'établir que les conditions auxquelles est soumis l'engagement de la responsabilité de celui à qui sont reprochés des faits infractionnels sont effectivement réunies [6]. Ainsi, c'est à lui de prouver que l'infraction est

---

qui s'écartent », in Sciences criminelle, recueil des articles, Mélanges offert à Professeur M. ACHOURI, éditions SAMT, 1ère éd. 2005, p. 284 et s.

1. Art. 37 de la Constitution d'Iran : « Le principe est l'innocence et personne, selon la loi, ne peut être reconnu coupable à moins que son infraction ait été prouvée par un tribunal compétent ».

2. L'article unité, alinéa 2 de la loi sur le respect des libertés légitimes et la sauvegarde des droits civiques : « ...tant que l'infraction n'est pas établie par un tribunal compétent et que l'arrêt argumenté et basé sur les dispositions des lois ou des sources jurisprudentielles valables n'est pas définitif, l'accusé est présumé innocent et toute personne a le droit d'être dotée de la sûreté à l'abri de la loi ».

3. GUINCHARD S. et MONTAGNIER G. (sous la direction de), *Lexique des termes juridiques*, Dalloz, 18ème éd., 2011, v° présomption d'innocence ; JAFARI-LANGHAROUDI M.-J., Etendue dans la *terminologie de droit*, éditions Ghanj Danésh, 1ème éd. 1999, n° 1615, p. 429.

4. THOMAS D., *Cours de procédure pénale 1*, En Master 2 recherche de droit pénal fondamental de l'Université Montpellier 1, 2006-2007, p. 14 ; MERLE R. et VITU A., *Traité de droit criminel, T. II, Procédure pénale*, *op. cit.*, 2001, n°145, p.185 ; KHALEGHI A., *op. cit.*, p. 405 et s.

5. RASSAT M.-L., *Procédure pénale*, Coll. Droit fondamental, PUF, 2ème éd., 2002, n°192, p. 302 et s. ; ACHOURI M., *Procédure pénale, T. II*, éditions SAMT, 1ère éd. 2001, p. 201 et s.

6. Il est, au moins par la doctrine majoritaire iranienne, admis que le principe selon lequel la charge de la preuve incombe au demandeur (*actori incumbit probatio*) qui joue en droit civil (art. 1257 C. civ.), s'applique également en droit pénal (art. 3 du Code de procédure pénale).

constituée tant dans son élément matériel que dans son élément moral, et qu'elle est effectivement imputable à celui qui est suspecté.

424. Ces précisions étant faites, il apparaît que les transactions ou médiations portent atteinte à la présomption d'innocence ainsi définie, dans la mesure où elles tiennent en échec deux des conséquences qui lui sont classiquement attachées.

Paragraphe 2 : Méconnaissance de la présomption d'innocence dans les procédures alternatives aux poursuites

425. Premièrement, elles relèvent l'autorité de poursuite de son obligation de rapporter la preuve de la culpabilité de la personne mise en cause. En effet, celle-ci est déduite, *de facto*, de la seule acceptation de transiger ou de négocier avec la victime par l'intermédiaire d'un médiateur. L'atteinte à la présomption d'innocence en tant que règle d'attribution du fardeau probatoire est donc patente, puisqu'un individu va être tenu de répondre d'une infraction, certes autrement qu'en exécutant une sanction pénale, alors même que le ministère public aura été dispensé d'établir qu'il était effectivement coupable.

426. Il pourrait toutefois être répliqué que l'acceptation d'une transaction ou d'une médiation constitue juridiquement un aveu de culpabilité, de sorte que les règles de preuve telles qu'elles sont énoncées en considération de la présomption d'innocence seraient parfaitement respectées, du moins formellement. En réalité, l'objection ne tient pas. L'accord de la personne mise en cause ne saurait, dans de telles hypothèses, valoir preuve définitive de la culpabilité par aveu [1]. Le caractère circonstancié que doit normalement présenter ce dernier fait ici manifestement défaut [2]. Le plus souvent, il peut être donné dans le but exclusif d'échapper à la rigueur des poursuites [3]. Il ne saurait alors être sérieusement considéré comme révélateur d'une véritable volonté de reconnaître la participation à une infraction. Comme cela a pu être indiqué, « même non coupable, mieux vaut une médiation pénale qu'un procès pénal ! » [4].

427. D'ailleurs, considérer que la seule acceptation de se soumettre à une procédure de la troisième voie vaut nécessairement reconnaissance de culpabilité serait particulièrement dangereux. En effet, en cas d'échec des négociations, le parquet pourrait alors se contenter de porter à la connaissance de la juridiction de jugement ultérieurement saisie de l'action publique, l'existence d'un consentement initial de la personne désormais poursuivie de participer à une transaction ou à une médiation pénale. Il pourrait alors être considéré que le ministère public a apporté les éléments de preuve suffisants pour que la responsabilité pénale du prévenu puisse être valablement engagée par les juges du fond.

---

1. WESTER-OUISSE V., *Convention et juridiction pénale*, Thèse, Nantes, 1999, n° 531, p. 492.

2. BOULOC B., *Procédure pénale*, Coll. précis, Dalloz, 22ème éd., 2010, n° 136, p. 115.

3. DESDEVISES M.-Cl., « *Les fondements de la médiation pénale* », *in* Mélanges H. BLAISE, Economica, 1995, p. 175 et s., spéc. p.180.

4. VOISIN S., « *La médiation pénale est-elle juste ?* », In La médiation en débat, Les Petites Affiches 26 août 2002, p.49 et s., spéc. p. 51.

428. Deuxièmement, le recours à ces alternatives au déclenchement de l'action publique permet de présenter une personne comme auteur d'une infraction alors même que sa responsabilité pénale n'est pas, et ne sera très probablement pas, engagée. En effet, la conclusion d'un accord de médiation ou d'une transaction, qu'elle soit administrative ou judiciaire, autorise légitimement à penser que la personne mise en cause est bien coupable des faits qui lui sont reprochés, puisqu'elle souscrit des obligations dont la création ne peut autrement s'expliquer que par la nécessité d'apporter une réponse juridique à la commission d'une infraction. Et pourtant, l'individu qui se soumet à de telles procédures n'a pas été préalablement condamné pénalement.

429. Si les alternatives aux poursuites portent atteinte, dans une certaine mesure, à la présomption d'innocence, elles présentent également l'inconvénient, chacune en ce qui les concerne, de ne pas respecter tous les droits de la défense.

Section 2 : La remise en cause des droits de la défense

430. En procédure pénale, les droits de la défense sont constitués par « l'ensemble des garanties qui permettent à un mis en cause, mis en examen, prévenu ou accusé, d'assurer efficacement sa défense dans l'instruction ou le procès qui le concerne [...]. [...], ils se ramènent, pour l'essentiel, au droit à l'assistance d'un avocat, aux principes de la contradiction et de l'égalité des armes, à l'exercice des voies de recours » [1].

431. Cette définition doit être doublement précisée. Tout d'abord, et contrairement à ce qu'elle pourrait laisser supposer, les droits de la défense ont potentiellement vocation à être invoqués, du moins au regard de la jurisprudence tant du Conseil constitutionnel française [2] que de la Cour de cassation iranienne [3], alors même que l'action publique n'est pas engagée, c'est à dire en dehors des seules phases d'instruction ou de jugement. Ensuite, et comme elle le laisse transparaître en substance, les prérogatives énumérées ne doivent pas être considérées comme exhaustives. Entendus au sens large, les droits de la défense [4] semblent pouvoir encore recouvrir certaines des garanties énoncées soit à l'article 6 CEDH, soit aux textes nationaux [5], lesquels consistent, notamment, dans la publicité des procédures de

---

1. GUINCHARD S. et MONTAGNIER G. (sous la direction de), *Lexique des termes juridiques*, Dalloz, 18ème éd., 2011, v° présomption d'innocence.

2. Cons. Const., Décision n° 95-360 D.C. du 2 février 1995.

3. L'arrêt n° 56 du 25 septembre 1974 et l'arrêt n° 649 du 5 septembre 2001 de l'Assemblée plénière de la Cour de cassation, cité par : ASGHARZADEY-BONAB A., *Recueil des commentaires de la jurisprudence de l'Assemblée plénière de la Cour de cassation pour la période 1950 -2006*, éditions Madjd, 2ème éd. 2007, p. 59 ; L'arrêt n° 2/741 du 28 mars 2001 de la 2ème chambre, l'arrêt n° 24/26 du 5 octobre 2002 de la 24ème chambre, et l'arrêt n° 32/462 du 29 octobre 2001 de la 32ème chambre de la Cour de cassation, cité par : TABATABEE S.-A.-R., *Extraits des arrêts rendus en recours extraordinaire,* JO, 2003, pp. 8, 13 et 46.

4. OMIDI J., « *Le Professeur ACHOURI et les droits de la défense* », in Sciences criminelle, recueil des articles, Mélanges offerts au Professeur M. ACHOURI, éditions SAMT, 1ère éd. 2005, p. 225.

5. L'article préliminaire du Code de procédure pénale français ; L'article 112-2 et 5 du nouveau projet du Code de procédure pénale iranien.

jugement, le droit d'interroger ou de faire interroger les témoins à charge, le droit d'être informé de la nature des charges retenues [1], le droit d'être jugé dans un délai raisonnable, ainsi que le droit à un tribunal indépendant et impartial établi par la loi et son corollaire qu'est la séparation des fonctions judiciaires.

432. Ceci étant, il reste à indiquer en quoi certains des droits de la défense ici énoncés ne seraient pas aussi bien respectés dans les procédures de la troisième voie que lorsque l'action publique est déclenchée. A cette fin, il peut être utile de reprendre trois des garanties précédemment inventoriées, à savoir le droit à l'assistance d'un avocat [2] (**§ 1**), l'égalité des armes et la séparation des fonctions de poursuites et de jugement (**§ 2**), pour vérifier la place qui leur est respectivement réservée en cas de recours à une transaction, qu'elle soit administrative ou judiciaire, ou à une médiation pénale.

Paragraphe 1 : Le rôle insuffisant de l'avocat dans les procédures alternatives aux poursuites

433. La place de l'avocat en France (**A**) et en Iran (**B**) force le constat de son insuffisance, même si à l'heure de la soutenance de cette thèse, la Cour de cassation française vient d'autoriser, dans un arrêt n° 589 du 17 avril 2011, les avocats à assister aux interrogatoires au cours des gardes à vue.

A – L'insuffisance de la présence de l'avocat en France

434. Pour ce qui est du droit à l'assistance d'un avocat, il ne semble pas qu'il soit correctement garanti dans les procédures de la troisième voie. Certes, l'article 1er, al. 2 de la loi n°91-G47 du 10 juillet 1991 relative à l'aide juridique dispose, dans son actuelle rédaction que « l'aide juridique comprend l'aide juridictionnelle, l'aide à l'accès au droit et l'aide à l'intervention de l'avocat au cours de la garde à vue et en matière de médiation pénale et de composition pénale ». La loi du 18 décembre 1998 relative à l'accès au droit et à la réalisation amiable des conflits étend, elle aussi, le bénéfice de l'aide juridictionnelle à la transaction avant la poursuite pénale.

435. Il en résulte que pour les deux alternatives aux poursuites mentionnées dans ce texte, la présence de l'avocat est nécessairement autorisée [3], puisque son finan-

---

1. D'HAUTEVILLE A., « *Les victimisations successives pendant le parcours judiciaire* », in Victimes et société, Actes du XXVème Congrès de l'association française de Criminologie, Grenoble, multigraph., 1989, p. 1-3.

2. VOULAND Ph., « *Le renforcement de l'équilibre de la procédure pénale : en faveur des droits de la défense ?* », in Loi du 5 mars 2007 sur l'équilibre de la procédure pénale : première commentaire, AJP, n° 3, 2007, p. 117 ; D'HAUTEVILLE A., « *Le droit des victimes* », in Libertés et droits fondamentaux, Dalloz, 16ème éd., 2010, p. 655 et s. ; DARROT B. et GENEVIEVE A., « *Les droits des victimes pendant l'instruction* », Séminaire de droit des victimes, sous la direction de A. D'HAUTEVILLE, En Master de recherche de droit pénal fondamental, 2005-2006, Montpellier, p. 11.

3. DREYER E., « La médiation pénale, objet juridique mal identifié », JCP G, n° 14, 2008, p. 21.

cement est prévu par la loi. Ceci étant, comme en matière de garde à vue [1], elle ne paraît pas pouvoir être interprétée comme octroyant un droit à être assisté d'un avocat. Aussi, le rôle de ce dernier doit-il être considéré comme considérablement réduit. Le constat, qui a déjà été fait en doctrine à propos de la médiation pénale [2], peut parfaitement être fait dans les hypothèses de composition pénale. Il pourrait toutefois être objecté que contrairement à ce qui est indiqué à l'article 1er de la loi du 10 juillet 1991 sus-mentionné, l'article 64-2 de la même loi, lui aussi modifié à plusieurs reprises, prévoit explicitement le droit à l'assistance d'un avocat [3].

436. De cette contradiction textuelle se déduit que la personne soumise à une procédure de médiation ou de composition pénale a la possibilité de bénéficier de l'ensemble des services qu'un avocat est potentiellement susceptible de proposer. Telle ne semble pas être, cependant, l'exacte réalité. En effet, dès lors que les poursuites ne sont par définition pas engagées, l'avocat, qui ne peut donc demander, par exemple, l'accomplissement d'actes d'instruction, semble tenir un rôle devant se limiter à avaliser l'accord conclu par son client [4]. C'est d'ailleurs sans doute la raison pour laquelle les membres de la profession se montrent peu disposés à participer à ce type de procédure [5].

437. Quant aux transactions administratives, si aucun texte ne prévoit explicitement, sur le modèle des dispositions applicables aux médiations et compositions pénales, qu'un avocat peut intervenir pendant les négociations, aucun obstacle ne s'oppose *a priori* à ce que ce dernier assiste son client. Cependant, là encore, son rôle sera fort limité, l'accomplissement d'actes d'instruction, par exemple, ne pouvant bien évidemment pas être sollicité.

B – L'insuffisance de la présence de l'avocat en Iran

438. L'avocat dans la procédure pénale française a toujours, tant bien que mal, été présent, tandis que la procédure pénale iranienne n'a reconnu que très tardivement cette présence de la défense dans les textes.

---

1. En application de l'article 63-4 CPPF, si la personne placée en garde à vue peut demander à s'entretenir avec un avocat, elle ne peut, en revanche, être assistée par ce dernier. En ce sens, v. THOMAS D., « *Le concept de procès pénal* », in La sanction du droit, Mélanges offerts à P. COUVRAT, PUF, 2001, p. 401 et s.

2. VOISIN S., *op. cit.*, p. 49 et s., spéc. p.52.

3. Art 64-2 de la loi n°01-647 du 10 juillet 1991 : « L'avocat assistant, au cours des mesures prévues au 5°de l'article 41-1 et aux articles 41-2 et 41-3 du code de procédure pénale ou à l'article 12-1 de l'ordonnance n°45-174 du 2 février 1945 relative à l'enfance délinquante et ordonnées par le procureur de la République, la personne mise en cause ou la victime qui remplissent les conditions pour bénéficier de l'aide juridictionnelle a droit à une rétribution fixée par décret en Conseil d'Etat ».

4. VOISIN S., *op.cit.*, p. 49 et s., spéc. p.52.

5. AUBERT L., La troisième voie, La justice pénale face à ses dilemmes, Thèse, Bordeaux, 2007, p. 205 et s. ; WYVEKENS A., « Entre médiation et justice pénale. L'activité judiciaire des maisons de justice du Rhône », Arch. Pol. Crim., A. Pedone, 1997, n°19, p.67 et s., spéc. p. 82 ; STASI M., « La médiation, le point de vue des avocats », APC, n° 14, 1992, p. 86.

439. A la différence du droit français où l'assistance d'un avocat s'est développée au fil des années, ce n'est que progressivement et tardivement que le rôle de l'avocat a, en Iran, été reconnu par les textes. En effet, dans l'Iran antique [1], l'avocat était déjà présent. La Constitution de 1907 [2] restait, toutefois, silencieuse sur les droits de la défense. Les dispositions du Code de l'instruction criminelle de 1912, pour la première fois a, par le biais de son article 319, reconnu l'intervention de l'avocat de l'accusé dans le procès. Par ailleurs, en ce qui concerne les procédures de troisième voie, la loi sur les Conseils du règlement des litiges de 2008 prévoit, dans son article 27, la présence de l'avocat. Selon ce texte, les parties peuvent personnellement ou par l'intermédiaire d'un avocat assister à la procédure. Cependant, la présence des avocats au cours de la procédure de médiation n'a pas été saluée par les médiateurs.

440. Une étude portant sur le rôle de l'avocat dans la procédure de médiation montre que les médiateurs considèrent très majoritairement les avocats comme un obstacle au processus de réconciliation [3]. Ce qui montre que les lois censées être mises en œuvre sont loin de fonctionner correctement.

Les procédures alternatives aux poursuites ne remettent pas simplement en cause la mise en œuvre des droits de la défense, mais plus généralement, ce sont les principes du procès équitable qui semblent malmenés.

Paragraphe 2 : Un procès équitable malmené dans les procédures alternatives aux poursuites

441. Le procès équitable est fondé sur deux piliers essentiels, le principe de l'égalité des armes (**A**) et la séparation des fonctions de poursuite et de jugement (**B**). Qu'en est-il dans les procédures alternatives aux poursuites ?

A – Les atteintes au principe de l'égalité des armes

442. Les alternatives aux poursuites malmènent le principe de l'égalité des armes entre les parties à la négociation.

L'autorité de poursuite participant directement ou indirectement à la procédure mise en œuvre, apparaît effectivement en position de force, un échec des transactions ou des médiations lui permettant toujours d'engager l'action publique. Il s'agit

---

1. AMIN S.-H., L'histoire du droit iranien, édtions Daeratolmaaref Iranshénasi, 1ère éd. 2003, p. 90 ; EMAMI-NAMINI M., La justice criminelle dans l'Iran antique, essai sur l'histoire du droit pénal iranien dès l'origine à l'introduction de l'Islam, T. II, Thèse, Aix-Marseille, 1977, p. 390 et s. ; KARAMI M.-B., L'introduction au système pénal iranien antique, éditions Khat Sevom, p. 49, cité par : SAGHIAN M.-M., *op. cit.*, p. 167.

2. La première Constitution iranienne fut composée de deux lois : celle du 30 décembre 1906 et le complément de la première qui date du 7 octobre 1907.

3. EBRAHIMI G. et alii, Rapport du projet d' « *évaluation de l'institution du conseil de règlement du litige* », L'adjoint juridique du pouvoir judiciaire, (la commission de la politique criminelle et le comité de la politique criminelle participative), Téhéran, 2006.

d'un moyen de contrainte particulièrement efficace, auquel la personne mise en cause peut difficilement résister. D'ailleurs, si cette dernière poursuit comme unique objectif l'évitement des poursuites, elle ne pourra faire autrement que de se soumettre à l'ensemble des exigences formulées par ses interlocuteurs.

443. Concernant la victime, elle semble se trouver dans une situation bien plus précaire que lorsque les juridictions sont saisies du litige [1]. En effet, il a été jugé par la Cour de cassation française que « pour préserver l'équilibre des droits des parties au sens de l'article préliminaire CPP, expression de l'égalité des armes selon l'article 6 CEDH, la décision des juges du fond doit permettre à la Cour de cassation de vérifier que l'appréciation qu'ils ont faite du préjudice de la partie civile est exacte » [2].

444. Or, les accords consécutifs à une transaction ou à une médiation n'ont aucunement vocation à être soumis au contrôle de la Haute juridiction. Par suite, ils ne permettent pas de s'assurer de ce que le préjudice subi par la victime a été justement réparé.

B – Une atteinte dans la séparation des fonctions de poursuite et de jugement

445. Quant au principe de séparation des fonctions de poursuite et de jugement [3], explicitement énoncé au Code de procédure pénale des deux pays, il ne saurait être soutenu qu'il n'est pas respecté dans les procédures de composition pénale, l'obligation d'obtenir l'homologation des mesures prévues par un juge du siège étant spécialement prévue [4]. La situation est en revanche différente pour les autres modes alternatifs au déclenchement de l'action publique.

446. Pour ce qui est des médiations pénales, il est vrai que les médiations sont nécessairement mises en œuvre avec le consentement du ministère public. Or, dans la mesure où celui-ci dispose, en dernier lieu, de la faculté de décider ou non le déclenchement l'action publique, son pouvoir d'influence sur le déroulement des négociations et sur la convention finalement conclue ne saurait être nié. Partant, un risque de confusion des fonctions de poursuites et de jugement, entendues au sens large, apparaît [5]. En effet, le parquet peut décider de poursuivre ou non, selon que les obligations découlant de l'accord de médiation le satisfont ou non, et donc selon qu'il estime que les mesures prononcées pour sanctionner la commission d'une infraction sont suffisantes ou pas.

---

1. WESTER-OUISSE V., *op. cit.*, n° 529, p. 490.
2. Crim., 13 février 2002, pourvoi n°01-82.372.
3. Il se déduit, en France, de l'exigence d'un tribunal indépendant et impartial énoncé par l'article 6 CEDH, et il est doté aussi d'une valeur constitutionnelle depuis la décision du Conseil du 2 février 1995 (Cons. const., Décision n° 95-360 D.C. du 2 février 1995).
4. Art. 41-2 al. 5 du Code de procédure pénale français. En Iran, il provenait de l'article 22 de la loi sur la réforme de certaines lois de justice de 1977.
5. *Cf. supra*, n° 357 et s.

447. Il conviendrait éventuellement de réserver, ainsi que l'indique Ch. LAZERGES, le cas particulier de la médiation-réparation [1]. La spécificité du droit pénal des mineurs semble, il est vrai, autoriser une certaine confusion des fonctions judiciaires [2]. Dans un arrêt rendu le 7 avril 1993,la Cour de cassation a ainsi relevé que « [...] l'ordonnance du 2 février 1945, en permettant pour les mineurs délinquants, dans un souci éducatif, une dérogation à la règle de procédure interne selon laquelle un même magistrat ne peut exercer successivement, dans une même affaire, les fonctions d'instruction et de jugement, ne méconnaît aucune disposition de la Convention européenne susvisée ; qu'une telle dérogation entre dans les prévisions de l'article 14 du Pacte international de New York, relatif aux droits civils et politiques, comme aussi, dans celles des règles de Beijing, approuvées par les Nations Unies le 6 septembre 1985, qui reconnaissent la spécificité du droit pénal des mineurs [...] » [3]. Toutefois, comme il le fut décrit [4], il ne paraît pas que la justification de la confusion des fonctions judiciaires proposée dans l'arrêt du 7 avril 1993 puisse être valablement avancée à propos de la médiation-réparation mise en œuvre par le parquet, ce dernier ne se voyant officiellement reconnaître, contrairement au juge des enfants et au tribunal pour enfants, aucune fonction éducative.

448. En ce qui concerne maintenant les transactions administratives, le même constat que celui opéré à propos des médiations de droit commun peut être établi, d'autant qu'il se vérifie avec davantage d'acuité, le rôle qui est tenu par l'autorité de poursuite lors des négociations se révélant encore plus influent.

Portant atteinte tant à la présomption d'innocence qu'à certains droits de la défense, il peut paraître étonnant que la constitutionnalité et la conventionalité de ces alternatives aux poursuites ne soient pas davantage discutées en doctrine. Certes, l'explication pourrait tout simplement découler du fait que le non respect de celle-là et de ceux-ci est consenti, plus ou moins librement, par la personne acceptant de s'engager dans une procédure de la troisième voie. La méconnaissance de ces garanties légales procèderait donc plus d'un renoncement de celui qui est censé en bénéficier, que d'une disposition légale qui imposerait leur éviction. Il est vrai que la personne mise en cause dispose toujours, au moins théoriquement, de la faculté de ne pas se soumettre à une transaction ou à une médiation pénale. Si elle l'exerce, elle sera alors très certainement jugée par les juridictions répressives qui, en principe, assurent le respect des différentes garanties précédemment inventoriées.

449. Cette argumentation ne sera toutefois pas retenue, dans la mesure où la présomption d'innocence et les droits de la défense sont d'ordre public, et qu'il s'avère parfaitement impossible de renoncer à des prérogatives présentant un tel caractère. En définitive, la conformité à la Constitution et à la Convention européenne des

---

1. LAZERGES Ch., « Médiation pénale, justice pénale et politique criminelle », RSC 1997, p.186 et s., spéc. p.194 ; GIACOPELLI M., « La médiation en matière pénale en France : l'exemple de la médiation réparation », Revue pénitentiaire et de droit pénal, janvier-mars 2006, p. 37 et s.

2. LAZERGES Ch., « La séparation des fonctions de justice à propos de l'arrêt de la Chambre criminelle du 7 avril 1993 », RSC 1994, p. 75 et s.

3. Crim., 7 avril 1993, JCP 1993, II, 22151, note M. ALLIX.

4. JACOPIN S., *Contribution à l'évolution de la responsabilité pénale du mineur*, Thèse, Paris 1, 1999, n°668 et s., p. 617 et s.

droits de l'homme des techniques de provocation à la restitution par la menace de poursuites paraît réellement douteuse. Pourtant, une partie de la doctrine semble encourager leur développement. La raison en est très certainement que, dans la plupart des hypothèses, elles portent une atteinte seulement formelle à la présomption d'innocence et aux droits de la défense. En effet, elles sont généralement mises en œuvre à propos d'affaires peu complexes, pour lesquelles les faits ne sont pas contestés, car manifestement incontestables.

450. Les conditions de mise en œuvre des alternatives aux poursuites, ainsi que leur objet, rendent parfaitement compte de ce que l'action publique peut parfois être utilisée comme une menace destinée à contraindre l'auteur d'une infraction à réparer les dommages qu'il a causés et à en supprimer la source. Il ne s'agit cependant pas là des seules techniques de provocation à la restitution. En effet, alors même qu'elle est déjà engagée, l'action publique peut encore avoir une finalité restitutive qui sera susceptible d'être atteinte, cette fois-ci, par la menace de sanctions. L'émergence d'une fonction restitutive de la responsabilité pénale découlerait, pour une grande part, de l'instrumentalisation de l'action publique, il ne faut pas oublier qu'elle résulte, par ailleurs, de certaines sanctions pénales qui sont susceptibles d'être infligées à l'issue du procès.

TITRE 2

L'influence de la réparation sur les sanctions pénales

451. L'affirmation selon laquelle les sanctions pénales ont une finalité restitutive s'analyse en deux points. Tout d'abord de ce que certaines d'entre elles poursuivent, partiellement ou exclusivement, soit la réparation du dommage causé par l'infraction, soit la cessation de la situation illicite (**Chapitre 1**). Elle se vérifie ensuite en ce qu'elles permettent, indépendamment de l'objet qui leur est assigné, de favoriser la réparation du dommage causé par le fait infractionnel, celle-ci constituant fréquemment une condition de leur aménagement (**Chapitre 2**).

CHAPITRE 1

La réparation, objet substantiel de certaines sanctions pénales

452. La restitution précédemment définie consiste à remettre les choses dans l'état où elles se trouvaient avant que le fait dommageable ne soit perpétré [1]. Elle implique, pour être pleinement effective, de parvenir non seulement à un tarissement de la source du préjudice, mais également à la compensation de ce dernier. Or, certaines sanctions pénales permettent justement la réalisation de l'un ou l'autre de ces objectifs. En effet, il en existe qui ont pour unique finalité de supprimer la situation illicite créée par l'infraction (**Section 1**), tandis que d'autres tendent à assurer la réparation du dommage qu'elle a causé (**Section 2**).

Section 1 : L'existence de sanctions pénales tendant à la suppression de la situation illicite

453. L'étude du droit positif français et iranien laisse apparaître qu'alors même que le juge pénal statue sur l'action publique, il dispose de la faculté de prononcer des sanctions qui tendent à la suppression de la situation illicite créée consécutivement à la commission d'une infraction (**Paragraphe 1**). Or, en dépit de certaines controverses, de telles sanctions présentent une nature indéniablement pénale (**Paragraphe 2**).

Paragraphe 1 : La possibilité pour le juge statuant sur l'action publique de prononcer des sanctions tendant à la suppression de la situation illicite

454. Les sanctions tendant à la suppression de la situation illicite qui peuvent être infligées par le juge répressif statuant sur l'action publique sont multiples. Leur étude exhaustive ne saurait donc être envisagée. Ceci étant, il demeure possible de les répartir au sein de deux catégories différentes. Dans certaines hypothèses, elles consistent dans l'énoncé d'interdictions. Il s'agit alors de sanctions qui peuvent être qualifiées de prohibitives (**A**). Dans d'autres hypothèses, la condamnation à restitu-

---

1. *Cf. supra*, n° 193.

tion par le tarissement de la source du préjudice implique, de la part du condamné qui en est l'objet, l'adoption d'un certain comportement emportant une obligation de faire. Les sanctions alors infligées peuvent être présentées comme étant injonctives (**B**).

A – La suppression de la situation illicite par le prononcé de sanctions prohibitives

455. Les principales sanctions prohibitives tendant à la suppression de la situation illicite sont au nombre de deux. II s'agit de la confiscation d'une part (**a**) et de la fermeture d'établissement d'autre part (**b**). Alors que la première interdit l'utilisation d'un bien déterminé, la seconde, quant à elle, fait naître une interdiction d'exercice [1].

a. La suppression de la situation illicite par le prononcé de peine de confiscation

456. Pour ce qui est tout d'abord de la confiscation, elle se définit comme «la peine par laquelle est dévolu autoritairement à l'Etat tout ou partie des biens d'une personne, sauf disposition particulière prévoyant leur destruction ou leur attribution » [2]. Comme cela a d'ailleurs déjà été souligné par une partie de la doctrine [3], elle peut être générale ou spéciale. Dans la première hypothèse, la condamnation prononcée porte sur l'ensemble des biens appartenant à la personne qui en est l'objet. Elle ne présente aucune dimension restitutive. Sa raison d'être s'explique actuellement par la seule volonté d'infliger au délinquant une juste compensation du mal qu'il a occasionné à l'Etat par ses agissements infractionnels particulièrement graves [4]. C'est en réalité dans la seconde hypothèse qu'une finalité restitutive de la condamnation prononcée peut éventuellement être décelée.

Il convient cependant de distinguer selon que la confiscation spéciale porte sur un bien déterminé ayant un rapport, ou non, avec l'infraction fondant les pour-

---

1. SEMPE N., « *Les sanctions à caractère réel* », Gaz. Pal. 1999, 2, doct. P.339 et s., spéc. n°13, p.342 ; ARDEBILI M.-A., *Droit pénal général, T. II,* édition Mizan, 3ème éd. 2002, p. 164 et s. ; GOLDOUZIAN I., *Précis de droit pénal général,* édition Mizan, 12ème éd. 2006, p. 324 et s. ; NOURBAHA R., *Précis de droit pénal général,* édition Dad Afarin, 26ème éd. 2009, p. 500 et s.

2. GUINCHARD S. et MONTAGNIER G. (sous la direction de), *Lexique des termes juridiques,* Dalloz, 18ème éd., 2011, v° Confiscation ; v. en ce sens, ARDEBILI M.-A., *op. cit.*, p. 171 ; MOHAMMADI H., *Saisie, confiscation et restitution,* éditions Ghange Danésh, 1ère éd. 1997, p. 30 ; GHASEMI S.-A.-H, *Saisie et confiscation en droit pénal iranien,* Mémoire de Master 2, Université libre de Téhéran central, 2000-2001, p. 28 et s.

3. LAMBERT M., « La confiscation générale des biens dans ses effets au regard du régime de communauté », D. 1950, chron. P. 29 ; VOIRIN P., « Les effets civils de la confiscation générale des biens », JCP 1946, I, 504, spéc. n° 15 : la peine de confiscation est susceptible de recouvrir deux formes différentes : le confiscation générale d'une part ; la confiscation spéciale d'autre part.

4. MERLE R. et VITU A., *Traité de droit criminel, T. I, Problèmes généraux de la science criminelle. Droit pénal général,* Cujas, 7ème éd., 1997, n° 792, p. 959 ; PRADEL J., *Droit pénal général,* Coll. Manuels, Cujas, 18ème éd., 2010, n°621 et s., p.504 et s. ; ARDEBILI M.-A., *op. cit.*, p. 171 et s. ; MOSLEMI-PETROVI N.-A, *Saisie et confiscation dans les infractions de contrebande et de trafic de stupéfiants,* Mémoire de Master 2, Université libre de Téhéran central, 2005-2006, p. 22 et s.

suites [1]. En effet, aux termes de l'article 131-21 al. 2 CPF si « la confiscation porte sur la chose qui a servi ou était destinée à commettre l'infraction ou sur la chose qui en est le produit [...] », elle peut, en outre, « porter sur tout objet mobilier défini par la loi ou le règlement qui réprime l'infraction ». Dans cette dernière occurrence, la sanction prononcée ne saurait tendre à un quelconque rétablissement de la légalité, puisque le bien confisqué n'est pas la source de la situation illicite.

457. C'est donc uniquement si la confiscation a pour objet une chose en rapport avec l'infraction commise qu'elle peut éventuellement avoir une finalité restitutive. Mais là encore, une distinction doit être opérée.

Dans une première hypothèse, le bien confisqué constitue l'objet qui a servi à commettre l'infraction. La détention de ce dernier n'est pas nécessairement illicite en soi. Aussi, sa dévolution à l'Etat peut avoir pour but, non pas la restauration de la légalité, mais la punition du délinquant. Prenons l'exemple, en matière d'infractions de chasse, le législateur français a prévu que « tout jugement de condamnation peut prononcer, sous telle astreinte qu'il fixe, la confiscation des armes, des filets, engins et autres instruments de chasse, [...] utilisés par les délinquants » [2]. Il est évident que cette disposition est impuissante à mettre un terme à une situation contraire à la légalité lorsqu'il en est fait application relativement à des objets dont les modalités de détention sont parfaitement conformes aux exigences normatives. Elle permet, en revanche, de punir l'auteur de l'infraction qui sera privé de la propriété de biens qui lui étaient jusqu'ici particulièrement utiles. Ce n'est en définitive que dans le cas où la détention de la chose qui a servi à commettre l'infraction est en soi illicite que la confiscation aura une finalité corrective. Il en va par exemple de la sorte lorsque, en matière de chasse, le bien objet de la sanction étudiée est une arme prohibée.

Quant à la seconde hypothèse, elle correspond à celle où la confiscation porte sur un bien qui constitue le produit de l'infraction. La mesure prononcée aura alors systématiquement pour but de mettre un terme à la situation illicite, puisqu'il s'agira de priver le délinquant de la propriété d'une chose dont la fabrication, la détention, l'utilisation ou même l'acquisition procède d'un fait infractionnel. Le propos s'illustre par la confiscation des biens achetés grâce aux bénéfices procurés par un trafic de drogue [3].

458. La confiscation spéciale constitue une sanction que le juge pénal peut prononcer soit en application de l'article 131-21 du Code pénal depuis la loi du 5 mars 2007 [4], soit en vertu de dispositions particulières. De plus, la peine complémentaire

---

1. JOLY-SIBUET E., *op. cit.*, n°211, p.193 et s. ; GOLDOUZIAN I., *op. cit.*, p. 334 ; MOHAMMADI H., *op. cit.*, p. 276 et s.

2. Art. L. 428-9 al. 1er C. envir.

3. Crim., 27 avril 2000, Bull. Crim., n°172: [...] ; Attendu que pour prononcer la confiscation de la maison individuelle appartenant à Hassan Mobtakir, les juges retiennent que les matériaux utilisés pour sa confiscation et l'achat du terrain ont été financés par des sommes de provenance illicite ; - Qu'en l'état de ces motifs, d'où il résulte que cet immeuble était le produit des infractions à l'article 222-37 du Code pénal dont le prévenu a été déclaré coupable, la Cour d'appel a justifié sa décision au regard de l'article 222-49, alinéa 1, du même code ; [...] ».

4. DESPORTES F. et LE GUNEHEC F., *Droit pénal général*, Economica, 16ème éd. 2009, p. 794 : « la loi du 5 mars 2007 relative à la prévention de la délinquance a profondément réécrit cet

de confiscation porte désormais, en application du huitième alinéa ajouté à l'article 131-21 du Code pénal français par l'article 9 de la loi du 9 juillet 2010 [1], sur tous les biens et droits incorporels, quelle qu'en soit la nature, qu'ils soient divis ou indivis. Comme l'a noté M. ROBERT dans son commentaire présenté à propos de cette nouvelle loi, « le régime de la peine de confiscation applicable aux personnes morales, prévue à l'article 131-39 du Code pénal, est par cela harmonisé avec celui applicable aux personnes physiques ». Ainsi, la nouvelle loi constitue une réelle avancée en créant des conditions juridiques nécessaires à faciliter la préhension du patrimoine des délinquants [2]. Cependant, la peine de confiscation de droit français contrairement au droit iranien, n'affecte que le seul patrimoine propre du condamné [3].

459. Sous l'empire des dispositions générales et spéciales, la jurisprudence iranienne affirmait de manière constante que la confiscation pouvait porter sur des objets dont l'auteur présumé de l'infraction n'était pas propriétaire [4]. En effet, la peine de confiscation, bien que son contenu et ses modalités fassent l'objet de dispositions distinctes, demeure très certainement l'une des peines les plus fréquemment encourues en droit iranien. Si l'on s'attache au contenu des diverses peines de confiscation prévues par la loi, il est possible de distinguer les confiscations générales de celles spéciales.

Le cas les plus significatifs concernant la première hypothèse, est la confiscation prévue par la loi du 17 août 1984 sur la modalité de l'application de l'article 49 de la Constitution iranienne de décembre 1997. Selon la loi du 17 août 1984, tous les biens acquis par le biais de l'usure, des maisons de jeux, des casinos, des centres fabriquant des produits alimentaires ou d'autres objets interdits par l'Islam, des abus dans les transactions publiques, des détournements de fonds publics, sont considérés d'origine illicite et doivent être confisqués. De même, l'article 10 du Code pénal, devenu l'article 114-7 du nouveau projet du Code pénal, prévoit qu'en cas de délivrance d'ordonnance de non-lieu ou le verdict sur l'arrêt de poursuite, le juge d'instruction ou le procureur doit éclaircir la situation des objets et des biens décou-

---

article, afin, tout en reprenant les dispositions antérieures, de clarifier les modalités d'application de cette peine, d'en renforcer l'efficacité et, surtout, d'en étendre le champ d'application ».

1. La loi n° 2010-768 du 9 juillet 2010 visant à faciliter la saisie et la confiscation en matière pénale : JO du 10 juillet 2010, p. 12753.

2. BOLLE A., « *Une loi pour frapper les délinquants au portefeuille* », Gazette du palais, Mercredi 18, Jeudi 19 août 2010, p. 12.

3. Crim., 26 mai 2010, n° 10-81.163 : Juris Data n° 2010-010572 ; D. 2010, p. 1792, note L. Priou-Alibert. L'omission législative est d'autant plus regrettable que la chambre criminelle de la Cour de cassation a retenu par cet arrêt une lecture littérale de l'article 706-103 du Code de procédure pénale dans sa rédaction antérieure au 11 juillet 2010, cité par : ROBERT H., « *Une importante réforme de procédure pénale inachevée : à propos de la loi du 9 juillet 2010* », JCP G, n° 43 du 25 octobre 2010, p. 2019.

4. L'arrêt n° 109 du 30 juin 2008 de la 5ème chambre de la première instance du tribunal militaire de Téhéran ; L'arrêt n° 496 du 12 octobre 2004 de la 2ème chambre de la première instance du tribunal militaire de Téhéran ; L'arrêt n° 575 du 29 avril 1993 de l'Assemblée plénière de la Cour de cassation ; L'arrêt n° 581 du 2 mars 1993 de l'Assemblée plénière de la Cour de cassation ; L'arrêt n° 31/587 du 8 novembre 2007 de la 3ème chambre de la Cour de cassation, cité par : DALIR H., « Les droits de tiers personnes dans le processus de la confiscation des biens en droit anglais et iranien », Revue des recherches juridiques, n° 1, 2009, p. 121 et s.

verts, objets ou motif du délit, ou acquis par le délit ou utilisés pendant l'accomplissement ou consacrés à l'accomplissement du délit, pour qu'ils soient restitués, confisqués ou anéantis. Concernant la confiscation, le tribunal désignera la situation des biens et des objets.

La confiscation a ensuite figuré, dans l'article 121-10 du nouveau projet du Code pénal, parmi les peines Ta'aziri [1] et dissuasives. La troisième section du même projet portant sur les mesures de sûreté, mesures complémentaires et mesures accessoires prévoit enfin, au moyen de l'article 123-1 de même projet, une règle générale selon laquelle : « Le tribunal pourra, en complément du verdict principal, condamner également, proportionnellement au délit commis et tenant compte des particularités du délinquant, la personne déjà condamnée à une peine pour avoir commis un délit volontaire du genre du délit ou crime, à l'un ou plusieurs des cas suivants :...13- Saisie et confiscation du véhicule ou le lieu de l'accomplissement du délit ou tout outil, moyen, média ou institut impliqué dans l'accomplissement du délit... ».

460. Quant à la confiscation spéciale, la liste des dispositions prévoyant cette forme de sanction est particulièrement longue. On évoquera donc les plus significatifs à titre d'illustration. La Remarque 2 de l'article 18 de la loi iranienne de 1956 relative à la réglementation des affaires médicales et pharmaceutiques et ustensiles dispose que les marchandises fraudées doivent être confisquées. La confiscation des armes non autorisées est aussi prévue par la Remarque 2 de l'article 3 de la loi de 1972 sur l'aggravation des peines du trafic des armes et munitions de guerre et trafiquants armés. En cas de condamnation pour les infractions à la loi de 1992 sur la sanction des perturbateurs dans le système économique du pays, le jugement de condamnation doit obligatoirement ordonner la restitution et la confiscation des biens obtenus par des voies illégales. La même formule est applicable en cas d'infraction à la loi du 15 décembre 1988 relative à l'aggravation de la peine des auteurs de corruption, détournement de fonds publics et d'escroquerie. En matière de délit de blanchiment de capitaux, l'alinéa 4 de l'article 5 de la loi du 25 octobre 1988 relative à la lute contre le trafic de stupéfiants, réformée partiellement en novembre 1997, et l'article 9 de la loi du 17 février 2007 sur la lutte contre le blanchiment d'argent prévoient en termes généraux la confiscation des biens appartenant aux trafiquants.

461. Parmi ces deux catégories se trouve également la confiscation douanière. Elle a sa place dans la catégorie intitulée confiscation spéciale qui, par opposition à la confiscation générale portant, en principe, sur l'ensemble du patrimoine du condamné, porte sur un ou plusieurs objets particuliers, ayant une relation directe avec l'infraction commise. Rappelons de suite que les objets, qui peuvent être confisqués, sont soit les choses qui forment le corps du délit, c'est-à-dire celles sur lesquelles le fait délictueux a été exécuté, soit les choses produites par le délit, c'est-à-dire le gain

1. Les peines qui ne sont pas déjà fixées par le législateur constitutionnel islamique. Il s'ensuit que la peine dite Ta'aziri est une peine édictée par l'autorité publique pour un fait qui n'est pas réprimé par un Hadd, un Qu'issas ou un Diyet. V. en ce sens, NADJAFI A.-H., *op. cit.* ; KOUSHA J.,*op.cit.* ; HOSSEINI S.-M., *op. cit.* SOUROUF A.-F., » *Les orientations actuelles de la politique criminelle des pays arabes* », in Archives de politique criminelle, n° 2, 1977, p. 176.

ou l'objet procuré par l'infraction, soit, enfin, les choses qui ont servi à commettre le délit. Pour les infractions de contrebande, en droit iranien, la confiscation porte exclusivement sur l'objet formant le corps du délit, alors que, en droit français, elle porte, suivant les cas, sur les marchandises qui font l'objet de l'infraction et sur les choses qui ont servi ou qui sont destinées à commettre le délit, c'est-à-dire les moyens de transport ainsi que les marchandises servant à masquer la fraude.

462. Dans tous ces derniers cas la confiscation est dite spéciale et sa finalité corrective, pour ne pas être systématique, n'en est pas moins fréquente. Elle participe donc de la démonstration de l'existence d'une fonction restitutive attachée à certaines sanctions pénales. Cette dernière est d'ailleurs d'autant plus radicale que la destruction de l'objet confisqué peut, par la suite, être ordonnée, écartant ainsi définitivement tout risque éventuel de nouvelle atteinte à la légalité.

b. La suppression de la situation illicite par le prononcé de peine de fermeture d'établissement

463. Pour ce qui est ensuite de la fermeture d'établissement, elle est définie comme emportant « l'interdiction d'exercer dans celui-ci l'activité à l'occasion de laquelle l'infraction a été commise » [1]. Elle ne doit pas être confondue avec l'interdiction d'exploitation qui peut éventuellement l'accompagner [2]. Comme pour la confiscation, la fermeture d'établissement peut parfois être édictée à des fins exclusivement rétributives. Le juge inflige alors une punition à la personne retenue dans le but de la prévention, en la privant, par exemple, d'une source de revenus [3]. Ceci étant, dans la plupart des hypothèses, son prononcé demeure justifié par des considérations purement restitutives. En effet, une telle sanction a essentiellement vocation à mettre un terme à l'exercice dans l'établissement, objet de la mesure de fermeture, d'une activité illicite jusqu'alors persistante. La lecture des dispositions spéciales octroyant aux juges la faculté de recourir à ce type de condamnations permet de s'en convaincre et quelques exemples peuvent être donnés pour justifier le propos.

464. En ce qui concerne le droit iranien, cette peine est prévue à de nombreuses reprises dans le Code pénal. Elle sanctionne, par exemple, le proxénétisme prévu par l'article 639 CPPI aux termes duquel la fermeture temporaire de l'établissement pourra, le cas échéant, être ordonnée par le tribunal.

Mais on la trouve également dans divers textes épars qui, le plus souvent, précisent la nature de l'établissement faisant l'objet de la mesure : la fermeture de pharmacie pendant un an du fait de l'approvisionnement et de la vente des médicaments

---

1. Art. 131-33 du Code pénal français, et l'article 17 du Code pénal iranien ainsi l'article 123-1 du nouveau projet du Code pénal islamique.

2. MERLE R. et VITU A., *op. cit.*, n° 795, p. 961 : l'interdiction d'exploiter est une sanction « à la fois plus intimement liée à la personne du condamné et plus large, puisqu'elle empêche l'intéressé de gérer non seulement l'établissement particulier qui fait l'objet d'une fermeture ou définitive, mais tous autres établissements de même catégorie ».

3. PRADEL J., *Droit pénal général*, Coll. Manuels, Cujas, 18ème éd., 2010, n° 630, p. 510.

sans permis de production (art. 13 de la loi sur l'Organisation semi-judiciaire chargée des infractions de santé et thérapeutique de 1989), la fermeture de l'entreprise dont le gérant est condamné pour spéculation sur les marchandises et les autres contraventions prévues par la loi sur la pénalité étatique de 1989, la fermeture de l'établissement dans lequel les marchandises de contrebande ont été vendues et les prescriptions imposées par la loi n'ont pas été respectées (art. 62 de la loi iranienne du système syndical du 28 mars 2004). Les mesures prévues par les dispositions précitées ont donc une finalité restitutive indéniable, puisqu'elles tendent à faire cesser une activité pénalement réprimée.

465. S'agissant du droit français, l'article 225-22, 2° C. pén. autorise les juridictions répressives à ordonner « la fermeture, à titre définitif ou pour une durée de cinq ans au plus, de la totalité de l'établissement ou des parties de l'établissement utilisées en vue de la prostitution ».

Elle tend à faire cesser une activité pénalement réprimée à l'article 225-10 C. pén, laquelle consiste, notamment, dans l'exploitation ou la direction d'un établissement de prostitution. Peut d'ailleurs être pareillement analysée la fermeture d'établissement prévue par l'article 222-50, 2° C. pén. en matière de trafic de stupéfiants. Enfin, dans l'hypothèse de manquements graves ou répétés aux règles d'hygiène et de sécurité du travail, le tribunal correctionnel pourra ordonner, en cas de récidive de l'infraction prévue à l'article L. 4741-11 C. trav. « la fermeture totale ou partielle, définitive ou temporaire de l'établissement dans lequel n'auraient pas été faits les travaux de sécurité ou de salubrité imposés par la loi ou les règlements » [1]. Là encore, l'objet restitutif de la sanction infligée ne saurait souffrir la moindre contestation, puisqu'il s'agira, à travers elle, d'empêcher l'exploitation d'un établissement ne respectant pas les règles applicables en matière d'hygiène et de sécurité.

466. La confiscation et la fermeture d'établissement constituent des sanctions susceptibles d'être infligées par le juge répressif statuant sur l'action publique et qui, dans certaines circonstances, présentent l'originalité d'avoir pour finalité, moins de punir le délinquant que de le contraindre à mettre un terme à une situation illicite en l'empêchant d'utiliser un bien ou d'exercer une activité. Ces sanctions prohibitives ne sont cependant pas les seules à la disposition du juge pénal souhaitant atteindre, à travers la condamnation qu'il prononce, un tel objectif restitutif.

467. En effet, si la suppression de la situation illicite peut être obtenue au moyen de sanctions édictant des interdictions, elle peut également l'être par le recours aux sanctions injonctives.

B – La suppression de la situation illicite par le prononcé de sanctions injonctives

468. En droit pénal, la sanction injonctive est définie comme l'ordre adressé par le juge au délinquant d'adopter un comportement déterminé [2]. Elle contraint la per-

---

1. Art. L. 463-4 al. 3 C. trav.
2. JOLY-SIBUET E., *op. cit.*, n° 220, p. 201.

sonne condamnée à faire disparaître l'état illicite créé par l'infraction. La sanction injonctive peut être plus ou moins précise, puisqu'il faut distinguer selon que l'obligation qu'elle met à la charge du responsable est générale (**a**) ou, au contraire, spécifique (**b**).

a. Les sanctions injonctives comportant des obligations générales

469. Dans la première hypothèse, la sanction injonctive consistera à faire supporter à celui qui en est l'objet, une obligation générale de remise en état. Ce qui est attendu du délinquant est donc un résultat, le rétablissement des choses dans la situation où elles se trouvaient avant la commission de l'infraction, afin qu'il soit mis un terme à une situation illicite. Peu importe les moyens sollicités pour y parvenir, qui peuvent, en conséquence, être librement choisis.

470. Les dispositions prévoyant ce genre de sanctions sont abondantes, de sorte que leur étude exhaustive ne saurait, elle non plus, être engagée. Seuls quelques exemples significatifs seront donnés pour illustrer le propos. Ainsi, aux termes de l'article L. 541-46, II du Code de l'environnement français, en cas de condamnation pour certaines infractions relatives à l'élimination des déchets et à la récupération des matériaux, « le tribunal peut ordonner, sous astreinte, la remise en état des lieux endommagés par les déchets qui n'ont pas été traités dans les conditions conformes à la loi ». Toujours dans le domaine du droit de l'environnement, peut être mentionnée l'existence de l'article L. 514-9, III de même Code, en vertu duquel, en cas d'exploitation d'une installation classée sans l'autorisation requise, le tribunal peut, éventuellement sous astreinte, « [...] exiger la remise en état des lieux dans un délai qu'il détermine ».

471. A l'instar du droit français [1], la mise en état est déjà assez largement utilisée tant en droit de l'environnement qu'en droit de l'urbanisme iranien non seulement comme une sanction mais aussi comme une obligation liée à l'obtention d'un permis ou d'une autorisation. Cependant, « malgré l'existence des différents textes législatifs en la matière, il reste encore plusieurs difficultés pratiques dans la répression des infractions mentionnées » [2]. En effet, il y a soixante-cinq ans, le législateur iranien a criminalisé, pour la première fois, les atteintes à l'environnement. Depuis, plusieurs textes furent adoptés de façon directe ou indirecte en ce domaine. Parmi eux, le Code pénal iranien dit islamique est une *lex generalis* dont l'article 688 criminalise les atteintes à l'environnement. Toutefois, il n'établit pas de mesures de restitution, c'est-à-dire les obligations au rétablissement des lieux endommagées dans leur état antérieur. Il faut donc se contenter de textes généraux, nombreux d'ailleurs, qui mettent en jeu la responsabilité pénale des contrevenants.

---

1. MARTIN-BIDOU P., *Droit de l'environnement*, édition Vuibert 2010, p. 303 et s. ; DE LOS RIOS I., *La remise en état du milieu en droit français de l'environnement* » Thèse, Strasbourg, 1983.

2. RAMAZANI GHAVAMABADI M.-H. et ABDOLLAHI M., « Les nouvelles orientations du pouvoir judiciaire iranien à l'égard des infractions environnementales », RSC, avril/juin 2010, p. 423.

b. Les sanctions injonctives comportant des obligations spéciales

472. Dans la seconde hypothèse, les juges prononçant une sanction injonctive préciseront les moyens que le condamné doit mettre en œuvre pour parvenir au résultat attendu qu'est la cessation de la situation illicite. C'est notamment en droit de l'urbanisme et en droit du travail que ce type de mesures mettant à la charge du responsable l'accomplissement d'une obligation spécifique est sollicité.

Selon l'article 480-5 al. 1er du Code de l'urbanisme française, « en cas de condamnation d'une personne physique ou morale pour une infraction prévue aux articles L. 160-1 et L. 480-4, le tribunal, au vu des observations écrites ou après audition du maire ou du fonctionnaire compétent, statue, même en l'absence d'avis en ce sens de ces derniers, soit sur la mise en conformité des lieux ou celles des ouvrages avec les règlements, l'autorisation ou la déclaration en tenant lieu, soit sur la démolition des ouvrages [...] ».

473. La faculté pour le juge répressif de soumettre le délinquant à ces deux sortes d'obligations est ancienne, puisqu'elle remonte à une loi du 15 juin 1943 [1]. Elle se révèle par ailleurs particulièrement large, ainsi qu'en témoigne la référence faite par l'article L. 480-5 aux articles L. 160-1 et L. 480-4 du Code de l'urbanisme. En effet, elle peut être exercée non seulement en cas d'infractions aux dispositions générales d'aménagement et d'urbanisme, mais également dans certaines hypothèses de manquements aux règles régissant les permis de construire, lesquels sont révélés, par exemple, au travers d'une construction sans permis ou sans déclaration préalable, ou encore par l'exécution de travaux non conformes au permis de construire ou à la déclaration de travaux [2]. Qui plus est, l'article L. 480-5 du Code de l'urbanisme française recouvre un domaine qui ne saurait en aucune manière se limiter aux seules occurrences qu'il mentionne. En effet, certaines autres dispositions prévoient la possibilité de l'appliquer en y faisant un renvoi explicite. Il en va notamment de la sorte à propos de la répression des infractions en matière de secteur sauvegardé [3].

474. Par ailleurs, quelques sanctions injonctives consistant en des obligations spécifiques ont été également adoptées en droit iranien par le biais de l'article 3 de la loi du 1 octobre 2007 sur la réforme de la « loi de sauvegarde de l'utilité des terres agricoles et des jardins » [4]. Cette disposition prévoit que tous les propriétaires ou les occupants des terres agricoles et les jardins, objet de la présente loi, qui ont tenté d'en modifier l'utilité sans permis et avant d'obtenir l'autorisation de la Commission mentionnée à la Remarque 1 de l'article 1 de la présente loi sont passibles

1. Art. 105 de la loi du 15 juin 1943 relative à l'urbanisme.

2. Pour un inventaire détaillé des infractions susceptibles d'être sanctionnées par le prononcé d'une obligation de mise en conformité ou de démolition, *cf.* F. ARCHER, « *Urbanisme* », J.-Cl. Pénal Annexes, fasc. 30, 2004, n° 11 et s., p.4 et s.

3. Art. L. 313-11 C. urb. : « En cas d'infraction aux dispositions du présent chapitre, les articles L. 480-2 à L. 480-9 sont applicables ».

4. A l'origine, la loi de sauvegarde de l'utilité des terres agricoles et des jardins, avait été adoptée par l'Assemblée du Conseil Islamique iranien, équivalent de l'Assemblée Nationale française, en date de 31 mai 1996.

de condamnation à une amende allant du 1 au 3 fois plus du prix des terres et des jardins, en plus de la démolition des édifices. Ainsi, contrairement au droit français [1] où la mise en état des lieux ne peut intervenir que dans le cadre d'une décision d'ajournement du prononcé de la peine, elle peut aussi être ordonnée, en droit iranien, de manière autonome en tant que mesure s'ajoutant à la peine principale.

En revanche, la restitution et la remise en état des lieux concernant des délits liés à l'urbanisme, sont, le plus souvent, ordonnées, en droit iranien, par la Commission de l'article 100 de la loi municipale. Selon l'avis consultatif n° 7/552 de 2003 du bureau juridique du pouvoir judiciaire d'Iran [2], la mairie pourra en premier lieu, même d'office empêcher et/ou faire cesser toute sorte de construction sans permis ou le dépassement de l'autorisation accordée. Pour faire face, en second lieu, à des situations urgentes ou à des accidents, la Commission précitée et, le cas échéant, des autorités d'ordre judiciaire disposent, indépendamment du pouvoir de sanction, d'un pouvoir d'injonction consistant en des obligations de faire.

475. Les juridictions criminelles [3] iraniennes ont, elles aussi, eu l'occasion à plusieurs reprises de sanctionner le délit d'atteinte à l'environnement et celui de construction sans permis de construire, et préciser, par cela, la remise en état des lieux en conformité avec les prescriptions formulées par les dispositions brièvement énumérées. Or, il résulte des dispositions de l'article 3 de la loi de sauvegarde de l'utilité des terres agricoles et des jardins, l'article 100 du Code de l'urbanisme d'Iran, ainsi que de la jurisprudence ancienne et constante, que les mesures de démolition, de mise en conformité des lieux ou des ouvrages et de réaffectation du sol constituent des mesures à caractère réel destinées à faire cesser une situation illicite.

476. Ainsi, les mesures de mise en conformité ou de démolition ont un objet restitutif qui, bien que parfois passé sous silence par certains auteurs [4], apparaît incontestable et n'est d'ailleurs pas contesté par la majorité de la doctrine [5], laquelle n'hésite toutefois pas à mettre en lumière l'inconvénient qu'il présente de provoquer

1. PRIEUR M., *Droit de l'environnement*, édition Dalloz, 5ème éd. 2004, p. 947.

2. PARVISI F., « *La sanction des contrevenants ou la destruction des bâtiments* », L'annexe juridique du Journal de Hamshahri, Lundi du 2 septembre 2010, p. 4.

3. L'arrêt n° 85/1372 du 15 mars 2007 de la chambre criminelle du tribunal commun ; L'arrêt n° 818/111 du 30 décembre 2007 de la chambre criminelle du tribunal commun ; L'arrêt n° 2091 du 26 mars 2008 de la chambre criminelle du tribunal commun, cité par : L'adjoint en charge de l'éducation du pouvoir judiciaire, *Description et analyse scientifique des arrêts judiciaire en matière pénale portant sur la modification de l'utilité des terres agricole et des jardins*, éditions Javdaneh, 1ème éd. 2009.

4. D. M., « La répression des infractions en matière de permis de construire (Loi du 2 juillet 1966) », AJPI 1966, p. 676 et s., spéc. p. 680 ; REYGROBELLET J., « Les sanctions judicaires des règles d'urbanisme », Gaz. Pal. 1967,2, doct. p. 119 et s., spéc. p.120.

5. ARCHER F., *op. cit.*, n° 95 et s., p. 18 et s. ; JOLY-SIBUET E., *op. cit.*, n° 241 et s., p. 218 et s. ; PERIGNON S. et PEIRONET L., « *La mesure de démolition ordonnée par le juge répressif* », Defrénois 2000, art. 37093, p.65 et s., spéc. n° 12, p.70 ; ROUJOU DE BOUBEE G., *Le droit pénal de la construction et de l'urbanisme*, Sirey, 2ème éd., 1988, n° 190 et s. ; SEMPE N., « *Les sanctions à caractère réel* », Gaz. Pal. 1999, 2, doct. P.339 et s., spéc. n°12, p. 341 ; TANGUY Y., Le règlement des conflits en matière d'urbanisme, Coll. Bibliothèque de science administrative, T. 10, LGDJ 1979, p. 153.

« une déformation du droit pénal au point de créer un risque de confusion avec les autres branches du droi »t [1].

Celles-ci visent exclusivement à faire disparaître la situation illicite née de l'infraction qui se trouve être révélée par l'existence, au jour où la juridiction statue, d'une construction ne respectant pas la législation en vigueur. L'on en veut pour preuve que leur prononcé n'a plus lieu d'être lorsque les travaux ont été commencés sans l'autorisation requise, mais que celle-ci a été obtenue par la suite, avant qu'une décision ne soit rendue sur l'action publique. Revenant sur une jurisprudence contraire, d'ailleurs juridiquement contestable [2], la Cour de cassation française a jugé que « lorsqu'une construction a été irrégulièrement édifiée sans permis de construire, la délivrance ultérieure d'un permis tacite, si elle ne fait pas disparaître l'infraction consommée, fait obstacle à une mesure de démolition de l'ouvrage tant que ce permis n'a pas été annulé pour excès de pouvoir ou que son illégalité n'a pas été constatée par la juridiction administrative » [3].

477. Deux enseignements peuvent être tirés de cette décision qui fut par la suite confirmée [4]. Tout d'abord, et conformément à une jurisprudence devenue classique [5], la régularisation ne permet pas de considérer qu'aucune infraction n'a jamais été commise, de sorte que les peines d'emprisonnement, encourues uniquement en cas de récidive, et d'amende, prévues à l'article L. 480-4 C. urb., peuvent toujours être infligées. Ensuite, l'impossibilité clairement affirmée par la Cour de cassation de prononcer, en cas de régularisation, les mesures de mise en conformité ou de démolition énoncées à l'article L. 480-5 C. urb. rend nécessairement compte de ce que ces dernières tendent non pas à punir l'auteur de l'infraction aux règles d'urbanisme, mais à assurer le respect de ces dernières [6]. C'est d'ailleurs cette finalité exclusivement restitutive attachée aux sanctions de l'article L. 480-5 C. urb. qui explique que dans l'hypothèse où l'illégalité de l'acte de régularisation viendrait à être constatée par le juge administratif, le juge répressif retrouve, en application de l'article L. 480-13 C. urb., sa faculté d'ordonner la démolition, l'existence d'une situation illicite étant alors de nouveau avérée.

---

1. DELMAS-MARTY M., « La prise en compte des préoccupations de l'environnement dans le domaine de l'urbanisme (Aspects de droit pénal) », JCP 1977, II, 2872, spéc. n° 22.

2. Crim., 30 mai 1991, Dr. pénal 1992, comm. 22, note J.-H. ROBERT : La cour d'appel, qui a caractérisé l'infraction de construction sans permis de construire à la charge du prévenu et entendu le fonctionnaire compétent, conformément aux dispositions de l'article L. 480-5 C. urb., n'avait pas, pour ordonner la démolition de l'ouvrage irrégulièrement édifié, à examiner la régularité d'un éventuel permis de construire délivré après la commission de l'infraction.

3. Crim., 18 juin 1997, Bull. crim., n° 247.

4. Crim., 3 septembre 2002, n° 01-97431 : « Attendu qu'il résulte de ces textes que, lorsqu'une construction a été irrégulièrement édifiée sans autorisation, la délivrance ultérieure d'une autorisation tacite, si elle ne fait pas disparaître l'infraction consommée, fait obstacle à une mesure de démolition ou de remise en état des lieux, tant qu'elle n'a pas été annulée ».

5. Crim., 15 octobre 1958, Bull. crim., n°628 ; Crim., 6 janvier1965, Bull. crim., n°5 ; Crim., 2 octobre 1981, Bull. crim., n° 275.

6. Cass. Civ. 3e ch., 9 septembre 2009, Société Palmetto c/ Agent judiciaire du Trésor, pourvoi n° Q 07-20.189, M. Lacabarats, prés., Bulletin de jurisprudence de droit de l'urbanisme, 1/2010 ; Cass. Crim., 30 oct. 2007, pourvoi n° 07-80.667 FD ; Dr. Pén. 2008, comm. N° 6 par J.-H. Robert.

478. En droit du travail, et plus précisément en matière d'hygiène et de sécurité, c'est notamment l'article L. 263-3 du Code du travail français, devenu l'article L. 4741-4 du même Code, qui témoigne de la possibilité pour le juge répressif de prononcer des sanctions injonctives mettant à la charge de celui qui en est l'objet l'exécution d'une obligation spécifique destinée à faire cesser la situation illicite que l'infraction a créée ou simplement révélée [1]. Il énonce qu' « en cas d'infraction aux dispositions des articles L. 4411-7, L. 4525-1 et L. 4721-4 et des décrets pris en application, le jugement fixe, en outre, le délai dans lequel sont exécutés les travaux de sécurité et de salubrité imposés par ces dispositions. Ce délai ne peut excéder dix mois ». Autrement dit, il prévoit une obligation de mise en conformité des lieux qui ont constitué le siège de l'infraction.

479. Qu'elles soient prohibitives ou injonctives, les sanctions étudiées présentent une finalité restitutive qui ne saurait être contestée, dans la mesure où leur prononcé est justifié non pas par la volonté de punir le coupable, mais par celle de faire cesser la situation illicite consécutive à la commission de l'infraction. Ce faisant, elles illustrent avec une acuité toute particulière la dimension réparatrice attachée aux peines dont elles constituent une espèce du genre, leur nature pénale semblant, en dépit d'une controverse existant sur ce point, devoir être nécessairement retenue.

Paragraphe 2 : La nature pénale des sanctions tendant à la suppression de la situation illicite prononcées par le juge statuant sur l'action publique

480. Il est parfois affirmé que les sanctions tendant à la suppression de la situation illicite infligées par le juge répressif statuant sur l'action publique n'ont pas, en pratique, de caractère pénal ou, à tout le moins, qu'il est permis de douter qu'elles puissent se le voir effectivement reconnaître (**A**). Pourtant, d'un point de vue théorique, et au regard des conditions qui président à leur prononcé, leur nature pénale semble pouvoir être valablement soutenue (**B**).

A – La nature pénale pratiquement controversée des sanctions tendant à la suppression de la situation illicite prononcées par le juge statuant sur l'action publique

481. En Iran, relativement à certaines variétés de sanctions restitutives, ni le législateur ni la Cour de cassation n'eurent l'opportunité de se prononcer explicitement sur la nature juridique qu'elle entendait leur attribuer. Dans ces différentes hypothèses, c'est l'étude des petites et éparses opinions doctrinales qui permet de se faire une idée de la nature qui serait probablement reconnue à ces sanctions par la Haute juridiction, si cette dernière venait à être saisie d'une affaire lui offrant l'occasion de statuer sur cette question.

---

1. FORTIS E., « Sur les incidences de la réforme du Code pénal sur le droit du travail », Dr. Soc. 1993. 884.

482. Il a été relevé en doctrine que leurs caractéristiques pouvaient varier en fonction du but recherché à travers leur prononcé [1]. Ainsi, elle est présentée comme une peine lorsque leur sollicitation se justifie par des considérations exclusivement rétributives. Tel est le cas, par exemple, à propos de la confiscation du véhicule ordonnée en matière de délits douaniers [2]. Il en va de même lorsqu'un objet dangereux aurait à un moment ou l'autre constitué l'instrument à l'aide duquel une infraction a été perpétrée [3].

Elles seront au contraire une mesure de sûreté lorsqu'il s'agira de prévenir la commission d'une infraction. Il en ira par exemple de la sorte lorsque l'établissement dans lequel les marchandises de contrebande ou substances stupéfiantes sont vendues et/ou les établissements qui facilitent des actes incompatibles avec la chasteté sont fermés selon l'article 15 de la loi des mesures de sûreté [4]. Enfin, elle sera qualifiée de mesure de réparation civile lorsqu'elle contribuera, en application de certaines dispositions spéciales [5], à la compensation les dommages subis par la victime.

483. En France, c'est l'étude de la jurisprudence rendue à propos de certaines sanctions restitutives, ainsi que celle des opinions émises par la doctrine lorsque la Cour de cassation n'a pas eu l'opportunité de se déterminer explicitement sur les caractéristiques juridiques devant être reconnues à telle mesure particulière tendant à la suppression de l'illicite, qui rendent compte de l'hostilité qu'il y a admettre la nature pénale des sanctions étudiées.

484. La Haute juridiction a eu l'occasion de se prononcer explicitement sur la nature juridique de deux variétés de sanctions à finalité restitutive : les mesures prévues à l'article L. 480-5 C. urb. d'une part ; la fermeture d'établissement d'autre

---

1. BEZIZ-AYACHE A., « *Confiscation* », Rép. Pénal, Dalloz, 2002, n°19 et s., p.3 et s. ; JOLY-SIBUET E., *op. cit.*, n° 443 et s., p.373 et s. ; BOULOC B., *Droit pénal général*, Coll. précis, Dalloz, 21ème éd., 2009, n° 563, p. 480 et s.

2. KACHEFI M., *op. cit.*, p. 125 et s. ; MOSLEMI-PETROVI N.-A, *op. cit.*, p. 40 et s. ; GHASEMI N., *op. cit.*, p. 218 et s.

3. Art. 592 du Code pénal iranien ; Art. 30 de la loi sur la lutte contre le trafic de stupéfiants ; v. en ce sens MOHAMMADI H., *op. cit.*, p. 74 ; GHASEMI S.-A.-H, *op. cit.*, p. 62 et s.

4. NOURBAHA R., *op. cit.*, p. 502 ; ARDEBILI M.-A., *Droit pénal général*, T. II, *op. cit.*, p. 188 ; SHAMBAYATI H., *Droit pénal général, T. II*, édition Padjangh, 1ère éd. 1993, p. 359 ; DALIR H., « *Les droits de tiers personnes dans le processus de la confiscation des biens en droit anglais et iranien* », Revue des recherches juridiques, n° 1, 2009, p. 121 et s.

5. Art. 28 de la loi sur la modalité de la prévention de la pollution atmosphérique ; Art. 52 de la loi sur la pénalité étatique, et l'article 33 de son décret d'application ; Art. 100 et s. de la loi municipale ; Art. 46 et s. de la loi sur la protection et exploitation des forêts et pâturages. Art. L. 335-7 C. propr. Intell. : « Dans les cas prévus aux cinq articles précédents, le matériel, les objets contrefaisants et les recettes ayant donné lieu à confiscation seront remis à la victime ou à ses ayants droit pour les indemniser de leur préjudice ; le surplus de leur indemnité ou de l'entière indemnité s'il y a eu aucune confiscation de matériel, d'objets contrefaisants ou de recettes, sera réglé par les voies ordinaires » ; Art. L.615-7 C. propr. Intell. : « Sur la demande de la partie lésée, et autant que la mesure s'avère nécessaire pour assurer l'interdiction de continuer la contrefaçon, les juges pourront ordonner la confiscation, au profit du demandeur, des objets reconnus contrefaits, qui sont la propriété du contrefacteur à la date d'entrée en vigueur de l'interdiction et, le cas échéant, celles des dispositions ou moyens spécialement destinés à la réalisation de la contrefaçon. Il sera tenu compte de la valeur des objets confisqués dans le calcul de l'indemnité allouée au bénéficiaire de la condamnation ».

part. Dans les deux cas, un même constat s'impose d'ores et déjà : celui de l'inconstance dont a fait preuve la Cour de cassation dans le choix des qualifications qu'elle a retenues [1].

485. Pour ce qui est tout d'abord des sanctions énumérées à l'article L. 480-5 C. urb., il a été affirmé, dans un premier temps, qu'elles étaient édictées au profit de la victime et qu'elles constituaient, à ce titre, des mesures de réparation civile [2]. Tirant les conséquences naturellement attachées à une telle qualification, la Cour de cassation a déclaré le juge civil compétent pour ordonner, sur le fondement de l'article L. 480-5 C. urb., la démolition ou la mise en conformité des constructions irrégulièrement réalisées [3]. Ceci étant, cette jurisprudence était critiquable, et a été critiquée [4], en ce qu'elle opérait une confusion entre la réparation d'une part, et la suppression d'une situation illicite d'autre part, qui, pour être deux objets concevables de la responsabilité civile, n'en sont pas moins deux concepts distincts. Aussi, dans un deuxième temps, la Cour de cassation va-t-elle abandonner cette représentation exclusivement civiliste de la nature des sanctions étudiées, pour considérer, dans une décision rendue le 12 janvier 1982, qu'elles ont un caractère mixte, puisque se présentant à la fois comme des réparations civiles et des peines [5].

La reconnaissance d'une nature partiellement pénale des mesures prévues à l'article L. 480-5 C. urb, ne sera toutefois que temporaire. En effet, bien que confirmée à plusieurs reprises [6], la jurisprudence inaugurée en 1982 sera finalement abandonnée à la fin des années 1980 en raison des difficultés qu'il y avait à concilier les notions de peine et de réparation civile qui sont, *a priori*, antinomiques. Dans un

---

1. ROBERT J.-H., « L'instabilité des qualifications jurisprudentielles et doctrinales des peines secondaires », in Mélanges J. LARGUIER, PUG 1993, p.241 et s., spéc. p.241 et 242.

2. Crim., 15 novembre 1961, Bull. Crim., n°465 ; Crim., 4 novembre 1964, Bull. crim., n°317 ; Crim., 3 février 1965, D. 1965, S.C. p.91 ; Crim., 12 juillet 1966, Bull. crim., n°198 ; Crim., 27 mai 1967, Bull. crim., n°162 ; Crim., 16 janvier 1969, Gaz. Pal. 1969, 1, juris. P.140 ; Crim., 29 avril 1970, Bull. crim., n°149 ; Crim., 14 novembre 1972, Bull. crim., n°340 ; Civ. 3ème, 19 avril 1977, Bull. civ. III, n°171, D. 1977, juris. P.487, note E. FRANK : « [...] ; Mais attendu que la mise en conformité et la démolition de l'immeuble ordonnées par la juridiction répressive ne constituent pas des peines complémentaires à la condamnation pénale, mais présentent exclusivement le caractère de réparations civiles ; [...] ».

3. Crim., 19 avril 1977, Bull. Crim., n°171, D. 1977, juris. P. 487, note E. FRANK : « [...] que dès lors, la juridiction civile, sans avoir à tenir compte des sanctions prononcées, à la requête de l'administration plaignante, par le juge répressif, et dont les tiers étrangers à la procédure pénale, prétendant avoir subi un préjudice personnel consécutif à l'infraction réprimée ne pouvaient se prévaloir notamment pour en exiger l'exécution, était qualifiée pour statuer sur les conséquences de ladite infraction à l'égard des tiers lésés en ordonnant, le cas échéant, une mesure de mise en conformité ou de démolition de l'immeuble, dont ils pourront exiger l'exécution ; [...] ».

4. ROUJOU DE BOUBEE G., « *Le risque pénal en droit de l'urbanisme. Les sanctions* », R.D. imm. 2001, p.421 et s., spéc. p.421 et 422.

5. Crim., 12 janvier 1982, Bull. Crim., n° 13: « [...] Attendu, d'une part, que les juges du fond, en ordonnant la démolition de la construction édifiée sans permis, n'ont fait qu'user du pouvoir souverain d'appréciation qu'ils tiennent de l'article L. 480-5 du code de l'urbanisme ; qu'ils n'étaient, dès lors, pas tenus de s'expliquer spécialement sur ladite mesure qui, si elle se présente comme une réparation civile, n'en constitue pas moins également une peine [...] ».

6. Crim., 27 avril 1982, R.D. imm. 1982, p.563, obs. G. ROUJOU BOUBEE (solution implicite) ; Crim., 7 février 1984, R.D. imm. 1984, p.369, obs. G. ROUJOU BOUBEE ; Crim., 16 octobre 1984, Bull. crim., n°307 ; Crim., 3juin 1986, Bull. crim., n°194 ; Crim., 31 mai 1988, Bull. crim., n°239.

arrêt en date du 8 juin 1989, la Cour de cassation va ainsi considérer que la démolition ou la mise en conformité des lieux ou ouvrages qui sont prévues à l'article L. 480-5 C. urb., « constituent des mesures à caractère réel destinées à faire cesser une situation illicite et non des sanctions pénales » [1]. Cette solution, plusieurs fois réitérée [2], est toujours d'actualité, comme en témoignent des décisions relativement récentes [3].

486. Le refus jurisprudentiel de déceler dans les mesures restitutives des sanctions de nature pénale s'est également exprimé à propos de la fermeture d'établissement. La Haute juridiction a initialement considéré, comme pour la démolition et la mise en conformité, qu'elle était destinée à assurer la réparation du dommage causé par l'infraction [4]. Par la suite, elle a évolué en la présentant successivement comme une peine [5], comme une mesure de sûreté [6], puis comme une peine ayant un caractère réel [7]. Enfin, en vertu d'une jurisprudence inaugurée en 1965 [8], et qui, là encore, a été ultérieurement confirmée [9], il semble qu'il faille voir dans la fermeture d'établissement une sanction réelle qui n'est plus une peine, rejoignant ainsi le modèle de la qualification déjà proposée pour les mesures énoncées à l'article L. 480-5 C. urb. Le recours, par la Cour de cassation, à l'expression de sanctions à caractère réel pour désigner la nature devant être reconnue à cette mesure restitutive que constitue la fermeture d'établissement a été approuvé en doctrine

---

1. Crim. 8 juin 1989, Bull. Crim., n°248, R.D. imm. 1989, p.458, obs. Y. GAUDEMET et D. LABETOULLE, RSC 1990, p.103, obs. F. BOULAN.

2. Crim., 14 novembre 1989, R.D. imm. 1990, p.131, obs. G. ROUJOU BOUBEE ; Crim., 22 novembre 1992, Dr. Pénal 1992, comm. 88, note J.-H. ROBERT ; Crim., 14 avril 1993, Bull. crim., n° 155 ; Crim., 23 novembre 1994, Bull. crim., n°375 ; Crim., 23 novembre 1994, Bull. crim., n°377, Dr. Péna 1995, comm. 72, note J.-H. ROBERT.

3. Crim., 20 mars 2001, Bull. Crim., n°73, Dr. pénal 2001, comm. 105, note J.-H. ROBERT ; Crim., 2 mai 2001, n°oo-86402 ; Crim., 30 oct. 2007, pourvoi n° 07-80.667 FD ; Dr. Pén. 2008, comm. n° 6 par J.-H. Robert ; Crim., 2 octobre 2007, n° 06-85.363. FD, RD imm. 2008. 46, obs. G. Roujou de Boubée ; Crim., 18 mars 2008, n° 07.86267, Rev. Juridique de l'environnement, 4/2009, décembre 2009, p. 53 ; Civ. 3e ch., 9 septembre 2009, Société Palmetto c/ Agent judiciaire du Trésor, pourvoi n° Q 07-20.189, M. Lacabarats, près, Bulletin de jurisprudence de droit de l'urbanisme, 1/2010.

4. Crim., 7 décembre 1893, s. 1885, 1, p. 508 : « [...] ; Attendu, [...], que les infractions à la déclaration de 1777 (déclaration royale du 25 avril 1777), tout en justifiant l'application de la peine édictée par cette déclaration, entraînent, en outre, l'obligation de fermer l'officine illégalement ouverte, non comme peine, mais comme réparation du dommage causé à la salubrité publique [...] ».

5. Crim., 9 décembre 1916, D. 1916, 1, p.153: la fermeture d'établissement est la peine encourue à titre principal en cas d'infraction à la loi du 16 mars 1915 qui prohibe la fabrication, la vente et la circulation de l'absinthe.

6. Crim., 12 février 1963, Bull. Crim., n°72 : « [...] Qu'en effet, la fermeture définitive du débit de boissons trouvé en délit est une mesure de sûreté et de police qui, aux termes mêmes de l'article 57, alinéa 3 du décret susvisé (décret du 8 février 1955) doit être obligatoirement prononcée [...] ».

7. Crim., 25 juin 1958, Bull. Crim., n°495.

8. Crim., 5 mai 1956, JCP 1966, II, 14609, note R. LEGEAIS : « [...] Mais attendu que la disposition de l'article L. 30 du Code susvisé, qui ordonne la fermeture définitive du débit illégalement exploité, trouve application par le seul fait que l'infraction à la loi a été commise et qu'il est vain de rechercher dès lors si cette fermeture constitue une mesure de sûreté ou une peine, ou encore si elle affecte ce double caractère ; que cette mesure présente en effet un caractère réel qui atteint l'entreprise même trouvée en défaut [...] ».

9. Crim., 6 juillet 1976, Bull. Crim., n°251 ; Cass. Sociale, 10 mars 2010, pourvoi n° 08- 17. 044.

en ce qu'elle a permis à la chambre criminelle de sortir « du bourbier dans lequel l'avaient jetée les faiseurs de système qui l'encourageaient à voir dans cette mesure tantôt une "réparation" [...], tantôt une "peine" [...], tantôt une mesure de sûreté et tantôt à la fois une peine et une mesure de sûreté » [1].

487. Quant à la confiscation, s'il apparaît qu'elle peut indéniablement constituer une sanction pénale lorsqu'elle est prononcée à des fins rétributives [2] ou préventives [3], il reste à déterminer si elle peut encore recevoir une telle qualification lorsqu'elle tend à faire cesser une situation illicite. Il ne le semble pas.

Dès lors qu'elle ne vise pas, dans une telle occurrence, à faire obstacle à la commission d'une infraction, elle ne saurait valablement être qualifiée de mesure de sûreté. Peut-elle alors être considérée comme une peine ? Bien que la confiscation en matière de contributions indirectes a, par la chambre criminelle de la Cour de cassation [4], été considérée comme une sanction mixte (fiscale et pénale) pour échapper au principe de proportionnalité, mais à s'en tenir à la définition qui en est donnée à partir d'un critère finaliste, il est permis d'émettre quelques réserves. C'est apparemment la raison pour laquelle certains auteurs prennent le parti de s'affranchir de l'opposition pourtant classique entre peines et mesures de sûreté [5] lorsqu'il s'agit de déterminer la qualification susceptible d'être appliquée à la confiscation. Ils préfèrent alors faire ressortir le caractère réel de cette dernière [6], comme la Haute juridiction l'a d'ailleurs déjà fait de manière explicite [7] à propos non seulement des sanctions de l'article L. 480-5 C. urb., mais également de la fer-

---

1. PUECH M., *Droit pénal général*, Litec, 1988, n° 1293, p. 461.

2. Art. L.428-9 C. envir. : « Tout jugement de condamnation peut prononcer, [...], la confiscation des [...], automobiles ou autres véhicules utilisés par les délinquants ».

3. BEZIZ-AYACHE A., « *Confiscation* », Rép. Pénal, Dalloz, 2002, n°19 et s., p.3 et s. ; JOLY-SIBUET E., *op. cit.*, n°443 et s., p.373 et s. ;BOULOC B., *Droit pénal général*, Coll. précis, *op. cit.*, n° 563, p. 480 et s.

4. Crim., 12 déc. 2007, n° 07-81.823, AJ pénal 2008. 98, obs. M.-E. Charbonnier ; Crim., 16 déc. 2009, AJ pénal 2010. 192, note G. Roussel ; Crim., 10 février 2010, n° 09-84.562, AJ pénal 2010, obs. G. Roussel.

5. DESPORTES F. et LE GUNEHEC F., *op. cit.*, p. 795 : « cette extension du champ d'application de la confiscation met en évidence qu'il s'agit davantage d'une mesure de sûreté (destinée à empêcher une personne de tirer un profit quelconque d'une infraction) que d'une peine ».

6. HUGUENEY L., note sous Crim., 13 novembre 1931, S. 1934, 1, p.153 : « Et l'arrêt de la Cour va directement à l'encontre de cette distinction, aujourd'hui classique en doctrine, mais dont la jurisprudence, toujours, s'est défiée d'une confiscation, peine, qui ne peut porter que sur des objets dont la propriété appartient au condamné, et d'une confiscation - mesure de police, d'autres disent : mesure de sûreté - qui s'applique quel que soit le propriétaire de la chose, parce qu'elle porte sur des choses qui ne doivent pas demeurer dans le commerce » ; PUECH M., *op. cit.*, n°1288, p.459 : la confiscation spéciale à un caractère réel » en ce sens qu'elle constitue moins une perte contre une personne coupable qu'une mesure contre une chose qui a été souillée par l'infraction ».

7. Crim., 12 octobre 1987, Bull. Crim., n°343 : « [...] Qu'en effet, aux termes de l'article 6 de la loi du 1er août 1905, dans sa rédaction issue de la loi du 10 janvier 1978, en cas de non-lieu ou d'acquittement, lorsque, comme en l'espèce, les marchandises ont été reconnues dangereuses pour l'homme ou l'animal, le juge ordonne à l'autorité qui a pratiqué la saisie, de les faire détruire ou de leur faire donner une utilisation à laquelle elles demeurent propres ; [...] » (l'article 6 de la loi du 1er août 1905 dans sa rédaction issue de la loi du 10 janvier 1978 est aujourd'hui intégré à l'article L. 216-2 al. 3 C. comm.).

meture d'établissement [1]. C'est d'ailleurs pourquoi la confiscation prévue par certaines dispositions spéciales [2] se voit d'être qualifiée de mesure de réparation. Cette démarche s'inspire très certainement de la jurisprudence de la Cour de cassation qui, sans expressément déterminer la nature juridique de la confiscation, précise, néanmoins, que cette dernière n'a rien de personnel, puisque affectant seulement la chose trouvée en délit [3]. Et la doctrine d'en conclure que la confiscation présente le caractère réel que la jurisprudence attribue explicitement aux autres sanctions restitutives ci-dessus mentionnées. Partant, et en toute logique, il serait difficile, au regard de cette qualification doctrinalement proposée, de remarquer dans la confiscation une sanction pénale. En effet, en l'état actuel de la jurisprudence de la Haute juridiction relative à La démolition ou à la mise en conformité, il existe une incompatibilité entre le caractère réel d'une mesure et son rattachement à la catégorie des sanctions pénales.

488. Pour ce qui est ensuite de l'obligation générale de remise en état, la détermination de sa nature juridique n'a pas fait l'objet d'une analyse doctrinale spécifique. En dépit du silence jurisprudentiel sur ce point, il semblerait *a priori* logique de la considérer, elle aussi, comme une mesure à caractère réel. Cette affirmation procède de que cette dernière a été définie, au terme d'une étude tendant à en faire une présentation systématique, comme « la sanction ayant pour but la cessation de la situation illicite », qui découle de « l'existence d'une chose, dont les modalités d'utilisation ou de construction sont constitutives d'une infraction » [4]. Or, l'obligation générale de remise en état permet justement de parvenir à cet objectif qui constitue l'essence de la sanction à caractère réel telle qu'elle est conçue en jurisprudence.

489. Il ressort de ces développements, qu'en pratique, la nature pénale des sanctions restitutives que sont les mesures tendant à la suppression de la situation illicite et qui sont prononcées par le juge pénal statuant sur la suite à donner aux poursuites dont il est saisi, est contestée. Pourtant, il semble possible de vérifier que, du moins en théorie, elle est pleinement avérée.

B – La nature pénale théoriquement avérée des sanctions tendant à la suppression de la situation illicite prononcées par le juge statuant sur l'action publique

490. À l'origine, l'engagement de la responsabilité pénale justifiait le prononcé de sanctions présentant une finalité exclusivement punitive [5]. Par la suite, il va être

---

1. ROBERT J.-H., « *L'instabilité des qualifications jurisprudentielles et doctrinales des peines secondaires* », in Mélanges J. LARGUIER, PUG 1993, p.241 et s., spéc. p.247 : « La jurisprudence finit par adopter l'adjectif *réel,* non pas tant d'ailleurs à propos de la confiscation, que de la fermeture d'établissement qui peut en effet frapper d'autres personnes que le coupable ».

2. Art. L. 335-7 C. propr. Intell. ; Art. L. 615-7 C. propr. Intell.

3. Crim. 22 mars 1907, S. 1907,1, p. 474, note J.-A. ROUX.

4. SEMPE N., *op. cit.*, P.339 et s., spéc. 339.

5. MERLE R. et VITU A., *Traité de droit criminel, T. I, Problèmes généraux de la science criminelle. Droit pénal général,* Cujas, 7ème éd., 1997, n° 652, p. 822 ; ALIABADI A.-H., *Droit criminel, T. I,* édition de Banque nationale d'Iran, 5ème éd. 1976, p. 134 et s. ; MOHSENI M., *Droit pénal général, T.*

constaté que la peine traditionnelle est manifestement impuissante à contenir la criminalité et à dissuader le délinquant de récidiver [1]. Pour remédier à cette situation, l'idée va apparaître de faire émerger de nouveaux modes de réaction sociale [2].

491. Ainsi, aux côtés de la réponse pénale traditionnelle que constitue la peine, vont apparaître, sous l'influence des positivistes italiens, respectivement en droit iranien par la loi du 12 avril 1961 [3] complétée par un nouveau projet de loi actuellement en cour d'examen au parlement, et en droit français par la loi n° 2005-1549 du 12 décembre 2005 complétée par la loi n° 2008-174 du 25 février 2008, de nouvelles sanctions dénommées mesures de sûreté. Cette dichotomie entre les peines à finalité punitive et les mesures de sûreté à finalité préventive expliquerait peut-être que les sanctions tendant à la suppression de la situation illicite apparue consécutivement à la commission de l'infraction ne puissent valablement être qualifiées de pénales. Cette explication révèle assurément une confusion, qui n'est pourtant pas nécessaire, entre l'objet de la sanction et sa nature juridique.

En effet, l'impossibilité de considérer les sanctions tendant à la suppression de la situation illicite comme constitutives de mesures de sûreté procède de ce que ces dernières se définissent en droit français par leur finalité exclusivement prophylactique [4]. La mesure de sûreté à l'iranien est considérée comme « des sanctions à caractère préventif et dépourvues de but rétributif et de caractère afflictif et infamant, fondées sur la constatation d'un état dangereux. Les mesures de sûreté peuvent consister en une neutralisation, un traitement thérapeutique, un traitement rééducatif » [5]. Prononcées à titre non pas curatif mais uniquement préventif, elles ne sauraient en aucune manière poursuivre la cessation de la situation illicite que l'infraction a générée. Ainsi que Madame le Professeur Anne D'HAUTEVILLE l'a très justement souligné, il s'agit avec les mesures de sûreté « non d'une sanction à édicter contre un fait du passé, mais de mesures à prendre contre un état de danger social, qui est un fait du présent » [6]. Ceci étant, la question se pose de savoir si le constat de l'absence de toute dimension restitutive attribuable aux mesures de sûreté peut être transposé aux peines.

III, Responsabilité pénale, éditions Ghange Danésh, 1ère éd. 1998, p. 15 et ; SAFFARI A., « *Pénologie et la justification de peine* », in Science criminelle, T. II, éditions Salsabil, 1ère éd. 2006, p. 100 et s.

1. PRADEL J., *Droit pénal général*, Coll. Manuels, Cujas, 18ème éd., 2010, n°560, p. 458 ; NOURBAH R., *op. cit.*, p. 113.

2. ROTMAN E., « *L'évolution de la pensée juridique sur le but de la sanction pénale* », in Mélanges M. ANCEL, T. II, A. Pedone, 1975, p.163 et s. ; NADJAFI A.-H., « *Les sanctions sociales* », in Mihman MAH (l'invité de mois), éditions Janghal, 1ère éd. 2009, p. 163 et s.

3. JO de la République Islamique d'Iran, n° 4502 du 8 juillet 1961.

4. CORNU G., *Vocabulaire juridique*. Association Henri CAPITANT, PUF, 8ème éd., 2007, v. Mesure de sûreté : « Mesure de précaution destinée à compléter ou suppléer la peine encourue par un délinquant qui, relevant en principe, comme la peine, de l'autorité judiciaire ne constitue pas un châtiment, mais une mesure de défense sociale imposée à un individu dangereux afin de prévenir les infractions futures qu'il pourrait commettre et que son état rend probables, l'aider ou le soumettre à un traitement ».

5. JAFARI-LANGHAROUDI M.-J., *Etendue dans la terminologie de droit*, éditions Ghanj Danesh, 1ème éd. 1999, n°1994, p. 528, v° Mesures de sûreté.

6. D'HAUTEVILLE A., Cours de la théorie des responsabilités civile et pénale, *op. cit.*

492. La Cour de cassation française a eu l'occasion d'indiquer que « les mesures inventoriées à l'article L. 480-5 C. urb. ne pouvaient être considérées comme des peines complémentaires ayant vocation, en application de l'article 131-11 C. pén., à être prononcées à titre de peine principale » [1]. Elle a également eu l'occasion de décider qu'« elles n'étaient pas susceptibles de faire l'objet d'un relèvement, tel qu'il est prévu à l'article 132-21 C. pén., ou d'un incident contentieux, dont le règlement est régi par l'article 710 CPPF » [2], et qu'« elles n'étaient, en outre, pas soumises aux règles relatives à la prescription des peines » [3]. Dans le même sens, mais à propos de la fermeture d'établissement cette fois-ci, il a été précisé qu'« en raison de son caractère réel, la sanction pouvait être opposée, sans qu'il soit porté atteinte au principe de la personnalité des peines, non seulement au propriétaire dont la responsabilité pénale n'avait pas été retenue [4], mais également à la personne ayant acquis le fonds faisant l'objet de la mesure de fermeture avant que n'intervienne une décision de condamnation définitive du précédent propriétaire » [5]. Ces solutions jurisprudentielles peuvent très certainement être étendues aux obligations générales de remise en état, ainsi qu'à la confiscation lorsqu'elle tend à la suppression de la situation illicite puisque la Cour de cassation a, par des arrêts très récents et précédemment cités, explicitement relevé leur caractère exclusivement réel qui ne fait d'ailleurs, pour la doctrine, aucun doute.

492. Ni peines, ni mesures de sûreté, les sanctions restitutives ayant pour finalité la suppression de la situation illicite semblent, en conséquence, n'avoir aucune nature pénale. Cette conclusion se révèle cependant trop hâtive. D'ailleurs, une partie de la doctrine iranienne a suggéré de reconnaître aux sanctions restitutives une nature mixte et donc partiellement pénale [6]. Ces sanctions, en droit iranien, présentent en effet, par bien des aspects une nature proprement pénale, par d'autres une nature non pénale. Par ailleurs, d'après un auteur français, « il semble donc qu'on doive se résoudre à leur reconnaître une nature mixte » [7]. Plus précisément, ces sanctions, selon lui, constituent des mesures de restitution mais de nature pénale, et par conséquent distinctes des restitutions qui se rattachent à l'action civile.

493. Ceci étant, il semble envisageable de pousser le raisonnement encore un peu plus et de les considérer comme des sanctions pénales de nature *sui generis* [8]. Pour justifier l'affirmation, il est préférable, de définir la sanction pénale non pas en fonction des deux variétés de condamnations qui seraient les seules à pouvoir la révéler, mais à partir d'un critère procédural. Au terme de cette approche, la sanction pénale doit être entendue comme infligée par le juge pénal statuant sur l'action publique

1. Crim., 20 mars 2001, Bull. Crim., n°73, Dr. pénal 2001, comm. 105, note J.-H. ROBERT.

2. Crim., 14 avril 1993, Bull. Crim., n°155.

3. Crim., 23 novembre 1994, Bull. Crim., n°375.

4. Crim., 29 octobre 1969, Bull. Crim., n°273.

5. Crim., 5 mai 1965, JCP 1966, II, 14609, note R. LEGEAIS.

6. ARDEBILI M.-A., *Droit pénal général, T. II, op. cit.*, p. 164 et s. ; GOLDOUZIAN I., *op. cit.*, 2006, p. 324 et s. ; NOURBAHA R., *op. cit.*, p. 500 et s.

7. CONTE Ph., « *Du particularisme des sanctions en droit pénal de l'entreprise* », in Bilan et perspective du droit pénal de l'entreprise, Coll. Le point sur, Economica, 1989, p.49 et s., spéc. p. 68.

8. BLOCH C., *La cessation de l'illicite*, Thèse, Aix-Marseille, 2008, p. 44.

dont il a été saisi. La définition ainsi proposée permet de rattacher à la sanction pénale les mesures tendant à la suppression de la situation illicite, du moins lorsqu'elles sont prononcées sur le fondement procédural de l'action publique.

Le fait que ces dernières ne soient pas soumises au régime juridique des peines ne saurait constituer un argument faisant valablement obstacle à la reconnaissance d'une telle possibilité. Pour preuve, les mesures de sûreté obéissent à une réglementation qui n'est en rien le décalque de celle applicable aux peines [1]. Pourtant, leur nature pénale n'est pas contestée [2]. Il en résulte que le rattachement à la catégorie des sanctions pénales ne saurait en aucune manière être subordonné à la soumission de la mesure prononcée au régime des peines. Ce constat qui s'impose avec la force de l'évidence à propos des mesures de sûreté peut parfaitement être transposé aux sanctions que la Cour de cassation qualifie de réelles et qui ont pour finalité la suppression de la situation illicite. Aussi, convient-il de considérer que les sanctions pénales se déclinent en trois variétés : les peines d'une part, les mesures de sûreté d'autre part, et les mesures à caractère réel enfin.

494. Les diverses sanctions pénales ayant un objet restitutif ne sauraient se limiter à celles qui ont pour but de mettre un terme à la situation illicite. Il en est d'autres, non moins importantes, qui tendent à assurer l'effectivité de la seconde dimension de la restitution. Celle-ci correspond à la réparation du dommage que la commission de l'infraction a pu causer. Il est alors question d'agir non plus sur l'origine de la situation illicite mais sur ses manifestations dommageables.

Section 2 : L'existence de sanctions pénales tendant à la réparation du dommage

495. Selon la même méthode adoptée que précédemment, il peut être mis en évidence que le juge pénal dispose de la faculté d'infliger, sur le fondement procédural de l'action publique dont il a à connaître, des sanctions ayant notamment pour objet de permettre la réparation du dommage causé par l'infraction (**Paragraphe 1**). Et là encore, il peut être soutenu, en dépit de certaines controverses, que les condamnations alors prononcées présentent une nature pénale (**Paragraphe 2**).

Paragraphe 1 : La possibilité pour le juge statuant sur l'action publique de prononcer des sanctions tendant à la réparation du dommage

496. C'est essentiellement dans les matières douanières que le juge pénal dispose, après avoir retenu la culpabilité de la personne poursuivie, de la faculté d'infliger des sanctions à finalité réparatrice. Ces dernières peuvent être identifiées

---

1. Par exemple, une mesure de sûreté, contrairement aux peines, est susceptible dans certains cas d'être prononcée alors même qu'une décision de non lieu ou d'acquittement a été rendue par la juridiction saisie des poursuites (*cf.* Crim., 12 octobre 1987, Bull. crim., n° 343).

2. BOULOC B., *Droit pénal général, op. cit.*, n°506 et s., p.435 et s. ; MERLE R. et VITU A., *op. cit.*, n° 652 et s., p. 822 et s. ; PRADEL J., *op. cit.*, n°550, p.520 ; RASSAT M.-L., *op. cit.*, n° 363 et s., p. 513 et s. ; GOLDOUZIAN I., *op. cit.*, p. 284 ; ARDEBILI M.-A., *op. cit.*, p. 178 et s.

au travers des amendes d'une part, lesquelles présentent une particularité non négligeable en ces domaines (**A**), et au travers de la sanction-réparation d'autre part (**B**).

A – La réparation du dommage par le prononcé des amendes douanières

497. Si toutes les amendes encourues en matière de douanes françaises ne peuvent être infligées que par le juge pénal [1], il n'en va pas de même à propos des amendes douanières iraniennes. Leur prononcé relève fréquemment de la compétence de l'administration [2]. Ce n'est donc qu'en cas d'infractions à la réglementation relative aux douanes françaises [3] (**a**), ou pour certaines infractions douanières particulières iraniennes [4] (**b**) que ces amendes douanières ont vocation à n'être édictées que par le juge répressif. Aussi, parmi les amendes douanières, c'est uniquement celles qui relèvent de cette variété qui retiendront ici l'attention.

a. Vocation réparatrice spéciale des amendes douanières en Iran

498. Pour ce qui est tout d'abord des amendes douanières iraniennes, elles sont encourues à raison de la commission d'infractions qui peuvent être tant des contraventions que des délits, étant précisé qu'en ce domaine, la définition de celles-là et de ceux-ci ne correspond pas à celle qui en est donnée en droit commun. Les amendes, qui constituent la variété de sanction « préférée » en la matière [5], sont

---

1. Art. 356 C. douanes: « Les tribunaux de police connaissent des contraventions douanières et de toutes les questions douanières soulevées par voie d'exception ».

2. Art. 26 et s. du Code des douanes de l'Iran, et les articles 91, 92, 262 et s. du décret d'application dudit Code.

3. Art. 357 C. douanes : « Les tribunaux correctionnels connaissent de tous les délits de douane et de toutes les questions douanières soulevées par voie d'exception. Ils connaissent partiellement des contraventions de douane connexes, accessoires ou se rattachant à un délit de douane ou de droit commun ».

4. Par exemple, selon la 1ème Remarque de l'article 2 de la loi sur la modalité de l'application de la « loi de l'Organisation semi-judiciaire chargée des infractions de contrebandes, de marchandises, et de devises », adoptée, en date de 12 février 1996, par le Conseil de discernement de l'intérêt du régime islamique (CDIRI) : « Les agences et les organisations concernées se bornent seulement à la confiscation des marchandises et des devises en faveur de l'Etat dans les cas où le prix des marchandises et des devises faisant l'objet de la contrebande est inférieur ou équivalent à 10 millions Rials ». En revanche, en vertu de la 2ème Remarque de ce même article [dans las cas où le prix des marchandises et des devises faisant l'objet de la contrebande dépassent de 10 millions Rials, si dans la phase administrative, l'accusé est prêt à payer les amendes douanières, on va tenter, en application du décret d'application de cette loi, de percevoir une amende deux fois supérieure au prix des marchandises et des devises faisant l'objet de la contrebande et les confisquer en renonçant aux poursuites contre l'accusé de contrebande]... [si le contrebandier a refusé de payer une amende fixée dans la phase précédente, son affaire, dans les cinq jours de la découverte de délit au plus tard, sera soumis à l'autorité judiciaire afin de poursuites pénales pour percevoir l'amende. Si l'accusation du contrebandier est constatée, en plus de l'emprisonnement et de la confiscation des marchandises et des devises faisant l'objet de la contrebande, une amende qui de toute façon ne sera pas inférieure à deux fois le prix de celles-ci sera perçue] ».

5. NORY YOSHANLOEY J., « *Les politiques criminelles iraniennes à l'épreuve de la criminalité économique* », Revue spécialisée de l'Université des sciences islamiques de Razavi : droit et théologie, n° 9-10, 2004, p. 59 et s. : « L'amende douanière est une peine pécuniaire obligeant l'auteur de la contravention et/ou délit de contrebande, à verser une certaine somme d'argent au Trésor public ».

traditionnellement présentées en doctrine comme ayant, notamment, une indéniable finalité réparatrice [1]. L'affirmation est susceptible d'être vérifiée au travers de la description de certaines des modalités qui président à la détermination du *quantum* des amendes douanières. En effet, l'assiette de ces dernières est souvent fixée en fonction du montant des droits éludés, ou encore à partir de la valeur des marchandises de fraude. A ce propos, L'article 2, Remarque 2, al. 1 de la loi sur la modalité de l'application de la « loi de l'Organisation semi-judiciaire chargée des infractions de contrebandes de marchandises, et de devises », adoptée, en date de 12 février 1996, par le Conseil de discernement de l'intérêt du régime islamique dispose que : « [dans las cas où le prix des marchandises et des devises faisant l'objet de la contrebande dépassent de 10 millions Rials, si dans la phase administrative, l'accusé est prêt à payer des amendes douanières, on va tenter en application du décret d'application de cette loi de percevoir d'une amende de deux fois plus du prix des marchandises et des devises faisant l'objet de la contrebande et de les confisquer en renonçant de poursuite de l'accusé pour la contrebande]... ».

Parfois, la loi a fixé le montant de l'amende pour la première unité de certaines marchandises, et ce chiffre doit être multiplié autant de fois qu'il y a d'unités dans l'objet de la fraude [2]. Dans certains cas particuliers, mais plutôt rares, la loi a déterminé, conformément à la règle générale, un minimum et un maximum fixés dans lesquels l'amende douanière doit se limiter : ce sont les seuls cas où le juge peut, suivant les circonstances, prononcer, soit le minimum, soit le maximum, soit un chiffre intermédiaire entre ces deux limites extrêmes [3].

499. Il s'ensuit qu'en matière douanière iranienne, contrairement au droit français, le juge n'a presque jamais à intervenir pour déterminer le montant de l'amende : la tâche en est, en principe, imposée à la Douane, ou plutôt aux bureaux locaux des douanes. En ce qui concerne une amende spécifique, c'est la loi qui en a déterminé le montant. La Douane n'a alors qu'à préciser l'espèce, le nombre ou la quantité des marchandises litigieuses. Pour la détermination de la valeur des marchandises servant de base à l'application du taux de l'amende, contrairement au droit français où les juges arbitrent souverainement la valeur d'après les éléments puisés dans l'instruction et les débats, sans avoir l'obligation de faire connaître les bases de leur estimations, les textes iraniens ont formellement prévu les règles applicables en la matière.

500. Par ailleurs, alors qu'en droit français, l'amende douanière est calculée d'après la valeur des objets confisqués, c'est-à-dire la valeur cumulée des marchandises de la fraude, des moyens de transport et des objets ayant servi à masquer la fraude, les dispositions dont l'application stricte aboutit à des résultats épouvantables, la législation iranienne a formellement édicté que la seule marchandise de la

1. L'amende, au sens du droit commun iranien, est en général une peine qui consiste dans l'obligation imposée au condamné de payer une somme d'argent. v. en ce sens, YAZDANIAN A.-R., « *Réflexion sur l'infraction comme le fondement des obligations en droit français et iranien* », Revue de lettre juridique, T. IV, n° 2, 2008, p. 131 et s. ; ARDEBILI M.-A., *op. cit.*, p. 167 ; GOLDOUZIAN I., *op. cit.*, p. 325.

2. Art. 22 du Code des douanes iranien.

3. Art. 40 et 43 du Code des douanes iranien.

fraude serait confisquée et que, par conséquent, sa valeur servirait à calculer le montant de l'amende [1]. Ajoutons aussi que, dans le cas où l'amende serait fondée sur le droit douanier, l'article 4 al. 1 du Code des douanes dispose que, pour les dérivés des marchandises faisant l'objet des revenus de l'Etat, le montant de l'amende correspondra alors à celui des droits afférents à la quotité de l'objet principal qui existe dans les dérivés.

b. Vocation réparatrice générale des amendes douanières en France

501. Pour ce qui est ensuite des amendes douanières françaises, en vertu des dispositions de l'article 411, 1° C. douanes, « est passible d'une amende comprise entre une et deux fois le montant des droits et taxes éludés ou compromis toute infraction aux dispositions des lois et règlements que l'administration des douanes est chargée d'appliquer lorsque cette irrégularité a pour but ou pour résultat d'éluder ou de compromettre le recouvrement d'un droit ou d'une taxe quelconque et qu'elle n'est pas spécialement réprimée par le présent code ». Quant à l'article 436 C. douanes, il énonce que « lorsqu'il n'est pas possible de déterminer le montant des droits et taxes réellement exigibles ou la valeur réelle des marchandises litigieuses, en particulier dans les cas d'infraction prévues par les articles 411, 2° a, 417,2°, 421, 3°, 423, 2° et 426, 1°, les pénalités sont liquidées, sur la base du tarif le plus élevé applicable à la catégorie la plus fortement taxée des marchandises de même nature et d'après la valeur moyenne liquidée par la dernière statistique douanière mensuelle ».

502. Le recours à de tels modes de calcul pour déterminer l'assiette des amendes encourues rend inévitablement compte de ce qu'elles ont notamment vocation à permettre au Trésor public, victime directe des infractions commises, d'obtenir réparation du préjudice subi par le versement de sommes au moins égales à celles qui lui auraient échappées si les fraudes n'avaient pas été mises à jour. En effet, la référence faite par l'article 411, 1° C. douanes aux droits et taxes éludés ou compromis correspond à « la différence entre les droits et taxes légalement exigibles et ceux qui auraient été perçus sans la découverte de l'infraction » [2], de sorte que le montant de l'amende encourue est nécessairement fonction du manque à gagner de l'administration. La méthode proposée à l'article 436 C. douanes est identique, même si elle se révèle plus approximative. L'assiette de l'amende ne pouvant être déterminée en fonction du préjudice exactement subi par le Trésor public en raison de l'impossibilité de fixer précisément la valeur des marchandises litigieuses, elle est établie sur la base du manque à gagner théorique le plus élevé.

---

1. Art. 364-6 du décret d'application du Code des douanes iranien. De même, le dernier alinéa de la 2ème de l'article 2 de la loi sur la modalité de l'application des pénalités étatiques pour la contrebande de marchandises et de devises, adoptée en date de 12 février 1996, par le Conseil de discernement de l'intérêt du régime iranien, dispose que : « Si l'accusation du contrebandier est constatée, en plus de l'emprisonnement et de la confiscation des marchandises et des devises faisant l'objet de la contrebande, une amende qui de toute façon ne sera pas inférieure à deux fois le prix de celles-ci sera perçue] ».

2. BERR Cl.-J. et TREMEAU H., *Le droit douanier communautaire et national*, Coll. Droit des affaires et de l'entreprise, Economica, 7ème éd., 2006, n°905, p.492.

503. Si cette détermination de l'assiette de la sanction encourue en fonction de « la gravité du préjudice » [1] souffert par l'administration illustre avec une acuité toute particulière la fonction réparatrice des amendes douanières, il ne faut pas pour autant en tirer comme conséquence que celles-ci n'ont plus aucun objet répressif. Pour preuve, il est tout d'abord prévu, afin qu'une répression minimale puisse être assurée [2], que les amendes effectivement infligées, qu'elles soient multiples de droits ou de la valeur des marchandises, ne peuvent être inférieures à une certaine somme [3].

En outre, il ressort des modalités de calcul de l'assiette de l'amende encourue, que le montant de cette dernière est nécessairement au moins égal au préjudice souffert par l'administration. Si le *quantum* de la sanction concrètement infligée se révèle supérieur à ce seuil, le montant le dépassant, loin d'être destiné à assurer la réparation des dommages causés, n'aura d'autre vocation que de contribuer à punir le délinquant. Aussi, convient-il de considérer que les amendes douanières ont un double objet, répressif et réparateur à la fois, étant entendu que le premier n'est en rien susceptible d'annihiler le second.

504. Les amendes douanières aussi bien françaises qu'iraniennes présentent, pour certaines d'entre elles, un évident objet réparateur. La réalité de ce dernier procède tout d'abord des méthodes présidant à la détermination du *quantum* de la sanction encourue, lesquelles sont notamment fondées sur la prise en considération de l'étendue du préjudice souffert. Elle découle ensuite de ce que l'Etat, victime unique des infractions, sera l'attributaire exclusif des sommes dues par le délinquant au titre des amendes douanières, celles-ci étant naturellement versées au Trésor public. Il ne s'agit cependant pas là des seules variétés de mesures qui, en ces domaines, permettent à la victime qu'est nécessairement l'Etat, d'obtenir une indemnisation. En effet, la même finalité réparatrice peut parfois être décelée dans certaines formes de « sanction-réparation ».

B – La réparation du dommage par le prononcé de sanction-réparation

505. Comme précédemment, les seules sanctions étudiées seront celles qui sont ordonnées par les juridictions pénales statuant sur le fondement de l'action publique. Ceci étant précisé, la question délicate qui se pose est de savoir si la peine peut être un moyen de compenser ou de restituer à la victime le montant du préjudice subi du fait de l'auteur de l'infraction ? En d'autres termes, la loi pénale peut-elle prévoir des mesures qui tendent à la réparation du préjudice causé par l'infraction ?

---

1. *Idem*, n°896, p.484.

2. GONNARD J.-M., « *Douanes. Régime des peines* », J.-Cl. Pénal Annexes, fasc. 30, 1997, n° 43, p.6.

3. Art. 437 C. douanes: « Le montant des amendes multiples de droits ou de la valeur ne peut être inférieur à 150 € ou 300 € selon qu'elles sont définies en fonction des droits ou de la valeur. Dans les cas visés à l'article 411-2 a et b relatif aux déficits dans le nombre des colis et sur les quantités de marchandises et dans les cas visés à l'article 417-2 c relatif aux soustractions ou substitutions en cours de transport de marchandises, le taux minimum des amendes prononcées est fixé à 30 € par colis ou, s'il s'agit de marchandises en vrac, par tonne ou fraction de tonne ».

Si le législateur français, soucieux de la protection de l'intérêt des victimes dans l'évaluation des peines, a récemment mis en place une sanction-réparation pour les mettre au cœur de la justice pénale (**a**), les juridictions pénales iraniennes ne pourront se baser que sur les sanctions déjà existantes pour qu'elles puissent compenser les victimes de leur préjudice résultant de l'infraction (**b**).

a. L'émergence d'une nouvelle sanction-réparation en France

506. Il paraît évident qu'en pratique, les juges tiennent compte dans l'évaluation de la peine, du fait que le préjudice ait déjà été réparé avant la condamnation pénale [1]. Sur ce point le Code pénal français prévoit diverses mesures qui obligent le condamné à indemniser la partie lésée. L'octroi d'une dispense de peine, par exemple, suppose que le dommage causé soit réparé [2]. De même, la réparation du dommage subi par la victime peut être une condition du sursis avec mise à l'épreuve [3]. Tel est le cas en matière de la semi-liberté qui peut être décidée par la juridiction pour des peines inférieures à six mois d'emprisonnement.

507. Hormis ces dispositions, depuis quelques années, le législateur français a laissé une place de plus en plus importante à la condition de la réparation lors de la détermination de la sanction répressive. Tout d'abord, la loi du 12 décembre 2005 relative au traitement de la récidive des infractions a ajouté une référence aux « intérêts de la victime » dans un nouvel alinéa de l'article 132-24 du Code pénal français. Selon ce dispositif, « la nature, le *quantum* et le régime des peines prononcées sont fixés de manière à concilier la protection effective de la société, la sanction du condamné et les intérêts de la victime… ». Ensuite, la loi n° 2007-297 du 5 mars 2007 relative à la prévention de la délinquance a créé une nouvelle peine contraventionnelle et correctionnelle, dite la « sanction-réparation » [4].

508. La sanction-réparation est définie comme l'obligation pour le condamné, personne physique ou morale, de procéder dans le délai et selon des modalités définis par la juridiction à l'indemnisation de la victime [5]. Elle est applicable aux délits punis d'une peine d'emprisonnement, à ceux punis à titre de peine principale d'une seule peine d'amende et aux contraventions de cinquième classe [6]. L'article 131-8-1 du Code pénal, dans son alinéa 3, consacre la possibilité d'une réparation exécutée en nature, soumise à l'accord du prévenu et de la victime. L'hypothèse envisagée est celle d'assurer l'effectivité du paiement des dommages-intérêts auxquels l'auteur des faits a pu être condamné.

1. COUVRAT P., « La protection des victimes d'infractions. Essai d'un bilan », RSC 1983, p. 577.
2. Art. 132-59 du Code pénal français.
3. Art. 132-45, 5° du Code pénal français, et l'article 31 du Code pénal iranien.
4. FORTIS E., « Janus et la responsabilité : variations sur la sanction-réparation créée par la loi n° 2007-297 du 5 mars 2007 relative à la prévention de la délinquance », in Etudes offertes à G. VINEY, LGDJ 2008, p. 449 ; JACOPIN S., « Les conséquences de la transformation au pénal du préjudice civil », Petites affiches, 7 mai 2009, n° 91, p. 6 et s.
5. Art. 131-8-1, al. 2 du Code pénal français.
6. Art. 131-8-1, al. et 131-15-1, al. 1 du Code pénal.

509. C'est d'ailleurs, dans le prolongement du célèbre arrêt Thirion-Placet, souvent appelé l'arrêt Laurent-Atthalin du nom du conseiller rapporteur [1], en date du 8 décembre 1906, qui « a révolutionné les droits des victimes au pénal » [2]. La création de la sanction-réparation apparaît donc comme l'ultime étape de la construction d'une « politique criminelle de la victime » dans le procès pénal [3], qui place la victime au cœur de la justice pénale [4].

b. L'existence des sanctions-réparations en Iran

510. Le droit iranien quant à lui présente quelque similitude avec le droit français, à propos de la prise en considération de la réparation des dommages en statuant sur le fondement de l'action publique. A cet égard, les dispositions des articles 22 du Code pénal iranien [5], permettent au juge pénal de diminuer ou de convertir la peine encourue en cas d'indemnisation de la victime par le condamné. En effet, conformément à l'alinéa 6 du même article, les efforts déployés par l'accusé en vue de la réparation du préjudice, avant la décision définitive, peuvent être considérés comme une circonstance atténuante.

De même, peut aussi être noté que le sursis avec mise à l'épreuve est soumis à la condition d'acquitter les sommes dues à la victime de l'infraction. En vertu de l'article 31 du Code pénal iranien, la suspension de l'exécution de la peine n'a aucune influence sur les droits privés et le jugement rendu sur l'indemnisation de la partie civile sera exécuté. Sur la réparation du dommage subi par la victime comme une condition du sursis avec mise à l'épreuve, la doctrine iranienne s'est divisée. D'aucuns ont soutenu que l'octroi d'une suspension de peine suppose que le dommage causé soit réparé [6]. D'autres, ont considéré que l'octroi de cette mesure n'est pas soumis à la réparation du dommage, mais celle-ci ne peut pas faire obstacle aux

---

1. Crim., 8 décembre 1906, Thirion-Placet, rapp. Laurent-Atthalin, D. 1907. 1. 207 ; S. 1907. 1. 377, note Demogue.

2. JACOPIN S., *op. cit.*, n° 91, p. 6.

3. VERIN J., « Une politique criminelle fondée sur la victimologie et sur l'intérêt des victimes », RSC 1981, p. 895 et s.

4. CHOPIN F., « *Vers un nouveau modèle de justice pénale ?* », in Mélanges offerts à R. Gassin, PUAM, 2007, p. 135 et s.

5. En vertu du cet article, « Le tribunal peut, en cas de circonstances atténuantes, diminuer la peine pour les infractions passibles d'une peine Ta'azir (discrétionnaire du législateur) et Bazdarandeh (dissuasive) ou les substituer par une autre peine qui est plus adaptée aux conditions de l'accusé. Les circonstances atténuantes sont les suivantes : 1- le consentement de la victime. 2- les dénonciations de l'accusé qui sont utiles pour identifier les coauteurs et complices ou la découverte des objets obtenus par la commission de toute infraction. 3- les circonstances particulières sous l'impulsion desquelles l'accusé a commis l'infraction comme, par exemple, l'acte et la parole provocateurs de la victime ou le mobile honorable. 4- la dénonciation de l'accusé avant la poursuite ou son aveu dans la phase préliminaire, faisant découvrir l'infraction. 5- le cas particulier de l'accusé ou de son passé. 6- l'action et les efforts déployés par l'accusé en vue de la réparation du dommage subi par la victime ».

6. NOURBAHA R., *op. cit.*, p. 425.

droits de la victime et la décision sur l'action civile doit être exécutée en faveur de cette dernière [1].

511. Ajoutons, par ailleurs, à ces moyens de satisfaction à la fonction réparatrice des sanctions pénales, deux autres systèmes de peine dite « Qu'issas » ou talion et « Diyeh » ou peine privée, qui ayant généralement un aspect répressif sont en particulier orientés vers la finalité de réparation du préjudice dû à l'infraction.

Quant à la fonction du talion (prévu comme une peine en droit iranien), on peut constater que la réparation ou la satisfaction symbolique de la victime ou de sa famille est l'une des fonctions principales. Le Coran, en même temps qu'il entérine la peine du talion indique dans le même verset la possibilité pour la victime d'accorder son pardon, lequel peut se manifester par le renoncement de l'accomplissement du Qu'issas et par la demande d'une réparation du dommage [2]. Aussi, l'article 257 du Code pénal iranien prévoit que : « Les ayants droit de la victime peuvent, avec le consentement du condamné à la peine de Qu'issas, renoncer au talion et lui demander, en contrepartie, le Diyeh, qui peut être une somme plus ou moins élevée que le Diyeh complet prévue par la loi ». Dès lors, la peine de Qu'issas, selon la modalité prévue par la loi, peut être remplacée par le Diyeh [3].

L'existence de la finalité réparatrice de la peine de Qu'issas étant ainsi constatée, la question est de savoir si la peine de Diyeh, quant à elle, peut être susceptible de remplir une fonction dite réparatrice, plus concrète et instrumentale, parallèlement à sa finalité répressive. Le Diyeh consiste, pour l'auteur de l'infraction, à payer une somme d'argent ou à donner un bien particulier à la victime des coups et blessures involontaires ou aux ayants droit de la victime d'un homicide involontaire [4]. Ainsi, le seul moyen de réparation à toutes sortes de préjudices découlant des atteintes illicites à l'intégrité physique des personnes s'avère être le Diyeh [5].

512. Toutefois, si les juridictions françaises jouent un rôle important dans la fixation du mode et du montant de la sanction-réparation, il en va autrement en ce qui concerne le droit iranien. Pour ce qui est d'abord du mode de la réparation, le juge iranien n'accorde que ceux qui sont prévus explicitement par la loi. A ce propos, l'article 297 du Code pénal iranien énumère six sortes de Diyeh en nature pouvant être accordés à la victime comme sanction qui revêtent un caractère réparateur. S'agissant de l'évaluation du montant de la réparation, la marge d'appréciation limitée laissée au juge iranien est aussi patente, puisque il se contente du montant préfixé par la loi.

Ainsi, comme l'a souligné Madame le Professeur Fortis, » quand on recense les dispositions pénales dans lesquelles est prise en considération la réparation du pré-

---

1. ARDEBILI M.-A., *op. cit.*, p. 246.

2. Le Coran, verset 178 de la sourate II.

3. NADJAFI A.-H., La politique criminelle iranienne à l'épreuve des changements politiques, *op. cit.*, p. 312.

4. NADJAFI A.-H., « *La politique criminelle iranienne* », in Problèmes actuels de science criminelle, Presses universitaires d'Aix-Marseille, 2000.

5. SAGHIAN M.-M., *op. cit.*, p. 292.

judice, on comprend aisément que, dans une plus ou moins grande mesure selon la disposition utilisée, la répression pénale poursuit une fonction réparatrice » [1].

513. En définitive, qu'il s'agisse des amendes douanières ou des sanctions-réparations, elles recèlent une dimension réparatrice qui ne saurait être sérieusement contestée. Cette fonction indemnitaire ne permet cependant en aucune manière d'en déduire qu'elles doivent automatiquement être rattachées à la catégorie des sanctions de nature civile, la réparation n'étant pas l'apanage de ces dernières. D'ailleurs, il semble possible de soutenir qu'elles présentent une nature pénale. Il convient de s'en expliquer.

Paragraphe 2 : La nature pénale des sanctions tendant à la réparation du dommage prononcées par le juge statuant sur l'action publique

514. La jurisprudence et doctrine s'accordent pour qualifier les amendes prononcées en matière douanière et les sanctions-réparations, de sanctions mixtes, dans le sens où elles auraient une nature mi-pénale, mi-civile [2]. Si cette reconnaissance d'une nature pénale seulement partielle des sanctions tendant à la réparation du dommage causé par l'infraction, lesquelles sont prononcées par le juge pénal lorsqu'il statue sur le fondement procédural de l'action publique, reflète indéniablement l'état du droit positif iranien (**A**), il apparaît cependant qu'elle peut être contestée concernant le droit positif français. En effet, au regard de la définition de la sanction pénale qui a été précédemment retenue [3], il semble possible de soutenir que les mesures étudiées ont, en réalité, une nature exclusivement pénale (**B**).

A – La reconnaissance actuelle en droit iranien d'une nature partiellement pénale des sanctions tendant à la réparation du dommage prononcées par le juge statuant sur l'action publique

515. L'affirmation de la nature mixte des sanctions étudiées est généralement approuvée tant par la jurisprudence que par la plupart des auteurs. En effet, elle serait la seule à permettre de justifier rationnellement leur soumission à un régime juridique qui, comme cela peut d'ailleurs être vérifié, emprunte à la fois aux règles applicables à l'indemnisation des préjudices et à celles qui régissent la répression des comportements infractionnels [4].

516. C'est, en effet, depuis un temps relativement ancien que la jurisprudence présente les amendes prévues en matière douanière comme des sanctions ayant une nature mixte. Ainsi, dans un arrêt de la Cour de cassation en date du 19 novembre

---

1. FORTIS E., *op. cit.*, p. 451.
2. KACHEFI M., *op. cit.*, p. 106.
3. *Cf. supra*, n° 496.
4. KACHEFI M., *op. cit.*, p. 101 et s. ; AHMADY A., *Les dommages matériels révocables au milieu de douane*, édition Mizan, 1ère éd. 2009, p. 57et s.

1941, approuvé par la suite régulièrement [1], il a été jugé que « les amendes prononcées [...] ont un caractère mixte de réparation civile et de peine, et tendent à réparer le préjudice causé au Trésor par la fraude » [2].

Si la nature mixte des sanctions douanières n'a jamais été remise en cause depuis, la jurisprudence a pu faire prévaloir, selon les périodes, leur aspect indemnitaire ou, au contraire, répressif. Ainsi, à l'origine, il semble que c'est la dimension réparatrice des amendes et confiscations qui ait dominé [3]. Par la suite cependant, c'est leur caractère répressif qui paraît être devenu prépondérant en matière douanière.

Cette évolution s'explique par la modification des dispositions applicables en ce domaine, laquelle est intervenue à la faveur de l'adoption de la loi sur la modalité de l'application de la « loi de l'Organisation semi-judiciaire chargée des infractions de contrebande de marchandises et de devises », adoptée en date de 12 février 1996 par le Conseil du discernement de l'intérêt du régime iranien accordant des garanties de procédure aux contrevenants en matières douanières. A travers ce texte, la volonté du législateur était, notamment, de distinguer plus nettement les sanctions relevant de la protection des intérêts du Trésor public de celles consistant dans des pénalités proprement dites [4]. Le caractère répressif de ces dernières s'en est trouvé manifestement renforcé, ainsi que la doctrine [5] et la Cour de cassation [6] ont d'ailleurs eu l'occasion de l'observer.

---

1. L'arrêt n° 189 du 31 avril 1942 de la 2ème chambre ; L'arrêt n ° 1040 du 8 octobre 1947 de la 5ème chambre et l'arrêt n° 2581 du 14 décembre 1949 de la 5ème chambre de la Cour de cassation iranienne, cité par : MATINE A, *Recueil de jurisprudence criminelle*, Téhéran, 1954.

2. L'arrêt n° 3237 du 11 novembre 1941 de la 2ème chambre de la Cour de cassation iranienne, cité par : MATINE A. *op. cit.*

3. L'arrêt n° 569 du 28 mai 1951 de la 2ème chambre de la Cour de cassation iranienne : « En sus des pénalités douanières, les tribunaux ordonnent le paiement des sommes fraudées ou indûment obtenues... », cité par : MATINE A, *op. cit.*

4. Selon certains auteurs, ce texte sonnerait le glas de la fonction réparatrice des amendes douanières, l'indemnisation de l'administration relevant désormais non plus de ces dernières, puisque s'opérant indépendamment de leur prononcé (AHMADY A., *op. cit.*, p. 49 et s.). Le propos peut cependant ne pas être partagé, ou il doit du moins être nuancé. S'il est vrai qu'un tel texte est indéniablement de nature à affaiblir l'objet indemnitaire des amendes fiscales, il ne saurait cependant l'anéantir, dans la mesure où ces dernières ont une assiette qui reste déterminée non pas en fonction de la gravité de la faute, mais à partir de l'étendue du préjudice, et qu'elles sont attribuées à l'Etat qui est l'unique victime. En réalité, ce qui semble être remis en cause à travers cette disposition, c'est moins la finalité partiellement indemnitaire des amendes douanières, que le principe de réparation intégrale, dans la mesure où elle permet finalement d'attribuer à l'Etat des sommes qui excèdent le montant des préjudices effectivement subis.

5. AHMADY A., *op. cit.*, p. 49 et s.

6. L'arrêt n° 5 du 13 avril 1983 de l'Assemblée plénière de la Cour de cassation :» [...] Attendu qu'une loi nouvelle édictant des pénalités moins sévères doit être appliquée aux faits commis antérieurement et donnant lieu à des poursuites non encore terminées par une décision définitive au moment où la loi nouvelle est entrée en vigueur ; qu'il en est ainsi, notamment lorsque le législateur a modifié dans un sens moins sévère le régime de certaines amendes douanières en faisant prédominer leur caractère pénal sur leur caractère indemnitaire ; [...] » ; L'arrêt n° 1756 du 23 mars 1996 ; L'arrêt n° 632 du 14 avril 2000 de l'Assemblée plénière de la Cour de cassation iranienne, cité par : NORY YOSHANLOEY J., *Recueil des lois et des règlements relatifs à la contrebande de marchandises et de devises*, édition Mizan, 3ème éd. 2010, pp. 228, 237, 529 et s.

517. Ce changement trouve notamment son explication dans la détermination à prendre davantage en considération la personne du délinquant dans la mise en œuvre des sanctions douanières. Cependant, cette dimension répressive des amendes douanières ne s'est pas développée jusqu'au point de leur annihiler tout aspect indemnitaire, de sorte qu'il est admis, tant en jurisprudence qu'en doctrine, que celles-ci demeurent des sanctions mixtes. Plusieurs exemples sont proposés pour s'en convaincre.

Tout d'abord, en application d'une règle d'origine légale en matière douanière [1], lorsque plusieurs personnes sont poursuivies pour un fait unique constituant une seule contravention, une seule amende peut être prononcée contre tous, sauf à garantir par la solidarité le recouvrement de cette amende. Toutefois, à la différence du droit français où chaque infraction ne donne lieu qu'à une amende unique, quel que soit le nombre des coupables [2], en droit iranien, dans les cas où l'infraction a été commise par l'intervention d'un ou de plusieurs complices, bien que l'auteur ou l'ensemble des coauteurs soient condamnés à l'amende prévue par la loi, la moitié et/ou l'intégralité de cette amende sera aussi prononcée contre le ou les complices [3].

Ensuite, en cas de concours réel d'infractions, le principe du non cumul des peines édicté à l'article 46 du Code pénal iranien se trouve écarté en matière douanière [4]. Cette jurisprudence s'explique, là encore, par des considérations indemnitaires, puisque, à défaut, le montant des amendes versées à l'Etat pourrait se révéler nécessairement inférieur au préjudice subi. C'est également cette volonté de préserver les intérêts patrimoniaux de l'Etat-victime qui peut justifier la jurisprudence selon laquelle l'amende proportionnelle prévue au Code de douane n'a vocation à être prononcée que dans la limite des conclusions de l'administration [5], ou encore celle selon laquelle les sanctions étudiées ne peuvent, sauf dispositions légales contraires, être assorties du sursis [6]. Enfin, c'est toujours cet objectif indemnitaire qui fonde l'existence de la disposition aux termes de laquelle les amendes et confiscations douanières se prescrivaient certes « dans les mêmes délais que les peines correctionnelles de droit commun », mais « dans les mêmes conditions que les dommages et intérêts » [7].

518. A l'inverse, il est d'autres règles gouvernant les amendes douanières qui rendent compte de leur dimension répressive. Tout d'abord, elles sont soumises au

---

1. Art. 37 du Code des douanes iraniennes, adopté en date de 20 juin 1971.

2. Art. 439, 2° du Code des douanes françaises.

3. Art. 3 § 2 de l'ancien Code des douanes iranien, et l'article 1er de la loi du 29 mars 1974 sur la sanction des auteurs de l'infraction de contrebande.

4. L'arrêt n° 644 du 11 septembre 2000 de l'Assemblée plénière de la Cour de cassation iranienne : « [...] ; Qu'en effet, [...], la règle du non-cumul des peines n'est pas applicable aux sanctions fiscales en raison de leur caractère mixte, répressif et indemnitaire ; [...] ».

5. L'arrêt n° 670 du 10 novembre 2005 de l'Assemblée plénière de la Cour de cassation iranienne : « [...] ; Attendu qu'en raison de son caractère à la fois pénal et indemnitaire, l'amende proportionnelle prévue au Code des douanes ne peut être prononcée que dans la limite des conclusions de l'administration ; [...] ».

6. L'arrêt n° 587 du 14 janvier 1994 de l'Assemblée plénière de la Cour de cassation iranienne.

7. L'article 45 et s. du Code des douanes.

principe de la personnalisation des peines. Il en résulte qu'elles ne peuvent être recouvrées contre les héritiers de l'auteur de l'infraction dont le décès intervenant avant toute condamnation définitive entraîne extinction de l'action publique [1]. Ensuite si leur assiette est déterminée plus ou moins directement en fonction de l'étendue du préjudice souffert par l'Etat, leur *quantum*, qui est normalement encadré par des limites supérieure et inférieure, peut être modulé en considération des particularités propres à chaque espèce. Aussi, est-il envisageable de diminuer le *quantum* de « la peine plancher » normalement fixée afin d'adapter la rigueur de la répression développée à l'encontre du délinquant. Enfin spécialement en droit douanier, l'amende est inscrite au casier judiciaire, elle peut justifier le recours à la contrainte par corps [2] et la multiplication par deux des amendes douanières, en cas de récidive, du maximum légal encouru [3].

519. Pour ce qui est maintenant de la sanction-réparation, elle est soumise, comme cela vient d'être mis en évidence à propos des amendes, à des règles dont certaines révèlent sa finalité indemnitaire, quand d'autres, au contraire, rendent compte de sa dimension répressive.

Ainsi, participent de la démonstration de son objet réparateur, préfixation de cette sanction par le Shari'a [4] comme un bien destiné à payer à la victime, sa définition législative « comme étant le bien, qui en raison de l'atteinte portée à la vie ou à l'intégrité corporelle d'une personne, sera donné à la victime ou à ses parents par le sang » [5], le paiement de la sanction-réparation à la victime en lieu et place du Trésor public d'autant plus que, la victime peut toujours renoncer à percevoir celle-ci. Peut également être mentionné le fait qu'en cas de décès de l'auteur de l'infraction, la sanction-réparation demeure susceptible d'être prononcée à l'encontre de ses héritiers.

Sous d'autres aspects, en revanche, c'est la dimension punitive de la sanction qui ressort, même si elle est sans doute moins marquée que pour les amendes [6]. A titre d'exemple, le Code pénal iranien s'inspirant de la Shari'a a considéré les mesures étudiées comme des sanctions pénales. En effet, l'article 12 dudit Code prévoit cinq catégories de sanction à savoir : Hudud, Qu'issas, Diyat, Ta'azirat et les peines Bazdarandeh (dissuasive). Par ailleurs, le montant de cette sanction a été préalablement déterminé par le législateur. Le juge pénal ne peut donc pas apprécier souve-

---

1. L'arrêt n° 569 du 28 avril 1950 de la 2ème chambre de la Cour de cassation iranienne : « [...] ; Qu'en effet, si les amendes douanières sont des peines de nature spéciale elles n'ont cependant pas exclusivement le caractère d'indemnité et de réparation civile, et que l'action, sous ce rapport, s'éteint par le décès du prévenu, alors qu'on ne trouve, dans les lois relatives aux douanes, aucune dérogation expresse au principe édicté par le susdit art. 6 du Code de procédure pénale [...] ».

2. Art. 7, 29 et s. de l'ancien Code des douanes iraniennes, cité par : KACHEFI M., *op. cit.*

3. Art. 2 de la Loi sur la modalité de l'application de la loi de l'Organisation semi-judiciaire chargée des infractions de contrebande de marchandises et de devises.

4. Art. 15 du Code pénal iranien.

5. KATOUZIAN N., « La nature et le domaine de la sanction-réparation du préjudice résultant de l'infraction », Revue du barreau de Téhéran, n° 156-157, p. 286 ; KAZEMI R., L'islam et la réparation du préjudice moral, librairie Droz, Genève, 1990, p. 116.

6. KACHEFI M., *op. cit.*, p. 106 et s. ; KHALEGHI A., *op. cit.*, p. 92.

rainement l'indemnité due à la victime. En dernier lieu, l'impossibilité de cumuler la sanction-réparation et les autres peines précitées justifie bien la dimension punitive de cette mesure.

520. En définitive, pour la doctrine majoritaire, la nature mixte des amendes douanières et la sanction-réparation au sens du droit iranien procéderaient de ce qu'elles ont un double but, à la fois réparateur et punitif, qu'elles peuvent concrètement atteindre à la faveur du régime juridique hybride auquel elles sont soumises. Cette analyse, qui procède d'une liaison systématique entre l'objet d'une sanction et sa nature, pour dominante qu'elle soit, peut cependant ne pas être partagée en droit français. Aussi, est-il envisageable de soutenir que les amendes douanières et la sanction-réparation qui sont prononcées par le juge pénal ont, en réalité, une nature exclusivement pénale en droit français.

B – La reconnaissance envisageable en droit français d'une nature exclusivement pénale des sanctions tendant à la réparation du dommage prononcées par le juge statuant sur l'action publique

521. S'agissant des amendes douanières, très peu nombreux sont les auteurs qui soutiennent que les sanctions étudiées présentent une nature exclusivement pénale. Néanmoins J.-A. ROUX a eu l'occasion d'indiquer dans une note de jurisprudence que « l'amende douanière est uniquement une peine mais c'est une peine dont le produit, remis entre les mains de l'Administration des douanes, lui sert de dédommagement du préjudice que lui a fait éprouver la fraude du délinquant » [1]. Une telle opinion emporte la conviction, du moins au regard de la définition de la sanction pénale qui a déjà été proposée [2]. En effet, il est possible de vérifier que les variétés d'amendes douanières qui ont précédemment été inventoriées sont prononcées sur le fondement procédural de l'action publique.

522. Certes, il est a priori permis de douter du bien fondé de l'affirmation précédemment formulée. L'action pour l'application des sanctions douanières est exercée à titre principal, non pas par le ministère public, mais par l'administration, et elle relève d'un régime juridique original, de sorte qu'elle semble devoir nécessairement être différenciée de l'action définie à l'article 1er du Code de procédure pénale français.

Ceci étant, un consensus se dégage pour admettre qu'elle ne saurait en aucune manière correspondre à l'action civile qui serait déclenchée par une constitution de partie civile de l'administration. La Cour de cassation a d'ailleurs eu l'occasion de l'indiquer à plusieurs reprises, en des termes dénués de toute ambiguïté, en matière douanière [3].

---

1. ROUX J.-A., note sous crim., 9 février 1912, S. 1912, 1, p.593, spéc. p. 595.

2. *Cf. supra*, n° 492.

3. Crim., 5 janvier 1967, Bull. Crim., n°9, D. 1967, juris. P.393, note J. MAZARD : « [...] Attendu que si, par impropriété de terme, l'acte par lequel les Douanes introduisent l'action fiscale ou encore affirment leur présence dans une procédure pénale en cours, est communément appelé *constitution de partie civile,* cette action, qu'elles tiennent de l'article 343, §2, C. douanes, ne peut être assimilée, ni

Pour certains auteurs, ce n'est pas parce que les sanctions étudiées ne sont pas infligées dans le cadre d'une action civile qu'il faudrait en déduire qu'elles relèvent de l'action publique. Cette opinion se fonde notamment sur la lecture de l'article 343 C. douanes, aux termes duquel si l'action pour l'application des peines est exercée par le ministère public, celle pour l'application des sanctions douanières est conduite par l'administration des douanes, le parquet pouvant seulement l'exercer accessoirement à l'action publique. Aussi, conviendrait-il de considérer qu'il existe, aux côtés de cette dernière, une action fiscale [1] présentant spécialement l'avantage de justifier l'originalité du régime des pénalités infligées en matière de douanes. Cette approche, qui a semble-t-il été parfois retenue en jurisprudence [2], emporte une conséquence immédiate : les sanctions ici analysées ne sauraient en aucune manière se voir reconnaître une quelconque nature pénale. Elle peut toutefois ne pas être forcément partagée, l'autonomie de l'action douanière par rapport à l'action publique étant plus que contestable [3].

En effet, l'action aboutissant au prononcé des amendes en matière de douanes est portée devant les juridictions répressives. Or, en application des articles 1 et 2 CPPF, celles-ci ne peuvent connaître que de l'action publique d'une part, et de l'action civile d'autre part. En définitive, si pour une partie de la doctrine, l'existence de l'action douanière semble implicitement s'évincer des termes de l'article 343 C. douanes, la lecture du code de procédure pénale fait toutefois assurément obstacle à ce qu'une telle interprétation puisse être valablement retenue. Aussi, la négation de l'autonomie de l'action douanière par rapport à l'action pour l'application des peines prévue à l'article 1er CPPF, conduit à considérer que les sanctions douanières ici étudiées sont très certainement infligées dans le cadre procédural de l'action publique. Cela devient même une évidence, une fois rejetées les objections qui ont été formulées à l'encontre d'une telle position.

523. Il a été indiqué que l'action aboutissant au prononcé des sanctions douanières a suscité des discussions quant à la détermination de la nature juridique devant lui être reconnue en raison, d'une part, de la particularité de l'autorité publique chargée de l'exercer à titre principal et, d'autre part, de l'originalité du régime qui lui est applicable [4].

Or, il peut être vérifié que de telles spécificités ne font aucunement obstacle à son assimilation à l'action publique. Tout d'abord, aux termes de l'article 1er CPPF, l'action publique est susceptible d'être engagée et exercée non seulement par des

---

confondue avec elle ; [...] »; Crim., 29 janvier 1975, Bull. crim., n)34 ; Crim., 20 avril 1977, Bull. crim., n°121 ; Crim., 8 janvier 1988, Bull. crim., n°8.

1. BERR Cl.-J. et TREMEAU H., *Le droit douanier communautaire et national*, Coll. Droit des affaires et de l'entreprise, Economica, 6ème éd., 2004, n° 1001, p. 548.

2. Crim., 16 mai 1988, Bull. Crim., n°211: « [...] Qu'en effet, si l'action fiscale exercée en matière douanière participle, à la fois, de l'action pénale et de l'action civile, en raison du caractère mixte des pénalités auxquelles elle tend, [...] ».

3. CONTE Ph. et MAISTRE DU CHAMBON P., *Procédure pénale*, Coll. U, Armand Colin, 4ème éd., 2002, n°174, p.132 et 133 ; ROGER A., *Le rôle de l'administration dans le procès pénal*, Thèse, Grenoble II, 1980 ; ROUX J.-A., note sous Crim., 9 février 1912, S. 1912,1, p.593.

4. *Cf. supra*, n° 522.

magistrats, mais également par des fonctionnaires auxquels la loi la confie. Aussi, le fait qu'en vertu de dispositions législatives, l'action pour l'application des sanctions douanières puisse être déclenchée et conduite par une administration spécialisée, et non pas nécessairement par le ministère public, ne saurait justifier un quelconque refus de la qualifier d'action publique. Ensuite, le régime juridique qui lui est applicable présente une autonomie qui ne s'explique autrement que par la finalité partiellement réparatrice des sanctions douanières au prononcé desquelles elle a vocation à aboutir. Ceci étant, elle demeure susceptible d'être considérée comme une action publique pour peu qu'il soit admis que l'expression « action pour l'application des peines » [1] n'est, à la réflexion, en rien synonyme d'« action pour l'application des sanctions punitives ».

524. L'identification du cadre procédural des sanctions douanières à l'action publique reflète incontestablement la position actuellement adoptée en jurisprudence. Pour preuve, renouant avec une solution ancienne [2], la Cour de cassation a eu l'occasion de juger que « l'action pour l'application des sanctions douanières exercée par l'administration des Douanes en application de l'article 343-2 du Code des douanes a le caractère d'une action publique » [3]. Aussi, est-il possible de soutenir que l'action aboutissant au prononcé de sanctions douanières et qui est exercée par l'administration constitue une véritable action publique ayant notamment pour objet d'assurer la réparation des dommages causés à l'Etat [4].

525. Pour ce qui est de la nature juridique de la sanction-réparation, l'adjonction d'une nouvelle peine hybride, dont la nécessité répond davantage à des revendications d'ordre victimologique, conforte notre réflexion sur l'évolution fragmentaire d'un droit de la sanction pénale qui se construit par couches sédimentaires.

Il a été déjà démontré par un auteur [5] que la peine que prononce la juridiction de jugement, assortissant par cette nouvelle disposition aussi bien socio-judiciaire qu'une sanction-réparation, devait être considérée comme une peine véritable et non comme une mesure d'exécution. A la différence d'une telle mesure, elle n'agit pas

---

1. Il semble d'ailleurs qu'il faille appréhender le terme peine de manière compréhensible, comme renvoyant aux sanctions pénales en général. En effet, cette interprétation reflète avec une plus grande fidélité l'état du droit positif puisqu'elle permet de ne pas évincer certaines sanctions qui sont assurément susceptibles d'être prononcées par le juge pénal sur le fondement de l'action publique, comme par exemple, les mesures de sûreté ou les sanctions à caractère réel, auxquelles il va pouvoir être ajouté les pénalités fiscales et douanières (*cf. infra*, n° 527).

2. Crim., 6 novembre 1973, Bull. Crim., n° 402: « [...] ; Attendu que si les dispositions de l'article 546 du Code de procédure pénale restreignent, sous certaines réserves, la faculté d'appeler, en matière de police, selon la nature et l'importance des condamnations prononcées ou encourues, elles ne sauraient faire obstacle, par contre, à ce que l'administration des Douanes qui, en application des dispositions de l'article 343-2 du Code des douanes, exerce, à titre principal, l'action publique pour l'application des sanctions fiscales, soit admise à bénéficier du même droit d'appel que le ministère public [...] ».

3. Crim., 6 février 1997, Bull. Crim., n°51.

4. PAILLARD B., *La fonction réparatrice de la répression pénale*, Thèse, Paris II, 2004, n° 120, p. 84 : l'auteur désigne l'action pour l'application des sanctions fiscales sous l'expression d' « action publique réparatrice » qu'il oppose à l'action publique strictement répressive mise en œuvre et exercée par le parquet.

5. CONTE Ph., « *La loi sur la prévention de la délinquance (L. n° 2007-297, 5 mars 2007)* : présentation des dispositions de droit pénal », Dr. Pén. 2007, étude 7, n° 21 et 22.

directement sur la condamnation. En réalité, il s'agit d'une peine véritable, qui certes se rapproche d'une mesure d'exécution par l'objectif qu'elle cherche à atteindre, mais en diffère par sa nature profonde pour deux raisons : au regard des motivations assignées à la loi d'une part, au regard de la démarche que le législateur épouse d'autre part. Concernant la première, une peine a normalement pour objet, dans une perspective individuelle, le châtiment, l'amendement, le reclassement et, dans une perspective plus collective, l'intimidation et la prévention. La sanction-réparation, quant à elle, va avoir pour fonction de faciliter, d'assurer l'exécution d'une autre peine. S'agissant de la seconde, à la différence du suivi socio-judiciaire, la sanction-réparation débouche, comme son nom l'indique, sur une obligation de réparation dont les modalités d'exécution sont directement prévues par la loi [1].

526. La nature pénale de la sanction-réparation a également été confirmée, certes indirectement mais indéniablement, dans deux arrêts rendus par l'Assemblée plénière de la Cour de cassation le 9 mai 2008 [2]. Elle avait en effet confirmé la chambre criminelle ayant reconnu la recevabilité de l'action civile d'une association, légataire universel d'une victime, décédée au cours d'une procédure, précisant que l'action civile s'était transmise à chacun des héritiers qui sont fondés à obtenir la réparation du préjudice que cette infraction aurait causé à leur auteur. Pour reprendre l'expression de S. JACOPIN, « les arrêts du 9 mai 2008 confortent le système pénal là où il avait été affaibli » [3]. La dépendance de l'action civile par rapport à l'action publique fonde ainsi son existence, mais aussi son exercice. Cela explique par ailleurs que, malgré les recules récents [4] du principe, le criminel a toujours autorité sur le civil.

Il s'ensuite que la particularité de l'étape franchie par la loi du 5 mars 2007, c'est que ce texte ne fait plus de la réparation du préjudice la condition d'une diminution ou d'une absence de peine mais que la réparation est nommée peine [5].

527. Prononcées par le juge répressif sur le fondement de l'action publique, les pénalités douanières et les sanctions-réparations ne peuvent, en conséquence, être autrement qualifiées que de sanctions pénales, du moins au regard de la définition qui a préalablement été retenue de ces dernières. En conséquence, elles contribuent, elles aussi, à démontrer l'existence d'un objet restitutif attaché à certaines sanctions pénales et, plus largement encore, à rendre compte de la dimension restitutive de la responsabilité pénale.

---

1. Art. 131-8-1, al. 3 du Code pénal français : « Avec l'accord de la victime et du prévenu, la réparation peut être exécutée en nature. Elle peut alors consister dans la remise en état d'un bien endommagé à l'occasion de l'infraction ; cette remise en état est réalisée par le condamné lui-même ou par un professionnel qu'il choisit et dont il rémunère l'intervention ».

2. Assemblée plénière, 9 mai 2008, Bull. ass. Plén., n° 1, pourvoi n° 05-87.379 ; Assemblée plénière, 9 mai 2008, Bull. ass. Plén., n° 1, pourvoi n° 06-85.571.

3. JACOPIN S., « Les conséquences de la transformation au pénal du préjudice civil », Petites affiches, 7 mai 2009, n° 91, p. 13.

4. PRADEL J., « Les suites législatives de l'affaire dite d'Outreau. A propos de la loi n° 2007-297 du 5 mars 2007 », JCP G 2007. I. 138.

5. FORTIS E., « Janus et la responsabilité : variations sur la sanction-réparation créée par la loi n° 2007-297 du 5 mars 2007 relative à la prévention de la délinquance », in Etudes offertes à G. VINEY, LGDJ 2008, p. 451.

Si la fonction restitutive des sanctions pénales procède parfois de leur objet intrinsèque, elle peut par ailleurs se manifester aux travers des conditions qui président à leur aménagement.

CHAPITRE 2
La réparation, condition d'aménagement des sanctions pénales

528. Afin d'adapter la rigueur de la répression aux exigences sociales qui ont vocation à varier en fonction de la particularité de chaque espèce, le législateur tant français qu'iranien a naturellement accordé aux juridictions pénales le pouvoir de moduler les sanctions susceptibles d'être effectivement infligées au responsable, ainsi que celles devant être finalement exécutées par ce dernier. Or, très souvent, cet ajustement des sanctions pénales, qu'il soit le fait des juridictions de jugement ou de celles de l'application des peines, est subordonné, plus ou moins directement selon les hypothèses [1], à la réparation du dommage causé aux victimes [2]. Aussi, la restitution, considérée en l'occurrence dans sa dimension essentiellement mais non exclusivement indemnitaire [3], est-elle susceptible de constituer la condition d'un aménagement des sanctions pénales, tant lors de leur prononcé (**Section 1**) que lors de leur exécution (**Section 2**).

Section 1 : La réparation, condition d'un aménagement des sanctions pénales lors de leur prononcé

529. La faculté pour la juridiction de jugement d'adapter les sanctions qu'elle inflige est fondée, en droit français, sur l'article 132-24 al. 1er C. pén. aux termes

1. Dans la plupart des modes d'aménagement des peines qui seront ici étudiés, la réparation constitue moins une condition préalable à leur prononcé, qu'une condition devant être satisfaire au cours de leur exécution.

2. VINEY G., *Traité de droit civil. Introduction à la responsabilité*, LGDJ, 3ème éd., 2008, n° 74-2, p. 171 et s. ; NADJAFI A.-H., « *De la justice pénale classique à la justice pénale restaurative* », in Mihman Mah (l'invité de mois), éditions Janghal, 1ère éd. 2009, p. 147 et s. ; ACHOURI M., *Les alternatives à la prison ou les sanctions intermédiaires*, édition Gherayesh, 1ère éd. 2004, p. 145 et s. ; HAJI-DEHABADI A., *Réparation du dommage de la victime par l'Etat et les institutions publiques*, édition de l'Organisation des publications de l'institut de recherche sur la culture de la pensée islamique, 1ère éd. 2009, p. 97 et s.

3. Si la mise en œuvre des modalités d'aménagement des sanctions pénales est le plus souvent conditionnée, directement ou indirectement, par la réparation des dommages causés par l'infraction, il peut arriver qu'elle le soit également, certes dans une moindre mesure, par la suppression de la situation illicite créée par l'infraction (*cf.* infra, n° 546).

duquel « dans les limites fixées par la loi, la juridiction prononce les peines et fixe leur régime en fonction des circonstances de l'infraction et de la personnalité de son auteur ». Elle s'explique par la finalité des peines, laquelle est signalée, depuis la loi n°2005-1549 du 12 décembre 2005 relative au traitement de la récidive des infractions pénales, dans un nouvel alinéa 2 de l'article 132-24 C. pén. : « La nature, le *quantum* et le régime des peines prononcées sont fixés de manière à concilier la protection effective de la société, la sanction du condamné et les intérêts de la victime avec la nécessité de favoriser l'insertion ou la réinsertion du condamné et de prévenir la commission de nouvelles infractions ».

530. En droit iranien, les modalités de prise en compte des intérêts des victimes aussi bien lors de la phase de prononciation que de celle d'exécution de la peine, en droit iranien, ont été précisées d'une manière générale par les différents articles du Code pénal. A titre exemple, l'article 22, 6° dudit Code, autorise la juridiction de jugement à atténuer la peine prévue légalement pour les infractions qui sont passibles de la peine dite Ta'azirat (peines discrétionnaires) et/ou Bazdarandeh (peines dissuasives) dans les cas où l'accusé s'est efforcé d'atténuer les effets du délit et de réparer des dommages consécutifs de l'infraction.

Notons par ailleurs qu'il existe des dispositions similaires [1] dans lesquelles, préalablement à toute décision entraînant la cessation temporaire ou définitive de l'incarcération d'une personne condamnée à une peine privative de liberté avant la date d'échéance de cette peine, le juge du tribunal de l'application des peines doit prendre en considération les intérêts de la victime au regard des conséquences pour celle-ci de cette décision.

La volonté du législateur de protéger au mieux des victimes l'a conduit également à préciser les conditions dans lesquelles pouvaient être accordées des mesures d'aménagement dans un nouvel article 39-1 du nouveau projet du Code pénal iranien qui est actuellement en cours d'examen au parlement. Cet article prévoit que, aux affaires de contravention, en cas d'existence des faits justificatifs d'atténuation, si le tribunal trouve que le comportement du délinquant est amélioré par voie d'exemption de peine, qu'il répare les dommages résultant de l'infraction ou les met en ordre, alors le tribunal ayant constaté sa délinquance et prononcé sa sanction, pourra néanmoins l'exempter de peine.

531. Ainsi, il apparaît désormais très clairement que les intérêts de la victime et donc les préoccupations restitutives, participent de la détermination des sanctions pénales devant être infligées au responsable. La restitution peut notamment conditionner les modes de personnalisation des peines prévus par le législateur qui consistent dans le sursis à exécution de la sanction édictée [2] (**Paragraphe 1**) ou qui ont pour effet de permettre au responsable, non pas d'être dispensé de se soumettre à la

1. Art. 38, al. 3 du Code pénal iranien ; L'article 214 du règlement exécutif relatif à l'administration pénitentiaire du 10 décembre 2005.

2. Art. 132-29 à 132-57 du Code pénal français ; L'article 25 du Code pénal iranien, et l'article 40 et s. du nouveau projet du Code pénal islamique, relatifs au sursis simple, au sursis avec mise à l'épreuve et au sursis assorti de l'obligation d'accomplir un travail d'intérêt général.

condamnation dont il a fait l'objet, mais de bénéficier de modalités d'exécution moins rigoureuses [1] **(Paragraphe 2)**.

Paragraphe 1 : La réparation, condition du sursis à exécution de la sanction

532. Le sursis à l'exécution des peines consiste dans la « suspension totale ou partielle de l'exécution d'une peine correctionnelle qui peut être ordonnée (si les conditions légales en sont réunies) par le juge qui a prononcé la sentence et devient définitive après un certain délai écoulé sans incident » [2]. Imaginé, en France, par le Sénateur BERANGER, ce mode d'individualisation des sanctions pénales a été consacré par la loi du 26 mars 1891.

Quant au droit iranien, l'institution du sursis étant un moyen de substitution à la peine a été, tout d'abord, introduite au moyen des articles 47 à 50 du Code pénal de 1926. Elle fut ensuite généralisée par une disposition plus spéciale intitulée Loi du sursis de l'exécution de la peine du 26 juin 1968. Le sursis dit « simple » a été également adopté depuis la révolution islamique par le législateur iranien. Dans un premier temps, l'article 40 et ses onze alinéas de la loi relative à la peine islamique de 1982 étaient consacrés au sursis. Finalement, ladite institution fut reprise par les articles 25 à 37 du Code pénal iranien.

533. Son objectif exclusif, dans tous les cas précités, était évidemment d'éviter l'emprisonnement des délinquants primaires, lequel produisait des effets pernicieux depuis longtemps dénoncés et de circonscrire, par voie de conséquence, les risques de récidive [3]. C'est ce qui explique d'ailleurs que, durant une longue période, son application ait été circonscrite, au moins en droit français, aux seules peines d'emprisonnement, avant d'être finalement étendue aux sanctions non privatives de liberté [4]. En effet, le champ d'application du sursis, sous l'ancien régime iranien, était plus large, puisqu'il s'appliquait tant aux peines correctionnelles que criminelles. En revanche, le domaine du sursis dans le régime pro-islamique est limité,

1. Art. 132-25 à 132-26-3 du Code pénal français ; les articles 38, 39 et 40 du Code pénal iranien, les articles 7 et 66 du règlement exécutif pénitentiaire du 10 décembre 2005, et l'article 39 et s. du nouveau projet du Code pénal islamique, relatifs à la semi-liberté, au placement à l'extérieur, au placement sous surveillance électronique et au fractionnement des peines.

2. CORNU G., *Vocabulaire juridique*. Association Henri CAPITANT, PUF, 8ème éd., 2007, v° Sursis à l'exécution des peines.

3. NOURBAHA R., *op. cit.*, édition Dad Afarin, 26ème éd., 2009, p. 419 ; BAHERY M., *Le cours de droit pénal général*, éditions Baradaran Elmi, 1ère éd. 1962, p. 341 ; SAMIEE H., Droit pénal, éditions Sherkat Matbouat, 4ème éd. 1955, p. 169 ; BOULOC B., *Droit pénal général*, Coll., Précis, Dalloz, 21ème éd., 2009, n° 722, p. 580 ; CONTE Ph. et MAISTRE DU CHAMBON P., *Droit pénal général*, Coll., U, Armand Colin, 7ème éd., 2004, n° 556, p. 319 ; MERLE R. et VITU A., *Traité de droit criminel, T. I, Problèmes généraux de la science criminelle. Droit pénal général*, Cujas, 7ème éd., 1997, n° 851, p.1011 ; PONCELA P., *Droit de la peine*, Coll., Thémis, PUF, 2ème éd.,2001, p.134 et 135 ; SALVAGE Ph., « *Sursis simple* », J.-Cl. Pénal, Art. 132-29 à 132-39, 2000, n° 3, p. 5.

4. A l'exclusion toutefois des cas particuliers comme, par exemple, la suspension du permis prononcée en application de l'article L. 234-2-II du C. route (Crim. 24 janv. 2007, B., n° 16, Dr. Pén. 2007, comm. 52). Le sursis n'est également pas applicable à l'amende des quatre premières classes de contravention (Crim. 25 mai 2005, Bull. n° 163 ; Crim. 8 juin 2006, Bull. n° 173 ; Crim. 31 oct. 2006, B. 272).

car le juge ne peut le prononcer qu'en matière de peine de Ta'azirat (comme l'emprisonnement, l'amende, la flagellation) et de peine dissuasive.

534. En dépit des avantages indéniables qu'il offrait, le sursis montrait rapidement ses limites : le sursitaire était dispensé, au moins temporairement, d'exécuter sa peine, sans qu'il soit possible de lui imposer, dans le même temps, quelques obligations particulières destinées à favoriser son reclassement social. Aussi, la création d'une nouvelle forme de sursis, s'ajoutant à celle déjà existante, a été décidée : il s'agit du sursis avec mise à l'épreuve, lequel présente l'intérêt de permettre au juge qui le prononce d'imposer au condamné, durant le délai d'épreuve, un certain nombre d'obligations, parmi lesquelles figure la réparation du dommage causé par l'infraction (**A**). La diversification de cette technique de personnalisation des peines s'est par la suite poursuivie, dans la mesure où a été créé [1], le sursis assorti de l'obligation d'accomplir un travail d'intérêt général. Or, à l'instar du sursis avec mise à l'épreuve, son bénéfice peut être conditionné par l'indemnisation des victimes ayant souffert des infractions fondant la condamnation prononcée (**B**).

A – La réparation, condition du sursis avec mise à l'épreuve

535. L'individualisation de l'exécution des peines par la création de la notion de « sursis avec mise à l'épreuve », est normalement considérée comme l'un des points de convergence entre le système juridique pénal français et iranien. Toutefois, si la consistance restitutive du sursis avec mise à l'épreuve est déjà reconnue en France (**a**), il n'en va manifestement pas de même en Iran, puisqu'il est plutôt souhaitable (**b**).

a. Consistance réparatrice du sursis avec mise à l'épreuve reconnue en France

536. Selon l'article 132-40 al. 1er C. pén., « la juridiction qui prononce un emprisonnement peut, dans les conditions prévues ci-après, ordonner qu'il sera sursis à son exécution, la personne physique condamnée étant placée sous le régime de la mise à l'épreuve ». Le sursis avec mise à l'épreuve, réglementé aux articles 132-40 à 132-53 C. pén., consiste donc, comme le sursis simple, en une suspension conditionnelle de l'exécution de la peine infligée. En revanche, sa mise en œuvre est soumise à des conditions qui lui sont propres [2]. D'autre part, et contrairement au sursis simple, il permet non seulement de faire bénéficier le condamné de mesures d'aides destinées à favoriser son reclassement social, mais également de lui imposer le respect de certaines obligations ou mesures de contrôle durant le délai de probation qui est librement fixé, dans certaines limites, par la juridiction pénale [3]. Si la

1. Par une loi n°83-466 du 10 juin 1983 portant abrogation ou révision de certaines dispositions de la loi n° 81-82 du 2 février 1981 et complétant certaines dispositions du code pénal et du code de procédure pénale.

2. Art. 132-40 et 132-41 C. pén.

3. En application de l'article 175-II de la loi n° 2004-204 du 9 mars 2004 portant adaptation de la justice aux évolutions de la criminalité, le délai d'épreuve ne pourra être inférieur à douze mois ni supérieur à trois ans (nouvel article 132-42 entrant en vigueur le 31 décembre 2006).

consistance véritable des mesures d'aide reste difficile à cerner de manière précise [1], il n'en va manifestement pas de même à propos des mesures de contrôle ou obligations spécialement imposées au condamné, lesquelles sont respectivement inventoriées aux articles 132-44 et 132-45 C. pén.

537. Parmi les nombreuses obligations susceptibles d'être imposées par la juridiction de jugement au sursitaire faisant l'objet d'une probation figure celle de « réparer en tout ou partie, en fonction de ses facultés contributives, les dommages causés par l'infraction, même en l'absence de décision sur l'action civile » [2]. Sous l'empire de l'ancien Code pénal, il ressortait de la jurisprudence que la réparation ne pouvait être ordonnée en l'absence de toute décision préalablement rendue sur les intérêts civils déterminant le montant des dommages et intérêts devant être alloués [3]. Il ne pouvait en aller autrement que si, après avoir ordonné une expertise, les juges condamnaient le responsable, en application de l'article 464 al. 3 C. proc. pén., à verser à la partie civile une indemnité provisionnelle immédiatement exécutoire, nonobstant opposition ou appel [4]. Ces décisions rendaient compte de ce que l'obligation du probationnaire de réparer le dommage n'avait aucune autonomie, puisqu'elle était étroitement dépendante de l'action civile. Aussi, convenait-il de considérer qu'elle était davantage destinée à renforcer l'efficacité de la justice civile en contraignant le sursitaire à payer les dommages et intérêts auxquels il était déjà condamné, plutôt que de lui imposer, en exécution d'une sanction exclusivement pénale, la réparation des préjudices causés. Cependant, cette appréciation semble aujourd'hui dépassée. En effet, il ressort expressément de l'article 132-45, 5° C.pén., que l'obligation de réparer peut être imposée alors même qu'aucune décision n'a été rendue sur l'action civile.

538. Il en découle, notamment, que l'ouverture d'une procédure collective à l'encontre d'un prévenu ne fait pas obstacle, une fois sa responsabilité pénale établie, à « son placement sous le régime du sursis avec mise à l'épreuve comportant l'obligation spéciale [...] de réparer les dommages causés par l'infraction, même en l'absence de décision sur l'action civile », à la condition toutefois, « lorsqu'il s'agit d'une réparation pécuniaire, que la créance de la partie civile ne soit pas déclarée éteinte » [5].

---

1. COUVRAT P., « *Réflexions sur la mise à l'épreuve* », in Mélanges J. LARGUIER, PUG, 1993, p. 85 et s., spéc. p. 89.

2. Art. 132-45, 5° C. pén.

3. Crim., 27 juin 1983, Bull. Crim., n°199 ; Crim., 25 juin 1986, JCP 1986, IV, p.263 ; Crim., 20 juin 1989, Bull. Crim., n°265.

4. Crim., 10 décembre 1990, Bull. Crim., n°423, RSC 1992, p.67, obs. A. VITU: « [...] ; Qu'en effet si l'obligation de réparer les dommages pécuniaires, prévue en cas de sursis avec mise à l'épreuve par l'article R. 58, 6° du Code de procédure pénale, ne peut être imposée, en l'absence de toute condamnation civile préalable et déterminée, il en est autrement lorsque, comme en l'espèce, les juges, en ordonnant une expertise sur le préjudice, ont condamné le prévenu à verser à la partie civile une indemnité provisionnelle immédiatement exécutoire en vertu de l'article 463, alinéa 3, du Code de procédure pénale [...] ».

5. Crim., 10 novembre 1999, Dr. Pénal 2000, comm.. 60, note J.-H. ROBERT ; Crim., 10 septembre 2003, Dr. Pénal 2003, comm. 145, note M. VERON.

539. L'obligation énoncée à l'article 132-45, 5° C. pén. illustre de manière topique les préoccupations indemnitaires du droit pénal [1], l'idée étant alors, selon certains auteurs, de contraindre à payer sous menace d'incarcération [2]. Il convient néanmoins de reconnaître que, le plus souvent, ces dernières semblent davantage procéder de ce qu'elles sont susceptibles de contribuer au reclassement social des condamnés, que de la volonté d'assurer une juste compensation du dommage subi par les victimes [3]. Pour preuve, l'étendue de l'obligation de réparation mise à la charge du condamné bénéficiant d'un sursis avec mise à l'épreuve est déterminée, non pas en fonction de l'importance du préjudice causé, mais au regard des facultés contributives du condamné.

540. Ceci étant, une telle justification qui semble effectivement la plus probable, ne saurait faire oublier que la suspension de l'exécution de la peine peut parfois être subordonnée à la réparation, même partielle, des dommages causés par l'infraction.

b. Consistance réparatrice du sursis avec mise à l'épreuve souhaitable en Iran

541. Il convient de signaler qu'à la différence du système pénal français dans lequel les trois catégories du sursis, leur régimes ainsi que leurs effets sont explicitement définis par le législateur, dans le système pénal iranien, l'institution juridique du sursis était prévue de manière générale dans l'article 25 du Code pénal sans distinguer pour autant les différentes catégories du sursis, ni même aucune indication sur l'effet restitutif de celui-ci. Cette institution est en principe le sursis simple à moins que la juridiction pénale prononce un sursis avec certaines obligations prévues dans l'article 29 dudit Code, le sursis simple devenant le sursis avec mise à l'épreuve.

A cet effet, l'article 25 du Code pénal dispose que : « Dans toutes les condamnations en matière de peine Ta'azirat et de peine Bazdarandeh, le juge peut suspendre l'exécution soit totale, soit partielle de la peine pour une durée minimale de 2 ans et maximales de 5 ans ». Par ailleurs, l'article 28 de même Code indique que : « La juridiction doit préciser dans son jugement, d'une part, les causes du prononcé du sursis et, d'autre part, les obligations auxquelles le condamné doit obéir pendant la durée du sursis. Ce dernier s'appelle sursis avec mise à l'épreuve. La durée de la mise à l'épreuve doit être déterminée à la fois par rapport à la gravité du délit ainsi qu'aux circonstances personnelles de l'auteur de l'infraction prévues dans l'article 25 ».

542. En ce qui concerne les obligations imposées au condamné, l'article 29 du Code précité prévoit que « La juridiction peut, en prenant en considération le carac-

---

1. ALT-MAES F., « L'autonomie du pénal, mythe ou réalité d'aujourd'hui ou demain ? », RSC 1987, p.347 et s., spéc. p.374 et s. ; TRARY V., « L'indemnisation de la victime, condition d'octroi d'une mesure de faveur », Les Petites Affiches 26 janvier 1998, p.8 et s., spéc. 9 et s.

2. FRANSES-MAGRE J.-J., « De l'obligation du probationnaire d'acquitter les sommes dues à sa victime (Article R. 58-4° et 5° du Code de procédure pénale) », JCP 1965, I, 1940.

3. LARMAILLARD P., « L'indemnisation des victimes, moteur du reclassement social du probationnaire », RPDP 1970, p.639 et s.

tère du délinquant ainsi que sa situation sociale, et en tenant compte du contenu du dossier, imposer l'application de l'une ou plusieurs des obligations suivantes : obligation de contrôle de traitement ou de soins (alinéa 1), éviter d'exercer une profession ou une activité déterminée (alinéa 2), obligation de suivre un enseignement dans une école ou dans un établissement éducatif (alinéa 3), s'abstenir de commettre, en public, des faits interdits et d'abandonner des obligations prévues par la loi (alinéa 4), s'abstenir de paraître en tout lieu spécialement désigné par la juridiction (alinéa 5), et enfin, se présenter pendant certaines périodes précises à une personne ou à un établissement désignées par le procureur (alinéa 6).

543. Ainsi qu'il ressort de l'étude précédente, la liste des obligations pouvant être mise à la charge du condamné est limitative. Les magistrats ne peuvent donc pas imposer au condamné une obligation de réparation qui ne figurait pas dans cette liste, car les dispositions du Code pénal iranien subordonnaient l'obligation de réparer le dommage causé à la victime à l'existence d'une condamnation civile [1].

Cependant, cette disposition est clairement remise en cause tant par la jurisprudence des juridictions du fond [2] que par le nouveau projet de Code pénal islamique en précisant que l'obligation de réparation peut être prévue même en l'absence de décision sur l'action civile.

Ainsi, l'article 153-6, 5° du nouveau projet de Code pénal islamique dispose expressément que le tribunal prononçant l'ordonnance de sursis avec mise à l'épreuve peut obliger également le condamné, visant les circonstances de la commission de l'infraction, ses particularités mentales, aussi bien à la proportion d'infraction commise, à réaliser l'un des cas suivantes dont la réparation des dommages consécutifs à l'infraction, pendant la période de suspension, de façon que cette obligation ne trouble pas, ordinairement, sa vie.

544. Les préoccupations indemnitaires dans le sursis avec mise à l'épreuve, lesquelles sont fréquemment prises en considération [3], sont d'ailleurs à ce point si importantes que l'inexécution, ou la mauvaise exécution, de l'obligation de réparation énoncée aux dispositions précédemment mentionnées est susceptible d'entraîner soit l'allongement de la durée d'épreuve [4], soit la révocation de la mesure de faveur qui

1. Art. 30 du Code pénal iranien.

2. L'arrêt n° 611 de la chambre 2102 du tribunal commun de Téhéran statuant sur l'affaire n° 631/2102/80 ; L'arrêt n° 490 de la Chambre 1084 du tribunal criminel commun de Téhéran statuant sur l'affaire n° 832/1084/83 ; L'arrêt n° 288 de la chambre 26 du tribunal révolutionnaire de Téhéran statuant sur l'affaire n° د / ط / 16197/88 ; L'arrêt n° 23/189 de même chambre statuant sur l'affaire n° د / ط / 16423/88 ; L'arrêt n° 36 de même chambre statuant sur l'affaire n° د / ط / 16421/88, cité par : NIAZ-POUR A.-H., *Contractualisation de la procédure pénale*, Thèse, Université de Shahid Béhéshti, Iran, 2010, p. 227 et s.

3. ALIABADI A.-H., *Droit criminel*, éditions Ferdowsi, 2ème éd. 2007, p. 365 et s. ; AMADE Gh.-H., La réglementation des pouvoirs judiciaires dans la détermination de la peine dans le système pénal iranien, anglais et égyptien, Thèse, Université de Shahid Béhéshti, 2010, p. 63 et s. ; MARC G., « *Sursis avec mise à l'épreuve et probation* », RPDP 1978, p. 493 et s.

4. La Remarque de l'article 29 du Code pénal iranien, et l'article 742 du Code de procédure pénale français.

avait été accordée sous condition [1]. Ainsi, la Cour de cassation a eu l'occasion d'approuver, à plusieurs reprises, les juges du fond d'avoir prononcé la révocation partielle du sursis probatoire qui assortissait la peine d'emprisonnement infligée au condamné, dès lors que ce dernier n'avait remboursé qu'un faible pourcentage de la dette à l'approche de la fin de la période probatoire et qu'il ne justifiait pas de ses facultés contributives réelles [2].

545. Le sursis avec mise à l'épreuve n'est pas le seul mode de suspension de l'exécution des sanctions pénales dont le bénéfice est susceptible d'être subordonné à la réparation des dommages causés aux victimes de l'infraction durant le délai de probation. En effet, la même obligation a vocation à conditionner le sursis assorti de l'obligation d'accomplir un travail d'intérêt général.

B – La réparation, condition du sursis assorti de l'obligation d'accomplir un travail d'intérêt général

546. Le sursis assorti de l'obligation d'accomplir un travail d'intérêt général constitue une institution particulière du système pénal français. Car le travail d'intérêt général en tant que peine principale (art. 131-3 alinéa 4 du Code pénal) et en tant que peine alternative (art. 131-22 du Code pénal) est explicitement prévu par le législateur français.

En revanche, ce type de peine dite alternative ne figure pas, au moins jusqu'à présent, dans le droit positif iranien. Seules les juridictions du jugement peuvent faire implicitement place à l'individualisation de l'application des peines par le biais du sursis assorti de l'obligation d'accomplir un travail d'intérêt général, et ce, en se basant sur les dispositions d'ordre général du Code pénal iranien tant que le projet du Code pénal islamique n'est pas adopté par le parlement. C'est pourquoi, si la restitution constitue simplement une condition explicite du sursis assorti de l'obligation d'accomplir un travail d'intérêt général en France (**a**), elle n'est qu'une condition implicite du sursis assorti de l'obligation d'accomplir un travail d'intérêt général en Iran (**b**).

a. La réparation, condition explicite du sursis assorti de l'obligation d'accomplir un travail d'intérêt général en France

547. Le sursis assorti de l'obligation d'accomplir un travail d'intérêt général est traditionnellement présenté, tant en jurisprudence [3] qu'en doctrine [4], comme une

1. Art. 132-47 du Code pénal français, et le dernier alinéa de la Remarque de l'article 29 du Code pénal iranien.

2. Crim., 7 mai 1996, JCP 1996, IV, 2132 ; Crim. 7 janv. 2008, B., n° 8.

3. Crim., 12 janvier 1988, JCP 1988, II, 21055, note Ph. SALVAGE, RSC 1989, p.97, obs. A. VITU.

4. BOULOC B., Droit pénal général, Coll., Précis, Dalloz, 21ème éd., 2009, n° 753, p. 603 ; CONTE Ph. et MAISTRE DU CHAMBON P., *Droit pénal général*, Coll., U, Armand Colin, 7ème éd., 2004, n° 586, p.330 ; MERLE R. et VITU A., *Traité de droit criminel, T. I, Problèmes généraux de la*

dérive du sursis avec mise à l'épreuve. Il est vrai qu'il est, pour l'essentiel, soumis au régime juridique dont relève ce dernier. Cependant, il présente une certaine originalité [1] qui justifie qu'il fasse l'objet d'une sous-section spécifique dans les dispositions du Code pénal relatives aux modes de personnalisation des peines.

548. Le sursis assorti de l'obligation d'accomplir un travail d'intérêt général est susceptible d'être mis en œuvre selon deux modalités différentes.

La première, la plus ancienne mais qui demeure la plus classique, est celle prévue à l'article 132-54 C. pén. Le sursis est prononcé par la juridiction de jugement lors de la condamnation. Ses conditions de mise en œuvre sont le décalque de celles auxquelles le sursis avec mise à l'épreuve est subordonné, l'article 132-54 C. pén. renvoyant expressément aux articles 132-40 et 132-41 C. pén. Les seules marques d'originalité qui peuvent être décelées procèdent, d'une part, de ce que le prévenu doit nécessairement être présent à l'audience afin que les magistrats puissent s'assurer de son indispensable acceptation d'accomplir le travail d'intérêt général [2], et, d'autre part, de ce que le sursis partiel est ici exclu [3]. L'exclusion du sursis partiel initial a, selon la jurisprudence de la chambre criminelle de la Cour de cassation [4], pour but d'éviter que le travail ne soit d'emblée associé par le délinquant à l'idée de répression.

La seconde modalité du sursis assorti de l'obligation d'accomplir un travail d'intérêt général, encore désignée sous l'expression de sursis-conversion, est issue de l'article 16 de la loi n°89-461 du 6 juillet 1989 modifiant le code de procédure pénale, lequel se trouve aujourd'hui intégré, avec quelques modifications, à l'article 132-57 C. pén et l'article 747-2 CPP [5]. En vertu de cette disposition, « lorsqu'une condamnation pour un délit de droit commun comportant une peine d'emprisonnement ferme de six mois au plus a été prononcée, le juge de l'application des peines peut, lorsque cette condamnation n'est plus susceptible de faire l'objet d'une voie de recours par le condamné, ordonner qu'il sera sursis à l'exécution de cette peine et que le condamné accomplira, un travail d'intérêt général [...] ». Il ne s'agit donc pas de rejuger l'affaire, mais uniquement de modifier les conditions d'exécution de la peine, dont le *quantum* ne peut être modifié [6].

549. *A priori*, le sursis assorti de l'obligation de réaliser un travail non rémunéré au profit d'une collectivité publique, d'un établissement public ou encore d'une

---

science criminelle. Droit pénal général, Cujas, 7ème éd., 1997, n° 869, p.1027 ; SALVAGE Ph., « *Sursis simple* », J.-Cl. Pénal, Art. 132-29 à 132-39, 2000, n° 2, p. 4.

1. BOYER B.-M., « Le sursis assorti de l'obligation d'accomplir un travail d'intérêt général n'est-il qu'une simple variante du sursis avec mise à l'épreuve ? », Rev. Pénit., 1987.103 et s. ; du même auteur, « Ambiguïtés de la nature juridique du sursis assorti de l'obligation d'accomplir un travail d'intérêt général », RSC 1990, p. 310.

2. Art. 132-54, al. 3 du Code pénal français.

3. Art. 132-56 du Code pénal français.

4. Crim. 14 sept. 2005, B., n° 229, cité par : DESPORTES F. et LE GUNEHEC F., *Droit pénal général*, Economica, 16ème éd. 2009, p. 952.

5. Sur ces dispositions, v. SALVAGE P., « *Réflexions sur les substitutions de peines en cascade* », Dr. Pén. 2006, Chron. 10.

6. Crim. 25 juin 1991, B., n° 276.

association semble totalement étranger à toute considération restitutive. Pourtant, à la réflexion, il n'en est rien. Tout d'abord, le travail d'intérêt général mis à la charge du condamné peut avoir pour objet de faire disparaître la situation illicite que l'infraction commise a créée. Ensuite, le mode de personnalisation des peines étudié, quelle que soit la forme de son prononcé, peut toujours être accompagné de l'obligation de réparer le dommage que l'infraction a causé. En effet, l'article 132-55 prévoit la possibilité de soumettre le bénéficiaire d'un « sursis-T.I.G. classique » aux obligations prévues à l'article 132-45 C, pén., parmi lesquelles figurent, au 5°, celle de réparer, en tout ou en partie, le préjudice souffert par les victimes. Quant au « sursis-T.I.G. conversion », la même obligation peut être imposée en vertu du renvoi aux dispositions de l'article 132-55 C. pén. qu'opère l'article 132-57 *in fine* C. pén.

b. La réparation, condition implicite du sursis assorti de l'obligation d'accomplir un travail d'intérêt général en Iran

550. Il faut signaler que le sursis assorti de l'obligation d'accomplir un travail d'intérêt général n'existe pas dans la version actuelle du Code pénal iranien [1]. Cependant, le discours de politique criminelle iranienne [2], sous l'empire des débats doctrinaux [3], et ce, inspiré profondément des instruments internationaux [4] et des apports du droit pénal comparé [5], a déjà permis aux juridictions pénales iraniennes, d'en faire, le cas échéant, une large utilisation, sous les conditions déduites des dispositions d'ordre général dans lesquelles l'obligation de restitution ou plutôt réparation des dommages résultant de l'infraction constitue une condition préalable et

---

1. KOUSHA J., *op. cit.*, p. 449 ; NIAZPOUR A.-H., *op. cit.*, p. 249.

2. L'adjoint juridique et le développement judiciaire du pouvoir judiciaire iranien, *Premier rendement quinquennal et deuxième plan global et opérationnel du développement judiciaire (2004-2009)*, éditions Salsabil, 1ère éd. 2005, p. 271. Dans ce sens, v. également : Le troisième plan du développement judiciaire, p. 128.

3. SADEGHI M.-M., « *Les peines alternatives dans le système juridique iranien* », in Recueil des discours et des contributions présentées à la première conférence internationale sur l'examen des moyens alternatifs à la peine d'emprisonnement, éditions Rahe Tarbiat, 1ère éd. 2003, p. 98 ; NIAZPOUR A.-H., « *L'approche rééducative des peines communautaires en mettant l'accent sur le projet des peines sociales alternatives à la prison* », Trimestriel des études sur la prévention de l'infraction, n° 6, 2009, p. 60 ; DAVOUDI-GHARMAROUDI H., « *Les idées de la peine et les factures affectant le nombre de la population pénale* », in Recueil des contributions présentés lors de la conférence sur les stratégies visant à réduire la population carcérale pénale, édition Mizan, 1ère éd. 2007, p. 57.

4. L'organisation des réformes criminelles internationales, Les travaux d'intérêt général alternatifs à la peine d'emprisonnement, éditions Vefagh, 1ère éd. 2002, p. 59 ; IRANMANESH M., L'examen des peines sociales à la lumière des instruments internationaux et le projet de loi sur les peines sociales, Mémoire du Master 2, Université de Shahid Béhéshti, 2007, p. 137

5. ACHOURI M., Alternatives à l'emprisonnement ou les peine intermédiaires, édition Ghérayesh, 1ère éd. 2004, p. 323 et s. ; du même auteur, « Position de principe de la prison dans la politique criminelle contemporaine », in Recueil des contributions présentées à la conférence sur les stratégies visant à réduire la population carcérale pénale, édition Mizan, 1ère éd. 2007, p. 18 ; NADJAFI A.-H., » Les peines communautaires dans le projet de loi sur les peines sociales alternatives à la prison », in Recueil des contributions présentées à la conférence sur les stratégies visant à réduire la population carcérale pénale, édition Mizan, 1ère éd. 2007, p. 111.

indispensable au sursis assorti de l'obligation d'accomplir un travail d'intérêt général.

551. En effet, selon la circulaire n° 1/78/6933 du 19 septembre 2000 du pouvoir judiciaire en Iran, les articles 22 et 728 du Code pénal ainsi que l'article 3 de la loi pénale des infractions des forces armées autorisent des juridictions de jugement, en tenant compte des caractères de l'infraction, de celles du criminel et de l'état de récidive, à utiliser les dispositions relatives aux circonstances atténuantes, le sursis et les peines complémentaires et alternatives pour convertir des peines d'emprisonnement des délinquants et notamment lorsqu'il s'agit de femmes, d' adolescentes et de ceux qui n'ont pas été déjà condamnés à l'emprisonnement, à l'amende ou les autres peines dite Ta'aziri afin d'éviter une incarcération inutile, une surpopulation des prisons ainsi que les autres répersussions sociales.

Aussi, les tribunaux pénaux influencés par cette politique criminelle se sont efforcés au travers des arrêts rendus [1] pour incarner des carences législatives. A titre d'exemple, les dispositions précitées ont permis à la chambre 1185 du tribunal commun de Téhéran, dans une affaire portant sur les infractions commises par un enfant, de décider qu'un prévenu condamné pour un délit de droit commun à une peine d'emprisonnement, bénéficiera d'un sursis avec obligation de réparer les dommages subis par la victime privée et d'assister en collaboration avec la mairie et l'administration d'environnement de Téhéran à planter un arbre par jour d'emprisonnement en banlieue de Téhéran.

La décision de la chambre 2102 du tribunal commun de Téhéran est également prise, dans l'affaire n° 283/2102/79 portant sur l'infraction commise par une femme, conformément aux articles 12, 17, 19 et 22 dudit Code, pour offrir un sursis assorti de l'obligation d'accomplir un travail non rémunéré d'une durée de six mois dans un maison de retraite ainsi que de réparer le préjudice dû à l'infraction, au lieu de condamnation à l'emprisonnement. De même, la chambre 45 du tribunal commun de Mashhad a ordonné, dans l'affaire n° 81/2443 concernant un enfant délinquant condamné à une peine d'emprisonnement, le bénéfice d'un sursis assorti de l'obligation d'accomplir un travail non rémunéré dans la boulangerie de la prison, mais également de réparer les dommages consécutifs à l'infraction commise.

Toutefois, contrairement à la disposition de l'article 747-2 du Code de procédure pénale français aux termes duquel, pour que cette substitution soit possible, le juge de l'application des peines doit obtenir du condamné son accord pour exécuter un tel travail, cette conversion fut en droit iranien appliquée par les juridictions du jugement, et ce, malheureusement sans prendre en considération l'accord du condamné [2].

---

1. L'arrêt de 2001 de la chambre 2102 du tribunal commun de Téhéran dans l'affaire n° 283/2102/79 ; L'arrêt n° 150 de 2002 du tribunal commun de Téhéran dans l'affaire n° 75/2102/80 ; L'arrêt n° 113/2528 de 2003 de la chambre 45 du tribunal commun de Mashhad dans l'affaire n° 81/2443 ; La décision de 2004 du tribunal commun de Téhéran sur l'affaire n° 441/1185/82, cité par : NIAZPOUR A.-H., *Contractualisation de la procédure pénale*, Thèse, Université de Shahid Béhéshti, Iran, 2010, p. 250 et s.

2. L'arrêt n° 504 du 10 juin 2009 du tribunal commun pénal de Fasa, cité par : NIAZPOUR A.-H., *op. cit.*, p. 231.

Pourtant, cette autorisation implicite est heureusement en train de se compléter par un nouveau projet du Code pénal islamique tant pour les majeurs que pour les mineurs délinquants [1]. Il résulte des articles 63, 83, 87 et 88 dudit projet que les conditions et les effets du sursis assorti d'un travail d'intérêt général sont quasiment identiques à ceux applicables en matière de sursis avec mise à l'épreuve. Le principe d'assimilation et la combinaison de ces dispositions doit conduire à considérer que la juridiction du jugement ou le tribunal de l'application des peines pourrait d'office, à la demande de l'intéressé ou sur réquisitions du procureur de la République, ordonner par décision motivée de substituer à l'emprisonnement un sursis assorti de l'obligation de restitution et d'accomplir un travail d'intérêt général.

552. En définitive, la réparation du dommage causé par l'infraction et, dans une moindre mesure, la suppression de la situation illicite que cette dernière a générée, sont susceptibles de conditionner l'octroi d'une mesure de faveur destinée à dispenser le responsable d'exécuter la peine prononcée à son encontre. Lorsque, en revanche, la juridiction de jugement décide d'un simple assouplissement des modalités d'exécution de la sanction qu'elle vient d'infliger au coupable, il semble que seule la dimension réparatrice de la restitution soit prise en considération.

Paragraphe 2 : La réparation, condition d'un assouplissement des modalités d'exécution de la sanction consentie par la juridiction de jugement

553. Tant le bénéfice de la semi-liberté (**A**), que celui du placement à l'extérieur ou sous surveillance électronique (**B**) peuvent indirectement, mais assurément, être subordonnés à la réparation du dommage causé par l'infraction.

A – La réparation, condition de la semi-liberté

554. Il est nécessaire, de prime abord, de signaler que contrairement au droit français où depuis 1958 la semi-liberté a été introduite en France, sur le modèle de ce qui était déjà pratiqué dans de nombreux droits étrangers [2], ce mode de personnalisation des peines par l'octroi d'une semi-liberté àune personne condamnée à une

---

1. JAMSHIDI A.-R., « Le discours de politique criminelle dans la proposition de loi sur l'organisation du tribunal spécialisé des mineurs et adolescents », Revue juridique de la justice, n° 45, 2004, p. 72 ; KHAJENOURY Y., « Le rôle des peines communautaires dans la prévention de la récidive des mineurs », in Recueil des contributions présentées à la première conférence nationale sur la prévention de l'infraction, édition Bureau du recherche appliquée de la police de la prévention de l'Ordre de force, 1ère éd. 2010, p. 148 ; AHMADI A., « Le rôle de la peine de travail d'intérêt général dans la prévention de la récidive », in Recueil des contributions présentées à la première conférence nationale sur la prévention de l'infraction, édition Bureau du recherche appliquée de la police de la prévention de l'Ordre de force, 1ère éd. 2010 ; ABACHI M., Droit pénal des mineurs dans les instruments de l'ONU, éditions MADJD, 2ème éd. 2010, p. 140.

2. PLAWSKI S., « *La semi-liberté* », RSC 1985, p.15 et s., spéc. n °2 et s., p.15 et s. ; SASSOUST P., « *Personnalisation des peines. Généralités. Semi-liberté* », J.-Cl. Pénal, Art. 132-24 à 132-26, 2002, n° 22, p. 6.

peine privative de liberté n'est par contre pas à la disposition des juridictions de jugement iraniennes [1].

555. Un mode de semi-liberté a, en effet, été timidement prévu en droit iranien au travers de l'article 5 du Règlement d'exécution de l'organisation de l'administration pénitentiaire et les mesures de sûreté et éducatives de 1994, devenue en 2006 l'article 7 mais sous l'expression de « la formation professionnelle et de l'emploi » [2]. Toutefois, elle était, à l'origine, uniquement envisagée comme une modalité d'exécution de la dernière phase de la peine privative de liberté qui restait normalement à accomplir [3].

Cela signifie qu'aucune mesure de semi-liberté similaire du droit français n'existe en droit iranien. Une réponse négative s'impose, puisque depuis le nouveau projet du Code pénal islamique, les hypothèses permettant d'y recourir se sont diversifiées. Désormais, la mesure de semi-liberté peut-elle être accordée, non seulement par le tribunal de l'application des peines durant la phase d'exécution de la peine privative de liberté, mais également par la juridiction de jugement, qui l'octroie *ab initio*, c'est à dire en même temps qu'elle prononce la condamnation. C'est pourtant uniquement cette dernière modalité du recours à la semi-liberté qui retiendra ici l'attention, la première relevant des techniques d'assouplissement des sanctions non pas lors de leur prononcé, mais lors de la période d'exécution.

L'autorité judiciaire se voit alors offrir une large possibilité [4]. Selon l'article 55 dudit projet, la semi-liberté est un procédé sur la base duquel le condamné admis au bénéfice de celle-ci, peut quitter son établissement pénitentiaire pour exercer des activités professionnelles, ou personnelles telles qu'enseignement, formation, stage, participation à la vie familiale, traitement médical etc. La juridiction de jugement peut cependant soumettre le condamné admis au bénéfice de cette mesure aux obligations et interdictions prévues en la matière, comme par exemple l'interdiction de paraître dans certains lieux ou l'obligation de restitution et réparation des dommages causés à la victime.

556. S'agissant du droit français, la semi-liberté envisagée en tant que mode de personnalisation des peines est régie aux articles 132-25 et 132-26 C. pén. De ces dispositions, il ressort que la juridiction de jugement prononçant une peine d'emprisonnement dont la durée est inférieure ou égale à un an, peut décider que cette dernière sera exécutée sous le régime de la semi-liberté. Autrement dit, la juridiction de jugement a la possibilité d'infliger au responsable une peine privative de liberté, tout en prévoyant, dans le même temps, que cette dernière sera concrètement exécutée selon des modalités beaucoup plus souples.

---

1. SAGHIAN M.-M., *op. cit.*, Thèse, Poitiers, 2009, p. 352.

2. SAFFAREE A., Pénologie (les évolutions, les fondements et l'application de la peine privative de liberté), éditions Janghal, 4ème éd. 2009, p. 157.

3. DANESH T.-Z., *Droit des prisonniers et la science de l'administration des prisons*, éditions de l'Université de Téhéran, 3ème éd. 1998, p. 391 et s.

4. FARRAJOLLAHI R., L'influence des données criminologiques sur l'évolution de la responsabilité pénale, Thèse, Université de Shahid Béhéshti, 2009, p. 284.

Pour pouvoir bénéficier d'une telle mesure de faveur, le condamné doit justifie « soit de l'exercice d'une activité professionnelle, soit de son assiduité à un enseignement ou à une formation professionnelle ou encore d'un stage ou d'un emploi temporaire en vue de son insertion sociale, soit de sa participation essentielle à la vie de sa famille, soit de la nécessité de subir un traitement médical » [1]. *A priori*, l'octroi d'une mesure de semi-liberté ne semble donc subordonné à aucune considération restitutive et, plus spécialement, à aucune préoccupation réparatrice.

557. Certes, comme pour les autres modes de personnalisation des peines déjà étudiés, la réparation ne constitue pas une condition préalable du prononcé de la semi-liberté. En revanche, elle correspond, comme pour le sursis avec mise à l'épreuve ou pour le sursis assorti de l'obligation d'accomplir un travail d'intérêt général, à une exigence susceptible de devoir être satisfaite au cours de la période durant laquelle le délinquant bénéficie de la semi-liberté. En effet, aux termes de l'article 132-26 al. 3 CPF « la juridiction de jugement peut [...] soumettre le condamné admis au bénéfice de la semi-liberté [...] aux mesures prévues par les articles 132-43 à 132-46 CPF ». Or, l'une des obligations mentionnées peut précisément consister, selon l'article 132-45, 5° CPF, en la réparation des dommages causés par l'infraction.

558. En définitive et en dépit d'apparences quelque peu trompeuses, la semi-liberté constitue un procédé permettant de contraindre celui qui en bénéficie à réparer les dommages qu'il a causés aux victimes de l'infraction commise. A défaut de se soumettre à une telle obligation d'indemnisation qui lui aurait été imposée par la juridiction de jugement, le condamné s'expose à perdre le bénéfice de la mesure de faveur qui lui a été accordée. En effet, en application de l'article 723-2 CPPF, « [...]. Si les conditions qui ont permis au tribunal de décider que la peine serait subie sous le régime de la semi-liberté [...] ne sont plus remplies, si le condamné ne satisfait pas aux obligations qui lui sont imposées ou s'il fait preuve de mauvaise conduite, le bénéfice de la mesure peut être retiré par le juge de l'application des peines par une décision prise conformément aux dispositions de l'article 712-6. [...] ».

560. La semi-liberté constituait, à l'origine, le seul mode de personnalisation des peines ayant pour objet d'assouplir les modalités d'exécution de la sanction infligée au condamné. Cependant, depuis la loi n°2004-204 du 9 mars 2004 portant adaptation de la justice aux évolutions de la criminalité, le placement à l'extérieur et le placement sous surveillance électronique ont été érigés en modes de personnalisation du prononcé des peines. Or, comme pour la semi-liberté, les préoccupations indemnitaires ne sont pas étrangères à leur mise en œuvre.

B – La réparation, condition du placement à l'extérieur et du placement sous surveillance électronique

561. Le constat précédemment établi à propos de la semi-liberté [2] peut parfaitement être transposé au placement à l'extérieur et au placement sous surveillance

1. Art. 132-25, al. 1er du Code pénal français.

2. *Cf. supra*, n° 556.

électronique. En effet, lors de leur consécration, ces derniers ont uniquement été envisagés comme des modalités d'accomplissement de la peine. Ils étaient alors susceptibles d'être sollicités non pas par la juridiction de jugement lors du prononcé de la condamnation, mais par le seul juge de l'application des peines durant la phase d'exécution de la sanction [1]. L'adoption de la loi du 9 mars 2004 a mis un terme à une telle limitation du domaine des placements à l'extérieur et sous surveillance électronique en prévoyant que, désormais, ces derniers pourraient par ailleurs être prononcés en même temps que la décision de condamnation [2].

562. Pour ce qui est du placement à l'extérieur, il est susceptible de revêtir, du moins en théorie, deux formes différentes. Ainsi, il peut tout d'abord consister en une autorisation de la personne condamnée à une peine privative de liberté à être employée en dehors de son établissement pénitentiaire afin d'effectuer un travail sous le contrôle de l'administration. Il peut ensuite se traduire par la possibilité accordée au condamné, qui n'est alors plus soumis à la surveillance continue du personnel pénitentiaire, de travailler à l'extérieur, de suivre un enseignement, un stage, un emploi temporaire en vue de son insertion sociale, une formation professionnelle ou encore de faire l'objet d'une prise en charge sanitaire [3]. Ceci étant, le placement à l'extérieur sollicité au titre de la personnalisation du prononcé des peines ne peut l'être que sous la première forme envisagée [4].

Les conditions présidant au placement à l'extérieur par la juridiction de jugement sont strictement identiques à celles auxquelles le prononcé, par cette dernière, d'une mesure de semi-liberté est soumis [5]. Aussi, la réparation du dommage causé par l'infraction n'en fait-elle pas partie [6]. Toutefois, l'article 132-26 al. 3 CPPF prévoit explicitement qu'une fois placée à l'extérieur la personne peut être soumise aux obligations énoncées aux articles 132-43 à 132-46, et donc, notamment, à celle de réparer le préjudice souffert par les victimes de l'infraction. Le condamné manquant à une telle obligation qui viendrait à lui être imposée par la juridiction de jugement s'exposerait, en application de l'article 723-2 CPPF, à perdre le bénéfice de la mesure de faveur initialement accordée.

563. Pour ce qui est maintenant du placement sous surveillance électronique, il a été consacré à la faveur de l'adoption de la loi n°97-1159 du 19 décembre 1997 qui l'érige en modalité d'exécution des sanctions privatives de liberté. Il consiste en « l'assignation d'une personne placée sous main de justice en un lieu déterminé, selon des horaires désignés, grâce au concours d'un dispositif technique » [7]. Les conditions auxquelles sa mise en œuvre est subordonnée sont énoncées à l'article

1. Art. 723 CPPF et art. 723-7 et s. CPPF.

2. Art. 132-25 et s. du Code pénal français.

3. Il s'agit alors du placement à l'extérieur sous surveillance du personnel pénitentiaire tel qu'il est décrit à l'article D. 136 CPPF.

4. Art. 132-26 al. 2 du Code pénal français.

5. Art. 132-25 CPF.

6. *Cf. supra*, n° 392.

7. PITOUN A. et ENDERLIN-MORIEULT Ch.-S., « *Placement sous surveillance électronique* », Rép. Pénal, Dalloz, 2003, n°1, p.2.

132-26-1 al. 1er du Code pénal Français [1], lequel reprend littéralement les dispositions de l'article 132-25 al. 1er dudit Code qui inventorie celles présidant au prononcé d'une semi-liberté ou d'un placement à l'extérieur. Or, il a déjà été indiqué que la réparation du dommage causé à la victime n'en faisait pas partie. Mais, là encore, le législateur français a expressément prévu que la juridiction de jugement décidant d'un placement sous surveillance électronique a la faculté de soumettre le condamné aux obligations édictées aux articles 132-43 à 132-46 du Code pénal français [2]. Il en résulte que l'indemnisation des victimes, certes à hauteur des facultés contributives de la personne retenue dans les liens de la prévention, peut conditionner le bénéfice effectif de la mesure. En effet, le manquement aux obligations des articles 132-43 à 132-46 du même Code qui seraient spécialement imposées par la juridiction de jugement justifie qu'il y soit mis un terme [3].

564. En définitive, il ressort de l'ensemble de ces développements que la restitution, considérée dans sa dimension essentiellement réparatrice, est susceptible de constituer une obligation mise à la charge du condamné dont l'inexécution peut faire obstacle à ce que ce dernier bénéficie pleinement de la mesure de faveur qui lui a été accordée par la juridiction de jugement. Aussi, peut-il être soutenu qu'elle est une condition indirecte de l'aménagement des sanctions lors de leur prononcé. Le même constat peut par ailleurs être opéré lorsqu'il s'agit d'aménager les sanctions pénales, non plus en même temps que leur prononcé, mais lors de leur phase d'exécution. La seule différence est que la réparation peut alors constituer, du moins parfois, une condition préalable à l'octroi d'une mesure de faveur.

Section 2 : La réparation, condition d'un aménagement des sanctions pénales lors de leur exécution

565. La prise en compte des intérêts de la victime au stade de l'exécution des peines, qui était déjà apparue comme une préoccupation essentielle lors du vote de la loi n° 2000-516 du 15 juin 2000 renforçant la protection de la présomption d'innocence et les droits des victimes [4], venait d'être une nouvelle fois intensifiée à l'occasion de l'adoption de la loi n°2004-204 du 9 mars 2004 portant adaptation de la justice aux évolutions de la criminalité [5]. En effet, cette dernière dispose, en son article 168-III intégré à l'article 720 CPPF que, « préalablement à toute décision entraînant la cessation temporaire ou définitive de l'incarcération d'une personne condamnée à une peine privative de liberté avant la date d'échéance de cette peine,

1. L'on ajoute également les dispositions de la loi pénitentiaire française de novembre 2009.

2. Art. 132-26-3 C. pén.

3. Art. 723-7-1 CPPF: « [...]. Si les conditions qui ont permis au tribunal de décider que la peine serait subie sous le régime du placement sous surveillance électronique ne sont plus remplies, si le condamné ne satisfait pas aux interdictions ou obligations qui lui sont imposées, s'il fait preuve de mauvaise conduite, [...], le bénéfice du placement sous surveillance électronique peut être retiré par le juge de l'application des peines par une décision prise conformément aux dispositions de l'article 712-6. [...] ».

4. CARIO R., « La place de la victime dans l'exécution des peines », D. 2003, chron. P.145 et s.

5. CHEVALLIER J.-Y., « *La victime et la peine: le point de vue du juriste* », RPDP 2004, p. 815 et s, spéc. p.819.

le juge de l'application des peines ou le tribunal de l'application des peines prend en considération les intérêts de la victime ou de la partie civile au regard des conséquences pour celle-ci de cette décision [...] ».

566. Quant au droit iranien, l'exécution des peines privatives de liberté en matière correctionnelle et criminelle a été conçue, non seulement pour favoriser l'amendement du condamné et préparer son éventuelle réinsertion, mais aussi pour protéger la société et assurer la réparation des dommages consécutifs à l'infraction.

L'individualisation de la peine au cours de son exécution se présente de manière un peu différente de celle qui est assurée lors du prononcé de la peine [1]. Aux cours de l'exécution de la peine, il ne s'agit plus d'apprécier la responsabilité de l'intéressé dans la commission des faits, mais de prendre en considération sa situation personnelle et ses perspectives d'avenir pour définir, non pas une sanction, mais les modalités du traitement pénitentiaire. Aussi, depuis le début du XXème siècle, parmi les dispositions relatives à l'exécution des peines, plusieurs mesures permettent d'aménager et le cas échéant d'assouplir l'exécution de la peine privative de liberté pour favoriser, dans le respect des intérêts de la société et des droits des victimes, l'insertion des condamnés ainsi que la prévention de la récidive [2].

Cette stratégie s'est traduite, dans un premier temps dans le Code pénal islamique à travers les peines alternatives à la prison, et puis dans le Règlement d'exécution de l'organisation de l'administration pénitentiaire et les mesures de sûreté et éducative de 1994, modifié et mis à jour en 2006, notamment par le biais de son article 214 aux termes duquel le condamné qui bénéficie de la libération conditionnelle est tenu de consigner une somme fixée ou un bien comme cautionnement. Cette consignation exigée par les autorités de l'application des peines est destinée, certes implicitement mais indéniablement, à garantir la restitution et la réparation du préjudice causé par l'infraction.

Si une telle disposition n'est pas, en soi, de nature à favoriser l'indemnisation des victimes, elle illustre, avec une acuité toute particulière, la nouvelle place que le droit criminel entend reconnaître à ces dernières dans le procès pénal. Ceci étant, il doit être observé qu'il n'a pas fallu attendre l'adoption de cette loi du 9 mars 2004 en France et la préparation d'un nouveau projet de loi en Iran pour que des considérations civiles participent à la détermination des modalités d'accomplissement des peines.

567. Depuis un certain temps, il est vrai, la restitution a été érigée en condition d'aménagement des sanctions pénales lors de leur exécution. Ainsi, elle constitue un impératif auquel sont soumis non seulement le bénéfice d'un assouplissement des modalités d'exécution de la sanction qui serait consenti par la juridiction de l'application des peines (**Paragraphe 1**), mais également l'extinction anticipée de la mesure infligée (**Paragraphe 2**).

---

1. AHMADI-MOVAHED A., *L'application des peines*, édition Mizan, 1ère éd. 2004, p. 213.

2. GOUDARZI M.-R. et MEGHDADI L., « *Le système pénitentiaire iranien* », in Les systèmes pénitentiaires dans le monde (sous la direction de Jean-Paul Céré), Dalloz 2007, p. 232.

Paragraphe 1 : La réparation, condition d'un assouplissement des modalités d'exécution de la sanction consenti par la juridiction de l'application des peines

568. Certaines des modalités d'exécution de la sanction pénale auxquelles la juridiction de l'application des peines peut soumettre le condamné constituent, par ailleurs, des techniques de personnalisation du prononcé des peines que les juridictions de jugement ont donc, également, la faculté de solliciter. Il s'agit de la semi-liberté, du placement à l'extérieur et du placement sous surveillance électronique. Lorsqu'elles sont prononcées par une juridiction de l'application des peines, ces mesures de faveur sont soumises à des conditions présentant quelques spécificités par rapport à celles qui président à leur mise en œuvre par les juridictions de jugement. Néanmoins, il reste aisé de vérifier que la réparation du dommage est systématiquement mentionnée au titre des obligations susceptibles d'être mises à la charge de leurs bénéficiaires [1]. Aussi, leur existence devait-elle être ici rappelée, sans qu'il soit pour autant nécessaire de leur consacrer de nouveaux développements [2].

569. Finalement, les procédés permettant d'assouplir les modalités d'exécution de la sanction pénale qui ont vocation à être mis en œuvre uniquement par la juridiction de l'application des peines sont la libération conditionnelle d'une part, et la suspension de l'exécution de la peine d'autre part. Or, la première (**A**) comme la seconde (**B**) sont susceptibles d'être conditionnées par la réparation des dommages causés aux victimes de l'infraction.

A – La réparation, condition de la libération conditionnelle

570. A la différence du droit français où la restitution est une condition facultative de la libération conditionnelle (**b**), elle constitue en revanche une condition indispensable de la libération conditionnelle en droit iranien (**a**).

a. La réparation, une condition indispensable de la libération conditionnelle en Iran

571. La libération conditionnelle se définit comme un mode d'exécution d'une sanction privative de liberté permettant à un condamné ayant déjà purgé une partie seulement de sa peine d'être libéré sous la condition de respecter certaines obligations pendant un délai d'épreuve [3].

---

1. Art. 723-4 et 723-10 du Code de procédure pénale français et la Remarque 3 de l'article 38 du Code pénal iranien, les articles 214, 220 et 221 du Règlement d'exécution de l'organisation de l'administration pénitentiaire et les mesures de sûreté et éducative de 1994, modifiés et mis à jour en 2006, enfin la Remarque 3 de l'article 57 du nouveau projet du Code pénal islamique iranien.

2. *Cf. supra*, n° 390 et s. et n° 396 et s.

3. GOLDOUZIAN I., Libération conditionnelle, son octroi et le déroulement de son exécution, Thèse, Paris II, 1973, p. 7 ; ARDEBILI M.-A., *op. cit.*, p. 248 ; TADAYYON A., L'étude comparative de la libération conditionnelle en droit pénal iranien et français, Mémoire du Master 2, Université de l'Imam Sadegh, 2004, p. 13 et s. ; FAUCHER P. et MORICE A.-M., « Libération conditionnelle », J.-Cl. Procédure pénale, Art. 729 à 733, fasc. 20, 2002, n° 1, p. 3.

Instaurée par la loi du 23 mars 1959 portant sur la libération conditionnelle des personnes incarcérées, il s'agit de la plus ancienne des mesures d'individualisation des peines susceptibles d'être prononcée durant la phase d'exécution [1]. Cette institution fut ensuite reprise par l'article 38 du Code pénal iranien en se distinguant par le fait que contrairement à celle-là dont le bénéfice pouvait être attribuée à toute personne condamnée aux peines privatives de liberté tant correctionnelles que criminelles, celle-ci ne pourrait s'appliquer qu'aux peines privatives de liberté dite Ta'aziri sous réserve, certes, de remplir des conditions requises [2].

D'après l'article 38 du Code pénal iranien, la libération conditionnelle est applicable pour quiconque condamné pour la première fois à une peine d'emprisonnement, ce qui exige de préciser deux points importants : d'abord, il en ressort que cette faveur concerne uniquement les peines privatives de liberté relevant des peines de Ta'aziri et non les mesures de sûreté. Ensuite, il en résulte que la faveur de libération conditionnelle ne sera guère applicable aux peines de « Houdoud », « Qu'issas » et « Diyat » simplement parce qu'il n'y a, en la matière, aucune infraction passible d'une peine d'emprisonnement [3], sauf dans l'infraction de vol en récidive pour la troisième fois pour laquelle la peine est une réclusion perpétuelle [4]. D'ailleurs, c'est ici que réside une différence très claire entre les droits français et iranien, car la libération conditionnelle à la française, selon le Professeur BOULOC, « suppose seulement une peine privative de liberté. Peu importe donc la nature et la durée de la peine en question » [5].

572. Pour bénéficier d'une libération conditionnelle, le condamné doit, selon l'article 38 du Code pénal iranien, présenter des efforts sérieux pour conduire d'abord à sa réadaptation sociale, ensuite à la restitution des intérêts publics et enfin à la réparation des dommages causés aux victimes. Elle a par ailleurs donné une liste, non limitative [6], de ce qui peut constituer de tels efforts de la part du condamné, en faisant référence dans les dispositions précitées aux épreuves suivantes : le condamné a manifesté continuellement, durant l'exécution de peine, une bonne conduite et un bon comportement (alinéa 1) de nature à penser qu'il ne commettra plus aucun délit après la libération (alinéa 2), que le condamné paie, conformément au jugement du tribunal, de toute sa solvabilité possible, les dommages de la victime ou les met en ordre (alinéa 3).

573. La volonté de faciliter le recours à la libération conditionnelle s'explique par la prise de conscience de ce que les modalités d'exécution de la sanction pénale doivent contribuer à la réinsertion sociale du condamné, à la prévention de la réci-

1. KARKIA M., « *La loi sur la libération conditionnelle des incarcérés* », Revue juridique de la justice, n° 9-10, 1961, p. 579.

2. NOURBAHA R., *op. cit.*, p. 431.

3. Les avis consultatifs n° 7/5076 du 9 octobre 2000, n° 7/2355 du 8 juin 2001, n° 7/1097 du 23 février 2002, et n° 7/9746 du 18 février 2004 du bureau juridique du pouvoir judiciaire iranien.

4. HOSSEINI S.-M.-R., *La loi pénale islamique dans la jurisprudence*, éditions Madjd, 1ère éd. 2004, p. 62.

5. BOULOC B., *op. cit.*, p. 611.

6. Les avis consultatifs n° 7/2657 du 16 septembre 2003, et n° 7/5223 du 24 octobre 2006 du bureau juridique du pouvoir judiciaire iranien.

dive et, notamment, sinon à la réparation du préjudice subi par la victime, au moins à la suppression de l'illicéité. Or, la mesure étudiée permettrait justement de parvenir à de tels objectifs, ainsi que les termes mêmes de la loi le font d'ailleurs expressément apparaître. Il est vrai qu'il est communément admis qu'une libération anticipée sous contrôle de l'autorité judiciaire semble préférable à un élargissement en fin de peine qui, par définition, ne saurait être assorti d'un quelconque suivi.

574. Quant à la procédure de proposition à la libération conditionnelle, l'article 39 du Code pénal iranien prévoit que le prononcé du jugement de ce mode de personnalisation des peines dépend à la fois de la proposition de l'administration pénitentiaire, et de l'approbation du procureur. Il convient donc de noter qu'à la différence du système pénal français dans lequel l'administration pénitentiaire fait partie du ministère de la justice, dans le système iranien, elle est rattachée au pouvoir judiciaire. La chambre 54 de la cour d'appel de Téhéran a, d'ailleurs, eu l'occasion de souligner, dans un arrêt récent, que les décisions en matière de la libération conditionnelle étaient de la compétence de l'autorité judiciaire en Iran. Elle a précisé que « attendu que la proposition à la libération conditionnelle n° 54/190851/1 du 12 juin 2010 de l'établissement pénitentiaire où le condamné est incarcéré, mais aussi l'approbation n° 9001/8244/3000 du 15 juin 2010 du procureur commun et révolutionnaire a été présenté, et attendu qu'en examinant du dossier du condamné, les conditions légales du bénéfice d'une libération conditionnelle, mentionnées aux articles 38,39 et 40 du Code pénal, sont remplies, la Cour accorde, par conséquent, une libération conditionnelle pour le reste de la peine d'emprisonnement à partir du 1 septembre 2010 pour une durée de 4 ans » [1].

On notera finalement que la restitution à prendre en considération pour prononcer une libération conditionnelle est également prévue dans un projet de loi sur les peines alternatives qui était en cours d'étude au parlement [2]. Conformément aux dispositions de l'article 9 dudit projet, dans les infractions qui sont susceptibles d'une peine alternative, l'indemnisation de la victime par l'accusé ou le condamné ou le désistement de la victime, personne physique ou morale, est une cause d'atténuation des peines encourues.

575. Il résulte donc des dispositions conjuguées des articles 38, 39 et 40 du Code pénal, l'article 214 du Règlement d'exécution de l'Organisation de l'administration pénitentiaire et les mesures de sûreté et éducative de 1994, modifiées et mises à jour en 2006, et l'article 9 du nouveau projet de loi sur les peines alternatives que la réparation des dommages causés aux victimes constituent une obligation pesant nécessairement sur le probationnaire admis au bénéfice d'une libération conditionnelle.

---

1. L'arrêt n° 310/1 de 2010 de la chambre 54 de la Cour d'appel de Téhéran statuant sur l'affaire n° 213/54/89.

2. SAGHIAN M.-M., *op. cit.*, p. 353.

b. La réparation, une condition facultative de la libération conditionnelle en France

576. Depuis sa consécration par une loi du 14 août 1885 [1], la libération conditionnelle a fait l'objet de nombreuses réformes intéressant tant la procédure à suivre pour l'obtenir, que les conditions de fond présidant à sa mise en œuvre. Plus spécialement, la loi n° 2000-516 du 15 juin 2000 renforçant la protection de la présomption d'innocence et les droits des victimes a procédé à une juridictionnalisation totale du prononcé de la mesure, le Garde des sceaux n'ayant plus aucune compétence en la matière. En outre, elle a assoupli les conditions de son octroi.

577. Le bénéficiaire d'une mesure de libération conditionnelle est soumis à un délai d'épreuve qui permet de mettre à sa charge différentes obligations destinées, en principe [2], à faciliter l'atteinte des objectifs énoncés dans les dispositions de l'article 729 du Code de procédure pénal aux termes duquel : « la libération conditionnelle tend à la réinsertion des condamnés et à la prévention de la récidive ». Certaines sont communes à tous les condamnés qui y sont nécessairement soumis, tandis que d'autres doivent être spécialement imposées par la décision accordant la mesure de faveur [3].

Parmi les obligations relevant de la première catégorie figurent celles de résider au lieu fixé par la décision de libération, de répondre aux convocations du juge de l'application des peines ou du travailleur social du service pénitentiaire d'insertion et de probation, de recevoir les visites de ce dernier et de le prévenir des changements d'emploi [4].

578. Par ailleurs, la loi du 10 août 2007 renforçant la répression de la récidive a ajouté une autre condition concernant les personnes condamnées pour un crime ou un délit pour lequel un suivi socio-judiciaire est encouru. Compte tenu des articles 717-1 et 763-7 CPP, aucune libération conditionnelle ne pourra leur être accordée si elles ne s'engagent pas à suivre, après leur libération, les soins qui leur seront proposés comme conditions de la libération. La loi du 25 février 2008 relative à la rétention de sûreté et à la déclaration d'irresponsabilité pénale pour cause de trouble mental a ajouté aussi une condition spécifique applicable aux personnes condamnées à la réclusion criminelle à perpétuité. Le dernier alinéa de l'article 729 CPP, prévoit que « celles-ci ne peuvent bénéficier d'une libération conditionnelle qu'après avis de la commission pluridisciplinaire [5] des mesures de sûreté prévue par l'article 763-10 de ce code ».

---

1. FIZE M., « Il y a cent ans, la libération conditionnelle », RSC 1985, p. 755.

2. ABERKANE H., « La libération conditionnelle comme mode de réadaptation sociale des condamnés », RSC 1957, p.527 et s.

3. FAUCHER P. et MORICE A.-M., *op. cit.*, n° 171 et s., p.20 et 21 ; HERZOG-EVANS M., « *Libération conditionnelle* », Rép. Pénal, Dalloz, 2005, n° 75 et s., p. 14 et s.

4. Art. D. 533 CPP.

5. DESPORTES F. et LE GUNEHEC F., *op. cit.*, p. 1000 : d'après ces auteurs, le texte adopté par le parlement exigeait un avis favorable de la commission, mais cette exigence a été déclarée non conforme à la Constitution par le Conseil constitutionnel dans sa décision n° 2008-562 DC du 21 février 2008, en ce qu'elle liait le pouvoir d'appréciation du juge et méconnaissait ainsi tant le principe de la séparation des pouvoirs que celui de l'indépendance de l'autorité judiciaire.

579. Il peut donc être observé que la réparation des dommages causés aux victimes ne saurait en aucune manière constituer une obligation pesant nécessairement sur le probationnaire. Faut-il pour autant en déduire que l'indemnisation des victimes n'est jamais prise en compte pour l'octroi et le maintien d'une libération conditionnelle ? La réponse est négative, dès lors qu'il apparaît qu'elle a vocation à être imposée au probationnaire au titre de ses obligations facultatives. En effet, des termes de l'article D. 536, 5° CPP tout d'abord, il ressort que le bénéfice de la libération conditionnelle peut être subordonné au paiement par le condamné des « sommes dues à la victime de l'infraction, ses représentants légaux ou ses ayants droit » ou à la justification « qu'il les acquitte en fonction de ses facultés contributives ». Cette disposition, qui est issue d'un décret n°86-462 du 14 mars 1986, semble néanmoins soumettre la possibilité d'imposer une telle obligation à l'existence préalable d'une décision sur l'action civile [1].

580. Aussi, les considérations indemnitaires se révèleraient pour le moins secondaires, si les pouvoirs du juge répressif d'imposer effectivement la réparation étaient finalement fort encadrés. L'affirmation serait exacte s'il n'existait pas une autre disposition du Code de procédure pénale prévoyant expressément la possibilité pour la juridiction de l'application des peines d'ordonner au probationnaire qu'il indemnise, même pour partie seulement, ses victimes. En effet, l'article 731 al. 1er CPPF indique, dans sa rédaction issue de la loi n°2004-204 du 9 mars 2004 portant adaptation de la justice aux évolutions de la criminalité, que « le bénéfice de la libération conditionnelle peut être assorti [...] de mesures d'assistance et de contrôle destinées à faciliter et à vérifier le reclassement du libéré. Celui-ci peut en particulier être soumis à une ou plusieurs des mesures de contrôle ou obligations mentionnées aux articles 132-44 et 132-45 du code pénal ». Or, il est connu que cette dernière disposition prévoit, dans son 5°, l'obligation de réparer les préjudices même en l'absence de décision sur l'action publique.

581. En conséquence, le pouvoir des juridictions de l'application des peines de conditionner l'octroi ou le maintien d'une libération conditionnelle à l'indemnisation du dommage subi par les victimes s'est récemment trouvé libéré des contraintes qui l'encadraient jusqu'alors.

Eu égard aux objectifs assignés à la libération conditionnelle, il n'est pas étonnant que la mise en œuvre de cette dernière puisse éventuellement être dépendante de considérations réparatrices. En effet, comme il l'a été déjà constaté à propos de la mise à l'épreuve imposée dans le cadre d'un sursis [2],l'indemnisation des victimes ordonnée au titre de la libération conditionnelle est pareillement susceptible de participer du reclassement social du probationnaire [3]. L'on en veut d'ailleurs pour

1. C'est ce même décret qui prévoyait, dans des termes identiques, l'obligation de réparation mise à la charge du sursitaire avec mise à l'épreuve. Or, il a été indiqué que pour la jurisprudence, ce dernier ne pouvait être soumis à une telle obligation que s'il existait une décision sur l'action civile (*cf. supra*, n° 537). Une telle interprétation prétorienne paraît devoir être logiquement étendue à la libération conditionnelle.

2. LARMAILLARD P., « L'indemnisation des victimes, moteur du reclassement social du probationnaire », RPDP 1970, p.639 et s.

3. TARDY V., « *L'indemnisation de la victime, condition d'octroi d'une mesure de faveur* », Les Petites Affiches 26 janvier 1998, p.8 et s., spéc. p.11.

preuve, tant le législateur [1] que la jurisprudence [2], qui considèrent que l'inobservation d'une telle obligation est de nature à justifier que soit prononcée la révocation de la libération conditionnelle.

582. Si l'obtention d'une libération anticipée sous condition d'indemnisation de la victime peut découler d'une libération conditionnelle, en principe définitive dès lors que le condamné a satisfait aux obligations qui lui étaient imposées, elle peut également procéder d'une suspension qui, elle, est normalement temporaire, de l'exécution de la peine privative de liberté.

B – La réparation, condition de la suspension des peines privatives de liberté

583. La suspension des peines constitue une mesure exceptionnelle permettant de différer l'exécution de la sanction privative de liberté. Contrairement au fractionnement qui peut être prononcé par la juridiction de jugement en même temps que la condamnation, elle ne peut être octroyée que par la juridiction de l'application des peines lors de la phase de mise à exécution.

Le recours à une telle mesure est possible dans deux hypothèses. La première correspond à celle prévue par l'article 720-1 al. 1er CPP. Selon cette disposition, la suspension peut être prononcée, pour une période n'excédant pas trois ans, « en matière correctionnelle, lorsqu'il reste à subir par la personne condamnée une peine d'emprisonnement inférieure ou égale à un an, (...], pour motif grave d'ordre médical, familial, professionnel ou social [...] ». La seconde hypothèse est mentionnée à l'article 720-1-1 al. 1er CPP en vertu duquel « la suspension peut également être ordonnée, quelle que soit la nature de la peine ou la durée de la peine restant à subir, et pour une durée qui n'a pas à être déterminée, pour les condamnés dont il est établi qu'ils sont atteints d'une pathologie engageant le pronostic vital ou que leur état de santé est durablement incompatible avec le maintien en détention, [...] ».

584. En pareil cas, les articles 37 et 52 du Code pénal iranien relative à la maladie mentale d'une part, et les articles 288, 289 et 291 du Code de procédure pénale iranien portant sur les autres maladies d'autre part, ont, eux aussi, prévu une suspension de l'exécution d'une peine privative de liberté. L'article 37 du Code pénal dispose que : « si le condamné à une peine d'emprisonnement, pendant l'exécution de peine et avant l'expiration de l'emprisonnement, est atteint de démence qui est d'ailleurs approuvé par la médicale légale, le condamné est interné dans un hôpital psychiatrique et la durée d'hospitalisation des personnes détenues en établissement de santé sera considéré parmi sa condamnation ».

La suspension de l'exécution d'une peine quelle que soit sa nature et ou sa durée, peut être également ordonnée en application des dispositions du Code de procédure pénale iranien, pour les condamnés dont l'état de santé est durablement incompa-

---

1. Art. 733 CPPF. La procédure de révocation varie toutefois selon que la décision de libération émane du tribunal ou du juge de l'application des peines.

2. Crim. 21 mai 2003, Bull. n° 106 ; Crim. 23 juillet 2003, Bull. n° 141 ; Crim. 9 novembre 2004, Bull. n° 277 ; Crim. 31 mars 2007, Bull. n° 150.

tible avec le maintien en détention, sous réserve toutefois que les expertises médicales établissent que le condamné se trouve dans l'une des situations énoncées par la loi.

585. Ces dispositions font apparaître que la mise en œuvre d'un tel mode de personnalisation de l'exécution des peines n'est en aucune manière directement conditionnée par la réparation des dommages causés. Cette dernière peut néanmoins être imposée au titre des obligations susceptibles d'être mises à la charge du bénéficiaire de la mesure de faveur durant la période de suspension. En effet, les articles 720-1 al. 1er *in fine* et 720-1-1 al. 5 du Code de procédure pénale français, prévoient expressément que le juge de l'application des peines ou, selon les cas, le tribunal de l'application des peines a la faculté de soumettre le condamné aux obligations prévues aux articles 132-44 et 132-45 du Code pénal français, parmi lesquelles peut être inventoriée celle de réparer les dommages causés. Par ailleurs, l'article 289 du Code de procédure pénale iranien dispose que la démence n'empêche pas l'exécution des peines pécuniaires définitives ainsi les droits de la partie civile.

586. Les mesures à la disposition des juridictions de l'application des peines qui tendent à un assouplissement des modalités d'exécution des sanctions prononcées ne sont pas les seules dont le bénéfice effectif est susceptible d'être indirectement soumis à la réparation des dommages soufferts par les victimes. En témoignent, les conditions auxquelles les mesures tendant à une extinction anticipée de la sanction infligée au délinquant peuvent être subordonnées.

Paragraphe 2 : La réparation, condition de l'extinction anticipée de la sanction

587. L'extinction anticipée de la sanction peut procéder soit d'une décision de l'autorité judiciaire, soit d'une décision du pouvoir exécutif dans la première hypothèse (**A**), comme dans la seconde (**B**), la restitution a vocation à constituer une exigence qui, à défaut d'être satisfaite, peut faire obstacle au bénéfice d'une mesure tendant à mettre prématurément un terme à l'existence de la sanction prononcée par la juridiction de jugement.

A – La réparation, condition de l'extinction anticipée de la sanction procédant d'une décision de l'autorité judiciaire

588. Les techniques permettant, sur décision de l'autorité judiciaire, d'éteindre de manière anticipée la sanction pénale dont fait l'objet le condamné sont au nombre de trois : il s'agit de la réduction de peine d'une part, du relèvement d'autre part et de la réhabilitation judiciaire enfin.

Mais, si la restitution est une condition directe d'aménagement du *quantum* d'exécution de la peine en droit Iranien (**a**), elle n'est qu'une condition indirecte en droit français (**b**).

a. La réparation comme condition directe d'aménagement du quantum d'exécution de la peine en droit iranien

589. Pour ce qui est tout d'abord de la réduction de peine, elle se définit comme « la mesure permettant de raccourcir la durée de la peine temporaire privative de liberté prononcée contre un condamné en cas de bonne conduite » [1].

En droit iranien, les circonstances permettant la réduction de la peine allaient s'en trouver développées d'une double façon : par voie ordinaire et par voie supplémentaire. En dehors de cas très particuliers, la plupart des remises de peine opérées en droit iranien relèvent de la voie ordinaire et ne peuvent être accordées qu'uniquement par la juridiction de jugement. En droit français cette réduction des peines est de la seule compétence du juge de l'application des peines. Cependant doit être souligné la volonté d'un projet de loi en France consistant à faire siéger des citoyens (dans une similitude aux jurés populaires d'assises) dans une commission aux côtés d'un juge pour accorder la liberté conditionnelle à certains délinquants et notamment sexuels. Ce projet semble particulièrement mal accueilli par les magistrats. Certaines de ces causes de réduction de la peine de privative de liberté sont connues dans les opinions doctrinales sous la nomination de « circonstances atténuantes judiciaires », alors que certaines autres sont communément appelées « excuses atténuantes légales » [2].

590. La réduction judiciaire de la sanction a été prévue au moyen de l'article 22 du Code pénal iranien en vertu duquel le juge pénal peut atténuer la peine prévue par la loi pour les infractions qui sont passibles de la peine dite Ta'azirat et /ou Bazdarandeh dans tous les cas où il existe des circonstances atténuantes au profit de l'auteur de l'infraction. La réduction de la sanction est d'ailleurs subordonnée, par la Remarque 6 de l'article précité, aux efforts du délinquant à atténuer les effets de l'infraction, mais aussi à la réparation des préjudices consécutifs de celle-ci.

Le crédit de réduction de peine accordée de plein droit est, en revanche, prévu aux travers des dispositions des différents articles et notamment de ceux de la 2ème Remarque de l'article 42 du Code pénal ainsi que de celles des articles 521, 554 et la 2ème Remarque de l'article 719 du même code sur la base desquelles la réduction de la sanction fut octroyée systématiquement à tous les condamnés chaque fois qu'ils participent, par exemple, à la découverte de l'infraction ou à la réparation des effets dommageables de celle-ci.

591. La réduction de peine par voie supplémentaire consiste dans un premier temps, à la possibilité exceptionnelle de révision de la décision rendue déjà de manière définitive puis, dans un second temps, à la réduction de peine pour les repentis. S'agissant de la première, l'article 277 du Code de procédure pénale iranien prévoit que, « si le plaignant ou la partie civile, dans les infractions d'intérêt privé et après que la décision rendue devienne définitive, renonce à sa plainte, le condamné peut, se référant à cette renonce, demander à la juridiction par laquelle cette décision

---

1. GUINCHARD S. et MONTAGNIER G. (sous la direction de), *Lexique des termes juridiques*, Dalloz, 18ème éd., 2011, V° Réduction de peine.

2. ARDEBILI M.-A., *Droit pénal général, T. II*, édition Mizan, 3ème éd. 2002, p. 206.

définitive a été rendue, de réviser la sanction prononcée. Dans ce cas, le tribunal examinera sa demande dans un délai supplémentaire et accordera le cas échéant une réduction sur sa peine ».

592. Concernant la technique de réduction de peine pour les repentis [1], sont d'abord prises en compte, les sanctions de Hudud consécutives aux infractions sexuelles comme l'adultère (art. 72 et 82 C. pén.), sodomie (art. 125 et 126 C. pén.) et tribalisme (art. 132 et 133 C. pén.), ou l'infraction de la consommation des boissons alcooliques (art. 181 et 182 C. pén.) et/ou les infractions financières comme le vol (art. 200 al. 5 C. pén.), ensuite, les délits contre la sécurité nationale et la sécurité publique (art. 507 et 521 C. pén.) dans lesquelles une réduction de peine exceptionnelle peut être, en application des dispositions précitées et abondamment approuvées par la jurisprudence [2], accordée aux condamnés dont les déclarations faites à l'autorité judiciaire antérieurement ou postérieurement à leur condamnation ont permis de faire cesser ou d'éviter la commission d'une autre infraction.

593. Pour ce qui est ensuite du relèvement, il constitue, en droit iranien, une sorte de réhabilitation légale pour une personne frappée d'une interdiction, déchéance ou incapacité à la suite d'une condamnation pénale, lui permettant de demander à la juridiction qui l'a condamnée d'en être relevée.

En effet, la plupart des peines complémentaires ou accessoires constituent plutôt des mesures de sûreté que des peines ; aussi est-il normal qu'elles puissent faire l'objet de révision lorsque l'autorité judiciaire estime que l'état dangereux présenté par l'intéressé s'est atténué ou a disparu. S'il en était autrement, la réinsertion sociale du condamné s'en trouverait compromise alors que celle-ci forme un des objectifs essentiels de la répression. C'est pourquoi l'article 62 *bis* du Code pénal iranien a prévu cette possibilité de relèvements que certains droits étrangers comme la France avaient depuis longtemps organisé.

L'article précité prévoit que « la condamnation définitive pénale dans les infractions intentionnelles mentionnées ci-après, privera le condamné des droits sociaux, et après l'expiration du délai fixé et l'exécution de la décision, cette interdiction sera levée : 1- les condamnés à la mutilation dans les infractions Hudud (préfixées par la sharia), à l'échéance de 5 ans après l'exécution de la décision ; 2- les condamnés à la flagellation dans les infractions Hudud, à l'échéance d'un an après l'exécution de la décision ; 3- les condamnés à l'emprisonnement correctionnel pour une durée de plus de 3 ans, à l'échéance de 2 ans après de l'exécution de la décision ». Les sanctions pouvant faire l'objet d'un relèvement sont, par exemple, la privation des droits civiques, civils et politiques ou l'interdiction d'exercer certaines professions.

Il convient néanmoins de signaler que, compte tenu des principes généraux du droit pénal iranien, celui-ci reste conditionnel, dans la mesure où il peut être refusé en cas de manquement aux obligations indemnitaires imposées.

---

1. MAANI J., *Examen jurisprudentiel et juridique du repenti et son effet sur la condamnation pénale*, Mémoire en Master 2, Université de Shahid Béhéshti, Iran, 2000, p. 75 et s.

2. Les arrêts n° 7 du 15 octobre 1985, n° 8 du 25 avril 1986, n° 31 du 27 septembre 1996, et n° 4 du 13 avril 1997 de la Cour de cassation ; L'arrêt n° 1827 du 28 février 2010 de la 20ème chambre de la Cour d'appel de Téhéran, cité par : NIAZPOUR A.-H., *op. cit.*, p. 202 et s.

594. Pour ce qui est enfin de la réhabilitation judiciaire, une précision préalable s'impose. De prime abord, il peut paraître étonnant de la considérer comme un mode d'extinction des peines, dès lors qu'elle ne peut en principe être prononcée que si ces dernières ont été exécutées. Pourtant, l'article 171 de la Constitution de la République Islamique d'Iran dispose que, « si à la suite d'une faute ou d'une erreur d'un juge dans une cause, jugement ou confrontation d'un jugement à un cas particulier, il en résulte un préjudice matériel ou moral, le coupable, en cas de faute en est responsable selon les préceptes islamiques. Dans le cas contraire, le préjudice doit être réparé par l'Etat, et dans tous les cas l'accusé sera réhabilité ». La restitution par le biais de la réhabilitation judiciaire peut être également demandée en application des dispositions de l'article 58 du Code pénal, en vertu duquel, « Dans le cas où un dommage matériel ou moral serait causé à la suite d'une faute ou d'une erreur du juge au sujet ou dans la décision prononcée, ou bien en faisant conformité de la décision avec l'un des cas spéciaux, le juge coupable en sera légalement responsable s'il y a une faute, sinon les dommages causés doivent être réparés par l'Etat. Concernant les dommages moraux, si la faute ou l'erreur du juge causent une diffamation ou déshonneur contre quelqu'un, il faut lui accorder une réhabilitation en publiant et diffusant son acquittement aux médias ou bien en accordant la réparation de ses préjudices ».

595. Il ressort de ces dispositions éparses et abondantes que, si l'extinction anticipée de la sanction procédant d'une décision de l'autorité judiciaire permet un aménagement du temps et du *quantum* de l'exécution de la peine dans le souci de favoriser l'amendement et la réinsertion du condamné, elle a également pour objet, comme on l'a vu, de protéger au mieux les intérêts des victimes, et ce, à la différence du droit français, de manière directe.

b. La réparation comme condition indirecte d'aménagement du temps d'exécution de la peine en droit français

596. Consacrée par une loi du 29 décembre 1972 [1], la technique de réduction de peine a donné lieu à quelques abus qui ont pu être dénoncés en doctrine [2]. Il est vrai que sa raison d'être initiale, récompenser le détenu pour sa bonne conduite, a été assez vite malmenée. Le bénéfice de cette mesure le plus souvent accordé de manière automatique permet d'apaiser les tensions perceptibles dans le milieu carcéral. Tirant les conséquences de cette pratique judiciaire, le législateur a modifié le régime applicable à la réduction de peine à la faveur de l'adoption de la loi n° 2004-204 du 9 mars 2004 portant adaptation de la justice aux évolutions de la criminalité [3].

---

1. Art. 45 de la loi n° 72-1226 du 29 décembre 1972 simplifiant certaines dispositions relatives à la procédure pénale, aux peines et à leur exécution (JO du 30 décembre 1972, p.13783).

2. BOULOC B., *op. cit.*, p. 645 et s. ; CONTE Ph. et MAISTRE DU CHAMBON P., *Droit pénal général*, Coll. U, Armand Colin, 7ème éd., 2004, n° 632, p. 335.

3. RODAS J.-F., *L'injonction en droit pénal*, Thèse Paris II, 2004, n° 1293, p.731.

Ces dispositions ont été aussi en partie modifiées par la loi du 12 décembre 2006 relative au traitement de la récidive [1].

Désormais, chaque condamné dispose de plein droit d'un crédit de réduction de peine, calculé en fonction de la durée de la condamnation prononcée [2]. Ce n'est que si le détenu adopte une mauvaise conduite durant l'exécution de la peine privative de liberté ou qu'il est, après sa libération, et pendant une période égale à la durée de la réduction obtenue, de nouveau condamné pour crime ou pour délit à une peine de réclusion ou d'emprisonnement, que son crédit pourra lui être retiré [3]. La loi du 10 août 2007 renforçant la répression de la récidive « a réécrit cette disposition pour la rendre plus explicite, mais sans aucunement changer le fond du droit » [4].

597. Cette réduction de peine peut parfaitement être accordée en dehors de toutes préoccupations indemnitaires à l'égard des victimes de l'infraction. Ceci étant, il peut être relevé qu'en application de l'article 721-2 al. 1er et 2 CPP, le juge de l'application des peines a toujours la faculté d'assortir le bénéfice de cette mesure de l'interdiction de recevoir la partie civile, de la rencontrer ou d'entrer en relation avec elle, pendant une durée ne pouvant être supérieure à celle de la réduction de peine accordée. Or, l'interdiction énoncée est susceptible d'être accompagnée de l'obligation d'indemniser cette partie civile.

598. A l'instar du droit iranien, aux cotés de la réduction de peine « ordinaire », existe une réduction de peine qui est qualifiée par le législateur de « supplémentaire ». Son bénéfice est soumis à des conditions qui sont énoncées à l'article 721-1 CPP : « les condamnés doivent manifester des efforts sérieux de réadaptation sociale, notamment [...] en s'efforçant d'indemniser leurs victimes. [...] ». Par ailleurs, les dispositions de l'article 721-2 CPP lui sont applicables. II en résulte un renforcement de la prise en compte des préoccupations réparatrices dans le prononcé d'une telle mesure, puisqu'elles se manifestent à un double titre.

En définitive, au travers des réductions de peine se trouve une nouvelle fois illustrée l'affirmation selon laquelle des considérations indemnitaires sont susceptibles de déterminer la mise en œuvre des modalités d'application des sanctions pénales et, plus précisément ici, le bénéfice d'une extinction anticipée des sanctions.

599. S'agissant du relèvement, il est présenté, en droit français, comme la « procédure permettant de mettre fin aux incapacités, déchéances ou interdictions qui

---

1. ROBERT J.-H., « Les murailles de silicium, Loi n° 2005-1549 du 12 déc. 2005 relative au traitement de la récidive des infractions pénales », JCP 2006, I, 116, Dr. Pén. 2006 chron. 2.

2. Art. 721 al. 1er CPP.

3. Art. 721 al. 2 et 3 CPP. Par ailleurs, depuis la loi du 25 février 2008 relative à la rétention de sûreté, pour les condamnés à certains crimes commis contre les mineurs ou de nature sexuelle, le crédit de réduction de peine peut également leur être retiré s'ils ont refusé les soins qui leur étaient proposés, refus qui est ainsi assimilé par le législateur à une forme de mauvaise conduite en détention. Cette réduction conditionnelle de peine a été également soulignée par la jurisprudence : Crim. 6 sept. 2006, Bull. n° 210 ; Crim. 21 févr. 2007, Bull. n° 59 ; Crim. 7 mars 2007, Bull. n° 75 ; Crim. 28 sept. 2007, Bull. n° 228.

4. DESPORTES F. et LE GUNEHEC F., *Droit pénal général*, Economica, 16ème éd. 2009, p. 989.

résultent d'une condamnation pénale alors que cette dernière subsiste. C'est donc une cause d'extinction partielle de la sanction » [1]. Il peut être instantané ou différé [2].

Dans le premier cas, prévu à l'article 132-21 C. pén., il est accordé par la juridiction de jugement en même temps qu'est prononcée la condamnation. Dans le second cas, en revanche, il ne peut être édicté qu'à l'expiration d'un certain délai, du moins lorsqu'il porte sur une peine accessoire et selon une procédure détaillée à l'article 703 CPP. En principe, et d'après les textes, le relèvement n'est aucunement conditionné par la réparation des dommages causés par l'infraction. Il convient cependant de relever l'existence d'une exception dans une hypothèse bien particulière énoncée à l'article 702-1 al. 2 CPP. Aux termes de ce dernier, « lorsque la demande est relative à une déchéance, interdiction ou incapacité prononcée en application de l'article 201 de la loi n°85-98 du 25 janvier 1985 [3] relative au redressement et à la liquidation judiciaire des entreprises, la juridiction ne peut accorder le relèvement que si l'intéressé a apporté une contribution suffisante au paiement du passif du débiteur [...] ». Autrement dit, l'interdiction de diriger, gérer, administrer ou contrôler, directement ou indirectement, une entreprise ne peut faire l'objet d'un relèvement que si celui qui le sollicite a réparé, au moins pour partie, le préjudice causé.

Par ailleurs, et en dehors de cette exception, les juges saisis d'une demande de relèvement ont toujours la possibilité de tenir compte de ce que la victime, s'il y en a une, a été ou non indemnisée. En effet, selon la Cour de cassation, ils ont la plus grande liberté pour déterminer les critères en vertu desquels ils vont se prononcer [4]. Aussi, il n'y a aucun obstacle à ce qu'ils choisissent, entre autres, celui fondé sur des considérations indemnitaires. Il est même fort probable qu'il en aille très souvent de la sorte.

600. La réhabilitation du condamné constitue une autre technique à travers laquelle une restitution ou réparation des dommages résultants de l'infraction peut assurément être imposée. Elle est insérée dans le chapitre 3 du titre 3 du livre 1er du Code pénal français relative « à l'exécution des peines et à l'effacement des condamnations » [5].

En réalité, la réhabilitation peut être demandée par un condamné qui, ayant exécuté sa peine principale, souhaite par ailleurs obtenir l'extinction des peines accessoires ou complémentaires qui lui ont été infligées [6]. C'est en cela qu'elle peut être qualifiée de mode d'extinction des sanctions pénales. Or, son bénéfice est subordonné, aux termes de l'article 788 CPP, au paiement des dommages et intérêts.

---

1. BEZIZ-AYACHE A., *Dictionnaire de droit pénal général et procédure pénale*, Coll. Dictionnaire de Droit, Ellipses, 4ème éd., 2008, V° Relèvement.

2. ZAMBEAUX Cl., « *Relèvement des interdictions, déchéances, incapacités ou mesures de publication* », J.-Cl. Procédure pénale, Art. 702-1 et 703, 2000, n°65 et s., p.8 et s.

3. Devenu l'article L. 626-6 C. com.

4. Crim., 3 juillet 1975, Bull. Crim., n°179 ; Crim., 5 février 1979, Bull.crim., n°51 ; Crim., 14 décembre 1982, Bull. crim., n°289 ; Crim., 27 juin 1990, Bull. crim., n°266 ; Crim. 28 févr. 2001, Bull. n° 55 ; Crim. 15 oct. 2003, Bull. n° 194 ; Crim. 13 juin 2007, Bull. n° 162.

5. Art. 785 et s. du Code de procédure pénale français.

6. BOULOC B., *Droit pénal général*, Coll. Précis, Dalloz, 21ème éd., 2009, n° 809, p. 663.

601. Si l'extinction anticipée des sanctions pénales sous condition de réparation est susceptible de découler d'une décision judiciaire, ainsi qu'en rendent compte les réductions de peines, le relèvement et la réhabilitation judiciaire, elle peut également être la conséquence d'une décision du pouvoir exécutif.

B – La réparation, condition de l'extinction anticipée de la sanction procédant d'une décision du pouvoir exécutif

602. L'acte émanant du pouvoir exécutif qui est susceptible d'emporter une extinction anticipée de la sanction pénale consiste dans le prononcé d'une grâce. Cette dernière peut se définir comme la « mesure de clémence décidée par le chef de l'Etat et en vertu de laquelle un condamné est dispensé de subir sa peine en totalité ou en partie, ou par l'effet de laquelle une peine plus douce est substituée à la peine normalement exécutoire » [1].

603. En droit français, le droit de grâce du Président de la République est prévu à l'article 17 de la Constitution du 4 octobre 1958. Par ailleurs, la loi constitutionnelle du 23 juillet 2008 de modernisation des institutions de la Ve République a complété cet article en indiquant que la grâce était accordée « à titre individuel ». Sa justification procède de la nécessaire prise en compte de données humanitaires et politiques, lesquelles permettent au chef de l'Etat de faire contre-poids à la prétendue rigidité du régime légal [2]. Bien que faisant l'objet de critiques de plus en plus nombreuses [3], il apparaît que le Conseil constitutionnel entend toujours assurer le respect du droit de grâce du Chef de l'Etat, ainsi qu'en atteste une décision relativement récente [4].

604. En droit iranien, cette prérogative régalienne est inscrite respectivement à l'article 110, 11° de la Constitution de la République Islamique d'Iran, l'article 24 du Code pénal, et le Règlement de la Commission de grâce du 19 novembre 1995, aux termes desquels, la grâce est une faveur proposée par le pouvoir judiciaire au guide suprême de la Révolution Islamique sur la base duquel il peut dispenser, de manière discrétionnaire, un condamné d'exécuter tout ou partie de sa peine ou substituer une peine moins forte à la peine qui lui a été infligée.

La grâce iranienne se différencie également de son homologue français par le fait qu'on distingue normalement en droit iranien, entre la grâce individuelle et la grâce générale, qui est une mesure d'indulgence prise par le guide suprême de la révolution à l'occasion d'un événement important ou d'une fête [5], alors que d'après Monsieur le Professeur J. PRADEL, « cette deuxième forme de grâce, n'existe plus en

---

1. MERLE R. et VITU A., Traité de droit criminel, T. I, Problèmes généraux de la science criminelle. Droit pénal général, Cujas, 7ème éd., 1997, n° 871, p.1032.

2. RENAUT M.-H., « Le droit de grâce doit-il disparaître ? », RSC 1996, p. 575 et s., spéc. p. 592.

3. LAVIELLE B. et LECOINTRE Ch., « *De grâce, Monsieur le Président... (remarques critiques sur la pratique des décrets de grâces collectives)* », Gaz. Pal. 1997, 2, doct. p. 422 et s. ; BENAUT M.-H., « Le droit de grâce doit-il disparaître ? », RSC 1996, p. 575 et s.

4. Cons. Const., Décision n°98-408 D.C. du 22 janvier 1999.

5. Art. 8 du Règlement de la Commission de grâce du 19 novembre 1995. Sur cette question v. NOURBAHA R., Précis de droit pénal général, édition Dad Afarin, 26ème ed. 2010, p. 460.

France depuis les lois des 29 décembre 1972 et 11 juillet 1975 [1] qui lui ont substitué la réduction de peine ». [2]

605. Reste à justifier en quoi, à l'heure actuelle, la grâce est susceptible, d'une part, de constituer un mode d'extinction anticipé de la sanction pénale et, d'autre part, d'être prononcée sous condition de restitution.

Pour ce faire, doit tout d'abord être évoqué l'article 133-7 du Code pénal français. Cette disposition énonce que la grâce « emporte seulement dispense d'exécuter la peine ». Or, cette dispense d'exécution est, une fois accordée, et contrairement à celle découlant d'un sursis, immédiatement définitive. C'est donc à juste titre qu'elle est considérée par le législateur comme un mode d'extinction des sanctions pénales. Pour ce qui est ensuite de la condition de réparation des dommages à laquelle le bénéfice d'une telle mesure de faveur est subordonné, elle ne peut être fondée sur aucun texte. Elle procède, en réalité, de la pratique. En effet, si dans le domaine de la grâce, la procédure qui lui est applicable, les modalités qu'elle peut revêtir et les conséquences qu'elle emporte sont précisément définies par le législateur, en revanche, la décision d'exercer ou non ce droit relève du pouvoir discrétionnaire de son titulaire [3]. Or, il apparaît que le chef de l'Etat français et le guide suprême iranien ont parfois recours à la technique dite de la « grâce conditionnelle » [4]. Autrement dit, il arrive que le décret présidentiel subordonne le bénéfice de la dispense d'exécution à certaines conditions, parmi lesquelles peut notamment figurer l'indemnisation de la victime [5]. Par ailleurs, et alors même que la grâce serait accordée purement et simplement, il est parfaitement envisageable que le guide suprême iranien ou le chef de l'Etat français, pour prendre sa décision, s'assure préalablement de ce que l'indemnisation des victimes est d'ores et déjà acquise, cette dernière étant alors une condition implicite, mais néanmoins déterminante, du bénéfice de la mesure de faveur [6].

---

1. Art. 721, 721-1 et 729-1 CPPF.

2. PRADEL J., Droit pénal général, éditions Cujas, 18ème éd. 2010, p. 741.

3. NOURBAHA R., *op. cit.*, p. 460 ; AZEMAYESH A., Cours de droit pénal général, Faculté de droit et des sciences politiques de l'Université de Téhéran, 1994-1995 ; ETIENNE C., « Grâce », J.-Cl. Pénal, Art. 133-7 et 133-8, 2001, n° 15, p. 5 ; BENAUT M. - H., « Le droit de grâce doit-il disparaître ? », RSC 1996, p. 575 et s., spéc. p. 593.

4. BOULOC B., Droit pénal général, Coll. Précis, Dalloz, 21ème éd., 2009, n°791, p.641 ; MERLE R. et VITU A., Traité de droit criminel, T. I, Problèmes généraux de la science criminelle. Droit pénal général, Cujas, 7ème éd., 1997, n°879, p.1040 ; PRADEL J., Droit pénal général, Coll. Manuels, Cujas, 18ème éd., 2010, n° 837, p.745 ; ARDEBILI M.-A., Droit pénal général, T. II, édition Mizan, 3ème éd. 2002, p. 262.

5. BOULOC B., *op. cit.*, n° 791, p.641 ; TARDY V., « L'indemnisation de la victime, condition d'octroi d'une mesure de faveur », Les Petites Affiches 26 janvier 1998, p.8 et s., spéc. p.12

6. LAFFARGUE B. et GODEFROY Th., « Pratique de la grâce et justice pénale en France : l'usage ordinaire d'une mesure exceptionnelle », RSC 1982, p.641 et s., spéc. p.651 ; GOJDOUZIAN I., Précis de droit pénal général, édition Mizan, 12ème éd. 2006, p. 374.

Conclusion de la seconde partie

606. A la lumière de la présente étude, il est apparu que les considérations purement pragmatiques inspirées largement tant par les nouvelles approches de la politique criminelle française et iranienne [1], que des interprétations des jurisprudences islamiques post révolutionnaires ont permis l'élargissement des fonctions de la responsabilité pénale par l'ajout d'une finalité restitutive.

607. La restitution [2] est donc utilisée comme un outil de répression. Greffée aux poursuites, elle se transforme en un moyen de désencombrement des juridictions pénales et de contractualisation du procès pénal. Intégrée à la peine, elle permet d'individualiser la sanction pénale. Se pose alors la question de savoir comment interpréter ces glissements successifs ? L'idée fut d'abord suggérée par la doctrine, dans le courant toujours plus favorable à la protection des victimes, dont les droits incluent incontestablement la réparation de leur dommage [3]. Ainsi, les auteurs qui se sont penchés sur la question ont apporté des contributions décisives. Madame le Professeur Anne D'HAUTEVILLE a exprimé son souhait de voir creuser « l'idée d'une peine réparatrice, mise en œuvre au profit de la collectivité dans le traitement d'intérêt général » [4].

608. Il ressort ensuite de la politique criminelle législative qui considère la restitution dans les fonctions de la responsabilité pénale pour incliner la répression, et ce, dans l'optique d'une réponse la mieux adaptée aux préoccupations contemporaines. Si le législateur souhaite désencombrer les prétoires, il subordonne alors les poursuites à la réparation du dommage, ou crée une alternative aux poursuites en utilisant, par exemple, la transaction. S'il souhaite protéger les intérêts patrimoniaux de l'Etat, il qualifie la sanction de mixte, pour permettre d'élargir le cercle des respon-

---

1. NADJAFI A.-H., « La politique criminelle iranienne », in Problèmes actuels de science criminelle XIII, Presses Universitaires d'Aix-Marseille, Faculté de droit et de science politique, 2000.

2. La restitution recouvre à la fois l'obligation de réparer le dommage et celle de mettre un terme à la situation illicite.

3. THOMAS D., « Le concept de procès pénal », in Mélanges offerts à P. Couvrat, PUF, 2002, p. 401 : d'une manière générale, les droits des victimes concernent la représentation de la victime au cours d'un procès pénal élargi s'ouvrant dès l'enquête et s.e terminant à la fin de l'exécution de la peine.

4. D'HAUTEVILLE A., « Victimes mieux aidées, mieux indemnisées, des perspectives nouvelles », RSC 1989, p. 172.

sables débiteurs de l'amende. S'il souhaite réinsérer le délinquant, il conditionne le prononcé de la peine ou son exécution, à la réparation du dommage.

Il s'ensuit que, tant l'action publique, que les sanctions au prononcé desquelles elle est susceptible d'aboutir, illustrent les préoccupations restitutives du droit de la responsabilité pénale de plus en plus fréquentes, même si leur légitimité semble en partie contestable.

609. Pour ce qui est de l'action publique, elle présente une fonction restitutive perceptible à un double niveau. Tout d'abord, l'autorité de poursuite incite le délinquant à remettre les choses en l'état. Celle-ci s'exprime par le choix offert à l'auteur d'une infraction : soit il accepte de se soumettre à des alternatives aux poursuites à finalité restitutive, telles que les transactions ou les médiations ; soit il refuse, auquel cas il se soumet à la rigueur de la répression pénale stricto sensu. Même si de telles alternatives aux poursuites semblent contestables, au regard de l'effectivité douteuse des intérêts qu'elles recèlent et de l'atteinte à certains principes fondamentaux de la procédure pénale, elles connaissent néanmoins un succès qui ne paraît pas devoir être démenti.

610. Pour ce qui est des sanctions pénales à proprement parler, il semble *a priori* difficile de leur reconnaître un objet restitutif, dès lors qu'elles se définissent classiquement par leur triple fonction d'intimidation, de rétribution et de réadaptation. Pourtant, il est nécessaire de dépasser cette approche trop restrictive de la notion de sanction pénale semblant alors s'identifier aux seules peines. Ainsi, il peut être constaté que certaines mesures relevant de la catégorie des sanctions pénales n'ont d'autre finalité que de permettre la réparation du dommage causé ou de supprimer la situation illicite. Certes, la nature pénale de ces sanctions (et notamment en droit français) est contestée par la doctrine majoritaire. Cependant, elle semble pouvoir être vérifiée en application de nouveaux critères de qualification de la sanction pénale, lesquels paraissent davantage appropriés. Par ailleurs, il convient de remarquer que la restitution constitue parfois une condition de l'aménagement des condamnations pénales, que ce soit lors de leur prononcé ou lors de leur exécution. En conséquence, la restitution peut finalement être poursuivie alors même que seules des sanctions pénales, ayant un objet exclusivement répressif, ont été prononcées par la juridiction de jugement.

611. A cet égard, il est donc frappant d'observer, comme le cite Madame le professeur E. FORTIS, que « quand on recense les dispositions pénales dans lesquelles est prise en considération la réparation du préjudice, on comprend aisément que, dans une plus ou moins grande mesure selon la disposition utilisée, la répression pénale poursuit une fonction réparatrice » [1]. Il convient d'ailleurs, de rappeler que pendant longtemps furent soulignées les contradictions du droit de la responsabilité pénale et du droit de la responsabilité civile et les divers aspects de l'autonomie du droit de la responsabilité pénale. Cependant, les récentes dispositions adoptées et les divers projets en cours en matière de responsabilité pénale, surtout en droit iranien,

1. FORTIS E., « Janus et la responsabilité : variations sur la sanction-réparation créée par la loi n° 2007-297 du 5 mars 2007 relative à la prévention de la délinquance », in Etudes offerts à G. VINEY, LGDJ 2008, p. 451.

semblent marquer une très forte interdépendance avec les dispositions du droit de la responsabilité civile. En effet, si l'autonomie de la responsabilité pénale s'efface ponctuellement en ce qui concerne ses divers aspects indemnitaires, et si le droit de la responsabilité pénale accorde un rôle nouveau au consentement du délinquant et de la victime, c'est que l'orientation des dispositions pénales se modifie. Son souci est désormais à la fois la défense de l'ordre social et la protection des intérêts particuliers, mais également la réparation des préjudices subis.

612. Mais force est enfin de rappeler que si la concurrence entre les responsabilités pénale et civile dans l'indemnisation des préjudices constitue le but commun du droit français et iranien, l'état d'avancement ainsi que les procédés de satisfaction à ces revendications contemporaines ne sont pas identiques dans le système pénal français et iranien. Premièrement, à la différence du droit français, la reconnaissance des procédures alternatives aux poursuites n'est pas encore exploitée de manière optimale en droit iranien. Deuxièmement, alors que le droit français consacre directement le concept de sanction-réparation, le caractère indemnitaire des sanctions pénales en droit iranien est le plus souvent indirect. Troisièmement, alors que la majorité des aménagements des sanctions tant à la phase du prononcé qu'à celle de l'exécution des peines s'effectue en droit pénal français par le juge de l'application des peines, il s'effectue en droit pénal iranien par la juridiction de jugement.

CONCLUSION GÉNÉRALE

613. A première vue, le mouvement de codification tant français qu'iranien, semble avoir consacré l'autonomie totale de la responsabilité civile par rapport à la responsabilité pénale. Et pourtant, on s'aperçoit qu'elle a laissé subsister des ressemblances notables entre les deux institutions. Cette ressemblance procède de ce que la responsabilité civile tend parfois, accessoirement à sa finalité restitutive, à punir certains comportements, tandis que la responsabilité pénale est susceptible d'être sollicitée moins pour chercher à réprimer la commission d'une infraction, que pour permettre la réparation du dommage causé à la victime ou pour mettre un terme à la situation illicite.

Ainsi, la responsabilité civile développe une fonction punitive qu'elle peut satisfaire grâce à l'existence de la notion de peine privée. Cette dernière constitue une sanction non pénale à finalité punitive susceptible d'être prononcée en conséquence de l'engagement de la responsabilité civile du défendeur. Elle est soumise à un régime juridique en parfaite adéquation avec l'objet qui est le sien, dans la mesure où elle n'a vocation à être sollicitée que pour réprimer des comportements suffisamment graves, lesquels sont par ailleurs imputables à des personnes douées de discernement et de libre arbitre. La raison d'être de cette dernière exigence est aisément justifiable : il n'y a pas de punition concevable, ou du moins socialement utile, si la personne qui la subit ne comprend pas la portée de ses actes ou n'a pas la possibilité d'agir librement. La peine privée est diversement sollicitée ainsi qu'en témoignent les multiples formes qu'elle peut revêtir : dommages et intérêts punitifs, astreinte, clause pénale, condamnation de principe ou encore publication de la décision de justice.

614. Tous ces aspects du droit contemporain de la responsabilité civile constituent des indices suffisamment sérieux d'une certaine résistance de la fonction punitive de cette discipline. Il paraît donc tout à fait excessif de déclarer que la responsabilité civile a, aujourd'hui, pour seule fonction une « réparation des dommages » et qu'on ne peut simplement espérer de cette responsabilité civile qu'elle participe à l'œuvre normative du système juridique. Il subsiste, à l'évidence, des manifestations significatives de son aptitude à définir des règles de comportement ainsi qu'à sanctionner efficacement ceux qui les transgressent. Chacun peut pressentir que de nombreux agissements répréhensibles, échappant tant au droit pénal qu'administratif, mériteraient d'être sanctionnés par une condamnation civile plus efficace, que celle qui se borne à ordonner la réparation du dommage. De même, la fonction punitive de la responsabilité demeure indispensable dans les cas où la voie pénale, bien que

théoriquement ouverte, n'est en pratique pas empruntée. Légitimement, la question peut se poser de savoir si l'auteur d'un vol de faible gravité ne pourrait pas, le cas échéant, échapper aux poursuites pénales à la condition d'être civilement condamné à restituer à la victime une somme supérieure à la valeur du bien dérobé.

615. De nombreux auteurs s'accordent d'ailleurs aujourd'hui pour reconnaître une utilité morale à cette peine privée. Ils permettent, en particulier, la sanction, dans certains domaines, de fautes dites « lucratives », c'est-à-dire de fautes que leur auteur a cependant intérêt à commettre parce qu'il tire de l'activité dommageable un profit supérieur aux condamnations encourues autrement dit, des fautes qui rapportent plus qu'elles ne coûtent. C'est le cas notamment pour les violations des droits de la personnalité (droit au respect de la vie privée, droit à l'image, droit à l'honneur ou la considération…) résultant d'activités commerciales très lucratives. C'est encore le cas pour les activités de concurrence déloyale ou illicite ou de contrefaçon qui procurent des profits très supérieurs au montant des dommages causés. Et l'on pourrait encore citer les activités industrielles polluantes et sources de nuisances diverses que la faiblesse des condamnations prononcées prive de tout caractère dissuasif.

Il semble donc intolérable que des responsables puissent tirer ainsi profit de leur faute et rester impunis, dans la mesure où ils échapperaient également à toute incrimination pénale. De la même façon, il est aussi regrettable de laisser se pérenniser des activités dommageables, faute de sanctions efficaces et dissuasives. Or, les dommages-intérêts punitifs représentent une réponse parfaitement adaptée à ces situations. Ils peuvent avoir un effet préventif efficace, notamment s'ils sont mesurés aux profits réalisés. Ils dissuadent le condamné de recommencer et, au-delà de cette intimidation individuelle, ils ont une fonction d'exemplarité et de prévention collective, surtout s'ils sont associés à des mesures de publicité des condamnations.

616. En définitive, la responsabilité civile conçue dans sa fonction punitive reste étroitement associée, aux yeux du public, à la responsabilité pénale en assurant la punition du coupable et en palliant ainsi les lacunes ou l'inefficacité de la répression pénale. Cela est d'autant plus vrai quand on constate un regain de volonté légale pour une plus grande punition civile.

Cette reconnaissance patente de la possibilité offerte à la responsabilité civile de venir compléter la responsabilité pénale dans la punition des comportements dommageables s'avère d'autant plus attendue en droit iranien qu'en droit français parce qu'elle y est plus concevable, pour plusieurs raisons essentielles. Tout d'abord, elle procède du fait que la peine privée est historiquement liée à la fonction normative de la responsabilité civile. Laquelle, contrairement au droit français, n'a jamais disparu du système juridique iranien. Ensuite, à l'heure où l'action civile conçue pour exceptionnelle, par les juridictions répressives, il paraît opportun pour les victimes d'avoir la possibilité de faire condamner les auteurs fautifs par les juridictions civiles à une peine privée et ce, à la fois pour réparer leurs dommages et punir les fautes commises. De surcroît, une telle reconnaissance est d'autant plus indispensable que le droit iranien n'a pas encore généralisé la responsabilité pénale des personnes morales. Ainsi la responsabilité civile prise dans sa fonction punitive permettrait indéniablement de combler une éventuelle impunité pénale des personnes morales. Par ailleurs, contrairement au système juridique français où les réponses à la dépénalisation se sont déjà concrétisées ; en droit iranien, cette dépénalisation ne fut que récemment explicitement adoptée. En conséquence, le recours à la peine privée favorisera ainsi la neutralisation de certains comportements répréhensibles qui ne seront dès lors plus incriminés.

617. La présente étude a eu notamment le mérite de démontrer le décalage entre les évolutions respectives des droits français et iraniens, tant dans leur contenu que dans leur forme. Il en est ainsi du cas des fautes lucratives qui sont amplement reconnues en France et qui sont amenées à se développer de plus en plus en Iran. L'évolution des techniques, les progrès de la société marchande et l'évolution du monde économique provoquent une attitude de plus en plus égoïste des entreprises dans un pays émergent comme l'Iran où surgit ce phénomène de faute lucrative. Cela risque désormais de menacer plus que jamais le droit de la responsabilité. C'est la raison pour laquelle la consécration d'une responsabilité civile punitive sera une solution bien plus attendue qu'en France pour répondre au problème des fautes lucratives.

Cette nécessité résulte enfin de la réticence jurisprudentielle dans l'application de la peine privée et de l'absence d'une réglementation mesurée de cette dernière dans le système juridique iranien. Une telle réticence est en quelque sorte le fait du sentiment d'indifférence éprouvé par la grande majorité des juristes iraniens à l'égard de cet aspect punitif du droit de la responsabilité civile. Nous espérons que cette étude contribuera avec des riches opinions doctrinales françaises à persuader le législateur français à finaliser la reconnaissance des dommages-intérêts punitifs en France, et à convaincre le législateur iranien à effectuer un important aménagement des règles qui gouvernent la fonction de peine privée de la responsabilité civile, car le développement formulé par notre étude démontre bien que le perfectionnement de la fonction normative de la responsabilité civile viendrait certainement compléter la fonction punitive de la responsabilité pénale.

La nécessité de systématisation du recours à la peine privée est donc incontestable au vu de la décision rendue dans l'affaire du « sang contaminé » en Iran. Dans cette affaire, il a fallu attendre plus de vingt années pour que l'affaire soit jugée au pénal, sans que cette décision ne puisse répondre aux attentes des victimes. De même, le récent arrêt rendu par la Cour d'Appel de Paris dans l'affaire de l'Hormone de Croissance le 5 mai 2011, la relaxe pénale des prévenus a provoqué un scandale chez les parties civiles, un sentiment d'abandon par la justice les envahissait [1]... Mais plus qu'un débat d'opinion publique, ce qui importe d'être rapporté et analysé dans cette étude, c'est la distinction entre faute pénale et faute au sens civil du terme ; autrement dit, les mises en jeu des responsabilités pénales et civiles. Indéniablement dans cette affaire se pose la question de savoir quel aurait été le verdict d'une juridiction civile ? Le recours à la peine privée aurait sans doute reconnu comme responsables les auteurs des dommages au vu des différentes jurisprudences étudiées ici, pour les besoins de l'étude [2].

---

1. Metro du 6 mai 2011, n° 2001.
2. Ces propos n'engagent que l'auteur.

618. Parallèlement, la responsabilité pénale poursuit, sur le modèle de la responsabilité civile, un objet restitutif tentant ainsi de rivaliser avec cette dernière. En effet, elle peut poursuivre une finalité restitutive qui est susceptible d'être mise en œuvre à deux niveaux différents. Tout d'abord, l'action publique peut être utilisée comme un moyen de pression destiné à inciter le délinquant à réparer le dommage causé ou à mettre un terme à la situation illicite sous menace de poursuites, lesquelles seront engagées s'il refuse de conclure une transaction ou de se soumettre à une procédure de médiation. Ensuite, certaines sanctions pénales ont une finalité restitutive révélée par leur objet qui consiste soit à réparer le dommage causé à la victime, soit à mettre un terme à la situation illicite. En outre, l'aménagement des sanctions pénales, que ce soit lors de leur prononcé ou en cours d'exécution, peut être conditionné par des préoccupations restitutives.

620. Le rattachement à la responsabilité pénale d'une fonction de remise en état n'est pas en soi critiquable. Prévoir des sanctions pénales qui ont pour objet de mettre un terme à la situation illicite peut se justifier notamment lorsque cette dernière est à l'origine d'un trouble causé à la société et donc à l'intérêt public. Néanmoins, il est possible que ce constat se double d'une atteinte à un intérêt privé. Quand cette seconde atteinte est source de dommage pour la victime, cette dernière *a fortiori* a le droit d'obtenir réparation.

621. Cette finalité réparatrice de la responsabilité pénale connaît une double évolution qui ouvre un champ d'action toujours actuel et considérable, à condition qu'elle sache s'adapter au but recherché.

C'est d'abord le mouvement de « privatisation du procès pénal ». La contractualisation est notamment apparue en droit pénal pour permettre à la victime d'obtenir une réparation plus rapide et plus certaine de son dommage. Cet objectif, mis en avant pour l'adoption de modes alternatifs aux poursuites, a cependant une intensité diverse. En effet, il apparaît que dans certaines procédures alternatives, l'objet réparateur n'est pas l'objectif premier, ce dernier est plus centré sur le désencombrement des juridictions de jugement. L'objectif est donc, par cette transaction, de jouer sur le principe de la culpabilité ou sur la peine. Cependant, dans d'autres modes alternatifs aux poursuites, la réparation est en première ligne. C'est ainsi que la procédure de réparation est apparue sous la forme matérialisée d'une entité à deux visages : un visage purement réparateur et un visage naturellement répressif. En effet, comme l'affirment certains auteurs, « le procès pénal s'est véritablement transfiguré : il n'est plus un instrument essentiellement étatique de recherche de la vérité, avec pour finalité unique la répression. L'objectif de répression demeure, mais il est doublé d'un objectif de protection des intérêts privés, voire de restauration des rapports entre la victime et le délinquant, ce qui est plus proche de la réparation que de la répression » [1].

C'est d'ailleurs dans de tels cas que la contractualisation se trouve parfaitement illustrée théoriquement tant en droit iranien qu'en droit français. Cependant, la pratique de cette technique de résolution des litiges est à nuancer pour ce qui est du

1. PIN X., « La privatisation du procès pénal », RSC, 2000, p. 245.

système juridique iranien ; cette mise en œuvre n'est encore qu'au stade « d'ébauche ».

622. En conséquence, l'un des objectifs de cette étude est de contribuer à la généralisation de ces pratiques en droit iranien, et ce en tirant les conséquences des expériences mises en œuvre en droit français. De plus, en décrivant, mais surtout en analysant certaines incohérences et critiques envers l'utilisation de cette « troisième voie » procédurale, dite des procédures alternatives aux poursuites, les techniques juridiques françaises s'amélioreront considérablement.

C'est ensuite le mouvement de « victimisation de la réaction pénale » qui est d'ores et déjà amorcé et très vivement prôné. Ce mouvement de victimisation traduit la volonté de la justice pénale de prendre mieux en compte les intérêts des victimes. La première manière d'intégration de la réparation du dommage des victimes à la réaction pénale est de faire de la réparation la finalité de la peine. Historiquement, c'est ce mode d'intégration qui a été utilisé. Depuis fort longtemps, aux frontières du droit pénal commun, des sanctions très particulières, dont la finalité se rapproche beaucoup plus d'une réparation civile que d'une réaction punitive, se sont développées. Le renforcement de la prise en compte des victimes est patent dans l'article préliminaire du Code de procédure pénale et la loi française n° 2000-516 du 15 juin 2000 renforçant la protection de la présomption d'innocence et les droits des victimes. De même, les dispositions du nouveau projet du Code pénal islamique et celui du Code de procédure pénale iranien ont contribué tout particulièrement à un tel renforcement. La seconde manière d'intégration se remarque au niveau de l'exécution de la peine où le législateur, aussi bien iranien que français, a également souhaité ne pas négliger la victime. C'est ainsi que selon les dispositions formelles et substantielles largement similaires des deux pays étudiés, l'exécution des peines favorise le respect des intérêts des victimes. De la même façon, la liberté conditionnelle ne pourra être octroyée qu'aux détenus faisant des efforts pour indemniser leurs victimes. La réparation du dommage est également devenue un enjeu de crédits de peine, en estimant que le détenu pourra bénéficier d'un crédit de réduction de peine supplémentaire au vu des efforts manifestés pour indemniser ses victimes.

623. Ce regard concentré sur la victime et l'attention particulière accordée à la réparation de son dommage par une réaction pénale mesurée ont conduit le législateur a estimé plus cohérent de confier la réparation d'un tel dommage au juge pénal plutôt que d'instaurer systématiquement deux procès : l'un pour faire appliquer la répression et l'autre au civil pour que la réparation soit accordée à la victime. Du fait d'avantages non négligeables, comme la gratuité du procès et le pouvoir d'enquête du magistrat instructeur ou du Ministère public, la victime optera pour la voie répressive et demandera donc réparation intégrale et effective de ses préjudices, aussi bien les préjudices actuels que futurs, directs ou par ricochet. L'action civile permet d'ailleurs d'obtenir réparation de tous les types de préjudices : le dommage économique, résultant des pertes subies (frais funéraires, frais médicaux...), ou résultant du manque à gagner (incapacité de travail...) ; les préjudices extrapatrimoniaux comme le « pretium doloris » (souffrances physiques et psychiques...), le préjudice

esthétique, et plus récemment reconnu notamment en France, le préjudice écologique [1].

L'on en veut pour preuve, l'affaire qui fit scandale en Iran, l'affaire des Camions HAVOO. Dans cette affaire, selon le discours du Procureur Général Iranien publié dans les journaux iraniens du 02 mars 2011, le juge pénal s'est efforcé de répondre aux attentes des victimes, le mieux possible, en accordant une réparation spécifique pour chaque dommage [2]. En France, l'affaire de la catastrophe écologique Erika [3], connut une réaction similaire de la part des juges pénaux. Plus qu'une réparation du préjudice, c'est une nouvelle prise en compte du champ de l'étendue d'un préjudice. L'extension des limites du préjudice est incontestable.

Si la protection de la victime et l'attention particulière à la réparation de son dommage existent depuis l'origine des systèmes juridiques, et spécialement dans les textes anciens de droit islamique, il est incontestable que la victimisation connaît « une apogée » depuis une décennie et cela grâce aux débats doctrinaux inspirés du droit comparé.

624. Il s'ensuit que ces courants restitutifs sont dès lors plus favorables à la protection des victimes, dont les droits, désormais reconnus tant en droit iranien qu'en droit français, incluent incontestablement la réparation de leur dommage.

L'avantage d'une plus grande simplicité de réparation permet donc à la responsabilité pénale de concurrencer d'autres systèmes d'indemnisations non-pénales. C'est d'ailleurs par cela que le propos tenu par DURKHEIM dans son ouvrage *De la division du travail social* se vérifie parfaitement : « Les sociétés passent de l'état primitif marqué par une solidarité mécanique correspondant à un droit répressif, à la modernité marqué par une solidarité organique correspondant à un droit restitutif » [4].

Sans prétendre être exhaustive, la présente étude aura tenté de monter qu'en envisageant la peine privée à partir du point de vue du droit de la responsabilité civile, et de la même façon, la restitution à partir du point de vue du droit de la responsabilité pénale, on trouve confirmation selon laquelle la frontière entre les fonctions de la responsabilité civile et de la responsabilité pénale n'est jamais clairement délimitée.

625. Ainsi, c'est parce que la responsabilité civile et la responsabilité pénale développent, accessoirement à leur objet principal qu'est la réparation pour la première et la punition pour la seconde, d'autres finalités, que l'existence de similitudes entre elles a pu être mise en évidence. Plus encore, au terme de cette recherche, la question d'une nécessaire coopération des responsabilités pénale et civile mérite d'être posée. Les deux systèmes doivent se justifier et interagir ensemble dans une perspective de cohérence d'une responsabilité juridique afin que la justice soit rendue

---

1. MATHIDE B., « La classification des catégories de préjudices à l'épreuve de l'arrêt Erika », Revue Lamy Droit Civil, Juillet/Août 2010, n° 73, p. 18 et s.

2. Iranian Student's News Agency (ISNA), 02/09/2011, n° 1711851.

3. CA Paris, 30 mars 2010, 11e ch., 08/02278.

4. DURKEIM E., De la division du travail social, PUF, Coll. Bibliothèque de philosophie contemporaine, Paris, 1973.

avec une dimension sociale pour répondre à des attentes globales de lutte contre les catastrophes écologiques, les crimes économiques et actes de terrorisme. Cela se vérifie d'autant plus que les frontières mêmes du dommage s'ouvrent de plus en plus avec notamment la prise en compte des préjudices écologiques, de santé publique, ou autres.

L'on en veut d'ailleurs pour preuve le dossier polémique de santé publique qui fait l'objet d'un véritable scandale en France à l'heure de la rédaction de la conclusion de cette thèse, *L'affaire MEDIATOR,* qui pose deux questions majeures : qui peut être responsable de ce scandale sanitaire ? Et comment indemniser les victimes de leur préjudice ? Autrement dit, l'on voit bien qu'en présence d'un dommage de masse, comme dans des scandales sanitaires, sont mis en balance le souci d'une condamnation pénale et le devoir d'indemnisation des victimes.

L'unique moyen de répondre utilement et efficacement à ces deux questions est d'exiger une coopération des responsabilités civiles et pénales, ouverture nécessaire qui fut préconisée tout au long de cet ouvrage.

BIBLIOGRAPHIE

I - Ouvrages et traités

ABACHI M., Le droit pénal des mineurs dans les instruments de l'ONU, éditions Madjd, 2ème éd. 2010.
ABASIAN-FARD A., *Les conseils de règlement des litiges et la participation de société civile, t. I*, éd. Le centre de presse et éditions du pouvoir judiciaire de 2005.
ABBASI M., *La médiation pénale*, éditions Daneshvar, 1ère éd. 2004.
ABRAVANEL-JOLLY S.et ASTEGIANO-LA RIZZA A., *Lamy assurances*, 2011.
ACHOURI M., *Procédure pénale,* t. I, édition SAMT, 6ème éd. 2001.
ACHOURI M., *Procédure pénale,* t. II, éditions SAMT, 1ère éd. 2001.
ACHOURI M., Les alternatives à la prison ou les sanctions intermédiaires, édition Gherayesh, 1ère éd. 2004.
ACHOURI M., Adjoint juridique et le développement judiciaire du pouvoir judiciaire iranienne, *Premier rendement quinquennal et deuxième plan global et opérationnel du développement judiciaire (2004-2009),* éditions Salsabil, 1ère éd. 2005.
ACHOURI M., Adjoint en charge de l'éducation du pouvoir judiciaire, Description et analyse scientifique des arrêts judiciaire en matière pénale portant sur la modification de l'utilité des terres agricole et des jardins, éditions Javdaneh, 1ère éd., 2009.
AHMADI A., Les dommages matériels exigibles aux milieux des douanes, édition Mizan, 1ère éd. 2008.
AHMADI-MOVAHED A., *Application des peines*, édition Mizan, 1ère éd. 2004.
AKHOUNDI M, *Procédure pénale*, t. V, *La pratique*, édition Mizan, 1ère éd. 2004.
AKHOUNDI M, *La procédure pénale*, t. III, édition du ministère de la culture et de l'orientation islamique, 6ème éd. 2005.
ALIABADI A.-H., *Droit criminel, t. I,* édition de Banque nationale d'Iran, 5ème éd. 1976.
Allameh MAJLESI M.-B., *Behar el-anvar*, t. 71, éditions de l'Institut d'Al-Vafa, 2ème éd., 1995.
ALLIX E. et ROUX L., Les droits de douane. Traité théorique et pratique de législation douanière, t. II, Rousseau, 1932.
ALMASI N.-A., *Droit international privé*, édition Mizan, 1ère éd. 2003.
AMIN S.-H., *L'histoire du droit iranien*, éditons Daeratolmaaref Iranshénasi, 1ère éd. 2003.
ANCEL M., *La Défense sociale*, traduit en persan par NADJAFI A.-H. et ACOURI M., Presse de l'Université de Téhéran, 1ère éd. 1991.
ANSARI B., *Droit de la communication de masse*, éditions SAMT, 2ème éd. 2008.
ARDEBILI M.-A., *Droit pénal général*, t. I, édition Mizan, 1ère éd. 2000.
ARDEBILI M.-A., *Droit pénal général*, t. II, édition Mizan, 3ème éd., 2002.
AREFI-MASKOUNI M., La nature juridique du Diyeh et l'analyse de son taux et son variété, éditions Daneshvar, 1ère éd. 2003.
ASGHARZADEY-BONAB A., Recueil des commentaires de la jurisprudence de l'Assemblée plénière de la Cour de cassation pour la période 1950 -2006, éditions Madjd, 2ème éd. 2007.
AUBERT J.-L., Introduction au droit et thèmes fondamentaux du droit civil, Coll. Université, Sirey, 13ème éd. 2010.
Ayatollah AMID ZANJANI A.-A., Les causes de la responsabilité : introduction à la responsabilité civile, ses motifs et ses effets dans la jurisprudence islamique, édition Mizan, 1ère éd. 2003.
Ayatollah BOJNORDI S.-M., Les contributions religieuses, philosophiques et sociales, 1ère éd. 2001.
Ayatollah KHOMEINI R.-A., *Tahrir el-vasileh,* t. IV, éditions Makabat el-Eatemad, Qom, 5ème éd., 2009.
AZIZI H.-A., *Les contextes historiques de la justice restaurative en Iran,* édition Journal officiel de la République islamique d'Iran, 1ère éd. 2009.

BABAEE I., *Droit de l'assurance*, éditions SAMT, 1ère éd., 2003.

BAKHTAR S.-A., *Les infractions à la police de la circulation*, éditions Khorsandi, 1ère éd. 2008.

BARIKLOO A.-R., *Responsabilité civile*, édition Mizan, 2ème éd. 2008.

BAUDRY-LACANERIE G. et BARDE L., *Traité théorique et pratique de droit civil. Des obligations*, t. IV, L. Larose, 2ème éd., 1905.

BECCARIA C., *Des délits et des peines*, traduit du persan par ARDEBILI M.-A., Presse de l'Université de Shahid Beheshti, 1ère éd. 1989.

BENABENT A., *Droit civil. Les obligations*, Coll. Domat, Montchrestien, 11ème éd., 2007.

BERR Cl.-J. et TREMEAU H., *Le droit douanier communautaire et national*, Coll. Droit des affaires et de l'entreprise, Economica, 6ème éd., 2004.

BETEILLE L. et ANZIANI A., Responsabilité civile : des évolutions nécessaires, D. 2009, p. 2328.

BIGUENET-MAUREL C., *Réforme de la prescription civile*, éditions Francis Lefebvre, 1ère éd., 2008.

BOULAN F., *La transaction douanière. Etudes de droit pénal douanier*, Annales de la Faculté de droit d'Aix-en-Provence, 1968.

BOULOC B., *Pénologie*, traduit en persan par : NADJAFI A.-H., éditions Madjd, 4ème éd. 2005.

BOULOC B., *Droit pénal général*, Coll. Précis, Dalloz, 21ème éd. 2009.

BOULOC B., *Procédure pénale*, Coll. précis, Dalloz, 22ème éd., 2010.

BOULOC B. et MATSOPOULOU H., *Droit pénal général et procédure pénale,* 17ème éd., Sirey, 2009.

BOUSQUET G.-H., *Le droit musulman*, éd. Colin, 1963.

BRISON L. et PRADEAU J.-F., *Les lois de Platon*, PUF, 2007.

BROUGERDI ABDOH M., *Les principes judiciaires de la Cour suprême d'Iran*, éditions Raham, 1ère éd. 2002.

CARBONNIER J., *Droit civil, t. IV, Les obligations*, Coll. Thémis, PUAM, 22ème éd, 2000.

CARBONNIER J., *Droit civil. Introduction*, Coll. Thémis, PUF, 27ème éd, 2002.

CHARTIER Y., *La réparation du préjudice*, Dalloz, 1983.

CONTE Ph. et MAISTRE DU CHAMBON P., *Procédure pénale*, Coll., U, Armand Colin, 4ème éd., 2002.

CONTE Ph. et MAISTRE DU CHAMBON P., *Droit pénal général*, Coll. U, Armand Colin, 7ème éd., 2004.

COUCHEZ G. et LAGARDE E., Procédure civile, éditions Sirey, 16ème éd., 2011.

COUTANT-LAPALUS Ch., Le principe de réparation intégrale en droit privé, PUAM, 2002.

DANESH T.-Z., *Droit des prisonniers et la science de l'administration des prisons*, éditions de l'Université de Téhéran, 3ème éd. 1998, p. 391 et s.

DARVISHI-HOVEYDA Y., *Règlement extrajudiciaire des différends*, édition Mizan, 1ère éd. 2009.

DEGOFFE M., *Droit de la sanction non pénal*, Economica, 2000.

DELMAS-MARTY M., *Les grands systèmes de politique criminelle*, traduit en persan par NADJAFI A.-H., édition Mizan,(deuxième partie) 1ère éd. 2009.

DELMAS-MARTY M. et TEITEGEN-CILY C., Punir sans juger ? De la répression administrative au droit administratif pénal, Économica, 1992.

DEMOGUE R., De la réparation civile des délits, A. Rousseau, 1898.

DEMOGUE R., Traité des obligations en général, I, Sources des obligations, t. IV, Rousseau, 1924.

DESPORTES F. et LAZERGES-COUSQUER L., *Traité de procédure pénale*, Economica, 1ère éd. 2009.

DESPORTES F. et LE GUNEHEC F., *Droit pénal général*, Coll. Corpus Droit privé, Economica, 16ème éd., 2009.

DE WAEL H., *Le droit musulman*, éditions CHEAM (Centre des Hautes Etudes sur l'Afrique et l'Asie Modernes), 2ème éd. 1993.

DJALILI M.-R., Religion et révolution, l'Islam chiite et l'Etat, Economica, 1ère éd. 1981.

DRAKHSHAN-NIYA H., *Les préjudices découlant de l'infraction*, éditions Mohajer, 1ère 2005.

DUPICHOT J., Des préjudices réfléchis nés de l'atteinte à la vie ou à l'intégrité corporelle, Coll. Bibliothèque de droit privé, t. XCVI, LGDJ, 1969.

DUPRE J.-F., La transaction en matière pénale, Litec, 1977.

DURKEIM E., *De la division du travail social,* PUF, Coll. Bibliothèque de philosophie contemporaine, Paris, 1973.

EMAMI S.-H., *Droit civil*, t. I, éditions Eslamiyeh, 3ème éd., 1995.

EMAMI S.-H., *Droit civil, t. II*, éditions Islamiyeh, 11ème éd. 1996.

ERAGHI E. (sous la direction de), Introduction au droit de la sécurité sociale, Critique de la loi iranienne sur la sécurité sociale fondé sur l'étude comparative, éditions de l'Institut supérieur de recherche sur la sécurité sociale, 1ère éd. 2006.

FAVOREU L. et PHILIP L., Les grandes décisions du conseil constitutionnel, Coll. Grands Arrêts, Dalloz, 13ème éd., 2005.

FEIZ A.-R., Comparaison en droit général musulman, Téhéran, 1986.

FICHER D.-A. and POWERS W., *Product liability, Cases and Materials,* Second Edition, West publishing Co., 1994.
FLOUR J., AUBERT J.-L. et SAVAUX E., *Droit civil. Les obligations*, t. II, *Le fait juridique*, Coll. U, Armand Colin, 13ème éd., 2009.
FLOUR J., AUBERT J.-L. et SAVAUX E., Droit civil. Les obligations, t. III, Le rapport d'obligation, Sirey, 6ème éd., 2009.
FRANKLIN A.-M. and RABIN L.-R., *Tort law and alternatives, Cases and Materials,* Sixth Edition, 1996.
FROUZESH R., Justice restaurative dans la jurisprudence islamique et en droit iranien, éditions Khorsandi, 1ère éd. 2008.
GASEMZADEH S.-M., *Les fondements de la responsabilité civile,* édition Mizan, 5ème éd. 2008.
GAUDEMET E., Traité générale des obligations, Sirey, 1965.
GHAMAMI M., *Prévisibilité du dommage en responsabilité civile*, éditions Sherkat Sahamiyeh Enteshar, 2ème éd. 2009.
GHOLDOUST-JOYBARI R., *Généralités de la Procédure pénale,* éditions Janghal, 4ème éd. 2010.
GHORJI A., (sous la direction de), *Diyat* (les prix du sang), Presse de l'Université de Téhéran, 1ère éd. 2001.
GHORJI A.-Gh., *Droit pénal général de l'islam*, édition de l'Institut de droit comparé de la faculté de droit et de science politique de l'Université de Téhéran, 3ème éd., 2003.
GIFFARD A.-E. et VILLERS R., *Droit romain et ancien droit français (obligations),* Coll. Précis, Dalloz, 4ème éd. 1976.
GIRARD P.-F., *Manuel élémentaire de droit romain*, Rousseau, 8ème éd. 1929.
GOLDOUZIAN I, *Précis du droit pénal général*, édition Mizan, 12ème éd. 2006.
GREVY M., *La sanction civile en droit du travail*, Coll. Bibliothèque de droit social, t. 36, LGDJ 2002.
GUINCHARD A., Les enjeux du pouvoir de répression en matière pénale. Du modèle judiciaire à l'attraction d'un système unitaire, Coll. Bibliothèque des sciences criminelles, t. 38, LGDJ, 2003.
GUINCHARD S. et BUISSON J., *Procédure pénale*, 6ème éd., Litec, 2010.
HADJI-DEHABADI A., *L'indemnisation des victimes par l'Etat et les Institutions publiques*, éditions de l'Institut de recherche sur la culture et la pensée islamique, 1ère éd. 2009.
HAKIMINEDJAD A. (sous la direction de), *L'institution du ministère public dans l'ordre juridique actuel*,éditions Sepehr Adab, 1ère éd. 2008.
HASHEMI-SHAHROUDI S.-M., *Les essentielle du figh pénale*, édition Mizan, 1ère éd. 2000.
HEKMATNIA M., *La responsabilité civile dans la jurisprudence islamique Chi'ite : les fondements et la structure*, éditions de l'Institut de recherche sur la science et la culture islamique, 1ère éd. 2006.
HELIE F., Traité de l'instruction criminelle, Paris, 2ème éd. 1866.
HOMAYOUN M., *Les fondements et les principes du droit de l'assurance*, éditions de l'Institut supérieur de comptabilité, 1ère éd., 1970.
HOR AMELI M.-E.-H., *Vassal el-chi'at ella tahsil massal el-sharia, t. XIII*, Téhéran, éditions Eslami, 1972.
HOSEINJANI B. et MAZAHERI TEHRANI M., *Le principe de responsabilité pénale individuelle*, éditions Madjd, 1ère éd., 2010.
HOSSEINI S.-M., *La politique criminelle en Islam et en Iran*, éditions SAMT, 1ère éd. 2005.
HOSSEINI S.-M.-R., *La loi pénale islamique dans la jurisprudence*, éditions Madjd, 1ère éd. 2004.
IZANLO M., Les clauses limitatives et exonératoires de responsabilité dans les contrats, éditions Sherkat Sahamyeh Enteshar, 1ère éd. 2003.
JAFARI LANGROUDI M.-J., *Introduction au droit*, éditions Ghanje Danesh, 3ème éd. 2006.
JAFARI LANGROUDI M.-J., *Droit des obligations*, t. 1, Les presses de l'Université de Téhéran, 2ème 2003.
JANALI M.-S., *Droit de l'assurance*, éditions de l'assurance centrale iranienne, 1ère éd., 2002.
JEANDIDIER W., *Droit pénal des affaires*, Coll. Précis, Dalloz, 6ème éd., 2005.
JOSSERAND L., Cours de droit civil positif français, t. II, Théorie générale des obligations. Les principaux contrats du droit civil. Les sûretés, Sirey, 3ème éd., 1939.
JOURDAIN P., *Les principes de la responsabilité civile*, éditions Dalloz, 8ème éd. 2010.
KAMYAR M., *Les arrêts choisis de la chambre civile*, édition Hoghoughdan, 4ème éd. 2006.
KARAMI M.-B., L'introduction au système pénal iranien antique, éditions Khat Sevom, 2001.
KATOUZIAN N., La théorie générale des obligations, édition Yalda, 1ère éd. 1995.
KATOUZIAN N., Droit civil, Contrats nommés, t. II, Partenariats et transaction, éditions Ghanj Danesh, 4ème éd. 1998.

KATOUZIAN N., La responsabilité du fait des produits défectueux : étude critique et comparative sur l'équilibre de droit du producteur et du consommateur, Les presses de l'Université de Téhéran, 2ème éd. 2005.
KATOUZIAN N., L'autorité de la chose jugée au civil, édition Mizan, 8ème éd. 2007.
KATOUZIAN N., Introduction au droit et l'étude du droit iranien, 16ème éd. 1993.
KATOUZIAN N., *La responsabilité civile*, t. I, *Les obligations extracontractuelles*, Les presses de l'Université de Téhéran, 2ème éd. 1999.
KATOUZIAN N., Responsabilité civile, t. II, Usurpation, Paiement indu et Enrichissement sans cause, presse de l'Université de Téhéran, 2ème éd. 1999.
KATOUZIAN N., *Le fait juridique*, éditions Sherkat Sahamiyeh Enteshar, 1ère éd. 2009.
KATOUZIAN N., *Etudes élémentaires en droit civil, Actes juridiques*, édition de la société de publications avec collaboration de la société Bahman Borna, 9ème édition 2010.
KATOUZIAN N., JONEYDI L. et GHAMAMI M., *Responsabilité dû aux accidents de la circulation*, éditions de l'Université de Téhéran, 3ème éd. 2007.
KATOZIAN N. et IZANLOO M., *Responsabilité civile, t. III, Assurance de la responsabilité civile*, Presse de l'Université de Téhéran, 1ère éd., 2008.
KAYSER P., *La protection de la vie privée par le droit*, Economica/PUAM, 3ème éd., 1995.
KESHAVARZ M.-A., *La méthode et la pratique de la procédure pénale*, éditions Ebn Sina, Téhéran, 9èmeéd. 2009.
KHALEGHI A., *Procédure pénale*, éditions Shahr Danesh (cité de science), 2ème éd. 2009.
KHODABAKHSHI A., *Assurance et droit de la responsabilité civile*, édition du journal officiel de la République Islamique d'Iran, 1ère éd. 2009.
KHODABAKHSHI A., La réparation du dommage des travailleurs en droit de la responsabilité civile, éditions Sherkat Sahamieh Enteshar, 1ère éd. 2010.
KULLMANN J., *Lamy assurance*, Lamy, 2006, n° 1253 et 1254, p. 507.
LALOU H., La responsabilité civile. Principe élémentaire et applications pratiques, Dalloz, 1928.
LAMBERT-FAIVRE Y., *Droit du dommage corporel. Système d'indemnisation*, Coll. Précis, Dalloz, 6ème éd., 2008.
LARROUMET Ch., *Droit civil, Les obligations. Le contrat*, t. III, Economica, 5ème éd., 2003.
LE TOURNEAU Ph., *Droit de la responsabilité et des contrats*, édition Dalloz 2010-2011.
LEVY J.-Ph. et CASTALDO A., Histoire du droit civil, édition Dalloz, 2ème éd. 2010.
MADANI J.-A., Droit constitutionnel de la République Islamique d'Iran, t. IV, édition 1986.
MAINGUY D., Introduction général au droit, Litec, 5ème éd., 2010.
MALAURIE Ph., AYNES L. et STOFFEL-MUNCK Ph., *Les obligations*, Coll. Droit civil, Defrénois, 4ème éd., 2009.
MALINVAUD Ph. et LASZLO-FENOUILET M., *Droit des obligations*, Coll. Manuels, Litec, 11ème éd., 2010.
MARTIN-BIDOU P., *Droit de l'environnement*, édition Vuibert 2010.
MARTY G. et RAYNAUD P., Droit civil. Introduction générale à l'étude du droit, Sirey, 2ème éd., 1972.
MARTY G. et RAYNAUD P., Droit civil. Les obligations, t. I, Les sources, Sirey, 2ème éd., 1988.
MATINE A., Recueil de la jurisprudence de la Cour de cassation du 1931 au 1951, éditions Mizan, 2003.
MATINE A., Recueil de la jurisprudence criminelle, Téhéran, 1954.
MATINE-DAFTARI A., *Procédure civile et commerciale*, t. II, éditions Madjd, 2ème éd. 2004.
MAZEAUD L. et TUNC A., Traité théorique et pratique de la responsabilité civile délictuelle et contractuelle, t. I, Montchrestien, 6ème éd., 1965.
MAZEAUD H. et L. et TUNC A., Traité théorique et pratique de la responsabilité civile délictuelle et contractuelle, t. III, Montchrestien, 5ème éd., 1960.
MAZEAUD D., *La notion de clause pénale*, Coll. Bibliothèque de droit privé, t. 223, LGDJ, 1992.
MBANZOULOU P., *La médiation pénale*, Coll. La Justice au quotidien, L'Harmattan, 2002.
MEHMAN NAVAZAN R., *Les dommages réparables en droit iranien*, édition Assar Andisheh, 1ère éd. 2009.
MERLE R. et VITU A., Traité de droit criminel, t. I, Problèmes généraux de la science criminelle, Droit pénal général, Cujas, 7ème éd., 1997.
MERLE R. et VITU A., Traité de droit criminelle, t. II, Procédure pénale, Cujas, 5ème éd. 2001.
MILLIOT L. et BLANC F.-P., Introduction à l'étude du droit musulman, éditions Sirey, 1er éd. 1987.
MIRSAEEDI S.-M., *La nature juridique des Diyat*, édition Mizan, 1ère éd. 1994.
MIRSAEEDI S.-M., *Responsabilité pénale*, t. 1, édition Mizan, 1ère éd. 2004.
MOAZAMI Sh., *La délinquance des enfants et adolescentes*, édition Dadghoustar, 1ère éd. 2009, p. 146 et s.
MOHAMMADI H., *Saisie, confiscation et restitution*, éditions Ghang Danésh, 1ère éd. 1997.

MOHAMADPOUR E., *Le discours des juges pénaux de Téhéran*, t. I, éditions Ghang Danesh, 1991.
MOLFESSIS N., *Le Conseil constitutionnel et le droit privé*, Coll. Bibliothèque de droit privé, t. 287, LGDJ, 1997.
MOSAVI- MOJAN S.-D., Le rôle de volonté dans la responsabilité pénale : approche du système juridique Iranien, éditions Behnami, 1ère éd. 2009.
MOHSENI M., *Droit pénal général, t. III, Responsabilité pénale*, éditions Ghange Danésh, 1ère éd. 1998.
MOUSAZADEH R., *Droit administratif*, éditions Mizan, 10ème éd. 2009.
NABET P., *La peine privée en droit des assurances*, PUAM (Presses Universitaires d'Aix-Marseille), 1986.
NARCY M. et TORDESILLAS A. (sous la direction de), Xénophon et Socrate. Actes du colloque d'Aix-en-Provence, Vrin, 2008.
NORY YOSNANLOEY J., Recueil des lois et des règlements relatifs aux délits de contrebande, édition Mizan, 3ème éd. 2010.
NOURBAHA R., *Précis de droit pénal général*, édition Dad Afarin, 26ème éd. 2009.
OURLIAC P. et DE MALAFOSSE J., Histoire du droit privé, t. I, Les obligations, Coll. Thémis, PUF, 2ème éd. 1969.
PACHA-SALEH A., L'histoire du droit, Presse de l'Université de Téhéran, 1ère éd. 1970.
PAKNAHAD A., *La politique criminelle axé sur le risque*, édition Mizan, 1ère éd. 2009.
PARVIN F., *Le dommage moral en droit iranien*, édition Ghoghnous, 1ère éd. 2001.
PASSA J., Contrefaçon et concurrence déloyale, Coll. le Droit des affaires. Propriété intellectuelle, t. 15, Litec, 1997.
PERROT R., Institutions judiciaires, éditions Montchrestien, 14ème éd., 2010.
PICARD M. et BESSON A., les assurances terrestres en droit français, t. I, Le contrat d'assurance, LGDJ, 5ème éd., 1982, n° 68.
PIN X., *Le consentement en matière pénale*, Coll. Bibliothèque des sciences criminelle, t. 36, LGDJ, 2002.
PLANIOL M. et RIPERT G., Traité élémentaire de droit civil, t. II, Les preuves. Traité générale des obligations. Les contrats. Les privilèges et les hypothèques, LGDJ, 11ème éd., 1932.
PLANIOL M., RIPERT G. et ESMEIN P., *Traité pratique de droit civil français*, t. VI, *Obligations*, vol. I, LGDJ, 2ème éd., 1952.
PONCELA P., *Droit de la peine*, Coll., Thémis, PUF, 2ème éd., 2001.
PRADEL J., *Droit pénal général*, Coll. Manuels, Cujas, 18ème éd., 2010.
PRADEL J., *Procédure pénale*, 15ème éd., Cujas, 2010.
PRADEL J. et VARINARD A., *Les grands arrêts de la procédure pénale*, Dalloz, 5ème éd. 2006.
PRIEUR M., Droit pénal général, Litec, 1988.
PRIEUR M., *Droit de l'environnement*, édition Dalloz, 5ème éd. 2004.
QUERDANE-AUBERT DE VINCELLES C., *Altération du consentement et efficacité des sanctions contractuelles,* Dalloz, coll. Nouv. Bibliothèque de thèse, 2002.
RAHAMI M. (sous la direction de), *Les infractions sans victimes*, édition Mizan, 1ère éd. 2008.
RASHIDPOUR A.-Gh., La règle de « là zarr » du point de vue d'Imam KHOMEINI, édition Uroudj, 1ère éd. 2011.
RASTIN M., *Les sanctions pénales dans les affaires administratives*, Presse de l'Université de Téhéran, 1ère éd. 2007.
RAYEJIAN-ASLI M., *Victimologie protective*, édition Dadghostar, 1ère éd. 2005.
RENUCCI J.-F., Droit pénal des mineurs, PUF, 2001.
RIPERT G., La règle morale dans les obligations civiles, LGDJ, 4ème éd., 1949.
ROLAND H. et BOYER L., *Adages du droit français*, Litec, 4ème éd. 1999.
ROSTAMI V. (sous la direction de), *Procès équitable dans les tribunaux administratifs iraniens*, Les presses de l'Université de Téhéran, 1ère éd. 2009.
ROUJOU DE BOUBEE G., Le droit pénal de la construction et de l'urbanisme, Sirey, 2ème éd., 1988.
SAFAEE S.-H., *Droit civil*, t. I, éditions de l'Institut supérieur de comptabilité, 3ème éd., 1961.
SAFFAREE A., Pénologie (les évolutions, les fondements et l'application de la peine de privative de liberté), éditions Janghal, 4ème éd. 2009.
SAMIEE H., *Droit pénal*, éditions Sherkat Matbouat, 4ème éd. 1955.
SANEEY P. *Droit pénal général*, t. I, Presse de l'Université nationale de l'Iran, 1ère éd. 1975.
SAVATIER R., Traité de la responsabilité civile en droit français, civil, administratif, professionnel, procédural, t. II, Conséquence et aspects divers de la responsabilité, LGDJ, 2ème éd., 1951.
SCHACHT J., *Introduction au droit musulman*, Maisonneuve & Larousse, Paris, 1999.
SERIAUX A., *Droit des obligations*, Coll. Droit fondamental, PUF, 2ème éd., 1998.
SHAHIDY M., *Les effets des contrats et des obligations*, éditions Madjd, 3ème éd. 2007.

SHAHID-SANI, *Masalek el-afham*, t. II, cite par, Katouzian N., *La responsabilité civile*, t. I, *Les obligations extracontractuelles*, éditions de l'Université de Téhéran, 3ème éd. 2007.

SHAMBAYATI H., *Droit pénal général, t. II*, édition Padjangh, 1ère éd. 1993.

SHAMS. A.-A., *Procédure civile*, t. I, édition Mizan, 3ème éd., 2008.

Sheikh ANSARI M., Al-Makaseb, t. I, édition de l'Institut des Presses religieuses, 1er éd. 2000.

Sheikh NADJAFI M.- H., *Jawaheer el-kalam*, t. XXXVII. cite par, Katouzian N., *La responsabilité civile*, t. I, *Les obligations extracontractuelles*, éditions de l'Université de Téhéran, 3ème éd. 2007.

Sheikh NAEINI M. et Sheikh KHANSARI M., *Maniât el-Taleb*, t. II. cite par, Katouzian N., *La responsabilité civile*, t. I, *Les obligations extracontractuelles*, éditions de l'Université de Téhéran, 3ème éd. 2007.

Sheikh TOUSSI, *El-mabsout fi feghh el-emamieh*, t. V, éditions Maktab el-mortazavieh.

SORDINO M.-Ch., *Droit pénal général*, Ellipses, 2ème éd., 2005.

STARCK B., ROLAND H.et BOYER L., *Les obligations, t. I, Responsabilité délictuelle*, Litec, 5ème éd., 1998.

STASIAK F., *Droit des affaires*, LGDJ, 2005, p. 259.

TABATABEE S.-A.-R., Extraits des arrêts rendus en recours extraordinaire, JO, 2003.

TABATABAEE S.-M.-H., E*l-Mizan fi Tafsir el-Corant*, t. I, traduit du persan par : La fondation scientifique et intellectuelle d'Allameh. cite par, Katouzian N., *La responsabilité civile*, t. I, *Les obligations extracontractuelles*, éditions de l'Université de Téhéran, 2ème éd. 1999.

TABATABAEE YAZDI S.-M.-K., *La question et la réponse*, éditions Manshorat Jameat el-nadjaf eldinieh, en langue Arabe. cite par, Katouzian N., *La responsabilité civile*, t. I, *Les obligations extracontractuelles*, éditions de l'Université de Téhéran, 2ème éd. 1999.

TADAYYON A., *Production de la preuve en procédure pénale*, édition Mizan, Téhéran, 1ère éd. 2009.

TANGUY Y., Le règlement des conflits en matière d'urbanisme, Coll. Bibliothèque de science administrative, t. 10, LGDJ 1979.

TERRE F., SIMLER Ph. ET LEQUETTE Y., Droit civil. Les obligations, Coll. Précis, Dalloz, 10ème éd., 2009.

TUNC A., *La responsabilité civile*, Économica, 2ème éd., 1989.

VAN DE KERCHOVE M., Le droit sans peine. Aspects de la dépénalisation en Belgique et aux Etats-Unis, Facultés universitaires Saint-Louis, 1987.

VILLEY M., « Esquisse historique sur le mot responsable », in Archives de philosophie du droit, t. 22, La responsabilité, Sirey, 1977, p. 45 et s, spéc. p. 45.

VINCENT J. et GUINCHARD S., *Procédure civile*, Coll. précis, Dalloz, 27ème éd., 2003.

VINCENT J., GUINCHARD S., MONTAGNIER G. et VARINARD A., *Institutions judiciaires*, Coll. précis, Dalloz, 8ème éd., 2005.

VINEY G. et JOURDAIN P., Traité de droit civil. Les effets de la responsabilité, LGDJ, 2ème éd., 2001.

VINEY G. et JOURDAIN P., Traité de droit civil. Les conditions de la responsabilité, LGDJ, 3ème éd., 2006.

VINEY G., Traité de droit civil. Introduction à la responsabilité, LGDJ, 3ème éd, 2008.

VINEY G. et MARKESINIS B., *La réparation du dommage corporel. Essai de comparaison des droits anglais et français*, Coll. Etudes juridiques comparatives et internationales, Economoca, 1985.

VON SAVIGNY F.-K., *Le droit des obligations*, t. II, A. Durant, 2ème éd., 1963.

WALGRAVE L. & BAZEMORE G., Restorative Juvenile justice: Repairing the Harm by Crime, Monsey (New York), Criminal Justice Press, 1999.

WALGRAVE L., *Restorative justice and the law*, Cullompton Portland (Or.): Willan, 2000.

ZANDI M., 432 questions de la loi relative à l'organisation des tribunaux communs et révolutionnaires, éditions Eshraghieh, Téhéran, 1ère éd. 2004.

ZEHR H., *Restaurative justice*, traduit du persan par GHOLAMI H., éditions Madjd, 1ère éd. 2004.

ZERAAT A. et MOHAJERI A., Commentaire de la Loi de procédure des tribunaux communs et révolutionnaires en matière pénale, t. I, éditions Ghoghnous, 1ère éd. 2001.

ZERAAT A., Commentaire de la Loi pénale islamique, la partie de Diyat, éditions Ghoghnous, 1ère éd. 2008.

II - Monographies et thèses

AKHONDI M., De l'influence de la tradition religieuse sur le droit pénal de l'Iran, Thèse, Neuchâtel, 1961.

ALI-AKBARZADEH M., *Procès pénal et action civil en droit iranien*, Thèse, Paris 2, 1978.

AMADE Gh.-H., La réglementation des pouvoirs judiciaires dans la détermination de la peine dans le système pénal iranien, Angleterre et l'Egypte, Thèse, l'Université de Shahid Béhéshti, 2010, p. 63 et s.
ANSELME-MARTY O., La responsabilité civile délictuelle objective, Thèse, Montpellier, 1991.
ARDEBILI M.-A., *La délinquance juvénile en Iran*, Thèse, Lille, 1978.
AUBERT L., La troisième voie, La justice pénale face à ses dilemmes, Thèse, Bordeaux, 2007.
AZMAYESH A., *Cours du droit pénal général*, En Licence, 3ème année du droit, Faculté de droit et de science politique de l'Université de Téhéran, l'année universitaire 1995-1996.
BADINI H., *l'influence du développement de l'industrie et de la science sur l'évolution de la responsabilité civile*, Mémoire de Master 2 recherche du droit privé, Faculté de droit et de science politique de l'Université de Téhéran, 1996.
BADINI H., *Philosophie du droit de la responsabilité civile*, éditions Sherkat Sahamieh Enteshar, 2005.
BADINI H., *Cours du droit de la responsabilité civil*, Faculté de droit et de science politique de l'Université de Téhéran, 2010-2011.
BAHERY M., *Le cours de droit pénal général*, éditions Baradaran Elmi, 1ère éd. 1962.
BENAIS J.-P., Des victimes à la victimologie à la lumière du droit, Thèse, Paris II, 2003.
BEUDANT Ch. et LEREBOURS-PIGEONNIERE P. et RODIERE R., *Cours de droit civil français, t. IX bis, Les contrats et les obligations*, A. Rousseau, 2ème éd., 1952.
BLOCH C., *La cessation de l'illicite*, Dalloz, 1ère éd. 2008.
CARVAL S., *La responsabilité civile dans sa fonction de peine privée*, Coll. Bibliothèque de droit privé, t. 250, LGDJ, 1995.
COLIN H. et CAPITANT H., *Cours élémentaire de droit civil français*, Dalloz, 8ème éd., Dalloz 1935.
COLOMBANI I., La place du consensualisme dans le droit pénal français, Thèse, Aix-Marseille III, 1991.
COUTANT-LAPALUS Ch., Le principe de réparation intégrale en droit privée, PUAM, 2002, n°455, p. 387.
DE LOS RIOS I., La remise en état du milieu en droit français de l'environnement » Thèse, Strasbourg, 1983.
DEMOLOMBE Ch., Cours de Code Napoléon, XXVI, Traité des contrats ou des obligations en général, III, A. Lahure, 1880.
DROUDIAN H.-A., *Cours du droit de la responsabilité civile*, éditions de la faculté de droit et la science politique de l'Université de Téhéran, 2006-2007.
EMAMI-NAMINI M., La justice criminelle dans l'Iran antique, essai sur l'histoire du droit pénal iranien dès l'origine à l'introduction de l'Islam, Thèse, Aix-Marseille, 1977.
FARAJOLLAHI R., L'influence des données criminologies sur l'évolution de la responsabilité pénale, édition Mizan, 1ère éd., 2010.
FLANDROIS C., *La loyauté dans la concurrence*, Thèse, Lyon III, 2002.
CAZE-GAILLARDE N., L'ordre public pénal. Essai sur la dimension substantielle de la notion, Thèse, Lyon III, 2003.
GHASEMI S.-A.-H, *Saisie et confiscation en droit pénal iranien*, Mémoire de Master 2, l'Université libre de Téhéran central, 2000-2001.
GIVORD F., *La réparation du préjudice moral*, Thèse, Grenoble, 1938.
GLEIZES P., Les astreintes, Thèse, Montpellier, 1935.
GOLDOUZIAN I., Libération conditionnelle, la décision de justice et sa mise en œuvre, Thèse, Paris II, 1973.
GRARE Cl., Recherche sur la cohérence de la responsabilité délictuelle, L'influence des fondements de la responsabilité sur la réparation, Coll. Nouvelle Bibliothèque de Thèse, vol. 45, Dalloz, 2005.
GROS R., L'autorité de la chose jugée au criminel sur le civil et la notion de faute, Thèse, Montpellier, 1928.
HOSSEINI S.-M., Les écoles du droit musulman confrontées aux modèles de politique criminelle (le cas des atteintes à la dignité de la femme), Thèse, Paris I, 1996.
HUGUENEY L., L'idée de peine privée en droit contemporain, Thèse, Dijon, 1904.
IRANMANESH M., L'examen des peines sociales à la lumière des instruments internationaux et le projet de loi sur les peines sociales, Mémoire du Master 2, l'Université de Shahid Béhéshti, 2007, p. 137.
JACOMET P., Essai sur les sanctions civiles de caractère pénal en droit français, Thèse, paris, 1905.
JACOPIN S., Contribution à l'évolution de la responsabilité pénale du mineur, Thèse, paris 1, 1999.
JAULT A., *La notion de peine privée*, Coll. Bibliothèque de droit privé, t. 442, LGDJ, 2005.
JOLY-SIBUET E., La restitution en droit pénal. De la dimension nouvelle d'un concept classique, Thèse Lyon III, 1990.

JOURDAIN P., Recherche sur l'imputabilité en matière de responsabilité civile et pénale, Thèse paris II, 1982.
KACHEFI M., La contrebande en droit pénal iranien, Thèse, paris, 1959.
KAZEMI-RACHED A., *L'Islam et la réparation du préjudice moral*, Thèse, Genève, 1990.
KHODAFAKHSHI A., *La distinction fondamentale du droit civil et pénal*, Thèse, l'Université de Téhéran, 2006-2007.
KOUSHA J., Essai sur la peine à la lumière du droit pénal français et iranien, Thèse, Montpellier 1, 1996.
KOUSHKI Gh.-H., Examen des pouvoirs et fonctions du procureur de la République dans la procédure pénale iranienne et française, Thèse, l'Université de Shahid Béhéshti, 2003.
LABORDE-LACOSTE M., De la responsabilité pénale dans ses rapports avec la responsabilité civile et la responsabilité morale, Thèse, Bordeaux, 1918.
LAPEROU B., Responsabilité civile et imputabilité, Thèse, Nancy II, 1999.
LARONDE-CLERAC C., *La civilisation du droit pénal*, Thèse, La Rochelle, 2002.
LEGAL A., De la négligence et de l'imprudence comme source de la responsabilité civile délictuelle, Thèse, paris, 1922.
MAANI J., Examen jurisprudentiel et juridique du repenti et son effet sur la condamnation pénale, Mémoire en Master 2, l'Université de Shahid Béhéshti, Iran, 2000.
MAITRE G., La responsabilité civile à l'épreuve de l'analyse économique, Préface de H. MUIR WATT, LGDJ, 2005.
MESA R., *Les fautes lucratives en droit privé*, Thèse, dactyl. Université du littoral-Côte d'Opale, 2006.
MOSLEMI-PETROVI N.-A, *Saisie et confiscation dans les infractions de contrebande et de trafic de stupéfiants*, Mémoire de Master 2, l'Université libre de Téhéran central, 2005-2006.
NADJAFI A.-H., La politique criminelle iranienne à l'épreuve des changements politiques, Thèse, Pau, juillet 1990.
NIAZPOUR A.-H., *Contractualisation de la procédure pénale*, Thèse, l'Université de Shahid Béhéshti, Iran, 2010.
NORY YOSHANLOEY J., Questions et éléments de réponses à propos de la responsabilité pénale des personnes morales en droit français et en droit iranien, Mémoire du Master 2 recherche de Droit privé, Sciences Criminelles et Justice, Spécialité Droit pénal Fondamental, l'Université Montpellier 1, 2006-2007.
PAILLARD B., La fonction réparatrice de la répression pénale, Thèse, paris II, 2004.
RIPERT L., La réparation du préjudice dans la responsabilité délictuelle, Thèse, paris, 1933.
ROGER A., Le rôle de l'administration dans le procès pénal, Thèse, Grenoble II, 1980.
ROJARE-GUY S., *La médiation pénale*, Thèse, paris 1, 1996, p.81 et s.
ROUJOU DE BOUBEE M.-E., *Essai sur la notion de réparation*, Coll. Bibliothèque de droit privé, t. CXXXV, LGDJ, 1974.
ROYANT S., *L'autonomie du droit pénal en question*, Thèse Montpellier I, 2002.
SADEGHI-MOGHADDAM M.-H., Cours de droit de la succession, Faculté de droit et de science politique de l'Université de Téhéran, 2011.
SAGHIAN M.-M., L'évolution des droits de la victime dans les procédures pénales française et iranienne, Thèse, Poitiers, 2009.
SEGNARBIEUX L., *La médiation pénale*, Thèse, Montpellier I, 2004.
SHEIDAEIAN M., L'analyse du principe de l'opportunité de poursuite pénale et sa place en droit pénal iranien et islamique, Thèse, Pardise de Qom, l'Université de Téhéran, 2009.
STARK B., Essai d'une théorie générale de la responsabilité civile considéré en ca double fonction de garantie et de peine privée, Rodstein, 1947.
TADAYYON A., L'étude comparative de la libération conditionnelle en droit pénal iranien et français, Mémoire du Master 2, l'Université de l'Imam Sadegh, 2004.
THOMAS D., *Cours du droit de la procédure pénale*, En Master 2 recherche de droit pénal fondamental, l'Université Montpellier 1, 2006-2007.
VINEY G., Le déclin de la responsabilité individuelle, préf. A. TUNC, LGDJ, Paris, 1965.
WESTER-OUISSE V., *Convention et juridiction pénale*, Thèse, Nantes, 1999.

III - Articles et chroniques

ABDOLLAHI M., « Les dommages punitives en droit international », Revue du Bureau des services juridique internationale d'Iran, printemps 2004, n° 30, p. 89.
ABEDIYAN M.-H., « Etude comparative de la mise en œuvre des clauses pénales dans les contrats », Revue spécialisée de l'Université des sciences islamiques Razavi : droit et théologie, n° 19, 2006, p. 8.

ABERKANE H., « La libération conditionnelle comme mode de réadaptation sociale des condamnés », RSC 1957, p.527 et s.
ACHOURI M., « La justice pénale du point de vue de Hammourabi », Revue de l'Institut du droit comparé de l'université de Téhéran, n° 7, 1979, p. 45 et s.
ACHOURI M., « Quelques réflexions sur la nouvelle loi iranienne relative à l'organisation judiciaire et aux compétences des juridictions répressives (loi du 6 juillet 1994) », RSC, n° 4, oct.-déc. 1995, p. 785 et s.
ACHOURI M., « La présomption d'innocence et ses effets en matière pénale », Revue de la faculté de droit et des sciences politiques de l'Université de Téhéran, 1995, n° 29.
ACHOURI M., « Réflexion sur l'alinéa 1 de l'article 60 du code de procédure pénale », in La justice pénale, 1996, Téhéran, Ghange Danesh, p. 71.
ACHOURI M., « Un coup d'œil sur l'évolution de sciences criminelles dans la République islamique d'Iran », Revue SAMT, novembre 2004, p. 5.
ALLIZADEH-ASHKALAK M., « L'analyse de l'article 6 de la loi sur la réforme de certaines lois de justice », Revue du droit et de la société, 2000, n° 13 et s, p. 40 et s.
ALLIX D., « De la proportionnalité des peines », in *Mélanges J.Cl. SOYER*, LGDJ, 2000, p. 1 et s.
ALMASI N.-A., « La reconnaissance et l'exécution des jugements étrangers en droit français, anglais et Etats-Unis », Revue de la faculté de droit et de science politique de l'Université de Téhéran, n° 25, 1992
ALT-MAES F., « L'autonomie du pénal, mythe ou réalité d'aujourd'hui ou demain ? », RSC 1987, p.347 et s, spéc. p.374 et s.
ALT-MAES F., « Le concept de victime en droit civil et en droit pénal », RSC, 1994, p. 35.
ANCEL M., « La défense sociale nouvelle devant le problème de la victime », RSC, 1978.
APAG G., « La conciliation pénale à Valence », RSC 1990, P.633 et s.
ARDEBILI M.-A. et NADJAFI A.-H., « La responsabilité pénale des mineurs en droit iranien », Revue international de droit pénal, 2004/1-2, vol. 75, p. 401.
ARCHER F., « Urbanisme », J.-Cl. Pénal Annexes, fasc. 30, 2004, n° 11 et s, p.4 et s.
ASLANI H.-R., « La notion et le statut de la faute en droit de la responsabilité contractuelle et délictuelle », Revue spécialisée de l'Université des sciences islamiques Razavi : droit et théologie, 5ème années, printemps-été 2005, n° 15-16, p. 51 et s.
AUTIN J.-C., « La décision du conseil constitutionnel relative au CSA », Rev. Adm. 1988, p.223.
AVRIL P. et GICQEL J., « *Chronique constitutionnelle* », Pouvoirs 1989, n°50, p.197.
Ayatollah MARASHI S.-M.-H., « Diyeh et les préjudices issus de l'infraction », in *Nouvelles approches en droit pénal islamique*, édition Mizan, 2ème éd. 1997, pp. 183-196.
AZEMA J., « La dépénalisation du droit de la concurrence », RSC 1989, p. 651 et s, spéc. p. 656 et 657.
BADINI H., « Le système de la réparation du dommage corporel en droit iranien : examen des défauts et la présentation des options pour assurer l'évolution », in *Sur la voie de la justice*, dédié aux Mélanges du Professeur KATOUZIAN, éditions de l'Université de Téhéran, 1ère éd. 2009, p. 465.
BARTELEMY M., « La responsabilité pénale des personnes morales », RDAI, 1995, n° 5, p. 541 et s.
BAUDIN H., « La responsabilité en matière délictuelle : corréalité et solidarité », JCP 1943, I, 349, précis. n° 2.
BENAUT M.-H., « Le droit de grâce doit-il disparaitre ? », RSC 1996, p.575 et s.
BENESSIANO W., « L'inconstitutionnalité, sanction de l'identification d'un pouvoir de répression pénal dévalué », Revue française de droit constitutionnel, n° 81, janvier 2010, p.168 et s.
BERG R., « *Médiation pénale* », Rép. Pénal, Dalloz, 1999, n° 66, p. 8.
BERG O., « Le dommage objectif », in Etudes offerts à G. VINEY, LGDJ, 2008.
BEZIZ-AYACHE A., « Confiscation », Rép. Pénal, Dalloz, 2002, n°19 et s, p.3 et s.
BIGOT J., « Assurances de responsabilité : les limites du risques assurable », RGAT, 1978, p.169 et s, spéc. p.182.
BIGOT J., « Lamy Assurances » 2011, 1303.
BLANC G., « La médiation pénale. (Commentaire de l'article 6 de la loi n° 93-2 du 4 janvier 1993 portant réforme de la procédure pénale) », JCP 1994, I, 3760, spéc. n°6 et 7.
BOITARD M., « La transaction pénale en droit français », RSC 1941, p.151 et s, spéc. p.151.
BOLLE A., « Une loi pour frapper les délinquants au portefeuille », Gazette du palais, Mercredi 18, Jeudi 19 août 2010, p. 12.
BOULAN F., « La transaction douanière », in Etudes de droit pénal douanier, GASSIN R. (sous la direction), PUDF 1968, p. 220 et s.
BOYER B.-M., « Le sursis assorti de l'obligation d'accomplir un travail d'intérêt général n'est-il qu'une simple variante du sursis avec mise à l'épreuve ? », Rev. Pénit., 1987.103 et s.

BOYER B.-M., « Ambiguïtés de la nature juridique du sursis assorti de l'obligation d'accomplir un travail d'intérêt général », RSC 1990, p. 310.
BRIERE DE L'ISLE G., « La faute intentionnelle. (À propos de l'assurance de responsabilité civile professionnelle) », D. 1973, chron, p. 259 et s. spéc. p. 260.
CACHIA M., « La règle Le criminel tient le civil en l'état dans la jurisprudence », JCP 1955, I, 1245.
CADIET L., « Les métamorphoses du préjudice », in *Les métamorphoses de la responsabilité*, 6ème journée René SAVATIER, PUF, 1998, p. 37 et s, spéc. p. 59.
CADIET L., « Sur les faites et les méfaites de l'idéologie de la réparation », in Mélanges P. DRAI, Dalloz, 2000, p.495 et s, spéc. p.508 et s.
CARIO R., « La place de la victime dans l'exécution des peines », D. 2003, chron. P.145 et s.
CARTIER M.-E., « Les modes alternatifs de règlement des conflits en matière pénale », RGP 1998, p.1 et s, spéc. p.3 et 4.
CASORAL F., « La justice pénale à l'épreuve du concept de restaurative justice », RPDP 2000, p.31 et s.
CEERDS Montpellier, « affaire de ' l'hormone de croissance' : tout ça pour ça ? », D. 2009, p. 1459.
CERE J.-P., « Composition pénale », Rép. Pénal, Dalloz, 2004, n° 26, p. 4.
CHABAS F. et DEIS S., « Régime de la réparation. Action en réparation. Décision judiciaire. Astreinte », J.-Cl. Civil, Art. 1382 à 1386, fasc. 224-2, 1999, n° 8, p. 5.
CHAGNY M., « La place des dommages et intérêts dans le contentieux des pratiques anticoncurrentielles », Revue Lamy Droit de la concurrence, août-octobre 2005, n° 4, p.186 et s.
CHAGNY M., « La notion de dommages et intérêts punitifs et ses répercussions sur le droit de la concurrence », JCP G 2006, I, 149.
CHAVANNE A., « Les effets du procès pénal sur le procès engagé devant le tribunal civil », RSC 1954, p. 239 et s
CHAVANNE A. et FAYARD M.-Cl., «Les délits d'imprudence », RSC 1975, p.1 et s, spéc. p. 17.
CHEVALLIER J.-Y., « La victime et la peine: le point de vue du juriste », RPDP 2004, p. 815 et s, spéc. p.819.
CHOPIN F., « Vers un nouveau modèle de justice pénale ? », in Mélanges offerts à R. Gassin, PUAM, 2007, p. 135 et s.
CONTE Ph., « La nature juridique des alternatives aux poursuites : de l'action publique à l'action à fin publique ? », in Mélanges offerts à R. Gassin, PUAM, 2007, p. 189 s.
CONTE Ph., « La loi sur la prévention de la délinquance (L. n° 2007-297, 5 mars 2007) : présentation des dispositions de droit pénal », Dr. Pén. 2007, étude 7, n° 21 et 22.
CORGAS-BERNARD Ch., « Les limites à la réparation du dommage corporel : l'emblématique affaire de l'hormone de croissance (à propos du jugement du TGI Paris, 31e ch. Corr., 14 janvier 2009) », Revue de Responsabilité civile et assurances, n° 10, octobre 2009, étude 14. COURTEAUD P., Essai sur l'évolution de la jurisprudence récente au sujet de l'autorité au civil de la chose jugée au criminel, Thèse, Grenoble, 1938.
COUVRAT P., « La protection des victimes d'infractions. Essai d'un bilan », RSC 1983, p. 577.
COUVRAT P. et MASSE M., « De quelques aspects de la dépénalisation actuelle en France : les décalages de la répression en matière de sécurité routières », RSC 1989, p. 451 et s.
COUVRAT P., « Réflexions sur la mise à l'épreuve », in Mélanges J. LARGUIER, PUG, 1993, p. 85 et s, spéc. p. 89.
CREMIEUX M., « Réflexions sur la peine privée moderne », in Mélanges P. KAYSER, t. I, PUAM, 1979, p.261 et s.
CRUCIS H.-M., « Sanction administratives », J.-Cl. Administratif, fasc. 108-40, 1999, n°123, p.33.
DALIR H., « Les droits de tiers personnes dans le processus de la confiscation des biens en droit anglais et iranien », Revue des recherches juridique, n° 1, 2009, p. 121 et s
DARROT B. et GENEVIEVE A., « Les droits des victimes pendant l'instruction », Séminaire de droit des victimes », « sous la direction de A. D'HAUTEVILLE », En Master de recherche de droit pénal fondamental, 2005-2006, Montpellier, p. 11.
DELMAS-MARTY M., « Les conditions de rationalité d'une dépénalisation partielle du droit pénal de l'entreprise », in Bilan et perspectives du droit pénal de l'entreprise, Coll. Le point sur, Economicaa, 1989, p. 89 et s.
DELMAS-MARTY M., « La prise en compte des préoccupations de l'environnement dans le domaine de l'urbanisme (Aspects de droit pénal) », JCP 1977, II, 2872, spéc. n° 22.
DEREUX G., « De la réparation due par l'auteur d'une seule des fautes dont le concours a causé un préjudice », RTD civ. 1944, p.155 et s, spéc. p.157.
DERRIDA F., « La dépénalisation dans la loi du 25 janvier 1985 relative au redressement et à la liquidation judiciaire des entreprises », RSC 1989, p. 658 et s, spéc. p. 663.

DESDEVISES M.-Cl., » L'évaluation des expériences de médiation entre délinquances et victimes : l'exemple britannique », RSC 1993, p.45 et s.
DESDEVISES M.-Cl., « Les fondements de la médiation pénale », in Mélanges H. BLAISE, Economica, 1995, p. 175 et s, spéc. p.180.
DESDEVISES M.-Cl., *« Réparer ou punir : la médiation pénale »,* Les Petites Affiches 25 août 1997, p.3 « L'option entre prévention et répression : les alternatives aux poursuites, un nouveau droit pénal des majeurs », in Mélanges R. OTTENHOF, Dalloz, 2006, p.167 et s.
DESDEVISES M.-Cl., « La décision du conseil constitutionnel des 10 et 11 octobre 1984 sur les entreprises de presse », Rev. Adm. 1984, p. 580 et s, spéc. p. 584.
D'HAUTEVILLE A., « Les victimisations successives pendant le parcours judiciaire », in Victimes et société, Actes du XXVème Congrès de l'association française de Criminologie, Grenoble, multigraph., 1989, pp. 1-3.
D'HAUTEVILLE A., « Victimes mieux aidées, mieux indemnisées, des perspectives nouvelles », RSC 1989, p. 172.
D'HAUTEVILLE A., « Les transformations de la faute pénale », *in Le nouveau code pénal 10 ans après*, Pédone, ouvrages de l'E.R.P.C., 2005, p. 1 et s.
D'HAUTEVILLE A., « Le droit des victimes » in *Libertés et droit fondamentaux*, Dalloz, 16ème éd., 2010, p. 655 et s.
D. M., « La répression des infractions en matière de permis de construire (Loi du 2 juillet 1966) », AJPI 1966, p. 676 et s, spéc. p. 680.
DOBKINE M., « La transaction en matière pénale », D. 1994, 137, n° 2.
DREYER E., « La faute lucrative des médias, prétexte à une réflexion sur la peine privée », JCP G, n° 43, 22 octobre 2008, I 201.
DREYER E., « La médiation pénale, objet juridique mal identifié », JCP G, n° 14, 2008, p.21.
EBRAHIMI Sh., « L'approche extensive et stricte de la prévention et ses effets », Revue spécialisée de l'Université des Sciences islamiques de Razavi : les enseignements du droit, n° 12, 2009, p. 37 et s.
EFTEKHAR-JAHROMI Gh., « Le principe de légalité des délits et des peines et ses évolutions », Revue de la recherche juridique de la faculté de droit de l'Université de Shahid Béhéshti, Iran, 1999, n° 25-26, p. 79 et s.
EMAMI S.-H., « Responsabilité civile », Revue juridique de l'Université National, devenu actuellement l'Université de Shahid Béhéshti, n° 5, janvier 1977, p. 21.
ESHTYAGH V., « Tendance à l'acceptation et le développement de la responsabilité pénale des personnes morales : réponse réaliste aux effets du développement », Revue de la recherche juridique, 2007, n° 11, p. 11 et s.
ESHTYAGH V., « La responsabilité pénale des personnes morales dans le nouveau projet du Code pénal islamique », Revue de la recherche juridique, 2009.
ESMEIN P., « L'origine et la logique de la jurisprudence en matière d'astreinte », RTD civ. 1903, p. 5 et s.
ESMEIN P., « La faute et sa place dans la responsabilité civile », RTD civ. 1949, p.481 et s, spéc. n°4, p. 483.
ESMEIN P., « La commercialisation du dommage moral », D. 1954, chron. P.113 et s.
ESMEIN P., « Peine ou réparation », in Mélanges P. ROUBIER, t. II, Dalloz/Sirey, 1961, p. 37 et s.
ESTOUP P., « Le référé, verdict de culpabilité », Gaz. Pal. 1988, chron. P.203 et s., spéc. p. 205.
ETIENNE C., « Grâce », J.-Cl. Pénal, Art. 133-7 et 133-8, 2001, n° 15, p. 5.
ETRILLARD Cl., « Les modes alternatifs de résolution des conflits en matière pénale : état des lieux », RRJ 2003, p.1927 et s, spéc. p.1933.
ETEVENON Cl., « Les expériences françaises de médiation », Gaz. Pal. 1993, doct. P.119 et s.
FASQUELLE D., « L'existence de fautes lucratives en droit français », LPA 2002, p. 27.
FASQUELLE D. et MESA R., « La sanction de la concurrence déloyale et du parasitisme économique et le rapport Catala », D. 2005, point de vue 2666.
FAUCHERE J., « Regards sur le droit pénal de la réparation et les pratiques de médiation au Canada »,Arch. Pol. Crim. 1991, A. pedone, p. 25 et s.
FAUCHER P. et MORICE A.-M., « Libération conditionnelle », J.-Cl. Procédure pénale, Art. 729 à 733, fasc. 20, 2002, n° 1, p. 3.
FILIPI P., « Les spécialités de la poursuite des infractions douanières », AJ pénal, n° 5/2009, mai 2009, p. 213 et s.
FIZE M., « Il y a cent ans, la libération conditionnelle », RSC 1985, p. 755.
FLOUR Y., « Faute et responsabilité civile : déclin ou renaissance ? », in *Fin de la faute ?,* Droits 1987, n° 5, p. 29 et s, spéc. n° 10, p. 42.
FORTIS E., « Sur les incidences de la réforme du Code pénal sue le droit du travail », Dr. Soc. 1993. 884.

FORTIS E., « Variations sur la sanction-réparation créée par la loi n° 2007-297 du 5 mars 2007 relative à la prévention de la délinquance », in Etudes offerts à G. VINEY, LGDJ, 2008, p. 451.

FOYER J., « L'action civile devant les juridictions répressives », in Quelques aspects de l'autonomie du droit pénal, Dalloz, 1956, p. 319 et s.

FRANSES-MAGRE J.-J., « De l'obligation du probationnaire d'acquitter les sommes dues à sa victime (Article R. 58-4° et 5° du Code de procédure pénale) », JCP 1965, I, 1940.

FREJAVILIE M., « L'astreinte », D. 1949, chron. P.1 et s., spéc. p. 1.

FRISON-ROCHE M.-A., « Les principes originels du droit de la concurrence déloyale et du parasitisme, RJDA 6/94, p. 483.

GASSIN R., « Transaction », Rép. Pénal, Dalloz, 1969.

GENEVOIS B., « Le conseil constitutionnel et l'extension des pouvoirs de la commission des opérations de bourse (à propos de la décision n°89-260 D.C. du 28 juillet 1989) », RFDA 1989, p.671 et s, spéc. p.683.

FORTIS E., « Le conseil constitutionnel et la définition des pouvoirs du Conseil supérieur de l'audiovisuel (CSA) (à propos de la décision n°88-248 D.C. du 17 janvier 1989) », RFDA 1989, n° 2, p. 215 et s, spéc. p. 226.

GHAMAMI M., « Le dommage réparable selon la jurisprudence », Revue de la faculté de droit et de science politique de l'Université de Téhéran, 2005, n° 70, p. 261.

GHAMAMI M., « Le principe de légalité du point de vue des droits de l'Homme », http://www.iranbar.org.

GHERARDI E., « L'ambiguïté des relations entre droit administratif et droit pénal. Réflexions sur la nature juridique des transactions pénales », RFDA 1999, p.905 et s, spéc. p.908.

GHERARDI E., « Réflexions sur la nature juridique des transactions pénales », REDA 1999, p. 905 et s.

GHOLDOUZIAN I., « Les méthodes alternatives au règlement des litiges en droit pénal », Revue de l'Université de Pardise de Qom, n° 1, 1999, p. 39 et s.

GIACOPELLI M., « La médiation en matière pénale en France : l'exemple de la médiation réparation », Revue pénitentiaire et de droit pénal, janvier-mars 2006, p. 37 et s.

GIUDICELLI-DELAGE G., « La sanction de l'imprudence », in Mélanges COUVRAT P., PUAM, 2001, p. 523 et s, spéc. p. 535.

GONNARD J.-M., « Douanes. Régime des peines », J.-Cl. Pénal Annexes, fasc. 30, 1997, n°43, p.6.

GRUA F., « Les divisions du droit », RTD civ. 1993, p. 59 et s.

GRYNBAUM L., « Une illustration de la faute lucrative : le « piratage » de logiciels », D. 2006, n° 9, p. 655.

GUERCHOUN F. et PIEDELLEVRE S., « Le règlement sur la loi applicable aux obligations non contractuelle (Rome II) », Gaz. Pal. 30 oct. 2007, n° 85.

GUYON Y., « De l'inefficacité du droit pénal des affaires », Pouvoirs 1990, n° 55, p. 41 et s, spéc. n° 10 et s, p. 49 et s.

HAERI K, « Réflexion sur le rapport du groupe de travail sur la dépénalisation de la vie des affaires : et le pénal n'appartient plus jamais au justiciable… », Dr. pénal. 2008, dossier spéc. mars 2008.

HAMON L., « Le droit du travail dans la jurisprudence du Conseil constitutionnel », Dr. Social 1983, p.155 et s, spéc. p.156.

HERZOG-EVANS M., « Libération conditionnelle », Rép. Pénal, Dalloz, 2005, n° 75 et s, p. 14 et s.

HODJATTI M., « L'analyse de l'article 6 de la loi sur la réforme de certaines lois de justice », Revue du barreau de Téhéran, n° 22, p. 11 et s.

HOSSEINABADI A., « Le rôle du professeur KATOUZIAN dans l'évolution du droit de la responsabilité civile en droit iranien », http://www.iranbar.org/ph19k3.php.

HOSSEINI S.-M., « Rôle de médiation dans le règlement des différends et la réponse aux violations des normes », Revue de la faculté de droit et des sciences politiques de l'Université de Téhéran, n° 45, 2000, p. 8 et s.

HUGUENEY L., « Le sort de la peine privée en France dans la première moitié du XXème siècle », in *Mélanges G. RIPERT, t. II*, LGDJ, 1950, p. 249 et s.

IVAINER Th., « Le pouvoir souverain du juge dans l'appréciation des indemnités réparatrices », D. 1972, chron. P.7 et s.

JACOPIN S., « Les conséquence de la transformation au pénal du préjudice civil », Petites affiches, 7 mai 2009, n° 91, p. 6 et s.

JALILVAND Y., « Le rôle du juge du fond dans la création de la Jurisprudence et la Loi », Revue du barreau de Téhéran, nouvelle période, n° 13, numéro de série 182, automne 2002, p. 22 et s.

JAMSHIDI A.-R., « Le discours de politique criminelle dans la proposition de loi sur l'organisation du tribunal spécialisé des mineurs et adolescents », Revue juridique de la justice, n° 45, 2004, p. 72.

JEANDIDIER W., « La présomption d'innocence ou le poids des mots », RSC 1991, p.48 et s.

JEANDIDIER W., « Interprétation de la loi pénale », J-Cl. Pénal, fasc. 20, 2004, n° 1.

JEANDIDIER W., « L'art de dépénaliser : l'exemple du droit des sociétés », in *Mélanges J.-L. AUBERT*, Dalloz, 2005, p. 449 et s.

JOBIN P.-G., « Les dommages punitifs en droit québécois », in Mélanges J. CALAIS-AULOY, Dalloz 2004, p. 537 et s.

JOSEPH-RATINEAU Y., « Contractualisation de la procédure pénale et liberté procédurale du parquet », Note sous l'arrêt du 20 novembre 2007, Recueil Dalloz, 2008, n° 15, p. 1035 et s.

JOSSERAND L., « La personne humaine dans le commerce juridique », D.H. 1932, chron. P.2 et s, spéc. p. 4.

JOURDAIN P., « Droit à réparation. Responsabilité fondée sur la faute. Notion de fautes : fautes qualifiées », J.Cl. Civil, Art. 1382 à 1386, fasc. 120-20, 2006, n° 31, p. 9.

KARKIA M., « La loi sur la libération conditionnelle des incarcérés », Revue juridique de la justice, n° 9-10, 1961, p. 579.

KASHANI S.-M., « Les fondements juridiques et textuels des dommages-intérêts moratoires », http://www.iranbar.org/pm74.php.

KATOUZIAN N., « La nature et le domaine du Diyeh », in *La justification et la critique de la jurisprudence*, édition Dadghostar, 1ère éd. 1998, pp. 301-316.

KATOUZIAN N., « L'évolution de la notion de faute en droit de la responsabilité civile », Trimestrielle du droit, Revue de la faculté de droit et de science politique de l'Université de Téhéran, n° 1, Printemps 2009, p. 199.

KAYSER P., « L'astreinte judiciaire et la responsabilité civile », RTD civ. 1953, p.209 et s, spéc. n° 28, p. 243 et s.

KAYSER P., « Remarques sur l'indemnisation du dommage moral dans le droit contemporain », in Mélanges J. MACQERON, Faculté de droit et des sciences économiques d'Aix-en-Provence, 1970, p. 411 et s, spéc. n°1, p.411.

KIESOW L., « La promotion des sanctions civiles en droit des pratiques anticoncurrentielles », D. 2007, chron., p. 2116.

KIOMARS S., « Les personnes morales et la possibilité de les condamner au paiement de Diyeh », http://www.iranbar.org/ph1140.php.

KLUGER J., « L'élaboration d'une notion de sanction punitive dans la jurisprudence du conseil constitutionnel », RSC 1995, p. 505 et s.

LAFFARGUE B. et GODEFROY Th., « Pratique de la grâce et justice pénale en France: l'usage ordinaire d'une mesure exceptionnelle », RSC 1982, p.641 et s, spéc. p.651.

LAMBERT-FAIVRE Y., « L'évolution de responsabilité civile d'une dette de responsabilité à une créance d'indemnisation ». RTD civ. 1987, p. 1 et s.

LAITHIER Y.-M., « Clause pénale et dommages et intérêts incitatifs », in *Droit et économie du contrat*, sous la direction de C. Jamin, LGDJ, coll. Droit et économie, 2008, p. 141 et s.

LALOU H., « La gamme des fautes », D.H. 1940, chron. P.17 et s.

LAMBERT M., « La confiscation générale des biens dans ses effets au regard du régime de communauté », D. 1950, chron. P. 29.

LAPOYADE-DESCHAMPS Ch., « Dommages et intérêts », Rép. Civil, 1997, n° 183, p. 24.

LARMAILLARD P., « L'indemnisation des victimes, moteur du reclassement social du probationnaire », RPDP 1970, p.639 et s.

LAVIELLE B. et LECOINTRE Ch., « De grâce, Monsieur le Président... (remarques critiques sur la pratique des décrets de grâces collectives) », Gaz. Pal. 1997, 2, doct. P.1422 et s.

LAZERGES Ch., « Typologie des procédures de médiation pénale », in Mélanges A. COLOMER, Litec, 1993, p.217 et s.

LAZERGES Ch., « La séparation des fonctions de justice à propos de l'arrêt de la Chambre criminelle du 7 avril 1993 », RSC 1994, p.75 et s.

LAZERGES Ch., « Médiation pénale, justice pénale et politique criminelle », RSC, 1997, p. 187.

LEBLOIS-HAPPE J., «La médiation pénale comme mode de réponse à la petite délinquance : état des lieux et perspectives », RSC 1994, p.525 et s, spéc. p.525 et 526.

LEDUC F., « Régime de la réparation. Modalités de la réparation. Règles communes aux responsabilités délictuelle et contractuelle. Principes fondamentaux », J. Cl. Civil, Art. 1382 à 1386, fasc. 201, 2006, n° 35, p. 16.

LELIEVRE-BOUCHART M., « Hormones de croissance : nouvelle étape dans l'examen des responsabilités pénale et civile », Revue Lamy droit civil, juillet/août 2009, n° 62, p. 14 et s.

LE TOURNEAU Ph., « La verdeur de la faute dans la responsabilité civile (ou de la relativité de son déclin) », RTD civ.1988, p. 505 et s.

LE TOURNEAU Ph., « De la spécificité du préjudice concurrentiel », RTD com. 1998, p. 83 et s, spéc. p. 94.
LICARI F.-X., « La compatibilité de principe des punitive damages avec l'ordre public international : une décision en trompe-l'œil de la Cour de cassation ? », Recueil Dalloz, 10 février 2011, n° 6, p. 423 et s.
LOYER-LEMERCIER M.-J., « Réflexions sur la nature originale des transactions pénales, mode de gestion de l'action publique à la manière contractuelle », Revue pénitentiaire et de droit pénal, n° 2, avril-juin 2010, p. 344.
MAHMOUDI J., « Déjudiciarisation et décriminalisation du point de vue de la Constitution et le droit administratif », Revue spécialisée de l'Université des Sciences islamiques de Razavi : théologie et droit, n° 19, 2006, p. 105 et s.
MALAURIE Ph., « L'effet prophylactique du droit civil », in *Mélanges J. CALAIS-AULOY*, Dalloz, 2004, p.669 et s, spéc. n°16, p. 681.
MAMAN R., « Le rapport COULON : chronique d'une dépénalisation annoncée », JCP G, n° 12, 19 mars 2008, p. 3.
MARC G., « Sursis avec mise à l'épreuve et probation », RPDP 1978, p. 493 et s.
MARGEAT H., « Les principes de la faute intentionnelle en assurance », Assur. fr. 1975, p. 393 et s, spéc. p. 397.
MASCALA C., « Vers une dépénalisation des infractions d'affaires ? Une réalité ? », D. affaires 1998, p.1030 et s.
LAZERGES Ch., « Les finalités de l'évolution législative en droit pénal des affaires », in Les droits et le droit, Mélanges dédiés à Bernard Bouloc, Dalloz, 2007, p. 733.
MASSE M. en collaboration avec COUVRAT P., « De quelques aspects de la dépénalisation actuelle en France : les décalages de la répression en matière de sécurité routière », RSC, 1989, pp. 451 et s.
MATHIDE B., « La classification des catégories de préjudices à l'épreuve de l'arrêt Erika », Revue Lamy Droit Civil, Juillet/Août 2010, n° 73, p. 18 et s.
MAYAUD Y., « Retour sur la culpabilité non-intentionnelle en droit pénal … à propos de la loi n° 2000-647 du 10 juillet 2000 », D. 2000, chron. P. 603 et s, spéc. p. 605.
MAYER D., « De quelques aspects de la dépénalisation actuelle en France : en matière de mœurs », RSC 1989, p. 442 et s.
MAYER D., « Famille et responsabilité (Réflexions sur quelques aspects de « l'idéologie de la réparation ») », in Mélanges P. CATALA, Litec, 2001, p.569 et s, spéc. n° 25 et s, p. 583 et s.
MAZEAUD L., « L'assimilation de la faute lourde au dol », D.H. 1933, chron. P. 49 et s, spéc. p. 51.
MESA R., « La consécration d'une responsabilité civile punitive : une solution au problème des fautes lucratives ? », Gazette du palais – Recueil novembre-décembre 2009, p. 3416 et s.
MICHAUD O., « Vers un assouplissement du principe de la réparation intégrale du préjudice subi ? », Revue des loyers, octobre 2010, n° 910, p. 368 et s.
MOHAGHEGH-DAMAD M., « La civilisation islamique et son organisation judiciaire », Revue trimestriel des études juridiques et judiciaires, 1987, cahier n° 10.
MILBURN Ph., « La réparation pénale à l'égard des mineurs: éléments d'analyse sociologique d'une mesure de justice restaurative », Arch. Pol. Crim., A. Pedone, 2002, n°24, p.147 et s, spéc. p.154 et s.
MOSLEHI A.-H. et SADEGHI M., « Etude de la procédure des alternatives au règlement des différends », Revue de droit comparé, Faculté de droit et de science politique de l'Université de Téhéran, la nouvelle série, n° 1, 2007, p. 106 et s.
MULLER Y., « La dépénalisation de la vie des affaires…ou la victoire du droit pénal » : http://blog.dalloz.fr/.
NADJAFI A.-H., « Les mineurs délinquants en droit iranien », Revue pénitentiaire et de droit pénal, n° 1, mars 2003, p. 209.
NADJAFI A.-H., « De la justice pénale classique à la justice restaurative », Revue spécialisée de l'Université de sciences islamiques de Razavi : droit et théologie, n° 9-10, 2004, p. 8 et s.
NADJAFI A.-H., « La politique criminelle », in *Sciences criminelles*. II, éditions Salsabil, 1ère éd., 2005, p. 205 et s
NADJAFI A.-H., « La protection du mineur victime d'infractions en droit pénal iranien », in Le droit pénal à l'aube du troisième millénaire, Mélanges offerts à J. PRADEL, éditions Cujas, 2006, p. 833.
NADJAFI A.-H., « Le droit de la victime dans la justice pénale iranienne », in Problèmes actuels de science criminelle, 2006, n° XIX, p. 3.
NADJAFI A.-H., « Les sanctions sociales », in Mihman Mah (l'invité de mois), éditions Janghal, 1ère éd. 2009, p. 163 et s.
NADJAFI A.-H., « Nouvelle pénologie, nouvelle criminologie », in Les actualités de Science criminelle (sous la direction de NADJAFI A.-H.), édition Mizan, 1ère éd. 2009.

NADJAFI A.-H., « L'analyse criminologique de la délinquance juvénile », Revue de la justice de département d'Isafahan, n° 7-8, p. 50.

NADJAFI S., « Réparation matérielle du dommage moral dans le système juridique iranien », http://www.iranbar.org/pmm.

NAUCKE W., « Philosophie pénale contemporaine et réparation civile », in Archive de philosophie du droit, t. 28, Philosophie pénale, Sirey, 1983, p.1 et s, spéc. p. 4.

NEYS A. et PETERS T., « La peine considérée dans une perspective de réparation », RICPT 1996, P.3 et s.

NEYRET L., « De l'approche extensive de la responsabilité pénale dans l'affaire Erika », Environnement et développement durable- revue mensuelle lexisnexis jurisclasseur, novembre 2010, p. 11 et s.

NIAZPOUR A.-H., « L'approche rééducative des peines communautaires en mettant l'accent sur le projet des peines sociales alternatives à la prison », Trimestriel des études sur la prévention de l'infraction, n° 6, 2009, p. 60.

NIORE V., « La problématique du déclenchement de l'action publique par la victime et la nécessité d'un système comparable : limites du pouvoir d'inertie lié à l'opportunité des poursuites », Gazette du Palais, 20 août 2009, n° 232, p. 9.

NORY YOSHANLOEY J., « Les politiques criminelle iranienne à l'épreuve de la criminalité économique », Revue spécialisée de l'Université des sciences islamiques de Razavi : droit et théologie, n°9-10, 2004, p. 59 et s.

OMIDI J., « Le Professeur ACHOURI et les droits de la défense », in Sciences criminelle, recueil des articles, Mélanges offert à Professeur M. ACHOURI, éditions SAMT, 1ère éd. 2005, p. 225.

PAISANT G., « Clause pénale », Rép. Civil, Dalloz, 2003, n° 28 et s, p. 6.

PARVISI F., « La sanction des contrevenants ou la destruction des bâtiments », L'annexe juridique du Journal de Hamshahri, Lundi du 2 septembre 2010, p. 4.

PERIGNON S. et PEIRONET L., « *La mesure de démolition ordonnée par le juge répressif* », Defrénois 2000, art. 37093, p.65 et s, spéc. n°12, p.70.

PERROCHEAU V. « La composition pénale et la comparution sur reconnaissance de culpabilité : quels limites à l'omnipotence du parquet ? », Revue de Droit et Société, 74/2010, p. 55 et s.

PIEDELLEVRE S., « Les dommages et intérêts punitifs : une solution d'avenir ? », in *La responsabilité civile à l'aube du XXIème siècle*, Resp. civ. et assur. 2001, hors-série juin, p. 68 et s.

PIN X., « La privatisation du procès pénal », RSC 2002, p. 245.

PITOUN A. et ENDERLIN-MORIEULT Ch.-S., « Placement sous surveillance électronique », Rép. Pénal, Dalloz, 2003, n°1, p.2.

PLAWSKI S., « La semi-liberté », RSC 1985, p.15 et s, spéc. n °2 et s, p.15 et s.

POLLAUD-DULLAN F., « De quelques avatars de l'action en responsabilité civile dans le droit des affaires », RTD com. 1997, p. 349 et s, spéc. p. 369.

POPOVICI A., « Tendances récentes du droit de la responsabilité civile au Québec », in Les métamorphoses de la responsabilité, 6ème journée René SAVATIER, PUF, 1998, p.129 et s, spéc., p. 133.

POLLAUD-DULIAN F., « De quelques avatars de l'action en responsabilité civile dans le droit des affaires », RTD civ. 1997, p. 349 et s, spéc. p. 355.

PRADEL J., « D'une loi avortée à un projet nouveau sur l'injonction pénale », D.1995, chron. P.171 et s, spéc. p.172.

PRADEL J., « Une consécration du plea bargaining à la française: la composition pénale instituée par la loi n° 99-515 du 23 juin 1999 », D. 1999, chron. P. 379 et s, spéc. p. 382. PRADEL J.,

PRADEL J., « Les suites législatives de l'affaire dite d'Outreau. A propos de la loi n° 2007-297 du 5 mars 2007 », JCP G 2007. I. 138.

PRETOT X., « Le droit répressif non pénal (droit du travail et de la protection sociale) », Dr. Social 2000, p. 964 et s.

RAMAZANI GHAVAMABADI M.-H. et ABDOLLAHI M., « Les nouvelles orientations du pouvoir judiciaire iranien à l'égard des infractions environnementales », RSC, avril/juin 2010, p. 423.

RAYJYAN-ASLI M., « L'explication de l'stratégie de retrait ou de confinement de l'intervention du droit pénal », Revue juridique et judiciaire de la justice, 2002, n° 141.

REBOUL N., « Environnement et responsabilité civile », LPA 3 sept. 2003, p. 3.

REDON M., « Transaction », Rép. Pénal, Dalloz, 2004.

RENAUT M.-H., « Le droit de grâce doit-il disparaître ? », RSC 1996, p.575 et s, spéc. p.592.

REYGROBELLET J., « Les sanctions judicaires des règles d'urbanisme », Gaz. Pal. 1967,2, doct. P.119 et s, spéc. p.120.

RIVERO J., « Sanction jurisprudentielle et règle de droit », in Mélanges L. JULLIOT DE LA MORANDIERE, Dalloz, 1964, p.457 et s, spéc. p.459.

ROBERT J.-H., « L'instabilité des qualifications jurisprudentielles et doctrinales des peines secondaires », in Mélanges J. LARGUIER, PUG 1993, p.241 et s, spéc. p.241 et 242.
ROBERT J.-H., « Dépénalisation saupoudrée », Dr. Pénal 2003, comm. 114.
ROBERT J.-H., « Les murailles de silicium, Loi n° 2005-1549 du 12 déc. 2005 relative au traitement de la récidive des infractions pénales », JCP 2006, I, 116, Dr. Pén. 2006 chron. 2.
ROBERT J.-H., « Une importante réforme de procédure pénale inachevée : à propos de la loi du 9 juillet 2010 », JCP G, n° 43 du 25 octobre 2010, p. 2019.
ROME F., « Madame Démagogie… », D. 2009, p. 153.
ROTMAN E., « L'évolution de la pensée juridique sur le but de la sanction pénale », in Mélanges M. ANCEL, t. II, A. Pedone, 1975, p.163 et s.
ROUJOU DE BOUBEE G., « Le risque pénal en droit de l'urbanisme. Les sanctions », R.D. imm. 2001, p.421 et s, spéc. p.421 et 422.
SAAS Cl., « De la composition pénale au plaider coupable : le pouvoir de sanction du procureur », RSC 2004, p.827 et s, spéc. p.829.
SABERI A., « Réflexion sur l'arrêt le plus récent de l'affaire du sang contaminés », Revue des recherches juridiques, n° 15, 2009-1, p. 435 et s.
SADEGHI M.-H., « Déjudiciarisation en droit islamique », Revue spécialisée de l'Université des Sciences islamiques de Razavi : théologie et droit, n° 15-16, 2005, p. 147 et s.
SAFAEE S.-H., « La faute lourde au regard de la clause de l'exonération de responsabilité », Revue du bureau des services juridiques internationales d'Iran, n° 4, hiver 1985, p. 168.
SAFFARI A., « Pénologie et la justification de peine », in Science criminelle, t. II, éditions Salsabil, 1ère éd., 2006, p. 100 et s.
SAGOT-DUVAUROUX J., « Le sort des dommages-intérêts punitifs devant le juge français », Lexbase Hebdo n° 425 du jeudi 27 janvier 2011, édition privé.
SALAS D., « Modèle tutélaire ou modèle légaliste dans la justice pénale des mineurs ? », RSC 1993, p.238 et s, spéc. p.238.
SALVAGE Ph., « L'imprudence en droit pénal », JCP 1996, I, 3984.
SALVAGE Ph., « Sursis simple », J.-Cl. Pénal, Art. 132-29 à 132-39, 2000, n° 3, p. 5.
SALVAGE Ph., « La loi n° 2000-647 du 10 juillet 2000, Retour vers l'imprudence pénale », JCP 2000, I, 281.
SALVAGE Ph., « Réflexions sur les substitutions de peines en cascade », Dr. Pén. 2006, Chron. 10.
SALVATORE A., « La Shari'a moderne en quête de droit : raison transcendante, méta norme publique et système juridique », Droit et société, n° 39, 1998, p. 293-316.
SASSOUST P., « Personnalisation des peines. Généralités. Semi-liberté », J.-Cl. Pénal, Art. 132-24 à 132-26, 2002, n° 22, p. 6.
SAVATIER R., « Personnalité et dépersonnalisation de la responsabilité civile », In Mélanges M. LABORDE-LACOSTE, Bière, 1963, p. 321 et s, spéc. p. 326 et 327.
SAVATIER E., « Le principe indemnitaire à l'épreuve des jurisprudences civile et administrative. A propos de l'indemnisation des victimes de transfusion sanguines », JCP 1999, I, 125, spéc. n°1.
SCHAMPS G., « La subsidiarité du droit pénal par rapport au droit de la responsabilité civile : la problématique de la responsabilité des prestataires de soins », in *Le principe de subsidiarité*, sous la direction de Francis DELPEREE, bibl. de la Faculté de droit de l'UCL, t. XXXVII, Bruylant 2002, p. 161 et s.
SEGUR L., « Le délinquant et le droit pénal positif », in Mélanges M. LABORDE-LACOSTE, Bière, 1963, p. 345 et s, spéc. p. 367.
SEMPE N., « Les sanctions à caractère réel », Gaz. Pal. 1999, 2, doct. P.339 et s, spéc. n°13, p.342.
SEYFI S.-J., « L'affaire dite hémophilies : un nouveau regarde sur la responsabilité pénale de l'Etat dans la jurisprudence », Revue des recherches juridiques, n° 8, 2005, p. 267.
SHAMLOO B., « La présomption d'innocence pénal dans les nouveaux systèmes de procédure », in Sciences criminelle, recueil des articles, Mélanges offert à Professeur M. ACHOURI, éditions SAMT, 1ère éd. 2005, p. 262 et s.
SHAMSE-NATERI M.-E., « La présomption d'innocence et les cas qui s'écartent », in Sciences criminelle, recueil des articles, Mélanges offert à Professeur M. ACHOURI, éditions SAMT, 1ère éd. 2005, p. 284 et s.
SHIRI A., « Le traitement digne avec des victimes », Trimestrielle des études de prévention de l'infraction, 2007, n° 6, p. 17.
SORDINO M.-Ch., « La disparition du principe de spécialité de la responsabilité pénale des personnes morales: une fin espérée…adoptée dans la plus grande discrétion », Gaz. Pal. 2004, doct. P.2842 et s.
SOUROUF A.-F., » *Les orientations actuelles de la politique criminelle des pays arabes* », in Archives de politique criminelle, n° 2, 1977, p. 176.

STASI M., « La médiation, le point de vue des avocats », APC, n° 14, 1992, p.86.

STOLOWY N., « La disparition du principe de spécialité dans la mise en cause pénale des personnes morales », JCP 2004, I, 138.

TAGHIZADEH J., « L'interdiction de cumul des professions en droit iranien au vu du droit français », Revue des recherches juridiques, 6ème année, n° 12, automne-hiver 2007, p. 74.

TAHMASBI J., « Discours de l'étendu de la responsabilité dans la loi de l'assurance obligatoire de 2007 », Revue juridique de la justice, n° 68, L'hiver 2009, p. 49.

TARDY V., « L'indemnisation de la victime, condition d'octroi d'une mesure de faveur », Les Petites Affiches 26 janvier 1998, p.8 et s, spéc. p.11.

TERRE F., « Propos sur la responsabilité civile », in *Archives de philosophie de droit*, t. 22, La responsabilité, Sirey, 1977, p. 37 et s, spéc. p.40.

THIERRY J.-B., *« l'interprétation créatrice de droit en matière pénale »*, Revue pénitentiaire et de droit pénal, n° 4, octobre-décembre 2009, p. 799 et s.

THOMAS D., « Le concept de procès pénal », in La sanction du droit, Mélanges offert à P. COUVRAT, PUF, 2001, p. 401 et s.

TRARY V., « L'indemnisation de la victime, condition d'octroi d'une mesure de faveur », Les Petites Affiches 26 janvier 1998, p.8 et s, spéc. 9 et s.

TREBULLE F.-G., « Responsabilité sociale des entreprises (Entreprise et éthique environnementale) », Rép. Sociétés Dalloz, 2003.

TUNC A., « Responsabilité civile et dissuasion des comportements antisociaux », in Mélanges M. ANCEL, p.407 et s, spéc. p. 414.

TUNC A. et LEAUTE J., « les frontières de la répression en matière d'imprudence », in *Les frontière de la répression*, Editions de l'université de Bruxelles, 1972, p. 39 et s.

VERIN J., « Le règlement extra-judiciaire des litiges », RSC 1982, p.171 et s.

VINEY G., « La responsabilité », in Archives de philosophie du droit, t. 35, Vocabulaire fondamental du droit, Sirey, 1990, p. 275 et s, spéc. p. 275.

VINEY G., « Quelques propositions de réforme du droit de la responsabilité civile », Recueil Dalloz, 2009, n° 44, p. 2945.

VIVANT M., « Prendre la contrefaçon au sérieux », D. 2009, p. 1839.

VIZIOZ H., « Les pouvoirs du juge des référés en matière d'astreinte », JCP 1948, I, 689, spéc. n° 6.

VOIRIN P., « Les effets civils de la confiscation générale des biens », JCP 1946, I, 504, spéc. n° 15.

VOISIN S., « La médiation pénale est-elle juste ? », In La médiation en débat, Les Petites Affiches 26 août 2002, p.49 et s, spéc. p.51.

VOLFF J., « Un coup pour rien ! L'injonction pénale et le Conseil constitutionnel », D.1995, chron. P. 201 et s, spéc. p. 204.

VOULAND Ph., « Le renforcement de l'équilibre de la procédure pénal : en faveur des droits de la défense ? », in Loi du 5 mars 2007 sur l'équilibre de la procédure pénale : première commentaire, AJP, n° 3, 2007.

WESTER-OUISSE V., « Le préjudice moral des personnes morales », JCP 2003, I, 145, spéc, n°11 et s.

WYVEKENS A., « Entre médiation et justice pénale. L'activité judiciaire des maisons de justice du Rhône », Arch. Pol. Crim., A. Pedone, 1997, n°19, p.67 et s, spéc. p.82.

YAVARI F., « La nécessité d'une révision des lois procédurales et d'organisations judiciaire », Revue de barreau de Téhéran, 1992, n° 5.

YAZDANIAN A.-R., « Réflexion sur l'infraction comme le fondement des obligations en droit français et iranien », Revue de lettre juridique, t. IV, n° 2, 2008, p. 131 et s.

YVES-MARINE S., « Les domaines respectives de la mise en état par voie de restitution et de réparation », in Etudes offertes à G. VINEY, LGDJ, 2008, p. 867.

ZAMBEAUX Cl., « Relèvement des interdictions, déchéances, incapacités ou mesures de publication », J.-Cl. Procédure pénale, Art. 702-1 et 703, 2000, n°65 et s, p.8 et s.

ZEINALI A.-H. et AHMADI A., « L'Organisation semi-judiciaire chargée des infractions économiques: de la déjudiciarisation à la dépénalisation et le respect des droits des mises en examens et des victimes », Revue juridique de la justice, n° 48-49, 2004, p. 227 et s.

ZOLLINGER A., « La lutte des parlements : les droits de l'Homme opposés à la riposte graduée », Légipresse juin 2009, I, p. 77.

VI - Colloques et rapports

ACHOURI M., « *Position de principe de la prison dans la politique criminelle contemporaine* », in Recueil des contributions présentées à la conférence sur les stratégies visant à réduire la population carcérale pénale, édition Mizan, 1ère éd. 2007, p. 18.

AHMADI A., « *Le rôle de la peine des travaux d'intérêt général dans la prévention de la récidive* », in Recueil des contributions présentées à la première conférence nationale sur la prévention de l'infraction, édition Bureau de la recherche appliquée de la police de la prévention de l'Ordre de force, 1ère éd. 2010.

ANZIANI A. et BETEILLE L., Rapport d'information fait par le groupe de travail sur *« la responsabilité civile : des évolutions nécessaire »,* au nom de la Commission de lois du Sénat, n° 558, 2008-2009, p. 88.

BALLADUR E. et MEHAIGNERIE P., Exposé des motifs du projet de loi relatif à l'organisation des juridictions et à la procédure civile, pénale et administrative, Assemblée nationale, n° 1335, 1er juin 1994.

BIDART R., « *De la médiation pour les majeurs à la réparation pour les mineurs* », in La médiation pénale. Entre répression et réparation, (sous la direction de R. CARIO), Coll. Logiques juridiques, Série Science criminelle, L'Harmattan, 1997, p.83 et s., spéc. p.85.

CARIO R., « *Entre virtualité de l'éducation et réalité du répressif* », in Le mineur et le droit pénal, NERAC-CROISIER R. (sous la dir.), Bruylant-LGDJ, 1995.

CARIO R., « *Potentialités et ambiguïtés de la médiation pénale* », in La médiation pénale. Entre répression et réparation, (sous la direction de R. CARIO), Coll. Logiques juridiques, Série Science criminelle, L'Harmattan, 1997, p.11 et s, spéc. p.17 et s.

CATALA P. (sous la direction de), Premier rapport de la groupe de travail sur la réforme du droit des obligations, Avant-projet de réforme du droit des obligations (Articles 1101 à1386 du code civil) et du droit de la prescription (Article 2234 à 2281 du code civil), Rapport à Monsieur Pascal CLEMENT, Garde des Sceaux, Ministre de la justice, 22 septembre 2005, http://www.ladocumentationfrancaise.fr/rapports-publics/.

COULON J.-M., Rapport sur « La dépénalisation du droit des affaires », remis au garde de sceaux, ministre de la justice, janvier 2008, http://www.ladocumentationfrancaise.fr/BRP/.

CONTE Ph., « *Du particularisme des sanctions en droit pénal de l'entreprise* », in Bilan et perspective du droit pénal de l'entreprise, Coll. Le point sur, Economica, 1989, p.49 et s., spéc. p.68.

DAVOUDI-GHARMAROUDI H., « *Les idées de la peine et les factures affectant le nombre de la population pénale* », in Recueil des contributions présentés lors de la conférence sur les stratégies visant à réduire la population carcérale pénale, édition Mizan, 1ère éd. 2007, p. 57.

DINTILHAC J.-P. (sous la direction de), Rapport du groupe de travail chargé d'élaborer une nomenclature des préjudices corporels, juillet 2005.

D'HAUTEVILLE A., « *Le droit des victimes* », in Liberté et droits fondamentaux, 13ème éd., Dalloz, 2007, P. 641.

EBRAHIMI G. (sous la direction de), Rapport du projet d' « *évaluation de l'institution du conseil de règlement du litige* », L'adjoint juridique du pouvoir judiciaire, (la commission de la politique criminelle et le comité de la politique criminelle participative), Téhéran, 2006.

FLOOR W., « Change and development in the judicial system of Qajar Iran", in Qajar Iran, political, social, and cultural change (1800-1925), edited by Edmund Bosworth and Carole Hillenbrand for, Edinburgh University press, 1983, pp. 113 et s.

GOUDARZI M.-R. et MEGHDADI L., « *Le système pénitentiaire iranienne* », in Les systèmes pénitentiaires dans le monde (sous la direction de Jean-Paul Céré), Dalloz 2007, p.232.

JACCOUD M. (sous la dir. de), *Justice réparatrice et médiation pénale,* Coll. Sciences criminelles, L'Harmattan, 2003.

JAUFFRET-ESPINOSI C., « Les dommages-intérêts punitifs dans les systèmes de droit étrangères », in Faut-il moraliser le droit français de la réparation du dommage ? (A propos des dommages et intérêts punitifs et de l'obligation de minimiser son propre dommage), Les Petites Affiches 20 novembre 2002, p. 8 et s.

JOURDAIN P., « Rapport introductif », in Faut-il moraliser le droit français de la réparation du dommage ? (A propos des dommages et intérêts et de l'obligation de minimiser son propre dommage), Les Petites Affiches 20 novembre 2002, p. 3 et s, spéc. p. 5.

LAMBERT-FAIVRE Y. (sous la direction de), Rapport sur l'indemnisation du dommage corporel, juin 2003.

KHAJENOURY Y., « *Le rôle des peines communautaires dans la prévention de la récidive des mineurs* », in Recueil des contributions présentées à la première conférence nationale sur la prévention de l'infraction, édition Bureau du recherche appliquée de la police de la prévention de l'Ordre de force, 1ère éd. 2010, p. 148.

MASSE M., De la lutte contre l'impunité à un nouveau modèle de responsabilité, rapport au colloque célébrant le 75ème anniversaire de l'Ecole de criminologie de l'Université catholique de Louvain,

2005, pp. 429 et s, in DIGNEFFE F. et MOREAU T. (dir.), La responsabilité et la responsabilisation dans la justice pénale, coll. Perspectives criminologique, Larcier et De Boeck, 2006.
MILBURN Ph., « *Place de la médiation dans le procès pénal : phase de jugement et phase post-sentencielle* », in La médiation pénale « dix ans après... », « Restauration du lien social et réponses judiciaires », Colloque national, Aix-en-Provence, 23 et 24 septembre 2004, p. 43 et s.
NADJAFI A.-H.,
« *La politique criminelle iranienne* », in *Problèmes actuels de science criminelle*, vol. XIII, éditions Presses Universitaires d'Aix-Marseille, Faculté de droit et de science politique, 2000.
« *Les peines communautaires dans le projet de loi sur les peines sociales alternatives à la prison* », in Recueil des contributions présentées à la conférence sur les stratégies visant à réduire la population carcérale pénale, édition Mizan, 1ère éd. 2007, p. 111.
SADEGHI M.-M., « *Les peines alternatives dans le système juridique iranien* », in Recueil des discours et des contributions présentées à la première conférence internationale sur l'examen des moyens alternatifs à la peine d'emprisonnement, éditions Rahe Tarbiat, 1ère éd., 2003, p. 98.
TEITGEN-COLLY C., « *La contractualisation de la répression ?* », in Contrat ou institution : un enjeu de société (sous la coordination de B. BASDEVANT-GAUDEMET), Coll. Systèmes, LGDJ, 2004, p.58 et s, spéc. p.63.
VELIDEDEOGLU H.-V., « Le mouvement de codification dans les pays musulmans, ses rapports avec les systèmes juridiques occidentaux », in Rapports généraux au Vème congrès international de droit comparé, 4-9 août 1958, Centre inter-universitaire de droit comparé, Bruxelles, 1960, pp. 166-174.
VINEY G., « Rapport de synthèse », in La responsabilité civile à l'aube du XXIème siècle. Bilan perspective, Revue de Responsabilité civile et assurances, Hors-série juin, 2000, p. 82 et s. WALGRAVE L., « La justice restaurative : à la recherche d'une théorie et d'un programme », in Criminologie. La justice réparatrice. Les presses de l'Université de Montréal, vol. 32, 1999.

IV - Dictionnaires et encyclopédies

BEZIZ-AYACHE A., *Dictionnaire de droit pénal général et procédure pénale*, Coll. Dictionnaire de Droit, Ellipses, 4ème éd., 2008.
CABRILLAC R. (sous la direction de), *Dictionnaire du vocabulaire juridique*, Coll. Objectif droit, Litec, 3ème éd., 2008.
CORNU G., *Vocabulaire juridique*. Association Henri CAPITANT, PUF, 8ème éd., 2007.
GHINCHARD S. et MONTAGNIER G. (sous la direction de), *Lexique des termes juridique*, Dalloz, 18ème éd., 2011.
JAFARI LANGHAROUDI M.-J., *Encyclopédie des sciences islamiques, t. II, Judiciaire*, éditions Ghanje Danesh, 3ème éd. 2002.
JAFARI LANGROUDI M.-J., *Etendu dans la terminologie du droit*, t. 5, éditions Ghanj danesh, 3ème éd., 2008.
JAFARI LANGHAROUDI M.-J., Terminologie du droit, éditions Ghang Danesh, 9ème éd., 2008. TUNC A., International Encyclopedia of Comparative Law, Vol. XI, Torts, 1983.
Le Grand Robert de la langue française, *Dictionnaire le Robert*, t. V, 2ème éd., 2002.

VII- Sites Internet

http://biu.cujas-front.univ-paris1.fr
http://conseil.constitutionnel.fr
http://www.courdecassation.fr
http://dastour.ir
http://www.iranbar.org
http://islamic-iict.org
http://www.jurispolis.com
http://www.ladocumentationfrancaise.fr
http://www.magiran.com
http://www.philosophie-droit.asso.fr
http:/www.senat.fr
http://www.SID.ir

Index Alphabetique

(Les chiffres renvoient aux numéros de paragraphe)

Table des matières

Questions juridiques aux éditions L'Harmattan

Dernières parutions

HARCÈLEMENT MORAL DANS LA VIE PRIVÉE
Une guerre qui ne dit pas son nom
Pourquoi la loi sur la violence psychologique et le harcèlement moral dans la vie privée n'est-elle pas appliquée ?
Hincker Laurent
La violence physique dans les familles est toujours précédée d'une violence psychologique. Il s'agit bien d'une guerre qui ne dit pas son nom. Violences psychologiques, harcèlement moral, qui tuent à petit feu, la question de la violence dans la vie privée est au cœur de notre vivre-ensemble. La réflexion de l'auteur se déploie dans une démarche visionnaire d'anthropologue juridique, démarche qui cherche à comprendre les enjeux humains et sociaux dans les fondements du droit.
(Coll. Antidotes, 20.00 euros, 18 p.)
ISBN : 978-2-336-00245-3, ISBN EBOOK : 978-2-296-51183-5

MÉDIATION PÉNALE (Nouvelle édition)
Mbanzoulou Paul
La médiation pénale permet d'apporter une réponse judiciaire globale face à la petite et moyenne délinquance sans déclencher le processus pénal classique, grâce à la proposition d'une solution transactionnelle entre l'auteur des faits et sa victime. A jour des dernières évolutions législatives et réglementaires, cet ouvrage questionne le cadre de la médiation pénale en France.
(Coll. Sciences criminelles, 13.50 euros, 120 p.)
ISBN : 978-2-336-00474-7, ISBN EBOOK : 978-2-296-51202-3

JURÉ D'ASSISES – Témoignage d'une expérience citoyenne et humaine
Abadie Pierre-Marie
Ce livre retrace, à partir d'une expérience personnelle, le vécu d'un juré d'assises. Entre les deux séquences, l'ouvrage décrit la liturgie d'un procès telle que la vit un juré au travers de ses droits et devoirs. Il fait ressortir aussi l'expérience humaine que constitue la vie en vase clos d'un jury avec les phénomènes de groupe qui l'accompagnent. Il insiste, enfin, sur les paramètres qui génèrent et conditionnent « l'intime conviction ».
(Coll. La justice au quotidien, 12.00 euros, 90 p.)
ISBN : 978-2-336-29000-3, ISBN EBOOK : 978-2-296-51201-6

DROIT INTERNATIONAL HUMANITAIRE
Owona Joseph
En ce début de XXIe siècle, une portion du droit international public consacrée à la défense de la dignité de l'homme est arrivée à maturation. L'Afrique a fait réception de ce droit international humanitaire dans sa quintessence, tout en l'adaptant en ce qui concerne les problèmes particuliers du mercenariat et des réfugiés. Ce livre initie au droit international humanitaire en général et dévoile ses particularités africaines.
(22.50 euros, 216 p.) *ISBN : 978-2-336-00123-4, ISBN EBOOK : 978-2-296-51171-2*

COMMERCE ET INTERNET. COMPRENDRE LES RÈGLES JURIDIQUES
Benarab Armel
Cet ouvrage explique clairement les règles juridiques concernant l'e-commerce afin de les rendre compréhensibles et accessibles à tous. Consommateurs et commerçants trouveront des

réponses précises aux interrogations suscitées par les principales opérations contractuelles : droits liés aux achats sur Internet, réglementation en vigueur pour protéger une marque ou un produit... chacun pourra ainsi tirer meilleur profit d'Internet.
(15.00 euros, 136 p.) *ISBN : 978-2-336-00496-9, ISBN EBOOK : 978-2-296-50961-0*

QU'EST-CE QUE PUNIR ?
Du châtiment à l'hypersurveillance
Ferry Tony
Qu'est-ce que punir ? Quels sont les traits distinctifs des mesures de placement sous surveillance électronique par rapport au geste classique de l'emprisonnement ? Ce livre jette un pont entre théorie et pratique, recherche fondamentale et expérience professionnelle. Il s'inscrit dans une démarche de pensée libre qui tend à comprendre et à discuter le monde des pénalités d'aujourd'hui. Et ce qu'il dessine n'est autre que l'avènement de l'hypersurveillance.
(Coll. Questions contemporaines, 26.50 euros, 256 p.)
ISBN : 978-2-336-00615-4, ISBN EBOOK : 978-2-296-50802-6

CONSÉQUENCES DES RUPTURES CONJUGALES ENTRE NORD ET SUD DE LA MÉDITERRANÉE
Bouchareb-Cassar Hafida - Préface de François Boulanger
L'étude des relations juridiques transfrontalières et de leurs effets (divorce, répudiation, don de consolation, obligations alimentaires, autorité parentale, enlèvements internationaux d'enfants...) permet de souligner la diversité des droits. Comment l'espace judiciaire européen appréhende-t-il le phénomène des ruptures conjugales ? Comment gérer les divergences des droits des Etats du Maghreb avec ceux des droits européens ?
(Coll. Logiques Juridiques, 49.00 euros, 512 p.)
ISBN : 978-2-296-96092-3, ISBN EBOOK : 978-2-296-50905-4

ÉCLAIREURS (LES) DU PÉNAL
IRASCible 3
Collectif
De Proudhon à Bentham en passant par Benjamin Constant, c'est autant la légitimité du droit de punir que la vérité judiciaire qui sont mis en question. Quant à Feuerbach, il s'est efforcé de mettre le droit processuel au service du peuple. Ce numéro est consacré à ces auteurs, qui, en ces temps obscurs de restauration monarchique, morale et religieuse, furent les nouveaux «éclaireurs» du pénal.
(32.50 euros, 328 p.) *ISBN : 978-2-336-00456-3, ISBN EBOOK : 978-2-296-50985-6*

VIOL Le procès d'Aix-en-Provence
Précédé de *Le Crime* de Gisèle Halimi
Halimi Gisèle
En 1978 le procès pour viol d'Aix-en-Provence a mobilisé l'opinion publique : deux jeunes filles, Anne et Araceli, ont été violées à plusieurs reprises par trois hommes. Gisèle Halimi plaide, au nom du collectif juridique *Choisir la cause des femmes.* Les victimes restent jusqu'au bout des suspectes et la défense se construit sur l'hypothèse du consentement des victimes. Gisèle Halimi permet, pour la première fois, de faire un point lucide sur ce crime qui demeure aujourd'hui encore un tabou.
(29.00 euros, 418 p.) *ISBN : 978-2-296-99444-7, ISBN EBOOK : 978-2-296-50587-2*

VICTIMOLOGIE. DE L'EFFRACTION DU LIEN INTERSUBJECTIF À LA RESTAURATION SOCIALE (4e édition)
Cario Robert
Après avoir connu un «âge d'or» jusqu'à la fin du Moyen-Age, les victimes sont tombées dans les « oubliettes « du système de justice pénale. Depuis quelques années, un cadre normatif respectueux de leurs droits se construit. Centrée sur la personne de la victime et de l'infracteur, auxquels elle restitue la régulation du conflit, la justice restaurative apparaît comme la voie la plus prometteuse de restauration sociale des intéressés.
(Coll. Sciences criminelles, série Traité de sciences criminelles, 27.00 euros, 268 p.)
ISBN : 978-2-336-00424-2, ISBN EBOOK : 978-2-296-50649-7

RÉSISTANCES (LES) CARCÉRALES, DU COMMENT AU POURQUOI
Une approche juridique et pluridisciplinaire
Noali Loup - Préface de Martine Herzog-Evans ; postface de Reynald Ottenhof
Cette recherche porte sur les résistances opposées par les détenus au système carcéral. Partant d'une expérience de l'enfermement, l'auteur propose une analyse pluridisciplinaire (droit, sociologie, psychologie, psychiatrie, philosophie) tentant de rendre son regard d'usager sur cette institution et son milieu. Il est convaincu que les résistances sont déterminantes et essentielles pour l'évolution de la condition pénitentiaire et le devenir des condamnés.
(Coll. Logiques Juridiques, 54.00 euros, 620 p.)
ISBN : 978-2-296-99628-1, ISBN EBOOK : 978-2-296-50775-3

RISQUE (LE) TECHNOLOGIQUE MAJEUR À L'ÉPREUVE DU DROIT (2 tomes)
Nicolet Jean-Louis - Préface de Patrick Lagadec ; postface d'Hervé Serieyx
Cet ouvrage montre concrètement comment chaque accident technologique majeur est confronté au droit, à partir d'une étude conduite sur de nombreux jugements concernant des secteurs industriels variés. Il met en valeur la nécessité de séparer la phase de reconstitution de la séquence accidentelle de celle de la recherche des responsabilités, deux approches hélas confondues dans la procédure pénale actuelle. D'où les évolutions proposées.
(Tome 1, 50.50 euros, 552 p.) ISBN : 978-2-336-00271-2, ISBN EBOOK : 978-2-296-50541-4
(Tome 2, 31.00 euros, 302 p.) ISBN : 978-2-336-00272-9, ISBN EBOOK : 978-2-296-50542-1

DROIT CONSTITUTIONNEL DE LA Ve RÉPUBLIQUE – (Douzième édition)
Lascombe Michel
S'adressant aux étudiants en droit et AES ainsi qu'aux élèves des Instituts d'études politiques et aux candidats aux concours administratifs, cet ouvrage couvre l'essentiel du programme de droit constitutionnel, c'est-à-dire aussi bien les constitutions françaises depuis 1789 que l'actuel texte constitutionnel. Cette nouvelle édition tient compte des changements les plus récents.
(Coll. Logiques Juridiques, 42.00 euros, 512 p.)
ISBN : 978-2-336-00346-7, ISBN EBOOK : 978-2-296-50665-7

DROIT ADMINISTRATIF – L'angle jurisprudentiel – (4e édition)
Gros Manuel
Traitant du programme de 2e année en droit administratif général, cet ouvrage donne également un éclairage particulier au pouvoir du juge administratif sur la fixation du droit administratif français et sur son rôle prédominant dans l'essence même du droit administratif. Utilisable comme un manuel classique, voici également une réflexion approfondie sur l'évolution et l'adaptation d'un droit spécifique à son environnement.
(Coll. Logiques Juridiques, 34.00 euros, 400 p.)
ISBN : 978-2-336-00616-1, ISBN EBOOK : 978-2-296-50768-5

RÔLE (LE) DU DÉPARTEMENT DANS L'ADOPTION
Niemiec-Gombert Amélie - Préface de Françoise Dekeuwer-Defossez
Depuis la décentralisation, les prérogatives départementales en matière d'adoption n'ont fait que se renforcer. Cette collectivité territoriale, devenue un acteur incontournable de l'adoption, intervient à tous les niveaux, du côté de la famille biologique de l'enfant, des familles adoptives, ou encore des enfants adoptables ou adoptés. En raison des nouvelles problématiques liées à la spécificité de la filiation adoptive, ce rôle est encore appelé à se développer.
(Coll. Logiques Juridiques, 55.00 euros, 622 p.)
ISBN : 978-2-336-00353-5, ISBN EBOOK : 978-2-296-50695-4

VIOLENCE ET DROIT
Sous la direction de Raphaël Brett, Guillaume Delmas, Anne Michel et Noé Wagener. Avant-propos de Camille Broyelle
Le constat est bien connu : la violence existe en droit. Elle n'est pas seulement l'objet contre lequel le droit lutte. Elle est aussi, de façon moins immédiatement perceptible, un moyen et une

conséquence du droit. Le rapport dialectique entre droit et violence invite donc à s'interroger sur les liens tout à la fois d'assimilation de la violence par le droit et de mise à distance de la violence par le droit.
(Coll. Presses Universitaires de Sceaux, 18.00 euros, 180 p.)
ISBN : 978-2-336-00422-8, ISBN EBOOK : 978-2-296-50664-0

CONTRACTUALISATION (LA) DES DROITS FONDAMENTAUX
Dijoux Ruth
Pendant longtemps rattachés au droit public, les droits fondamentaux bouleversent aujourd'hui le droit privé français et notamment le droit des contrats. Si certains considèrent que la présence des droits fondamentaux dans le contrat est favorable aux contractants faibles, l'avènement de ces droits en la matière présente un tout autre intérêt, le contractant bénéficiant de fait d'un droit de renoncer à ses droits.
(Coll. Logiques Juridiques, 52.00 euros, 590 p.)
ISBN : 978-2-296-96283-5, ISBN EBOOK : 978-2-296-50474-5

OUTRE-MER ET DEVISE RÉPUBLICAINE
Sous la direction de Pierre Lise et Ferdinand Mélin-Soucramanien
Les rapports entre les outre-mer et la République française sont ambigus, faits d'attirances réciproques et parfois de rejets violents. Ce livre confronte la réalité institutionnelle, économique, politique et sociale des outre-mer à l'ambitieux programme affiché par l'article 72-3 de la Constitution française qui dispose que : «La République reconnaît, au sein du peuple français, les populations d'outre-mer, dans un idéal commun de liberté, d'égalité et de fraternité».
(Coll. Logiques Juridiques, 23.00 euros, 232 p.)
ISBN : 978-2-296-99693-9, ISBN EBOOK : 978-2-296-50392-2

SOCIÉTÉ ET DROIT – La gouvernance des conflits
Palermo Giovanna
Le conflit possède une dimension relationnelle puisqu'il implique une divergence entre deux ou plusieurs individus, aux positions et aux intérêts apparemment inconciliables. Mais il y a aussi les exigences du partage et de la coexistence. En ce sens, tout conflit peut être l'occasion pour reconstruire ou pour modifier les rapports avec les autres, du moins s'il est affronté de manière constructive.
(Coll. Harmattan Italia, 16.00 euros, 120 p.)
ISBN : 978-2-296-55787-1, ISBN EBOOK : 978-2-296-50462-2

DE COMITATIBUS. L'ORIGINE ET LE RÔLE DE LA COMITOLOGIE DANS LA POLITIQUE AGRICOLE COMMUNE – Ou la chaîne de transmission du droit agricole de l'Union
Bianchi Daniele - Préface de Claude Blumann
Procédure encadrant l'exercice des compétences d'exécution conférées à la Commission européenne, la comitologie est souvent considérée comme la source du pouvoir de l'Eurocratie. Cet ouvrage entame un voyage dans le temps en partant du traité de Rome de 1957 jusqu'au traité de Lisbonne de 2009 et à la nouvelle comitologie adoptée en mars 2011 afin de découvrir l'origine et tracer l'évolution de la comitologie dans le cadre de la Politique agricole commune.
(Coll. Droit et Espace Rural, 51.00 euros, 564 p.)
ISBN : 978-2-296-99284-9, ISBN EBOOK : 978-2-296-50353-3

FORMULAIRE – Poétique du droit
Bindi A.A.L
Le droit est *poétique*. Une évidence dès les premiers écrits, comme à l'écoute des plaidoiries, répétitives, interminables. Une poésie comprenant, ici, la matière procédurale au civil. Des bouts parfois minuscules, autorisant une écriture par projections soudaines dans d'autres parties du recueil. Jusqu'à se retrouver dans une série de textes, comme par multiplication, si l'on songe qu'un seul énoncé se décompose et reforme pour être dans l'attente d'un exposé convenable, comme suspendu, en l'air.
(12.50 euros, 120 p.) *ISBN : 978-2-296-12988-7, ISBN EBOOK : 978-2-296-50190-4*

L'HARMATTAN, ITALIA
Via Degli Artisti 15; 10124 Torino

L'HARMATTAN HONGRIE
Könyvesbolt ; Kossuth L. u. 14-16
1053 Budapest

ESPACE L'HARMATTAN KINSHASA
Faculté des Sciences sociales,
politiques et administratives
BP243, KIN XI
Université de Kinshasa

L'HARMATTAN CONGO
67, av. E. P. Lumumba
Bât. – Congo Pharmacie (Bib. Nat.)
BP2874 Brazzaville
harmattan.congo@yahoo.fr

L'HARMATTAN GUINÉE
Almamya Rue KA 028, en face du restaurant Le Cèdre
OKB agency BP 3470 Conakry
(00224) 60 20 85 08
harmattanguinee@yahoo.fr

L'HARMATTAN CAMEROUN
BP 11486
Face à la SNI, immeuble Don Bosco
Yaoundé
(00237) 99 76 61 66
harmattancam@yahoo.fr

L'HARMATTAN CÔTE D'IVOIRE
Résidence Karl / cité des arts
Abidjan-Cocody 03 BP 1588 Abidjan 03
(00225) 05 77 87 31
etien_nda@yahoo.fr

L'HARMATTAN MAURITANIE
Espace El Kettab du livre francophone
N° 472 avenue du Palais des Congrès
BP 316 Nouakchott
(00222) 63 25 980

L'HARMATTAN SÉNÉGAL
« Villa Rose », rue de Diourbel X G, Point E
BP 45034 Dakar FANN
(00221) 33 825 98 58 / 77 242 25 08
senharmattan@gmail.com

L'HARMATTAN TOGO
1771, Bd du 13 janvier
BP 414 Lomé
Tél : 00 228 2201792
gerry@taama.net

Achevé d'imprimer par Corlet Numérique - 14110 Condé-sur-Noireau
N° d'Imprimeur : 98033 - Dépôt légal : mai 2013 - *Imprimé en France*

www.ingramcontent.com/pod-product-compliance
Lightning Source LLC
LaVergne TN
LVHW011435061026
849535LV00004BA/821
* 9 7 8 2 3 3 6 2 9 1 2 2 2 *